中国旅游业普通高等教育“十三五”精品教材

# SERVICE AND MANAGEMENT OF TOURIST ATTRACTIONS

# 旅游景区服务与管理

王昕　龚德才　张海龙 等◎编　著

中国旅游出版社

**项目策划：** 段向民
**责任编辑：** 孙妍峰
**责任印制：** 谢　雨
**封面设计：** 何　杰

**图书在版编目（CIP）数据**

旅游景区服务与管理 / 王昕等编著. -- 北京 : 中国旅游出版社, 2018.8（2023.7重印）
中国旅游业普通高等教育“十三五”精品教材
ISBN 978-7-5032-6049-0

Ⅰ. ①旅… Ⅱ. ①王… Ⅲ. ①旅游区－商业服务－高等学校－教材②旅游区－经济管理－高等学校－教材
Ⅳ. ①F590

中国版本图书馆CIP数据核字（2018）第130684号

**书　　名：** 旅游景区服务与管理

**作　　者：** 王昕　龚德才　张海龙　等编著
**出版发行：** 中国旅游出版社
（北京静安东里6号　邮编：100028）
http://www.cttp.net.cn　E-mail:cttp@mct.gov.cn
营销中心电话：010-57377103，010-57377106
读者服务部电话：010-57377107
**排　　版：** 北京旅教文化传播有限公司
**经　　销：** 全国各地新华书店
**印　　刷：** 北京工商事务印刷有限公司
**版　　次：** 2018年8月第1版　2023年7月第4次印刷
**开　　本：** 787毫米×1092毫米　1/16
**印　　张：** 22.5
**字　　数：** 524千
**定　　价：** 39.80元
**ISBN**　978-7-5032-6049-0

# 前 言

旅游业的带动效应巨大，是我国国民经济发展过程中的重要力量之一。随着全域旅游、乡村振兴战略等的提出，旅游业发展进入到全面化阶段，国家对旅游业的重视程度不断增强。目前，我国旅游景区发展正在由硬件建设为“重”向软件建设与综合运营并“重”的阶段转变，在这个发展过程中，我们应该高度重视旅游专业应用型人才的培养。为此，编者编著了应用型旅游专业本科的专业教材《旅游景区服务与管理》一书，恰逢其时。

我国旅游景区的开发建设已经有几十年的历史，但还需要不断完善综合配套服务，进行精细化、规范化、合理化服务与管理，由传统的旅游景区硬件建设逐步转变为优化景区综合服务与配套，提高景区整体运营效率，实现游客满意、当地居民满意、投资者满意、政府满意的旅游发展效果。

本书基于作者广泛的景区实地调研和经验，结合景区服务与管理需要，构建了相应的知识体系。同时，本书广泛吸纳国内外景区服务与管理的相关成果，结合景区管理实践要求，将理论体系与实践应用相结合。全书秉承科学的理论指导、规范化的服务与管理程序，从理论基础、框架体系、实施操作三个层面构建旅游景区服务与管理体系，运用典型案例说明景区管理的具体实施以及问题的解决办法。

与旅游景区的同类书籍相比，本书针对性、实践性、体系性更强。基于旅游景区管理知识、原理，通过实际案例解读，努力实现旅游景区服务精细化、规范化管理。本书尊重旅游发展规律和管理规范，参照国家最新的景区建设要求和管理标准，新增了“旅游景区运营与危机管理”“旅游景区智慧化服务与管理”等相关章节。在这些章节中，本书阐述了全域旅游与景区管理的关系；同时，认为旅游景区管理需要谨思慎行，慎重制定好旅游景区发展战略，并要与时俱进，借助技术革新，提升景区整体运营效率。

本书的编写是基于旅游景区服务与管理的四个目标，即提高游客满意度、更好的专业产品经营、对旅游资源的可持续利用、实现与社区的整合，要达到第一个目标，往往是建立在实现其他三个目标的基础之上。在实际操作中，影响因素在旅游景区不同发展阶段、不同区域会相应地发生变化，因此，实现目标过程非常复杂、非常困难。一个成功的旅游景区需要整合协调好景区开发经营者、旅游社区发展者和区域发展者三者的意愿。

对于旅游管理专业的本科学生，本书是掌握旅游景区服务与管理理论与方法的较好教材，对于旅游学者、管理部门、景区管理者和旅游开发商来说，这是一本具有一定学习研究和参考价值的书。与类似景区管理书籍相比，本书提供了较全面的知识体系、大量的数据和案例，并根据旅游景区发展趋势，丰富了很多新的知识和概念。为了便于教与学，每章提供了学习目标、讨论思考等，不仅适用于课堂授课，还可以供讨论研究。

本书参考了多位旅游研究者的成果，感谢你们为旅游景区管理研究积累的丰富知识和理论，本书方能顺利完成！

本书由王昕、龚德才、张海龙、王雪君、蒋小亚、聂妍妍、李营琼、米琳、刘发兵、唐婷婷、王思敏、万霞、王青蕊、刘绍琴、赵军勇、彭锐真、刘红莲等编著。在编著过程中，还得到了很多人的支持，为本书提供了建设性意见和数据资料。由于涉及的人较多，无法一一罗列，在此一并表示衷心的感谢！

编者

于缙云山麓

# 目 录

# 第一章 旅游景区与服务概述

【章节导读】

我国旅游景区的发展经过古代萌芽阶段，近代低迷阶段，现代兴起阶段，当代大规模、规范化发展阶段四个阶段之后，旅游景区数量、规模逐渐扩大，空间分布越来越广泛。本章分析了我国旅游景区发展历程、发展现状和发展趋势；明确了旅游景区及相关概念、景区的分类与分布；大致介绍了传统旅游景区与全域旅游概念的关系；阐述了旅游景区服务的基本框架，介绍了景区服务与管理的理论基础等。

【学习目标】

◆ 了解中国旅游景区的发展历程。
◆ 熟悉中国旅游景区分类与分布。
◆ 掌握旅游景区与服务的相关概念。
◆ 熟悉旅游景区服务标准化体系的基本内容。
◆ 了解旅游景区服务标准化之下的管理。

【学习重点】

◆ 我国旅游景区的发展特点。
◆ 旅游景区服务标准化的基本内容和构建方法。
◆ 旅游景区服务与全域旅游。

# 第一节　我国旅游景区的发展

## 一、发展历程

我国旅游景区的发展历史悠久，从起源至今，大致经历了四个发展阶段，即古代萌芽阶段，近代低迷阶段，现代兴起阶段，当代大规模、规范化发展阶段。

### （一）古代萌芽阶段

1840 年鸦片战争之前的奴隶社会和封建社会时期，是我国旅游景区发展的萌芽阶段。我国古代的旅游形式主要有商人的经商游历、帝王将相的巡游、文人墨客的漫游、贵族子弟的求学、宗教信徒的朝圣等。在这一阶段，出现了大量的名胜古迹，如敦煌莫高窟、西安大雁塔、湖南岳阳楼等；以及名山大川，如泰山、华山、嵩山、衡山、恒山、青城山、五台山、峨眉山等。

### （二）近代低迷阶段

从 1841 年到 1949 年的这段时间是我国旅游和旅游景区发展的低迷阶段，基本上没有什么发展。当时景区的主要代表就是园林，但已遭受到不同程度破坏，或者没落。第一次鸦片战争，帝国主义列强用坚船利炮打开了中国大门，从此，神州大地上硝烟四起，满目疮痍，百年沧桑，我国旅游景区的发展处于历史最低谷。被雨果称为“一千零一夜的一千零一个梦”“恍若月宫”的建筑——圆明园被英法联军付之一炬，面对断壁残垣，不禁令我们伤感。

### （三）现代兴起阶段

从中华人民共和国成立到 20 世纪 90 年代的这段时间是中国旅游景区发展的兴起阶段，在曲折发展中艰难前进。

新中国成立初期，为了丰富人民的生活，政府在城市中新建了大量的疗养院、休闲公园，景区处于全面复苏的发展状态。但之后经历动荡的十年，整个中国的经济全面滑坡，景区处于停滞甚至崩溃的状态。直到改革开放，经济开始进入高速发展时期，我国旅游业呈现出蓬勃发展的景象。

20 世纪 80 年代初，国家公布了首批 24 个历史文化名城（见表 1–1）和 44 个国家级风景名胜区（见表 1–2），很好地推动了我国旅游景区的发展。24 个历史文化名城具有较强的代表性，包括北京、承德、大同、南京、苏州等，44 个国家级风景名胜区是当时我国最受旅游者欢迎的旅游景区，包括镜泊湖、五大连池、太湖、南京钟山、杭州西湖、雁荡山、普陀山等。

20 世纪 80 年代中期以后，主题公园类旅游景区蓬勃发展，人造景观和主题公园如雨后春笋般涌现出来，如华侨城、苏州乐园等。

此外，国家公园、森林公园、世界遗产、旅游度假区、自然保护区、地质公园、温泉、海滨、滑雪、滑水、高尔夫、节事庆典等不同类型的景区不断完善提高，形成了丰富的旅游景区体系。

表 1-1　全国首批历史文化名城

| 发布机构 | 历史文化名城名单 | 发布时间 |
|---|---|---|
| 国务院 | 北京、承德、大同、南京、苏州、扬州、杭州、绍兴、泉州、景德镇、曲阜、洛阳、开封、江陵（今荆州）、长沙、广州、桂林、成都、遵义、昆明、大理、拉萨、西安、延安 | 1982年 |

表 1-2　全国第一批国家级风景名胜区

| 发布机构 | 发布时间 | 具体名录与分布地区 |
|---|---|---|
| 国务院 | 1982年 | 北　京：八达岭—十三陵风景名胜区<br>河　北：承德避暑山庄外八庙风景名胜区、秦皇岛北戴河风景名胜区<br>山　西：五台山风景名胜区、恒山风景名胜区<br>辽　宁：鞍山千山风景名胜区<br>黑龙江：镜泊湖风景名胜区、五大连池风景名胜区<br>江　苏：太湖风景名胜区、南京钟山风景名胜区<br>浙　江：杭州西湖风景名胜区、富春江—新安江风景名胜区、雁荡山风景名胜区、普陀山风景名胜区<br>安　徽：黄山风景名胜区、九华山风景名胜区、天柱山风景名胜区<br>福　建：武夷山风景名胜区<br>江　西：庐山风景名胜区、井冈山风景名胜区<br>山　东：泰山风景名胜区、青岛崂山风景名胜区<br>河　南：鸡公山风景名胜区、洛阳龙门风景名胜区、嵩山风景名胜区<br>湖　北：武汉东湖风景名胜区、武当山风景名胜区<br>湖　南：衡山风景名胜区<br>广　东：肇庆星湖风景名胜区<br>广　西：桂林漓江风景名胜区<br>四　川：峨眉山风景名胜区、黄龙寺—九寨沟风景名胜区、青城山—都江堰风景名胜区、剑门蜀道风景名胜区<br>重　庆：长江三峡风景名胜区、重庆缙云山风景名胜区<br>贵　州：黄果树风景名胜区<br>云　南：路南石林风景名胜区、大理风景名胜区、西双版纳风景名胜区<br>陕　西：华山风景名胜区、临潼骊山风景名胜区<br>甘　肃：麦积山风景名胜区<br>新　疆：天山天池风景名胜区 |

注：1982 年，重庆还没有作为直辖市，还包括在四川省内。

（资料来源：中国旅游信息网）

### （四）当代大规模、规范化发展阶段

进入 21 世纪后，中国加入了世界贸易组织，旅游业的发展面临新的机遇和挑战。2003 年 5 月，中华人民共和国国家质量监督检验检疫总局发布了《旅游景区质量等级的划分与评定》（GB/T17775—2003）。该标准规定了旅游景区质量等级划分的依据、条件及评定的基本要求，适用于接待海内外旅游者的各种类型的旅游景区，包括以自然景观

及人文景观为主的旅游景区。自此，景区的管理更加专业化和规范化。2007年5月起，北京故宫博物院、山西大同云冈石窟等66家景区第一批被评为国家5A级旅游景区（见表1–3），景区的数量和质量全面提升，景区的经营也日益市场化、规范化。

表1–3 全国第一批国家5A级旅游景区

| 发布机构 | 发布时间 | 名录与分布地区 |
|---|---|---|
| 国家旅游局 | 2007年 | 北　京：故宫博物院、天坛公园、颐和园、八达岭长城<br>天　津：天津古文化街旅游区（津门故里）、天津盘山风景名胜区<br>河　北：秦皇岛市山海关景区、保定市安新白洋淀景区、承德避暑山庄及周围寺庙景区<br>山　西：大同市云冈石窟、忻州市五台山风景名胜区<br>辽　宁：沈阳市植物园、大连老虎滩海洋公园、老虎滩极地馆<br>吉　林：长春市伪满皇宫博物院、长白山景区<br>黑龙江：哈尔滨市太阳岛公园<br>上　海：上海东方明珠广播电视塔、上海野生动物园<br>江　苏：南京市钟山风景名胜区—中山陵园风景区、中央电视台无锡影视基地三国水浒景区、苏州市拙政园、苏州市周庄古镇景区<br>浙　江：杭州市西湖风景名胜区、温州市雁荡山风景名胜区、舟山市普陀山风景名胜区<br>安　徽：黄山市黄山风景区、池州市九华山风景区<br>福　建：厦门市鼓浪屿风景名胜区、南平市武夷山风景名胜区<br>江　西：江西省庐山风景名胜区、吉安市井冈山风景旅游区<br>山　东：烟台市蓬莱阁旅游区、济宁市曲阜明故城（三孔）旅游区、泰安市泰山景区<br>河　南：登封市嵩山少林景区、洛阳市龙门石窟景区、焦作市云台山风景名胜区<br>湖　南：衡阳市南岳衡山旅游区、张家界武陵源旅游区<br>湖　北：武汉市黄鹤楼公园、宜昌市三峡大坝旅游区<br>广　东：广州市市长隆旅游度假区、深圳华侨城旅游度假区<br>广　西：桂林市漓江景区、桂林市乐满地度假世界<br>海　南：三亚市南山文化旅游区、三亚市南山大小洞天旅游区<br>重　庆：重庆大足石刻景区、重庆巫山小三峡—小小三峡<br>四　川：成都市青城山—都江堰旅游景区、乐山市峨眉山景区、阿坝藏族羌族自治州九寨沟旅游景区<br>贵　州：安顺市黄果树大瀑布景区、安顺市龙宫景区<br>云　南：昆明市石林风景区、丽江市玉龙雪山景区<br>陕　西：西安市秦始皇兵马俑博物馆、西安市华清池景区、延安市黄帝陵景区<br>甘　肃：嘉峪关市嘉峪关文物景区、平凉市崆峒山风景名胜区<br>宁　夏：石嘴山市沙湖旅游景区、中卫市沙坡头旅游景区<br>新　疆：新疆天山天池风景名胜区、吐鲁番市葡萄沟风景区、阿勒泰地区喀纳斯景区 |

## 二、发展现状

### （一）旅游景区类型多样，数量丰富

国家旅游局发布的《2017年中国旅游景区发展报告》显示，自1982年起至2017年3月21日，国务院总共公布了九批244处国家级风景名胜区。其中，第一批至第六批原称国家重点风景名胜区，2007年起改称中国国家级风景名胜区。从1961年到2013年，国务院公布了七批4296处全国重点文物保护单位。从1982年到2014年，国家林业局发布了791处国家级森林公园。从2000年到2017年9月，国土资源部公布七批共206家国家地质公园。从2004年到2014年，水利部公布了658处国家水利风景区。从2005年开始，国土资源部公布了三批共72座国家矿山公园。从1999年到2015年，全国A

级旅游景区的数量达到 7951 家。到 2017 年 10 月，全国 5A 级旅游景区的数量突破了 250 家。国务院公布第一批重点文物保护单位 180 处。

表 1-4 全国第一批重点文物保护单位（革命遗址及革命纪念建筑物）

| 发布机构 | 发布时间 | 具体名称 |
| --- | --- | --- |
| 国务院 | 1961年 | 三元里平英团遗址（广东省广州市三元里）<br>金田起义地址（原广西壮族自治区桂平县金田村）<br>太平天国忠王府（江苏省苏州市东北街）<br>韶山冲毛主席旧居（湖南省湘潭县韶山冲）<br>江孜宗山抗英遗址（西藏自治区江孜县）<br>黄花岗七十二烈士墓（广东省广州市）<br>武昌起义军政府旧址（湖北省武汉市）<br>北京大学红楼（北京市东城区沙滩“五四”运动的纪念地址）<br>上海中山故居（上海市香山路）<br>中国社会主义青年团中央机关旧址（上海市淮海路渔阳里）<br>中国共产党第一次全国代表大会会址（上海市兴业路）<br>广州农民运动讲习所旧址（广东省广州市中山四路）<br>“八一”起义指挥部旧址（江西省南昌市）<br>秋收起义文家市会师旧址（湖南省浏阳市）<br>海丰红宫红场旧址（广东省海丰县中山西路）<br>广州公社旧址（广东省广州市维新路）<br>井冈山革命遗址（原江西省宁冈县）<br>古田会议会址（福建省上杭县古田村）<br>中山陵（江苏省南京市紫金山）<br>瑞金革命遗址（原江西省瑞金县）<br>遵义会议会址（贵州省遵义市）<br>泸定桥（四川省甘孜藏族自治州泸定县）<br>延安革命遗址（陕西省延安县）<br>卢沟桥（北京市丰台区包括宛平县城）<br>平型关战役遗址（山西省繁峙县）<br>八路军总司令部旧址（山西省武乡县）<br>新四军军部旧址（安徽省泾县）<br>八路军重庆办事处旧址（重庆市红岩村及曾家岩）<br>冉庄地道战遗址（河北省保定市）<br>天安门（北京市）<br>鲁迅墓（上海市虹口公园 1956年迁葬于此）<br>中苏友谊纪念塔（辽宁省旅大市）<br>人民英雄纪念碑（北京市天安门广场） |

全国第一批国家森林公园如表 1-5 所示。

表 1-5 全国第一批国家森林公园

| 发布机构 | 发布时间 | 具体名称 |
| --- | --- | --- |
| 国家林业局 | 1982年 | 湖南张家界国家森林公园 |

全国第一批国家地质公园如表 1-6 所示。

表 1-6　全国第一批国家地质公园

| 发布机构 | 发布时间 | 具体名称 |
|---|---|---|
| 国土资源部 | 2001年 | 云南石林国家地质公园、云南澄江动物群古生物国家地质公园、河南嵩山国家地质公园、江西庐山国家地质公园、江西龙虎山国家地质公园、黑龙江五大连池国家地质公园、四川自贡恐龙国家地质公园、四川龙门国家地质公园、山西翠华山国家地质公园、福建漳州国家地质公园 |

## （二）旅游景区品质持续提升

改革开放以来，一系列政策法规和措施颁行促进了我国旅游景区管理水平的提高，旅游景区更加注重精品打造和品牌打造，有效提高了旅游景区的吸引力和竞争力，在由粗放开发管理逐渐向精致化经营管理转化，旅游景区的服务质量持续提高。我国的旅游景区上了一个又一个大的台阶，大批景区成为世界一流的旅游景区。如人文方面的故宫、兵马俑、丽江古城、平遥古城，自然方面的黄山、九寨沟、张家界、武夷山，在国际上都属于一流的旅游景区。人造景观方面，有华侨城的欢乐谷、广东长隆度假区，迪士尼和环球影城也进入了中国。随着文化旅游投资的兴起，涌现出了一批修复和创新的小镇和综合体，如台儿庄古城、乌镇、古北水镇等，建成了精品旅游胜地。但这种精品景区毕竟是少数，绝大多数还在努力奋斗的过程之中。可以肯定的是，我国旅游景区的数量增长型发展阶段已经结束，求精求美求特的质量时代已经来临。

## （三）旅游景区经营状况良好

旅游业作为一个经济性产业，是国民经济的重要组成部分。旅游景区作为旅游业的"四大支柱"之一，其经营状况至关重要。在中国，旅游景区的体制以公有制为主体，旅游景区功能多样化，营业收入增长率高。我国旅游经济增长趋势示意图如图 1-1 所示。

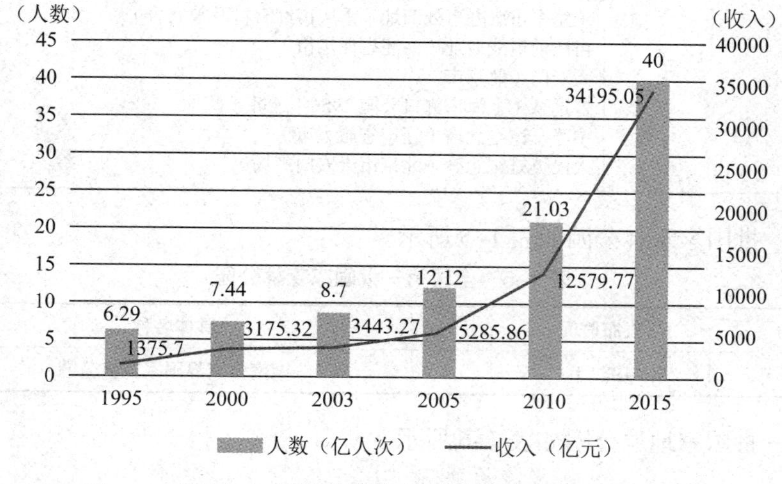


图 1-1　我国旅游经济增长趋势示意图

（数据来源：中国统计年鉴）

## 三、发展趋势

### （一）旅游景区产品综合化

为了不断满足人们多样化的旅游需求，增强景区吸引力和竞争力，增加景区营业收入，大量旅游景区将更加注重游客休闲娱乐、康体健身、增加知识等综合性旅游产品的开发，为旅游景区的发展注入更加丰富的旅游内容。

### （二）旅游景区主题个性化

旅游景区主题形象是景区的历史、现实与未来的一种理性再现，是公众对旅游地总体、抽象、概括地认识和评价。为使旅游景区在同质化越来越严重的旅游市场中脱颖而出，就必须立足于景区自身的资源特色，结合市场的需求和竞争状况，明确规划目的，找准目标市场，打造个性化的旅游景区主题形象。

### （三）旅游景区规模大型化

旅游景区规模大型化的发展趋势主要体现在四个方面：一是旅游景区空间面积加大，二是旅游景区投资规模增加，三是旅游景区的游客接待规模扩大，四是旅游景区的集团化发展。

### （四）旅游环境生态化

在旅游业蓬勃发展的今天，旅游景区的环境面临着更加严峻的考验。为解决景区资源、环境、可持续发展等重大问题，并符合低碳消费，绿色旅游的理念，景区生态可持续发展将成为建设方向。

### （五）旅游经营管理智慧化

“景区智慧化”内涵丰富，主要包括以下方面：一是通过物联网对景区资源、自然灾害、游客行为、社区居民、景区工作人员行迹、景区基础设施和服务设施进行全面感知；二是对游客、社区居民、景区工作人员实现可视化管理；三是利用最新信息技术和管理理论改变景区管理局或管理委员会的组织结构，优化和再造景区管理业务流程；四是与科研院校、研究机构、酒店、旅行社、航空公司、IT公司等建立战略联盟，运用智慧技术管理景区；五是有效保护遗产资源的真实性和完整性，提高游客服务质量，实现景区环境、社会和经济的可持续发展。在当今这个体验经济时代，智慧景区的构建显得尤为重要。

### （六）旅游开发全域化

时下，我国正在大力推进全域旅游发展，在各方的努力之下，旅游开发和管理将出现新的模式和格局。全域旅游概念下的旅游发展，是社会全面发展概念的旅游表达。到时，我国社会是“处处皆风景”“处处有服务”，全域旅游将实现旅游与社会发展的共谋、共融、共建、共享，是我国实现小康生活、美好生活的途径之一。

# 第二节　旅游景区基础概要

## 一、旅游景区及相关概念

旅游景区是旅游业的重要组成部分，是旅游业发展的核心，也是旅游活动的终极目的地。一般来讲，旅游包括六大要素，即食、住、行、游、购、娱，而旅游活动核心是“游”和“娱”，而“食、住、行、购”为旅游活动的辅助要素与延伸要素，为核心活动提供场所的就是旅游景区。因此，旅游景区是目前我国旅游业发展的核心，在很大程度上决定着旅游者的旅游选择；在旅游经济发展中具有极其重要的地位。

一般情况下，与旅游景区概念较近、容易混淆的概念有旅游资源、旅游目的地、旅游度假区、旅游景点等专业术语。从学术角度讲，每个概念所表达和涵盖的内涵和内容是不相同。为此，需要对与旅游景区相关的概念进行解读辨析。

### （一）旅游景区

根据中国国家质量技术监督局发布的《旅游景区质量等级的划分与评定》（GB/T 17775—2003）对旅游景区的概念界定：旅游景区是指具有参观游览、休闲度假、康乐健身等功能，具备相应旅游服务设施并提供相应旅游服务的独立管理区。该管理区域应有统一的经营管理机构和明确的地域范围，类型包括风景区、文博院馆、寺庙观堂、旅游度假区、自然保护区、主题公园、森林公园、地质公园、游乐园、动物园、植物园及工业、农业、经贸、科教、军事、体育、文化艺术等各类旅游景区。

目前，我国的旅游景区应该是具有明确地域范围、相对封闭的旅游空间，其内应该具有一定的旅游景观等旅游资源，它能够满足旅游者游览等旅游需求、能够为旅游者提供旅游基础服务，有明确的经营管理机构。

但是随着我国旅游发展全域化，传统的旅游景区空间将逐步被打破，旅游景区的“围墙”将被推倒，旅游景区将逐渐泛化，旅游景区的服务与管理将会出现新的模式。相信那时，我国旅游发展将进入到新的高度。

### （二）旅游资源

关于旅游资源的概念较多，由于理解的角度不同，对旅游资源的概念解读也有差异。郭来喜（1982）认为“凡能为旅游者提供游览观赏、知识、乐趣、度假、疗养、娱乐、休息、探险猎奇、考察研究以及友好往来的客体和劳务，均可称为旅游资源”。李天元（2003）认为，凡是能够造就对旅游者具有吸引力环境的自然事物、文化事物、社会事物或其他任何客观事物，都可构成旅游资源。保继刚、楚义芳（1999）指出，对旅游者具有吸引力的自然存在和历史文化遗产，以及直接用于有目的的人工创造物。霍洛韦（1986）认为旅游吸引物必须是那些给旅游者积极的效益或特征的东西，他们可以是海滨或湖滨，山岳风景，狩猎公园，有趣的历史纪念物或文化活动，体育活动以及令人愉悦舒适的会议环境。

从旅游资源（Tourism Attractions）的英文翻译之一看，旅游资源就是对旅游者有吸引的事物。旅游资源的英文与旅游景区的英文基本一致，可以理解为凡是有旅游资源的地方都是旅游景区。由此可见，我国与西方对旅游的理解是有差异的。

### （三）旅游目的地

该概念具有综合性，更多地是从旅游营销、旅游者出游动机等角度理解。张立明、赵黎明（2005）认为“旅游目的地是对应旅游客源地、旅游过境地而言的，它不同于一般的旅游地或者旅游景区，是具有独特的旅游地形象、具有完善的区域管理与协调机构，能使潜在旅游者产生旅游动机，并做出旅游决策、实现其旅游目的的空间区域”。旅游目的地的空间是模糊的，综合性强。旅游景区等概念的空间关系分析图如图 1–2 所示。

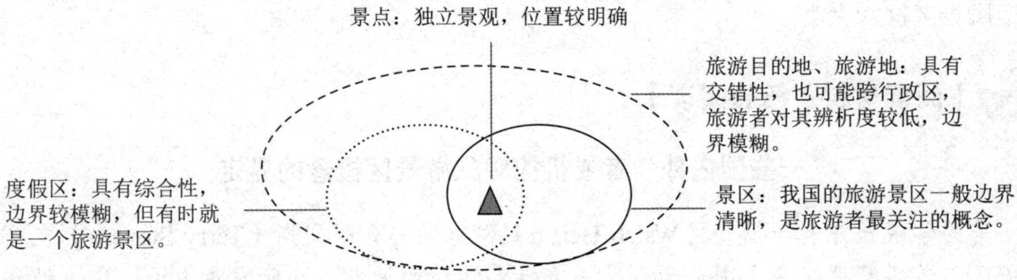


**图 1–2 旅游景区等概念的空间关系分析**

### （四）旅游地

旅游地和旅游目的地的概念较近，但也有所不同。旅游目的地是对应旅游客源地、旅游过境地而言的目的地的地域范围，而旅游地是针对旅游者而言的某个地理空间范围内的包括旅游设施和服务及旅游资源在内的旅游供给综合体，其特点是不仅有已被开发利用的旅游资源，而且在经济结构上有多层次的旅游业集合。

目前世界上对于旅游地类型划分的依据、命名和方法并不一致，如美国把旅游地作为土地利用的一种方式，称为“娱乐土地利用”，法国则将各类型旅游地统称为“疗养城和游乐城”等。

### （五）旅游度假区

旅游度假区是经过一定的旅游开发、具有特定旅游功能的区域。陈东田和吴人韦（2001）认为“旅游度假区是指旅游资源集中，环境优美，具有一定规模和游览条件，旅游功能相对完整独立的，为游憩、休闲、修学、健身、康体等目的而设计、经营的，能够提供相当旅游度假设施和服务的旅游目的地整体”。

### （六）旅游景点

从中文字面理解，旅游景点是旅游景区的一个部分，具有实际旅游资源分布的地方。英国学者约翰·斯沃布鲁克（John Swarbrooke）认为，景点应该是一个独立的单位，一个专门的场所，或是一个有明确界限的、范围不可太大的区域，交通便利，可以吸引大批的游客闲暇时来到这里做短时的访问。

### （七）旅游风景区

旅游风景区主要指可供游客观光游览的风景名胜区，旅游市场多理解为旅游景区。1985年，根据我国国务院颁布的《风景名胜区管理暂行条例》规定："风景名胜区是指具有欣赏、文化或科学价值，自然景物、人物景观比较集中，环境优美，有一定规模和范围，可供人们游览、休息，或进行科学、文化活动的地域"。从功能上来划分，可以分为观光型风景区、游览型风景区、休假型风景区、民俗型风景区、生态型风景区和综合型风景区这六大类。

**【阅读材料：拓展阅读】**

**一些国内外学者或机构对旅游景区概念的界定**

美国学者沃尔什·赫伦（Walsh Heron）和特里·史蒂文斯（Terry Stevens）在《旅游景区与节事管理》一文中认为景区是有特色活动的地点、场所或集中地，应该做到以下几点：第一，吸引旅游者和当地居民来访，并达到此经营目的。第二，为游客提供获得轻松愉悦经历的机会和消遣方式，使他们度过闲暇时间。第三，尽量发挥其潜在能力。第四，按景区的特色进行管理，是游客获得满足。第五，按游客的要求、需要和兴趣，提供相应水准的服务和设施。第六，收取或不收取门票费。

英国旅游局（BTA）和英格兰旅游委员会（ETC）认为，景区是"一个长久性的旅游目的地"。其存在的首要目的是向公众开放并满足进入者的娱乐、兴趣和需求教育。而不仅仅是零售点、一处体育竞赛场地、一场演出或一部电影。

李天元在《旅游学概论》（修订版）中认为旅游景点是由某一组织或者企业对其行使管理的旅游地点。

王昆欣认为旅游景区是具有美学、科学和历史价值的各类自然景观和人文景观的地域空间载体，它能够激发人们的旅游兴趣和需求，为人们提供参观、游览、度假、康乐、科研等产品和服务。

王德刚认为，旅游景区是以旅游资源或一定的景观、娱乐设施为主体，开展游览、娱乐休闲、康体健身、科学考察、文化教育等活动和服务的一切场所和设施。

岳仁怀认为，景区是指在一定区域范围内，旅游资源、旅游设施服务和机构、旅游交通设施等相互作用而形成的旅游地域系统。

## 二、旅游景区的分类

目前，我国旅游景区数量丰富，类别很多，但是由于各分类标准和出发点不同，因此景区类别各词不一，分类结果各不相同。

### （一）按景区的质量等级分类

#### 1. 五级分类

我国旅游景区质量管理实行的是五级系统，中华人民共和国于 2003 年 2 月 24 日发布了《旅游景区质量等级的划分与评定》（GB/T 17775—2003）。同时，国家旅游局按照《服务质量与环境质量评分细则》《景观质量评分细则》《游客意见评分细则》进行综合评分，将旅游景区划分为五级：5A 级景区、4A 级景区、3A 级景区、2A 级景区、A 级景区。

目前，我国各地申报 A 级景区评定主要集中在 5A 级景区、4A 级景区、3A 级景区。其中，由于 5A 级景区的市场吸引力最强，因此建设 5A 级景区、4A 级景区成为全国各地发展旅游的重点工作。

#### 2. 二级分类

根据国务院 2006 年 12 月 1 日起实施的《风景名胜区条例》，可以将我国风景名胜区分为国家级风景名胜区和省级风景名胜区，具有国家代表性的自然景观和人文景观可以申请设立国家级风景名胜区；具有区域代表性的，可以申请设立省级风景名胜区。

该分类划分的牵头单位为国家建设部，其目的是通过各级风景区的建立，保护自然资源和人文资源，然后是以此资源为依托，发展旅游产业。

此外，我国还有国家级自然保护区和省市级自然保护区，国家级文物保护单位和省市级文物保护单位、县级文化保护单位，国家级地质公园和省市级地质公园等分类方式，分类的资源所属部门、管理部门各不相同。

### （二）按照旅游景区的功能划分

按照旅游景区的功能划分，可以将景区划分为观光游览、度假休闲、科考、游乐、综合等类型的旅游景区。

#### 1. 观光游览类旅游景区

该类景区主要吸引以观光游览为目的的游客，这类景区一般都具有较高的审美价值和观赏价值。例如广西桂林山水、湖南张家界、澳大利亚大堡礁等。

#### 2. 度假修养类旅游景区

度假休闲类的旅游景区一般都具备高等级的度假休闲环境和良好的基础设施，能够为旅游者提供休闲、养生服务，主要以避暑胜地、海滨胜地、温泉疗养池为主。例如河北承德避暑山庄等。

#### 3. 科学考察类旅游景区

科学考察类的旅游资源是以科学考察和科学普及资源为主，并且具有较高的科学研究价值，能够满足游客的求知欲。主要以古人类遗址、地质公园、动植物自然保护区为主。例如，北京周口店遗址、五大连池地质公园等。

**4. 游乐类旅游景区**

游乐类旅游景区是以市场需求为依据，基于一定的文化和旅游功能主题，以人工打造为主的旅游景区，其特点是活动的体验性、娱乐性强。例如，世界主题乐园的代表迪士尼、我国的欢乐谷等。

**5. 综合类旅游景区**

该类旅游景区主要是指具有两个或者两个以上的功能，以多种形式的旅游产品组合吸引不同的旅游者的景区。因其多元性而竞争力较强，成为旅游景区的发展趋势。

### （三）按旅游资源类型划分

按旅游资源分类方式很多，这里主要介绍两种划分法。

**1. 三类划分法**

根据旅游资源类型划分，可以将旅游景区划分为三大类，即自然型景区、人文型景区、复合型景区。

（1）自然型景区

自然型的旅游景区主要是以自然资源、自然景观、生态环境为主要旅游吸引物，包括山川河湖森林等的自然风景区和其他地貌类型的旅游景区为主。例如，四川九寨沟、长江三峡、青海湖、长白山等旅游景区。

（2）人文型景区

人文型景区主要是以人文旅游资源为主导，或兼具一定的自然景观。主要以历史文化名城、园林、宗教寺庙、博物馆等为主。例如长城、颐和园、故宫博物院、苏州园林、布达拉宫等。

（3）复合型景区

复合型景区为自然资源与人文资源融为一体，这种旅游景区在世界范围内都较普遍。大部分景区很难根据自然或者人文的标准进行单一划分。例如，我国的泰山、黄山、武夷山、杭州西湖等，既是自然风景，又有丰富的人文内涵。

**2. 五类划分法**

美国学者 C. R. 戈尔德耐、J. R. 布伦特·里奇、罗伯特·麦金托什在《旅游业教程》一书中，根据旅游景区形成的原因将景区划分为五种类型。

（1）文化景区

文化景区主要是历史遗迹、考古遗迹、建筑物、风味菜系、纪念碑、工业遗址、博物馆、民俗、音乐会、剧场等。

（2）自然景区

自然景区主要是地质地貌风景、海景、湿地、山地、动物群、植物群、海岸、岛屿。

（3）节庆活动

节庆活动主要是超大型活动、社会活动、节事、宗教仪式、运动赛事、专业展览、企业活动。

（4）游憩景区

游憩景区主要是观光、高尔夫、游泳、网球、远足、自行车游、雪地运动。

（5）娱乐景区

娱乐景区主要是主题乐园、游乐园、赌场、电影院、购物设施、表演中心、运动设施。

### （四）按景区的管理主体进行分类

根据旅游景区的行政主管部门不同，旅游景区可以分为以下几类：

**1. 风景名胜区**

风景名胜区又可分为国家级风景名胜区和省级风景名胜区，归属于国家住房和城乡建设部。

**2. 森林公园**

森林公园又可分为国家级森林公园和省级森林公园，归属于国家林业局。

**3. 旅游度假区**

旅游度假区又分为国家级旅游度假区和省级旅游度假区，归属于国家旅游局。

**4. 自然保护区**

自然保护区又分为国家级自然保护区和省级自然保护区，他们归属于国家环境保护行政主管部门。

此外，现在还出现了国家公园、地质公园等景区类型。

**【阅读材料：拓展阅读】**

**日本：另类之旅游景点 新加坡：每年都评星级**

近日，首座“飘香公厕”正式在北京国贸亮相，人们如厕时不仅闻不到异味，反而有一种淡淡的清香。有媒体称，每天来这里“方便”的市民过万。北京市市政市容委相关负责人还介绍说，“飘香公厕”实现了彻底去异味、无蚊蝇，“今后检查人员也不用在公厕数苍蝇了。”国外的免费公厕在管理与维护的措施上，或许会对国内的公厕提供一定的借鉴意义。

**新加坡：每年举行星级评选**

新加坡是世界厕所组织的创始国。新加坡政府向来非常重视公厕问题，早在20世纪90年代中期就倡导了声势浩大的公厕清洁运动，每年还举行公厕的星级评选活动。新加坡公厕联合会积极响应政府的号召，该联合会在发表的一则声明中说，公共厕所的清洁对国家形象来说非常重要，是“吸引投资的一块磁铁”，从某种角度上代表了这个国家的发展。世界厕所组织的创始人沈锐华在新加坡开设了世界首家公厕学院。

公厕学院开设的课程分为两类：一类为贫困地区的厕所问题。为了教人们在贫困地区如何建造符合卫生条件的生态型公共厕所，学院特地从德国聘请了厕所教授。现在，已经有来自20个国家的40人成为学员，大部分学员是那些正在贫困乡村帮助当地农民的义工。新加坡政府除办好公厕学院外，还打算在乡村设立“厕所银行”，通过低息贷款的方式，帮助农民筹资建造自己的厕所。

另一类为城市公厕问题。公厕学院主要提供在厕所清洁行业的新配备和新技术方面的培训，改变公共厕所的“传统形象”，特别要提高清洁人员的素质和待遇，要让他们有能力管理一整间厕所，职业素养提升到“管理者”的级别水平。目前，新加坡厕所清洁工月薪为 500~700 新元（合人民币 2500~3500 元）。

**【阅读材料：拓展阅读】**

**日本：公厕也是旅游景点**

在日本，公厕甚至成了一大旅游热点，在市区各景点都能看到一些外观颇具特色的厕所，它们往往根据所在的环境而采用不同的建筑风格。为了弘扬厕所文化，日本各地还在风景区相建造文化型公厕，仓吉市还专门编辑出版了供人旅游的《市区公共厕所地图》。日本的公厕常常也是公园的大门，游客在如厕的同时，还能领略到日本的历史文化风情。

日本的城市人口稠密、地方狭窄，人们走在拥挤的街道上，很难看到有“公厕”字样的建筑物。然而，凡是允许公众进出的场所，都有卫生间供内外人员免费使用，且有专人打扫，没有任何异味。如加油站、百货商店、饭馆、职业介绍所、娱乐场所等，甚至地铁车站也有公共卫生间供乘车和不乘车的人免费使用。日本公厕的设计者似乎能体会到母亲如厕时的困惑，他们为了防止孩子在妈妈方便时到处乱跑、乱摸，别出心裁地充分利用了厕所门边的墙角，在那儿特制了一个孩子可以和妈妈面对面坐的小椅子，这样妈妈方便时就可以安安心心地看着孩子、不必求人了。

（资料来源：根据张强（2013）整理）

## 三、旅游景区的分布

由于旅游景区的分类方式很多，各种分类之间存在较多交叉，为了便于多角度了解，以下主要陈述五个类型景区的分布情况。

### （一）国家 5A 级景区的空间分布

**1. 概述**

我国旅游景区质量等级划分为五级，从高到低依次为 5A 级、4A 级、3A 级、2A 级、A 级。5A 级为中国旅游景区最高等级。截至 2017 年 12 月，国家旅游局共确定了 250 家国家 5A 级旅游景区。其创建要求有交通、区域、安全、卫生布局、邮电服务、购物、经营管理、环境保护、接待能力、满意度这十大要素，其评定细则由三部分组成：服务质量与环境质量评分细则（共计 1000 分；5A 级景区不低于 950 分）、景观质量评分细则（共计 100 分；5A 级景区不低于 90 分）、游客意见评分细则（共计 100 分；5A 级景区不低于 90 分）。

【阅读材料：拓展阅读】

## 国家5A级景区全名单（截至2017年12月为250家）

**北京市：7家**

故宫博物院、天坛公园、颐和园、北京八达岭—慕田峪长城旅游区、明十三陵景区（神路—定陵—长陵—昭陵）、恭王府景区、北京奥林匹克公园（鸟巢—水立方—中国科技馆—国家奥林匹克森林公园）

**天津市：2家**

天津古文化街旅游区（津门故里）、天津蓟县盘山风景名胜区

**河北省：8家**

承德避暑山庄及周围寺庙景区（普陀宗乘—须弥福寺—普宁寺—普佑寺）、秦皇岛山海关景区（老龙头—山海关古城—天下第一关—孟姜女庙）、保定安新白洋淀景区（文化苑—大观园—鸳鸯岛—元妃荷园—嘎子印象—渔人乐园）、保定涞水县野三坡景区（百里峡—白草畔—鱼谷洞—龙门天关）、石家庄平山县西柏坡景区、邯郸广府古城景区、保定白石山景区、唐山清东陵景区

**山西省：7家**

大同云冈石窟、忻州五台山风景名胜区、晋城阳城县皇城相府生态文化旅游区、晋中市介休市绵山风景名胜区、晋中市乔家大院文化园区、晋中市平遥古城景区、忻州市雁门关景区

**内蒙古自治区：4家**

鄂尔多斯达拉特旗响沙湾旅游景区、鄂尔多斯伊金霍洛旗成吉思汗陵旅游区、内蒙古自治区满洲里市中俄边境旅游区、内蒙古自治区阿尔山·柴河旅游景区内

**辽宁省：5家**

沈阳植物园、大连老虎滩海洋公园—老虎滩极地馆、大连金石滩景区（地质公园—发现王国—蜡像馆—文化博览广场）、本溪市本溪水洞景区、千山风景名胜区

**吉林省：6家**

长白山景区、长春伪满皇宫博物馆、长春净月潭景区、长春市长影世纪城旅游区、吉林省长春市世界雕塑公园旅游景区、敦化市六鼎山文化旅游区

**黑龙江省：5家**

哈尔滨太阳岛景区、黑河五大连池景区、牡丹江宁安市镜泊湖景区、伊春市汤旺河林海奇石景区、漠河北极村旅游区

**上海市：3家**

东方明珠广播电视塔、上海野生动物园、上海科技馆

**江苏省：23家**

苏州园林（拙政园—留园—虎丘）、苏州昆山周庄古镇景区、南京钟山—中山陵风景名胜区（明孝陵—音乐台—灵谷寺—梅花山—紫金山天文台）、中央电视台无锡影视基地三国水浒城景区、无锡灵山大佛景区、常州市环球恐龙城休闲旅游区（中华恐龙

园—恐龙谷温泉—恐龙人剧场）、苏州吴江同里古镇景区、南京夫子庙—秦淮河风光带（江南贡院—白鹭洲—中华门—瞻园—王谢故居）、扬州瘦西湖风景区、南通市濠河风景区、泰州姜堰区溱湖国家湿地公园、苏州市金鸡湖国家商务旅游示范区、镇江三山风景名胜区（金山—北固山—焦山）、无锡鼋头渚景区、常州溧阳天目湖旅游度假区（天目湖、南山竹海、御水温泉）、苏州吴中太湖旅游区（旺山—穹窿山—东山）、苏州常熟沙家浜—虞山尚湖旅游区、镇江句容茅山景区、淮安市周恩来故里景区（周恩来纪念馆—周恩来故居—驸马巷历史街区—河下古镇）、大丰中华麋鹿园景区、江苏省徐州市云龙湖景区、江苏省连云港花果山景区、江苏省常州市春秋淹城旅游区

**浙江省：16 家**

杭州西湖风景区、温州乐清市雁荡山风景区、舟山普陀山风景区、杭州淳安千岛湖风景区、嘉兴桐乡乌镇古镇旅游区、宁波奉化溪口—滕头旅游景区、金华东阳横店影视城景区、嘉兴南湖旅游区、杭州西溪湿地旅游区、绍兴市鲁迅故里—沈园景区、衢州市开化根宫佛国文化旅游区、台州市神仙居景区、湖州市南浔古镇景区、浙江省衢州市江郎山·廿八都景区、浙江天台山风景名胜区、浙江省嘉兴市西塘古镇旅游景区

**安徽省：11 家**

黄山市黄山风景区、池州青阳县九华山风景区、安庆潜山县天柱山风景区、黄山市黟县皖南古村落—西递、宏村、六安市金寨县天堂寨旅游景区、宣城市绩溪县龙川景区、阜阳市颍上县八里河风景区、黄山市古徽州文化旅游区（徽州古城—牌坊群鲍家花园—唐模—潜口民宅—呈坎）、合肥市三河古镇景区、安徽省六安市万佛湖景区、安徽省芜湖市方特旅游区

**福建省：9 家**

厦门鼓浪屿风景名胜区、南平武夷山风景名胜区、三明泰宁风景旅游区、福建土楼（永定·南靖）旅游景区、宁德屏南（白水洋·鸳鸯溪）旅游景区、泉州市清源山风景名胜区、宁德市福鼎太姥山旅游区、福州市三坊七巷景区、龙岩市古田旅游区

**江西省：10 家**

庐山风景名胜区、井冈山风景名胜区、江西三清山风景名胜区、龙虎山风景名胜区、龟峰风景名胜区、江西省抚州市大觉山景区、宜春市明月山旅游区、瑞金市共和国摇篮旅游区、景德镇古窑民俗博览区、上饶市婺源江湾景区

**山东省：11 家**

泰安泰山景区、烟台蓬莱阁—三仙山—八仙过海旅游区、济宁曲阜明故城三孔旅游区、青岛崂山景区、威海刘公岛景区、烟台龙口南山景区、枣庄台儿庄古城景区、济南天下第一泉景区（趵突泉—大明湖—五龙潭—环城公园—黑虎泉）、山东沂蒙山旅游区（沂山景区—龟蒙景区—云蒙景区）、山东省潍坊市青州古城旅游区、山东省威海市华夏城旅游景区

**河南省：14 家**

郑州登封嵩山少林景区、洛阳龙门石窟景区、焦作（云台山—神农山—青天河）风景区、安阳殷墟景区、洛阳嵩县白云山景区、开封清明上河园景区、尧山—中原大佛景区、洛阳龙潭大峡谷景区、南阳市西峡伏牛山老界岭·恐龙遗址园旅游区、驻马店市嵖

岈山旅游景区、太行大峡谷旅游景区、河南省安阳市红旗渠、河南省永城市芒砀山旅游景区、洛阳老君山风景区、鸡冠洞风景区

**湖北省：10家**

武汉黄鹤楼公园、宜昌三峡大坝旅游区、宜昌三峡人家风景区、十堰丹江口市武当山风景区、恩施州巴东神龙溪纤夫文化旅游区、神农架生态旅游区、宜昌长阳县清江画廊景区、武汉市东湖景区、武汉市黄陂木兰文化生态旅游区、宜昌屈原故里文化旅游区

**湖南省：8家**

张家界武陵源—天门山旅游区、衡阳南岳衡山旅游区、湘潭韶山旅游区、岳阳岳阳楼—君山岛景区、长沙岳麓山—橘子洲旅游区、长沙市宁乡县花明楼景区、崀山风景名胜区、东江湖风景名胜区

**广东省：12家**

广州长隆旅游度假区、深圳华侨城旅游度假区、广州白云山景区、梅州市梅县区雁南飞茶田景区、深圳观澜湖休闲旅游区、清远连州地下河旅游景区、韶关仁化丹霞山景区、佛山西樵山景区、惠州市罗浮山景区、佛山市德顺区长鹿旅游休博园、阳江市海陵岛大角湾海上丝路旅游区、中山市孙中山故里旅游区

**广西壮族自治区：5家**

桂林漓江风景区、桂林兴安县乐满地度假世界、桂林独秀峰·靖江王城景区、南宁市青秀山旅游区、广西壮族自治区桂林市两江四湖·象山景区

**海南省：6家**

三亚南山文化旅游区、三亚南山大小洞天旅游区、海南呀诺达雨林文化旅游区、分界洲岛旅游区、海南槟榔谷黎苗文化旅游区、海南省三亚市蜈支洲岛旅游区

**重庆市：8家**

大足石刻景区、重庆巫山小三峡—小小三峡、武隆喀斯特旅游区（天生三桥、仙女山、芙蓉洞）、酉阳桃花源旅游景区、万盛黑山谷—龙鳞石海风景区、南川金佛山、重庆市云阳龙缸景区、江津四面山景区

**四川省：12家**

成都青城山—都江堰旅游景区、乐山峨眉山景区、阿坝藏族羌族自治州九寨沟景区、乐山大佛景区、阿坝藏族羌族自治州松潘县黄龙风景名胜区、四川省甘孜州海螺沟景区、四川省南充市仪陇朱德故里景区、剑门蜀道风景名胜区、绵阳北川羌城旅游区（中国羌城—老县城地震遗址—“5·12”特大地震纪念馆—北川羌族民俗博物馆—北川新县城—吉娜羌寨）、阿坝藏族羌族自治州汶川特别旅游区（震中映秀—水磨古镇—三江生态旅游区）、南充市阆中古城旅游景区、广安市邓小平故里旅游区

**贵州省：5家**

安顺镇宁县黄果树瀑布景区、安顺龙宫景区、毕节市百里杜鹃景区、贵州省贵阳市花溪青岩古镇景区、荔波樟江风景名胜区

**云南省：8家**

昆明石林风景区、丽江玉龙雪山景区、丽江古城景区、大理崇圣寺三塔文化旅游区、中科院西双版纳热带植物园、迪庆藏族自治州香格里拉普达措国家公园、云南省昆

明市昆明世博园景区、腾冲地热火山风景名胜区

**西藏自治区：4家**

拉萨布达拉宫景区、拉萨大昭寺景区、日喀则扎什伦布寺景区、林芝巴松措景区

**陕西省：8家**

西安秦始皇兵马俑博物馆、西安华清池景区、延安黄陵县黄帝陵景区、西安大雁塔—大唐芙蓉园景区、渭南华阴市华山景区、宝鸡扶风县法门寺佛文化景区、商洛市金丝峡景区、陕西省宝鸡市太白山旅游景区

**甘肃省：4家**

嘉峪关文物景区、平凉崆峒山风景名胜区、天水麦积山景区、鸣沙山月牙泉风景名胜区

**宁夏回族自治区：4家**

石嘴山平罗县沙湖旅游景区、中卫沙坡头旅游景区、银川镇北堡西部影视城、银川市灵武水洞沟旅游区

**青海省：3家**

青海湖风景区、西宁市湟中县塔尔寺景区、青海省海东市互助土族故土园景区

**新疆维吾尔自治区：12家**

天山天池风景名胜区、阿勒泰地区喀纳斯景区、吐鲁番市葡萄沟风景区、新疆伊犁那拉提旅游风景区、阿勒泰地区富蕴可可托海景区、博斯腾湖风景名胜区、喀什地区泽普金湖杨景区、新疆生产建设兵团第十师白沙湖景区、巴音郭楞蒙古自治州和静县巴音布鲁克景区、伊犁哈萨克自治州特克斯县喀拉峻景区、喀什地区喀什噶尔老城景区、乌鲁木齐天山大峡谷景区

（资料来源：旅游名录_中华人民共和国国家旅游局 http：//www.maigoo.com/goomai/151570.html）

全国拥有5A级旅游景区数量排前十的省份如表1–7所示。

**表1–7 全国拥有5A级旅游景区数量排前十的省份**

| 省份排行 | | |
|---|---|---|
| 名次 | 省/自治区/直辖市 | 国家5A级旅游景区数量/家 |
| 1 | 江苏省 | 23 |
| 2 | 浙江省 | 16 |
| 3 | 河南省 | 14 |
| 4 | 四川省 | 12 |
| 5 | 广东省 | 12 |
| 6 | 新疆维吾尔自治区 | 12 |
| 7 | 山东省 | 11 |
| 8 | 安徽省 | 11 |
| 9 | 湖北省 | 10 |
| 10 | 江西省 | 10 |

（资料来源：根据旅游名录_中华人民共和国国家旅游局数据统计，2017）

2. 总体分布特征

各省级行政区的国家A级旅游景区的数量与当地的旅游资源禀赋、旅游资源品质、旅游景区开发程度、地方经济条件、地方政府部门申报积极性都有关系，因此其分布情况不能完全代表地方旅游发达程度。以西藏为例，5A级旅游景区只有4家，其旅游知名度也非常高，旅游资源也非常丰富，但是开发程度不足；北京市5A级旅游景区7家，但是旅游业非常发达。所以，国家A级旅游景区的数量分布特征只作大致了解和参考。

第一，从省域范围看，国家A级旅游景区的数量以江苏省最多（23家），其次是浙江省（16家）、河南省（14家），位列全国前三位，共计53家，占了全国总数的21.2%。这与他们的经济发达程度、重视程度、旅游资源丰富程度有直接关系。

第二，从经济发展程度上来看，5A级旅游景区主要分布于经济发达的地区。这些地区有较为完善的基础设施，可进入性强，也有良好的区域经济形象，一定程度有利于5A级景区的发展。但是，在西南地区，尤其是四川、云南，其丰富而高品质的旅游资源竞争优势不可小觑，5A级旅游景区也较多。

第三，从地理地势上来看，5A级旅游景区主要分布于三级阶梯过渡地区。我国根据地貌差异，分为三大阶梯，即一级阶梯地区、二级阶梯地区和三级阶梯地区。而三级阶梯地区位于沿海，占据有利的地理优势，经济发达，交通方便，为5A级旅游景区的发展打下了良好的基础。

## （二）4A级景区的空间分布

1. 概述

根据现行的《旅游景区质量等级的划分与评定》标准，4A级是仅次于5A级的旅游景区质量等级。截至2017年12月，国家旅游局公示了共计1525家国家4A级旅游景区。景区数量的不断增加，有利于提升我国旅游景区的竞争力，扩大经济效益和社会效益。

2. 总体分布特征

近年来，国家4A级旅游景区的评定由各省（市、自治区）旅游景区质量等级评定委员会组织，出现了质量参差不齐的情况。2016年下半年，各地旅游部门启动了对全国4A级及以下景区的集中复核检查，共有255家4A级景区被处理；2017年5月，全国旅游资源规划开发质量评定委员会发布公告，为全面维护A级景区品牌质量，要求各省级旅游部门对辖区内的4A级景区开展集中检查，对无法达到标准要求的景区予以处理。由于这些原因，国家4A级旅游景区的数量波动性较大，加之媒体未及时更新信息，准确数据较难统计，以下数据情况仅供参考。

根据MAIGOO的网络数据收集整理（截至2017年7月），各省（市、自治区）的国家4A级旅游景区数量差别较大。例如，山东204家、四川202家、广东167家、安徽167家、江苏165家、河南132家、河北125家、辽宁111家、重庆79家。

总体上，国家4A级旅游景区分布地区仍然是以我国东部地区和中部地区为主，西部地区除四川和云南外，数量相对较少。决定4A级旅游景区数量多少的原因与5A景区情况基本一致。原因之一是东部地区的经济相对发达，用于旅游发展、景区建设方面的力度较大；二是对旅游业的经济拉动性认识较充分，因此希望通过旅游发展来带动经济发展；三是各地对旅游景区规范建设的重视程度不一样，一般旅游和经济较发达地区希望借国家A级旅游景区的开发建设来促进旅游业发展，所以东部省的数量较多一些。

也有学者认为，国家4A级旅游景区应该由集中向均衡方向发展，4A级景区的评定既要体现出现有的“发达”景区之间的竞争性，也要兼顾潜在的“不发达”的但却有良好资源基础的“萌芽”旅游景区，大力扶植和保护具有巨大发展潜力的旅游资源。

## （三）中国的世界遗产空间分布

### 1. 概述

中国自1985年11月22日加入《保护世界文化与自然遗产公约》的缔约国行列以来，截至2018年7月，共有53项遗产（包括自然遗产13项，文化遗产36项，双重遗产4项，含跨国项目1项）被列入世界遗产名录，在数量上仅次于意大利（54项）。

中国世界遗产不仅类别齐全，而且是世界上拥有世界自然与文化双遗产数量最多的国家（与澳大利亚并列，均为4项），其中北京拥有周口店北京猿人遗址；长城；明清皇宫（北京故宫（北京）、沈阳故宫（辽宁））；颐和园、天坛；明清皇家陵寝（明显陵（湖北）、清东陵（河北）、清西陵（河北）；明孝陵（江苏）、十三陵（北京）、盛京三陵（辽宁）），大运河7项世界遗产，是世界上拥有遗产项目数最多的城市。

中国的世界遗产一览表（含跨国）如表1-8所示。

表1-8 中国的世界遗产一览（含跨国）

| 登录名称 | 登录类型 | 所在地 |
| --- | --- | --- |
| 长城 | C | 西起嘉峪关 东至鸭绿江畔 |
| 明清皇宫 | C | 北京东城区、辽宁沈阳 |
| 莫高窟 | C | 甘肃敦煌 |
| 秦始皇陵 | C | 陕西西安 |
| 周口店北京猿人遗址 | C | 北京房山区 |
| 泰山 | NC | 山东泰安 |
| 黄山 | NC | 安徽黄山市 |
| 九寨沟风景名胜区 | N | 四川九寨沟县 |
| 黄龙风景名胜区 | N | 四川松潘 |
| 武陵源风景名胜区 | N | 湖南张家界 |
| 承德避暑山庄和外八庙 | C | 河北承德 |
| 曲阜孔庙、孔林、孔府 | C | 山东曲阜 |
| 武当山古建筑群 | C | 湖北丹江口 |
| 拉萨布达拉宫历史建筑群 | C | 西藏拉萨 |
| 庐山国家级风景名胜区 | C | 江西九江 |

续表

| 登录名称 | 登录类型 | 所在地 |
| --- | --- | --- |
| 峨眉山风景名胜区，含乐山大佛风景区 | NC | 四川乐山，包括峨眉山市 |
| 丽江古城 | C | 云南丽江 |
| 平遥古城 | C | 山西平遥 |
| 苏州古典园林 | C | 江苏苏州 |
| 颐和园 | C | 北京海淀区 |
| 天坛 | C | 北京东城区 |
| 大足石刻 | C | 重庆大足 |
| 武夷山 | NC | 福建武夷山市 |
| 青城山与都江堰 | C | 四川都江堰市 |
| 皖南古村落—西递、宏村 | C | 安徽黟县 |
| 龙门石窟 | C | 河南洛阳 |
| 明清皇家陵寝 | C | 湖北钟祥、河北遵化、河北易县、江苏南京、北京昌平区、辽宁沈阳、新宾 |
| 云冈石窟 | C | 山西大同 |
| 云南三江并流保护区 | N | 云南丽江、迪庆藏族自治州和怒江傈僳族自治州 |
| 高句丽王城、王陵及贵族墓葬 | C | 吉林集安和辽宁桓仁 |
| 澳门历史城区 | C | 澳门 |
| 四川大熊猫栖息地 | N | 四川成都、阿坝、雅安、甘孜 |
| 殷墟 | C | 河南安阳 |
| 中国南方喀斯特 | N | 云南石林、贵州荔波、重庆武隆 |
| 开平碉楼与村落 | C | 广东开平 |
| 福建土楼 | C | 福建龙岩、漳州 |
| 三清山国家级风景名胜区 | N | 江西上饶 |
| 五台山 | C | 山西五台 |
| “天地之中”历史建筑群 | C | 河南登封 |
| 中国丹霞 | N | 广东丹霞山、湖南崀山、福建泰宁、江西龙虎山、浙江江郎山、贵州赤水 |
| 杭州西湖文化景观 | C | 浙江杭州 |
| 元上都遗址 | C | 内蒙古正蓝旗 |
| 澄江化石地 | N | 云南澄江 |
| 新疆天山 | N | 新疆阿克苏、伊犁、巴音郭楞、昌吉 |
| 红河哈尼梯田 | C | 云南红河 |
| 大运河 | C | 北京市、天津市、河北省、山东省、河南省、安徽省、江苏省、浙江省 |

续表

| 登录名称 | 登录类型 | 所在地 |
|---|---|---|
| 丝绸之路 | C | 中国（河南省、陕西省、甘肃省、新疆维吾尔自治区）、哈萨克斯坦（阿拉木图州、江布尔州）、吉尔吉斯斯坦（楚河州） |
| 中国土司遗址 | C | 湖南永顺老司城遗址、湖北恩施唐崖土司城址、贵州遵义海龙囤 |
| 广西左江花山岩画 | C | 广西广西崇左市左江流 |
| 湖北神农架 | N | 湖北神农架 |
| 青海可可西里 | N | 青海可可西里 |
| 厦门鼓浪屿 | C | 福建厦门 |
| 贵州梵净山 | N | 贵州省铜仁市 |

注：C 代表人文遗产、N 代表自然遗产、NC 代表自然人文双重遗产

（资料来源：中国世界遗产网，2017）

### 2. 总体分布特征

中国世界遗产类型齐全、内容丰富，但空间分布不均衡。相比之下，文化遗产数量较多，有 36 处，自然遗产数量偏少，有 13 处。

（1）从地域分布上看，中国世界遗产主要分布于四大区域，分别是北京周边地区、黄河中下游地区、长江中下游平原以及中国西南部。北京作为首都，是重要的文化政治中心，同时也是著名古都和历史时期政治经济繁盛所在，故在北京及其周边地区的 8 项世界遗产全部为文化遗产；黄河流域是中华民族的摇篮，见证着华夏文明的发展历程，因此黄河中下游地区也是以文化遗产为主；长江是中国第一大河流，长江流域是中国另一文明发源地，经亿年的地质运动形成，地质复杂、地貌丰富、生物物种多样，在长江下游地区是我国南方文化的代表性区域，遗产分布类型丰富；中国西部地区遗产数量最多，以四川为中心的西部地区，是我国西部地质条件复杂、地貌多样的山地区，独特地理资源丰富。

（2）中国 53 项世界遗产分布于 22 个省区，占中国省份的 65%，海南、广西、新疆、内蒙古、青海等 12 个省区尚无一项物质类世界遗产。由于部分世界遗产属于组合型，跨几个省域分布，总计世界遗产地 53 处，平均每省（市、自治区）2.05 处，分布数量在平均值以上的只有 4 个省（市、自治区），其中北京市 7 处，居全国首位，占总数的 13.21%；四川省 5 处，居第二位，占总数的 9.43%，再次是云南、山西。

中国世界遗产表现出以上分布特征，主要原因可能包括：一是世界遗产的宏观尺度分布受地理大环境影响，主要分布于地质复杂、地貌类型丰富、但又不恶劣的区域；二是与生物和人类的宜生环境条件有关，中国世界文化遗产大多分布于生物宜生、人类宜居的区域，自然环境复杂而不极端（如极端气候），既有利于生物多样性生长，又有利于人类生存，最终促进了历史时期人类文明的积成。

### （四）自然保护区的空间分布

**1. 概述**

2010 年《中华人民共和国自然保护区条例》对自然保护区的定义是：“自然保护区”为“对有代表性的自然生态系统、珍稀濒危野生动植物物种的天然集中分布区、有特殊意义的自然遗迹等保护对象所在的陆地、陆地水体或者海域，依法划出一定面积予以特殊保护和管理的区域”。自然保护区分为国家级自然保护区和地方级自然保护区。

截至 2016 年年底，中国（不含香港、澳门特别行政区和台湾地区，下同）共建立各种类型、不同级别的自然保护区 2740 个，其中国家级 428 个（林业系统国家级自然保护区 346 处），地方级 2312 个（省级 879 个，市级 410 个，县级 1023 个）。

自然保护区总面积达到 147 万平方公里，约占全国陆地面积的 14.84%。全国超过 90% 的陆地自然生态系统都建有代表性的自然保护区，89% 的国家重点保护野生动植物种类以及大多数重要自然遗迹在自然保护区内得到保护，部分珍稀濒危物种野外种群逐步恢复。大熊猫野外种群数量达到 1800 多只，东北虎、东北豹、亚洲象、朱鹮等物种数量明显增加。

**2. 总体分布特征**

根据中国环境部 2016 年的数据公布，自然保护区主要分布在以下几个地方（见表 1–9）。

表 1–9 我国自然保护区数量在全国前十的省（市、自治区）

| 排名 | 省（市、自治区） | 所在地理区域 | 自然保护区个数 |
|---|---|---|---|
| 1 | 广东 | 华南山岳区 | 416 |
| 2 | 黑龙江 | 东北山地平原地区 | 285 |
| 3 | 内蒙古 | 内蒙古山地平原地区 | 255 |
| 4 | 云南 | 西南高山峡谷地区 | 242 |
| 5 | 江西 | 华东丘陵平原区 | 225 |
| 6 | 四川 | 西南高山峡谷地区 | 203 |
| 7 | 贵州 | 西南高山峡谷地区 | 171 |
| 8 | 湖南 | 华中低山丘陵区 | 163 |
| 9 | 福建 | 华南低山丘陵区 | 144 |
| 10 | 辽宁 | 东北山地平原地区 | 131 |

（资料来源：根据环境保护部全国自然保护区名录统计，2016）

由表 1–9 可以看出，东北和内蒙古山地平原地区（内蒙古、辽、黑）的自然保护区数量多，内蒙古、辽宁和黑龙江各自然保护区的数量都多于 100 处，东北和内蒙古山地平原地区共有自然保护区 671 处，占总数（2740）的 24.48%。西南高山峡谷地区（川、黔、滇），四川、贵州和云南各自的自然保护区数量都多于 100 家，西南高山峡谷地区共有自然保护区 616 处，占总数的 22.48%。靠近海岸线的广东省，仅一省就有 416 处自然保护区，占总数（2740）的15.18%，而其他的海滨城市如上海5处、江苏40处、浙江43处等，合计也不足100处。位于西北的新疆维吾尔自治区34处和青海省11处也相对较少。故从总数上来看，在山地和平原地区，雨量充沛，动植物种类繁多，自然保护区数量较多，而沿海地区经济条件较好，人口密集，物种资源较少，自然保护区相对较少，西北地区，降雨量少，沙漠覆盖率较高，物种资源较少，故自然保护区也相对较少。

从上述数据可知，自然保护区的分布地带与5A、4A级旅游景区分布集中地区存在比较明显的差异。A级旅游景区主要在沿海一带，而自然保护区主要分布在东北、西南等自然资源较丰富的地区。

## （五）森林公园的空间分布

### 1. 概述

由于旅游业发展和林业产业结构调整，森林旅游开发日益受到重视，1982年9月25日，经中华人民共和国批准，将原来的张家界林场正式命名为“张家界国家森林公园”，这是中国第一座国家级的森林公园。建设标志着中国森林公园建设的开始，森林公园作为绿色生态旅游的第一表征物，已发育成为重要的旅游地之一，初步形成林区独具特色的以森林景观为主体，地文景观、水体景观、天象景观、人文景观等资源有机结合的多样化森林风景资源保护管理和开发建设体系。

根据中国林业网，截至2016年年底，全国国家级森林公园827处（占地面积约1320.67万公顷）、省级森林公园1457处（占地面积约429.87万公顷）、县（市）级森林公园1107处（占地面积约136.71万公顷）。截至2016年，森林公园总数达3392处，已经规划发展的面积1886.67万公顷。河北、山西、浙江、福建、江苏、江西、山东、河南、湖南、广东、四川共11省的森林公园分别超百处。在2016年，3288处森林公园共接待游客9.17亿人次（其中海外游客1497.69万人次），占国内旅游总人数的20.8%，旅游收入781.61亿元，分别比2015年度增长15.3%和10.8%。

### 2. 总体分布特征

我国幅员辽阔，气候各异，从东海之滨到世界屋脊，从热带雨林到寒带针叶林，地形、地貌、气候、湿度、温度差异极大，再加上各省市之间的人文环境差异以及经济发展状况差异，导致各省市所拥有的森林公园数量分布特征都呈现出较大差异。

截至2016年年底，我国林业局公布的各省的国家级森林公园新数据如下（数量>30处，从高到低）。

森林公园数＞30处的省（市、自治区）如表1–10所示。森林公园数＜10处的省（市、自治区）如表1–11所示。

表1–10　森林公园数>30处的省（市、自治区）

| 排名 | 省（市、自治区） | 国家级森林公园个数 |
|---|---|---|
| 1 | 湖南 | 58 |
| 2 | 山东 | 48 |
| 3 | 江西 | 46 |

续表

| 排名 | 省（市、自治区） | 国家级森林公园个数 |
| --- | --- | --- |
| 4 | 浙江 | 39 |
| 5 | 四川 | 38 |
| 6 | 湖北 | 37 |
| 7 | 陕西 | 35 |
| 8 | 黑龙江 | 34 |
| 9 | 安徽 | 31 |
| 10 | 河南 | 31 |

（资料来源：根据我国林业局森林公园数据统计 2016）

表 1–11　森林公园数 <10 处的省（市、自治区）

| 排名 | 省（市、自治区） | 国家级森林公园个数 |
| --- | --- | --- |
| 1 | 天津 | 1 |
| 2 | 宁夏 | 4 |
| 3 | 上海 | 4 |
| 4 | 青海 | 7 |
| 5 | 西藏 | 9 |
| 6 | 海南 | 9 |

（资料来源：根据我国林业局森林公园数据统计 2016）

从表 1–11 可知：

第一，从各个省份所拥有的森林公园的数量多少来看，湖南省、山东省和江西省所占的公园数最多，仅 3 省就占到全国国家级森林公园总数的 18.38%，而天津、宁夏、上海所拥有的森林公园的数量总和都仅仅有 9 处，仅占到总数的 1.1%。由此可以看出，我国国家森林公园分布的高密度地区在我国的中部及东部沿海地区，大致与黑龙江黑河到云南腾冲的人口地理分布线相一致；主要分布在我国年降水量大于 400mm 的丰水区、多水区以及过渡带。

第二，若将我国分为以下几个部分，东北和内蒙古山地平原区（内蒙古、辽、吉、黑），华北平原和黄土高原区（京、津、冀、晋、鲁、豫、陕），华东丘陵平原区（沪、苏、浙、皖、闽、赣），华中低山丘陵区（鄂、湘），华南山岳区（粤、桂、琼），西南高山峡谷区（川、黔、滇、渝、藏），西北高原荒漠（甘、宁、青、藏），那么，森林公园主要分布于东北和内蒙古山地平原区、华北平原和黄土高原区、华东丘陵平原等地区，呈集中分布，均衡度较低。

第三，从数量的空间分布来看，国家级森林公园的分布与自然保护区的分布有相似之处，尤其是东北和内蒙古山地平原区、西南高山峡谷区的国家级森林公园和自然保护区的分布密度都很高。

## 四、旅游景区与全域旅游

旅游业作为带动性较强的产业，在世界各国越来越受到重视。在我国旅游发展的初级阶段，主要是建景区、宾馆。旅游业发展到现在，已经进入到以自助游、自驾游为主的全新阶段，传统的景区旅游发展模式已不能满足现代旅游发展的需要。在全球化的旅游浪潮中，如何实施新型旅游发展模式来适应旅游需求，推进旅游供给侧改革，成了今天我国旅游业发展的重点和难题。

全域旅游的提出，让大众感受到旅游不仅仅是单一、分散的旅游景区游览，而是一个让各行各业都应该融入的全方位旅游模式，尤其旅游作为经济活动，全域旅游对带动其他产业的发展起着更加重要的作用。发展全域旅游，需要整体规划布局、综合统筹管理（多部门）、一体化营销推广，促进旅游业全区域、全要素、全产业链（旅游+）发展。

### （一）全域旅游的定义

2015 年 9 月，国家旅游局发布《关于开展“国家全域旅游示范区”创建工作的通知》(旅发〔2015〕182 号)，标志着国家全域旅游示范区创建工作在全国范围正式铺开。全域旅游是一个新概念，各界众说纷纭，没有统一说法；也有学术界专家认为，全域旅游不是学术概念。因此，关于全域旅游的定义有多种说法，本书提供以下几种概念解读，其中以国家旅游局给出的定义最完善。

国家旅游局（2015）对全域旅游的解读是，全域旅游是指在一定区域内，以旅游业为优势产业，通过对区域内经济社会资源，尤其是旅游资源、相关产业、生态环境、公共服务、体制机制、政策法规、文明素质等进行全方位、系统化的优化提升，实现区域资源有机整合、产业融合发展、社会共建共享，以旅游业带动和促进经济社会协调发展的一种新的区域协调发展理念和模式。

刘德谦（2017）认为“全域旅游，我的理解是旅游服务的全覆盖，是一种全国的全域旅游，对于某一个具体的地方，可能难以实现全域旅游，全域旅游的发展将给地方旅游发展带来很多机遇，全域旅游的实现也在于地方旅游的发展”。

贾康（2017）认为“应该把全域旅游看作是一个相对概念，如果是以地方政府为主体进行的开发和发展，应该有全局的谋划”。

厉新建认为“全域旅游是指各行业积极融入，各部门共同管理，居民游客共同享有，充分挖掘目的地的吸引物，创造过程与全时空的旅游产品，从而满足游客与居民全方位的体验需求”。

徐洪才（2017）表示“全域旅游是对传统景点旅游模式的扬弃和升级，从供给侧结构性改革的角度来看，全域旅游的意义在于提升旅游业的品质和质量”。

分析上述，对“全域旅游”可以解析为以下几点，（1）是指将一定区域作为旅游目的地（景区）来建设和运营，以旅游及相关产业为主导，充分利用旅游目的地全部的吸引物要素；（2）全域旅游是拉动各行业融入其中，协调发展，全域共同参与，为游客和居民提供全过程的体验产品，从而全面地满足游客和居民的全方位体验需求；（3）全域旅游不再是追求旅游规模（人次）的增长上，而是旅游质量的提升；（4）全域旅游追求的是旅游对人们生活品质提升的意义。

### （二）全域旅游的内涵

在我国，旅游产业的发展经历了从景区旅游到城市旅游和乡村旅游、再到全域旅游的几个主要阶段。全域旅游在内涵上契合了“创新、协调、绿色、开放、共享”五大发展理念，在发展过程中，坚持以人为本的发展理念。全域旅游是一个具有社会功能的旅游表达，如果认为全域旅游只是涉及“旅游”，则有失偏颇。全域旅游的“旅游”，应该是泛化的旅游。

国内许多地方对全域旅游这一新概念表现出兴趣，并在实践中不断进行探索。但目前对全域旅游的研究，无论是理论还是实践都还处于初级阶段，学术界尚未形成共识。因此，全域旅游对其他行业的指导性不够，特别是全域旅游视角下如何提升旅游目的地的服务功能，如何形成一个良好的产业生态，都值得进一步研究探讨。

### （三）全域旅游的价值

传统旅游重视经济价值，现代旅游越来越重视社会价值、生活价值。全域旅游的提出，推动了传统旅游产业发展思路的变化、旅游开发模式的改革，全域旅游是一种新的观念和旅游思维，更是大众对旅游需求变化的一种表达。

全域旅游的发展，可以让我们的生活环境更加美，处处皆风景，处处有服务。在国际范围内，阿尔卑斯山的旅游就是旅游全域化的范例，无论是其旅游景区、旅游道路系统，还是辅助服务、基础设施，都体现了旅游的全域性。在整个旅游过程中，不论是阿尔卑斯山的自然风光、原汁原味的生态美景、历史延续下来的人文遗迹，还是旅游接待服务，全程环环相扣，服务体系近乎完美，让旅游者流连忘返。

全域旅游具有强烈的公共服务性。通过全域旅游思维的旅游开发，可以让旅游积极融入日常生活，让旅游改变旅游地的基础条件和环境质量，让大众生活更加舒适，是我国实现全民小康的具体路径。

### （四）全域旅游的理念应用

全域旅游是一种创新型旅游发展思路，如何让全域旅游在实践中展现出特有的魅力，应该有详细、全面、系统的综合性规划，创建新的旅游发展模式。在实际规划中，主要有城市和乡村两种形式的全域旅游规划。

#### 1. 城市全域旅游规划

在全域旅游概念提出后，其理论体系和实践应用都在探索之中。各个地方都在结合各自情况，积极探索适合自己的全域旅游模式和发展路径。关于城市的全域旅游化规划，大连在 2010 年提出“全域城市化”，规划通过全域旅游来推动“全域城市化”的发展。空间上，将大连划分为西部渤海旅游片区、北部生态旅游片区、东部黄海旅游片区及南部都市旅游片区；产业上，滨海旅游融合多种产业衍生出新的休闲体验产品。另外，琼海市通过全域旅游规划，把整个城市作为一个旅游景区来打造，希望整个琼海市成为没有围墙、没有边界、没有门票、主客共享、旅居相宜的旅游与居住区域。

全域旅游除了指导城市旅游规划外，还有学者以县域为例，提出全域旅游的空间尺度不宜过大，县城应该发挥自身特点，打造“慢城”生活方式，使游客参与其中体验小城生活的乐趣。

城市在全域旅游发展中，要充分重视旅游的综合带动作用，通过智慧化的手段，推进旅游业的发展，让各类资源利用最大化，进而通过旅游带动其他产业的发展。城市的全域旅游要运用发散性思维，开展创新型的活动，与时代接轨。通过效率的提升和资源配置的改善，促进社会发展，增加人民的幸福感。

**2. 乡村全域旅游规划**

我国乡村旅游发展到今天，已经形成了一定的规模，尤其是国家提出乡村旅游扶贫之后，乡村旅游发展更是如火如荼。在全域旅游的视角下，以乡村环境为依托，以居民为主体，各行业和各部门共同参与发展乡村旅游。2016 年，三门峡市湖滨区把全域旅游的思想实践到现实中，根据当地的乡村地形地貌，挖掘地方特色，把相关的交通干道、周边的村落进行美丽乡村建设，形成了风景线，打造出了不同类型的美丽乡村示范点。

乡村发展全域旅游，在经济上可以缩小城乡之间的贫富差距，在社会建设上可以改善农村的生活环境，增加农村的基础设施建设，在环境上有提高大众环境保护的意识，让旅游成为没有特定的条条框框，随处都是风景的全域性乡村旅游模式。

**3. 建立国家全域旅游示范区**

2015 年 9 月，国家旅游局启动开展“国家全域旅游示范区”创建工作，旨在推动旅游业由“景区旅游”向“全域旅游”发展模式转变，推动旅游业创新、协调、绿色、开放、共享发展，促进旅游业转型升级、提质增效，构建新型旅游发展格局。

2016 年 2 月，国家旅游局公布了首批国家全域旅游示范区创建名录，共计 262 个。2016 年 11 月，国家旅游局公布了第二批国家全域旅游示范区创建名录，共计 238 个

这些国家全域旅游示范区在全国各地的旅游发展中起到了较好的引领作用，为其他区域的旅游发展起到很好的示范作用。

## （五）旅游景区的全域旅游化

传统的旅游景区基本上是为旅游者服务的，旅游者买了门票进去游览，游览结束后离开，游客在旅游景区的有效旅游时间都有一定的限制。如果开展全域旅游，将让旅游这一行为不仅产生在旅游景区内，也不仅仅为旅游者服务，还应该让当地居民参与其中，发展成一种全民享有的旅游模式。

当然，旅游休闲并不是简单的玩乐，全域旅游能够为旅游者和当地居民提供更加完备的生活条件、更加高品质的生活质量；能够提高旅游目的地的吸引力，让全域旅游成为全民旅游，创造良好的生活环境，增加人民生活的幸福感，这才是发展全域旅游的初衷。

**1. 打造“全景化”大景区**

发展全域旅游不是改造区域中的旅游景区，而是改造景区周边的区域，做到处处都

是景点，时时都有景色。通过各式各样的交通方式把景点连接起来，对全部有利于旅游业发展的资源都进行整合，充分利用各种优势，培育产业要素，提升区域整体的发展水平，突破传统的局限，形成“全景化”的旅游目的地。

这对旅游者来说，可以体验的旅游产品数量有了增加，来到一个地方可以体验多种不同的旅游方式；旅游产品有了更深度地开发和挖掘，大大地丰富了旅游产品体系。对于当地的居民来说，旅游景区不再是一个个孤立的“旅游岛”，休闲娱乐范围也大大增加，生活环境得到改善，生活质量得到提高。

**2. 充分发挥“旅游 +”效应**

现代旅游经济不是简单的景区门票经济，而是开放、共享的综合型经济。简单地讲，就是用“旅游 +”思维带动旅游景区（地）发展转型升级，进行区域全景化打造。全域旅游提出后，兴起了“旅游 +”“+ 旅游”开发浪潮，“旅游 + 工业”“旅游 + 农业”“旅游 + 扶贫”“旅游 + 健康”“旅游 + 文化”“旅游 + 养老”等旅游开发模式层出不穷，每种模式都有特定旅游整合对象，有针对性地开发举措。充分利用“旅游 +”开发模式，通过旅游业带动相关产业的发展，丰富旅游的应用，逐步实现旅游全域化。

# 第三节　旅游景区与服务

## 一、旅游景区服务的概念

今天，我国旅游产业发展如火如荼，但是游客对旅游景区的投诉越来越多，旅游景区作为旅游产业核心组成要素，反而成了旅游服务过程中的薄弱环节。因此，提高旅游景区服务质量，促进旅游景区健康发展，是推进旅游业发展的重要工作。

国际标准化组织（International Organization for Standardization，ISO）在颁布的《服务指南》中对服务概念进行了界定，该组织认为：“服务是服务提供方与顾客接触和服务提供方内部的活动所的生的结果，目的是为了顾客的需要。”服务区别于有形产品，具有无形性、生产与消费的同步性、无法储存性、服务的异质性、质量控制难度大等特性。

旅游服务是向旅游者提供的满足他们在整个旅游过程中多种需要的一系列活动，从而获得利润，创造财富，取得竞争实力。

旅游景区服务包含于旅游服务之中。旅游景区服务是指旅游景区借助一定的旅游资源（环境）、旅游服务设施等，通过一定的手段，向游客提供的一系列与吃、住、行、游、购、娱等相关的服务的总和。根据传统的旅游过程看，旅游景区服务应该包括以下主要环节（见图 1–3）。

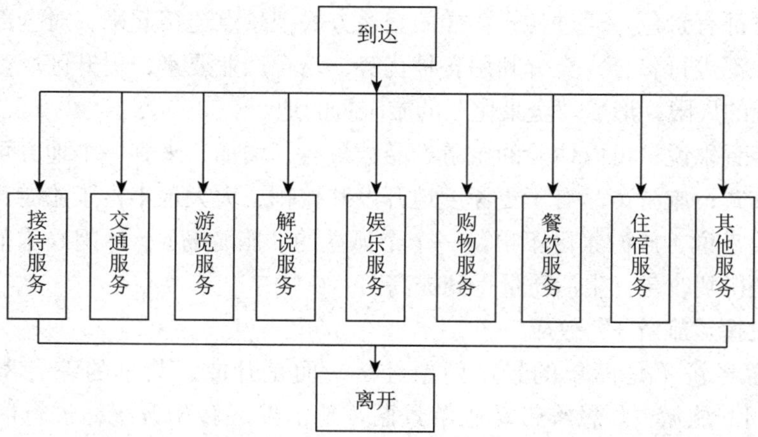


**图 1–3 旅游景区（地）的服务系统框图**

旅游景区的性质和特点决定了不同类型的旅游景区提供的服务具有很大的差异。一般说来，游览服务是一个旅游景区服务的核心环节，为了更好地实现核心环节的服务，必须辅之以接待服务、购物服务、交通服务等，它们是旅游者开展景区旅游活动的前提条件。当然，不同类型的旅游景区服务的核心环节不同，提供的辅助服务环节也不尽相同。例如，主题公园类旅游景区提供的核心服务环节是娱乐体验服务，而非观览服务；博物馆的辅助服务环节中，一般不存在运输服务和购物服务。

## 二、旅游景区服务的标准化

### （一）旅游景区服务标准化体系的导入

标准化体系是指一定范围内的标准按其内在联系形成的科学的有机整体。它规定了质量方针、目标、职责和程序，并通过建立相关体系进行过程管理、质量管理、质量控制、质量保证和质量改进。旅游景区标准化体系是指在旅游景区内，把景区服务各环节按内在联系形成有序的体系，形成科学的有机整体。

**1. 旅游景区服务标准化体系基本框架**

构建旅游景区服务标准化体系的要求是，建立以国家标准、地方标准与旅游业标准为主体，旅游企业标准为补充的科学合理、层次分明、符合景区实际的旅游景区服务标准化体系。一般包含服务基础标准体系、服务保障标准体系、服务提供标准体系三个分体系；此外，还包含“食、住、行、游、购、娱”等若干子体系。服务基础标准体系要包括导则、术语、符号、量值标准等，是制定景区内各类管理标准的共同依据；服务保障标准体系主要包括设备设施要求、人员要求、安全卫士要求、规范制定要求和验收与评价等服务保障活动；服务提供标准体系主要包括服务质量、服务提供规范、质量控制规范、组织管理等活动。体系间相互影响、相互制约，需要之间协调配套、共同完善。旅游景区（地）服务标准化体系如图 1–4 所示。

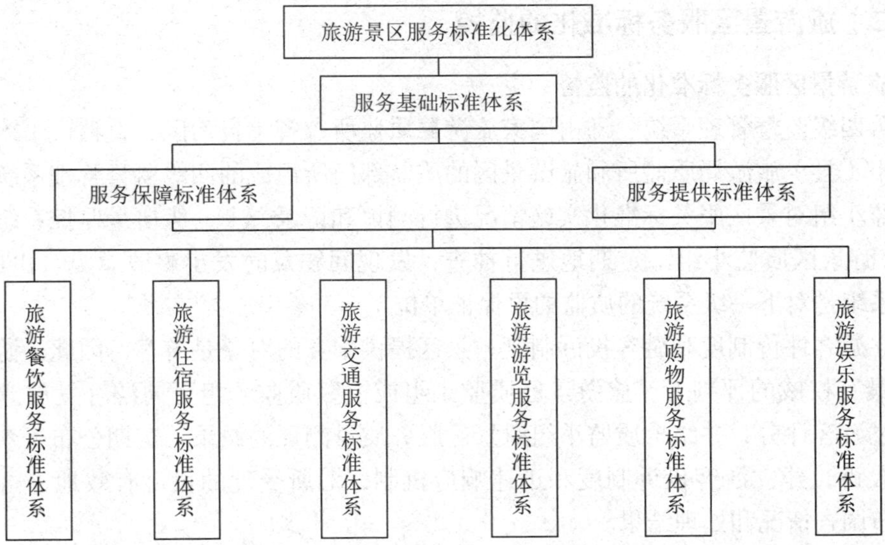


**图 1–4　旅游景区（地）服务标准化体系**

**2. 旅游景区服务标准化体系构建与实施**

（1）前期准备工作。

建立健全标准化的管理机构，成立景区服务标准工作领导小组和技术工作组；定期召开标准工作领导小组和技术工作组会议，制订旅游景区服务标准化工作方案和工作计划；建章立制，是加强标准化实施、督察的制度保障。

（2）建立景区服务标准体系框架。

对景区的资源状况和经营状况进行调查研究；收集整理相关的国家标准、行业标准和地方标准，为景区服务标准体系的建立提供必要的依据；根据相关法律法规，结合景区实际情况，设计出具体的旅游景区服务标准体系表。

（3）待制订标准的编写和发布。

制订详细的编写计划，组织和培训编写工作人员，使其充分了解有关标准编写要求，并掌握标准编写的方法和技能，在有关专家的指导下，起草待制订标准的草案；待制订标准草案完成后，广泛征求和收集意见，对旅游景区服务标准体系表及标准草案进行修改完善；待制订标准的审定和发布。

（4）对制订的标准进行宣传培训。

发布区域旅游服务标准体系后，面对景区从业人员，通过编制宣传册或召开培训班、讲座等形式，进行大力的宣传，同时，也使景区从业人员了解标准、学习标准、运用标准。

（5）实施制订的标准。

建立景区服务质量管理部门，造就一支业务精通、勇于创新、善经营、会管理的旅游景区管理队伍，推进制订标准的实施。贯彻标准实施时，应树立全局观念，加强行业协作，对景区利益相关者进行合理协调。

### （二）旅游景区服务标准化的监控

**1. 旅游景区服务标准化的监督**

完善四级监督管理系统，即由国家旅游局质监所、省（自治区、直辖市）旅游局质监所、市（县）旅游局质监所和旅游景区的质监部门所组成的四级监督管理系统。旅游景区质监小组对景区服务标准化实施情况进行测评和记录，上一级质量监控系统，如市（县）旅游景区质监小组不定期地进行抽查，发现问题及时发出整改意见。由此可见，上一级系统是对下一级系统的质监的再保证单位。

建立游客评价制度和游客投诉制度。景区提供服务的对象是游客，因此，游客是最直接和最有权威的评判者。旅游景区质监小组或上级质监小组可向游客发放意见调查表，通过游客评分，并结合质监小组对景区服务质量测评的结果，定期公布于众，受理游客的投诉，建立游客投诉制度和迅速响应机制，对所受理的投诉有效地进行调查核实，公布调查情况和处理结果。

**2. 旅游景区服务标准化的控制和改善**

为对旅游景区服务标准化实施进行有效的控制，提高景区服务质量，旅游景区的标准化管理体系可以参照“戴明模式”。戴明循环或称 PDCA 循环、PDSA 循环，戴明循环的研究起源于 20 世纪 20 年代，首先是有着“统计质量控制之父”之称的著名的统计学家沃特·阿曼德·休哈特（Walter A. Shewhart）引入了“计划—执行—检查（Plan–Do–See）”的雏形，后来戴明将休哈特的PDS循环进一步完善，发展成为“计划—执行—检查—处理（Plan–Do–Check/Study–Act）”质量持续改进模型，即 PDCA 循环。

我国各地都在积极推行旅游景区服务标准化管理，例如北京达沃斯巅峰旅游投资管理有限公司编制了《旅游景区服务质检标准化管理手册》，内容分为基础知识、组织管理、制度流程与工作记录等四部分。但是在实际实施景区服务标准化管理过程中，发现仍然存在不足与缺陷。

基于此，可以参考“戴明模式”进行优化改进。首先，通过集体决策或个人决策制订改善或解决问题的方案；其次，按计划行事，落实方案；再次，对执行情况进行检查或研究；最后，对检查的结果进行客观的评审，对成功的经验加以肯定、借鉴，或对失败的教训加以总结，还未处理好的问题留待下一循环。需注意的是，当解决或改善一个或多个问题后，这个循环结束，但同时又是新的循环开始。在这循序渐进、滚动发展的过程中，旅游景区服务标准化一定能得到有效地控制和不断地改善。

## 第四节　旅游景区管理的理论基础

旅游景区服务是非常复杂的社会与经济工作，既具有社会服务属性，又具有经济行为特征，是旅游景区向旅游者提供与旅游和娱乐相关的服务总体；而旅游景区管理则是旅游景区提高专业管理水平、提升旅游景区吸引力、确保游客安全的核心部分。两者都是旅游景区为了实现自身的价值而表现出来的具体行为。为了能够使旅游景区服务与管理水平不断提高、维持旅游景区的长期发展，需要有大量的专业理论、高度的专业觉悟来支撑。旅游景区服务与管理的有关理论丰富，本书选取其中一部分陈述，以便对旅游景区服务与管理有更深的理解。

## 一、可持续发展理论

1987年世界环境与发展委员会《我们共同的未来》报告中提到关于可持续发展理论的概念："在不危及后代人的需要的前提下，寻求满足我们当代人需要的发展途径。"可持续发展理论关注生态可持续与经济可持续协调发展，生态可持续是生态系统内部生命系统与其环境系统之间持续转化，延续再生能力，本质上是生态系统对经济社会可持续发展所具有的生态承载力。经济可持续发展是在生态承载力下，人们可进行的生产经营活动最大化以达到获利效果。可持续发展的提出是保障在进行经济社会活动的基础上要注重生态环境的承载力，不可过度开采利用，危及子孙后代的需要。

如今旅游业的地位日益提高，成为世界经济的重要组成部分，可持续旅游的理念应运而生。根据世界旅游组织给出的定义："在维护文化完整、保持生态环境的同时，满足人们对经济、社会和审美的要求。它能为今天的主人和客人们提供生计，又能保护和增进后代人的利益并为其提供同样的机会。"

可持续旅游实际上是在满足人们对经济可持续旅游，是在可持续发展的前提下，达到经济目标、社会目标和环境目标。经济目标是指提高民众就业率、扩大产品市场、增加经济收入、改善地方基础设施，提高地区居民的生活质量等。社会目标是指保护地方文化遗产、增强当地人的文化自豪感、为不同地区和文化的人们提供理解和交流的机会，向旅游者提供高质量的旅游产品。环境目标是指改进土地利用的方式，多增加建设型、再生型用地，改善生态环境，加强公众的环境的保护意识。

## 二、利益相关者理论

"利益相关者"一词最早出现在20世纪60年代的公司治理理论中，是来自管理学的概念，故利益相关者理论又称之为利益相关者管理理论。在1984年费里曼出版了《战略管理：利益相关者管理的分析方法》明确提出了这一概念，在书中其定义为："是企业的经营管理者为综合平衡各个利益相关者的利益要求而进行的管理活动。"这一概念的提出，冲击了传统上认为的股东至上主义。认为一个组织或集体的发展离不开各利益相关者的投入和参与，让利益变成所有利益相关者的整体利益，而不是某些主体的利益。

利益相关者在集团中包括股东、债权人、雇员、消费者、供应商、政府部门、本地居民、本地社区、媒体等"任何能影响组织目标实现或被该目标影响的群体或个人"。利益相关者理论的最终目的是要确保组织的战略和管理的有效性，帮助组织将外部变化所导致的不确定性风险转换为内部可以控制的变量因素。

把利益相关者理论应用于旅游活动，在1996年简和伊恩提出的解释中，以旅游经营者为中心，列举出股东、员工、游客、宾馆、压力集团（又称为利益集团，是指那些致力于影响国家政策方向的、但是其本身并不谋求组织政府的组织）、旅游代理商、地方旅游经销者、地方其他旅游景区、旅游交通、媒体、旅游署和中央政府12个利益相关者，并绘制了他们的基本图谱。

## 三、社区主义理论

早在1841年，古德温·邦比建立了“世界社区主义联盟”这一组织，“社区主义”这一名词开始被使用，在社会学领域中，不同的著作存在着不同的观点，《社区与社会》一书中强调了社区对个人的重要意义;《社区：社会学研究》一书中则指出社区必须建立在成员的共同利益基础上，社区的主要特征是公共利益；在《回应性社区主义宣言：权利与责任》一文的宣言中提到社区和政治团体也同样具有义务，这包括对自己成员回应、促进社会和政治生活中参与和商讨的责任。

社区主义的指导原则是权利与责任，也就是不忽视个人的权利，也强调个人对社区和社会的责任。其核心的观点是反对贪婪、反对以自我为中心、反对脱离社区，呼吁重建社区集体主义精神，维护社区和社会的共同秩序，促进社会资本的发展。主要观点有建立一个好社会、个人权利和公共利益的平衡、建设好社会的途径、志愿者组织和公民社会等。

社区社会学关心的是人类关系的类型与质量，将社区主义理论应用于旅游中，则是从社区的角度探讨旅游发展过程中社区居民的参与性问题，也就是我们常听到的社区旅游。在唐顺铁（1998）的解释中，社区旅游是指从社区的角度考虑旅游目的地的建设，社区的互动理论指导旅游区的总体规划和布局，通过优化旅游社区的结构提高旅游流的效率，谋求旅游业及旅游目的地的经济效益、环境效益和社会效益的协调统一和最优化。目前在这种理论下，分别从旅游影响、居民态度、游客特征等不同方面进行深入的探讨，在案例数量、成果质量上都取得了显著的成绩。

## 四、生态资本理论

生态资本理论是一个多学科交叉的领域，它涵盖了企业经营管理、环境保护、可持续发展等研究领域，应用定量分析、定性分析等方法，从长远发展的角度为经济社会的可持续发展进行充分思考。在我国生态资本是一个较新的概念，国内关于生态资本的研究起步于1997年，在中国可持续发展研究会第三次年会上，中国科学院生态环境研究中心的胡聃第一次比较系统地论述了占主流的生态资本理论的发展。

生态资本就是生态资源和生态环境的资本化，可以为人类带来社会经济效益和生态资源、生态环境的就是生态资本，主要是自然资源总量和环境的自净能力、生态潜力、生态环境质量和生态作为一个整体的使用价值这四个方面。生态资本的内涵丰富，不仅具有自然生态的使用价值属性，还具有一般资本保值增值的价值属性，既遵循自然发展和生态阈值规律，也遵循市场供求规律。不能因为要加快工业化进程，谋取社会经济利益而破坏生态资本的存量，要强调生态资本的运营，提高生态资本的效率，通过自身的优化，实现长期的可持续性供给。

生态资本理论在旅游中主要是运用其生态系统价值的核算方法，如补偿价值法、总经济价值法和替代价值法等。对旅游地的生态资源进行核算，得到生态资本价值，合理的调节人与自然关系，化解经济发展和环境保护的矛盾，在保证生态环境的基础上合理地利用资源获取社会经济价值。

## 五、生命周期理论

生命周期理论的应用很广泛，在心理学上主要是指人的生命周期和家庭的生命周期，是指它的出生、成长、衰老、生病和死亡的过程；在政治、经济、社会等领域都可以通俗的理解为"从摇篮到坟墓"的过程。前者可以看作是生命周期的本义，即生命科学术语；后者是对本义的延伸和发展，泛指自然界和人类社会各种客观事物的阶段性变化及其规律。

生命周期理论有两种主要的生命周期方法：一种叫作产品生命周期法，也称之为行业生命周期法，是用传统的、机械的眼光看待市场发展，这是一种非常有用的方法，能够帮助企业根据行业是否处于成长、成熟、衰退或其他状态来制定适当的战略；另一种叫作需求生命周期法，相比其产品生命周期法而言，更富有挑战性和建设性，观察顾客需求是怎样随着时间演变而由不同的产品和技术来满足的。

旅游地生命周期理论在我国提出的时间不长，在国外已经取得了蓬勃发展，Butler提出的旅游地生命周期理论，为旅游者提供了研究旅游地演化过程的理论框架。通过理论框架的构建，判断旅游地目前的发展阶段，了解旅游地具体的生命周期，分析影响生命周期的因素以及旅游地发展的内在规律，从而有效地预测并指导旅游地的规划和建设。

## 六、服务营销理论

服务营销是企业在充分认识满足消费者需求的前提下，为充分满足消费者需要在营销过程中所采取的一系列活动。在科学技术进步和社会生产力提高后，产业升级和生产的专业化发展日益加速，一方面产品的服务密度日益增大，另一方面消费者随着收入提高，消费需求层次也相应提高，使得服务逐渐演变成一种营销组合要素。进行服务营销的研究主要分成两大领域：服务产品营销和客户服务的营销。服务产品营销是指研究如何促进作为产品的服务交换；客户服务营销则是研究如何利用服务作为一种营销工具促进有形产品的交换。无论是服务产品营销还是客户服务营销，服务营销的理念都是统一的，就是对顾客满意和对顾客忠诚，通过顾客满意和忠诚来促进有利的交换，最终实现营销绩效的改进和企业的长期成长。

把服务当成一种产品来理解，当作一种可以生产、营销、消费的对象，是服务管理理论的基本理念，从马斯洛的需求层次理论上理解，"人最高的需求是尊重需求和自我实现需求，服务营销正是为消费者提供了这种需求，而传统的营销方式只是提供了简单的满足消费者在生理或安全方面的需求"。同传统的营销方式相比较，服务营销卖的是服务，传统的企业营销卖的是具体的产品。随着社会的进步，人民收入的提高，消费者需要的不仅仅是一个产品，更需要的是这种产品带来的特定或个性化的服务，从而有一种被尊重和自我价值实现的感觉，而这种感觉所带来的就是顾客的忠诚度。服务营销不仅仅是营销行业发展的一种新趋势，更是社会进步的一种必然产物。

旅游业是向人们提供满足旅游需求的服务性产业，在大量的研究中表明，服务性企业的规模越大，其营销功能越重要。由于旅游活动的范围大，旅游者面临的是一个竞争十分激烈的市场环境。因此，无论是一个旅游目的地还是一个旅游企业，要维持生存发展并带来实际的社会经济价值，就必须要借助正确的营销观念进行指导。充分的利用自身的资源条件，进行有效的营销工作，如开发方式的转变、组织结构的转变和营销思路转变。再根据现状环境，具体问题具体分析，提供针对性的服务，满足顾客的需求，提高自身的效益，让旅游业在激烈的市场竞争中立于不败之地。

## 七、社会公平理论

社会公平理论又称公平理论，源于社会心理学，1965 年由美国心理学家约翰·斯塔希·亚当斯（John Stacey Adams）提出。该理论是研究人的动机和知觉关系的一种激励理论，认为员工的激励程度来源于对自己和参照对象的报酬和投入的比例的主观比较感觉。其主要观点是认为人的工作积极性不仅与个人实际报酬多少有关，而且与人们对报酬的分配是否感到公平更为密切。人们总会自觉或不自觉地将自己付出的劳动代价及其所得到的报酬与他人进行比较，并对公平与否做出判断。公平感直接影响职工的工作动机和行为。因此，从某种意义来讲，动机的激发过程实际上是人与人进行比较，做出公平与否的判断，并给予指导行为的过程。

1988 年，美国学者克莱曼（Clemmer）首次提出服务公平性概念，她认为社会交往的公平理论对服务行业与顾客之间的交往也是适用的。从此，公平理论在服务管理中的应用主要集中于诠释服务失败与补救情境中顾客的服务公正性感知如何影响满意感和行为意向。在服务消费过程中，顾客希望得到公平的对待，在实施补救的过程中，消费者也会从公平理论的角度来评价，这种评判会直接影响顾客对服务的满意度。公平理论为我们提供了一个框架，感知公平水平是一个很好的解释、预测顾客在抱怨发生后其态度和行为意图的参数，对于提高服务补救满意度有指导性意义。

## 八、全员服务

全员服务体系，即全员参与、各司其职、协调配合，牢固树立“效益优先、质量第一”思想理念，突出“优质、快捷”服务主题，以市场为导向、以客户为中心，以管理为手段，以服务为目的，寓管理于服务当中，在服务中体现管理意图，不断提升客户服务规范化、专业化、标准化水平的工作体系。完善全员服务体系，有助于发挥集中管理优势，有效整合服务资源；有助于树立并增强员工客户服务意识和素质，树立公司优质品牌；有助于提升客户满意度和忠诚度，铸造集团核心竞争力。

在旅游行业中，运用全员服务理念，打造全员服务“员工有责，人人有责”的优质服务理念，理解全员服务，做好内部之间的相互服务，内部拧成一股绳为客户、为经营效益服务。要统筹质量与效率的问题，维护旅游者的利益，让旅游者在旅游中随时感受到被服务，从而提高客户满意度，增加旅游效益。

## 九、公共产品理论

公共产品理论最早出现在19世纪80年代，指的是新政治经济学的一项基本理论，也是正确处理政府与市场关系、政府职能转变、构建公共财政收支、公共服务市场化的基础理论。根据公共经济学理论，社会产品分为公共产品和私人产品。萨缪尔森在《公共支出的纯理论》中的对公共产品定义为每个人消费物品或劳务不会导致别人对该种产品或劳务消费的减少。而且公共产品或劳务具有与私人产品或劳务显著不同的三个特征，分别是效用的不可分割性、消费的非竞争性和受益的非排他性。而凡是可以由个别消费者所占有和享用，具有敌对性、排他性和可分性的产品就是私人产品。介于二者之间的产品称为准公共产品。

对于旅游景区而言，很多自然风景型和历史积淀型旅游景区的公共产品属性明显，是全体公民的共同财富，具有较强的社会福利属性。既面向外来旅游者又面向当地居民，使用频率高、影响范围大的旅游景区，如绿地、广场、纪念地和公园等往往被视为纯公共产品，由政府统一管理并向社会提供；而主要由外来旅游者使用、本地居民偶然使用，资源品质高的旅游景区，如风景名胜区、森林公园、世界遗产等，则属于公共服务产品类型。

## 十、理论借鉴

旅游景区服务与管理需要理论支撑和借鉴。“他山之石，可以攻玉”，加强理论参考，从相关的理论中寻求思想和方法，促进旅游景区健康、科学、有序、长期发展，实现旅游景区的经济价值和社会价值最大化。主要理论借鉴分析表如表1–12所示。

**表1–12　主要理论借鉴分析**

| 序号 | 主要理论 | 理论借鉴和应用 |
|---|---|---|
| 1 | 可持续发展理论 | 可持续发展理论是旅游景区管理的基本理论支持，具体应用到旅游景区的管理和发展中，目的是让旅游景区持续发展，维持旅游景区长期健康发展，长期服务社会经济。以此为前提，实现经济目标、社会目标最大化；向旅游者持续提供高质量的旅游资源、旅游环境、旅游产品和旅游服务 |
| 2 | 利益相关者理论 | 一个地方旅游的发展，在让旅游景区相关利益体受益的同时，还应该考虑间接性利益群体。旅游景区不是孤立存在于某个地方，不仅是旅游景区管理机构、从业者的事情，基于利益相关者理论，它涉及社会、产业、居民、游客等各方面。因此其经营过程中，应该考虑各利益相关者的旅游利益分享，也要公平分担旅游负面影响，才能维持旅游景区健康发展 |
| 3 | 社区主义理论 | 社区参与旅游发展已经被证明对旅游感知、社区归属感均具有显著的正向影响，以社区的互动理论指导旅游区的总体规划和布局，通过优化旅游社区的结构提高旅游流的效率，谋求旅游业及目的地经济效益、环境效益和社会效益的协调统一。旅游景区存在于具体社区之内，必须考虑到社区利益与发展问题 |
| 4 | 生态资本理论 | 在旅游发展过程中，旅游经济与生态保护的关系也开始进入认真思考和研究范畴。主要集中在以下四方面：一是以生态保护为指导，促进旅游产业健康可持续发展；二是以发展旅游产业的新兴经济业态，促进生态环境的良性循环；三是注重生态价值在旅游产业中的价值体现；四是以生态资本的提升促进旅游产业的协调发展。<br>特别是自然资源型旅游景区，属于地方的生态性资本，我们应该关注生态成本问题。无论是社区、还是当地居民，他们是旅游景区生态保护的贡献者，也是旅游发展的贡献者，旅游效益应该把生态资本的社会、经济效益纳入具体考量 |

续表

| 序号 | 主要理论 | 理论借鉴和应用 |
| --- | --- | --- |
| 5 | 生命周期理论 | 根据本理论，可以判定旅游景区（地）所处的发展阶段、历史演进过程，描述和分析影响旅游地发展的各类要素，以及旅游地的未来发展预测和相关决策的制定提供指导。<br>同时，旅游景区应该关注自身的可持续发展问题。旅游景区应该根据不同时间段的旅游特征，科学判断景区的旅游发展状态，基于生命周期理论，进行旅游开发与管理的创新与调整 |
| 6 | 服务营销理论 | 旅游业属于第三产业的服务业，服务是旅游业发展的重要环节。旅游景区无论在旅游产品的设计，还是门票定价、景区服务等方面，均应该具有营销意识，其中旅游景区的服务也是景区营销的方式之一。旅游景区应该在各方面做好市场调查，为不同旅游人群提供针对性服务，使旅游服务产品获取更大效益 |
| 7 | 社会公平理论 | 该理论作为一种理想的价值向度，在旅游中不仅关系到旅游业本身的可持续发展，而且关系到国民能否公正公平地享受国家旅游开发建设的成果。面向旅游市场，旅游景区不应该出现歧视等不公平现象，包括旅游服务、旅游价格等 |
| 8 | 全员服务 | 全员服务是一种理念和思维。对于旅游景区，从基础设施，到为游客服务的设施设备、各级从业人员，处处皆能够体现服务意识，在旅游景区范围内的每一个工作人员，均是旅游景区的形象和宣传者。旅游景区应该全员参与到旅游服务的统一行为中，消除景区服务环节的盲点和脱节，提升旅游景区的服务竞争力，帮助实现旅游者的价值最大化。随着旅游发展全域化，社区和社区居民也是旅游地的服务提供者，一个地方的友好性由此体现 |
| 9 | 公共产品理论 | 根据旅游景区旅游公共产品的排他性和竞争性的强弱，旅游公共产品分为公共服务、旅游基础设施、旅游景区教育培训、公共资源和旅游接待设施五种类型，旅游公共产品的供给对维持旅游景区发展具有重要作用。例如，提高当地居民对所在地方文化的认识，自觉维护自己特有的文化，加强对传统文化的宣传等。旅游景区也是社会公共产品，应该具有社会共享性，承担一定的社会责任，而不是简单的经济效益问题 |

## 【小结】

通过本章节的学习，可以了解我国旅游景区发展的历程；熟悉我国旅游景区的基本概念和大致分布、基本分类；从发展视角看，全域旅游思维正在改变旅游景区开发与管理模式；最后通过了解旅游景区服务的标准，认知我国景区服务标准化建设的价值和意义。

## 【复习思考题】

1. 从我国旅游景区发展历程看，你认为主要出现了哪些波折？
2. 你是如何理解“旅游景区”？与“旅游目的地”有何不同？
3. 旅游景区服务标准化有何现实意义？
4. 我国旅游景区有何分布特点？
5. 在全域旅游背景下，我国旅游景区应该如何发展？
6. 思考主要理论在旅游景区管理中的应用。

# 第二章 旅游景区销售服务与管理

【章节导读】

旅游景区销售服务是直接影响旅游景区服务形象的重要环节，同时也是旅游景区与游客直接沟通和接触的重要环节。为游客提供良好的旅游景区宣传服务、票务服务和售后服务是为旅游景区塑造良好市场形象的重要方式。良好的市场口碑对旅游景区传播推广作用巨大，对实现旅游景区持续发展有重要作用。

【学习目标】

◆ 了解旅游景区销售服务与管理的基本概况。
◆ 熟悉旅游景区门票类型。
◆ 掌握旅游景区广告宣传方式。
◆ 了解旅游景区票口接待服务。
◆ 熟悉售后服务的基本技巧及流程。
◆ 能够策划旅游景区销售服务。
◆ 熟知处理游客投诉的技巧。

【学习重点】

◆ 旅游景区销售宣传和推广管理。
◆ 旅游景区处理游客投诉方法和技巧。
◆ 旅游景区促销推广策略。

# 第一节　旅游景区销售宣传

旅游业的不断发展，伴随着越来越多新的景区出现，市场竞争越来越激烈。对于旅游景区而言，想要在市场立足，具有竞争力，宣传营销是重要的手段。受传统思维影响，我国一些景区一直都忽视宣传营销的重要性，一定程度阻碍了旅游景区的发展。吸引更多的游客，促进当地经济发展，已经成为旅游景区发展的重要任务和目标。

## 一、广告宣传

现实生活中，广告无处不在，没有广告的经济社会是不可想象的。然而，制作广告并不轻松。在广告宣传过程中，只有既重视广告方式，又讲究广告宣传策略，才能够在市场竞争中脱颖而出。旅游景区的广告宣传更是如此，只有充分发挥广告的作用，才可以为旅游景区吸引更多游客，才有更好的效益。广告宣传方式多种多样，不同的产品用不同的宣传方式才可以发挥作用。对于旅游景区而言，从开始吸引游客前往，到游客前往景区途中、游览过程，再到游客游览结束都是进行广告宣传的好时机。

但是，旅游景区该如何投放广告，才能真正达到宣传推广的目的？旅游景区的广告宣传不应该夸大其词，也不可以简单平铺直叙，怎样投放广告成为旅游景区的需要认真思考的营销问题。有句俗语："我知道我的广告费至少浪费了一半，但我不知道究竟浪费在哪里。"说明广告投放不当，会造成巨大浪费。旅游广告投放要将钱用在"刀刃"上，才能产生效果。

### （一）景区广告宣传时机及其宣传方式

#### 1. 吸引游客的广告宣传

旅游业是一个典型的信息密集型与信息依赖型产业，旅游信息的有效传播对于旅游景区的发展壮大至关重要。随着互联网的发展，信息的传播更加快速和广泛，旅游景区的广告宣传可以利用互联网来吸引游客前往参观游览，这样不仅可以实时更新，还能更快地掌握市场的发展趋势，满足游客的合理需求。

旅游景区吸引游客的广告宣传方式很多，具体旅游景区应该结合各自的旅游发展定位、旅游产品特征、市场定位来选择最有效的广告宣传方式。

传统的四大媒体就包括报纸、电视、广播、杂志。此外，还有户外媒体、网络媒体、新媒体（如手机）等。其中网络宣传又具体包括软文宣传推广、社交平台宣传推广、搜索引擎（SEO）宣传推广、门户网站宣传推广、分类信息网平台宣传推广、视频宣传推广、网站导航宣传推广等。

【阅读材料：拓展阅读】

### 尤斯顿隧道装数字标牌宣传巴西旅游业

为了提升巴西作为度假胜地的形象，巴西旅游公司（Embratur）通过安装由德高公司制造的 IPM 智能模块和数字标牌对尤斯顿隧道的部分进行了重新包装。这个为期四周的项目完工之后尤斯顿车站的旅客可以前往巴西著名的海滩和旅游景点。整个工程的设计由 Artplan 公司完成。

这个工程的主要目的是在车站大厅和地铁入口连接处布置一个面积达 200 平方米的高仿真广告背景。而每月会有 53 万人看到这个广告。

镶在自动扶梯两旁墙上的 20 个液晶显示屏上放有甜面包山、依帕内玛海滩、伊瓜苏瀑布等巴西著名景点的全景图。正对面地铁入口处墙上装有一个 48 英寸的大屏拼接显示屏以迎接来访巴西的游客们。

#### 2. 游客前往景区途中的广告宣传

前往景区途中的广告宣传，以景区交通标识和景点宣传为主，这样不仅可以吸引游客前往，还能营造旅游氛围，告知游客景区有哪些景点，哪些景点值得游览；游客前往景区途中的广告宣传主要是交通路牌、立体广告牌，或标有景区宣传语的广告，或者设立 LED 广告等。景区外部的宣传目的仍然以吸引游客为主，让游客更加乐意前往。

#### 3. 游客游览景区的广告宣传

在游客游览景区的过程中，景区的广告宣传应结合景区标识系统，通过对景点介绍，针对景区和当地文化宣传，使游客更加了解景区、了解景区所在的地方社会文化。一般在景区的广告宣传采用的主要方式是在导游词，以及在适当的位置，放置文化宣传栏、标语、景点标识牌、体验性活动等。此外，景区内部的广告宣传还可以包含公益性质内容，如“小草在睡觉，请不要靠近打扰”的标识牌，行使旅游的教育功能，提高旅游者的素质。

#### 4. 游览结束的广告宣传

游览结束后的广告宣传，旨在增加游客的体验感和促进重游率，所以这个时期的提醒广告宣传尤为重要。如果景区每个环节的广告宣传做得好，可以赢得更好的口碑。在游览结束后，进行有效的广告宣传可以促进口碑效应，但需要有特色，如赠送带有景区字样的礼品、发放明信片等。

### （二）景区如何进行有效的广告投放

旅游产品具有不可移动、不可复制、即时产生即时消亡等特性，在投放旅游广告时应从以下几个方面考虑。

#### 1. 广告和产品销售的同步性

广告已经全面铺开，产品还未跟上，自然不会产生好业绩。如果管理者不熟悉旅游特性，认为广告后游客自己就会来，不知道合理引导，就可能导致负面效应。因此，向目标市场投放广告前，应该准备好旅游产品、基础服务设施，与旅行社、中间商进行有效沟通，这样广告投放才会产生好效果，而且不会影响后续效果。

**2. 广告与终端宣传相配合**

传统的旅游景区宣传就是宣传单，通过旅行社向咨询游客提供直接直观的宣传，以达到宣传效果，吸引旅游者。今天，旅游景区、旅游产品繁多，竞争激烈，游客出游信息丰富，选择更加理性，这就需要不同宣传与终端宣传配合。终端是起到直接销售的作用，而广告则是形象品牌的宣传，提高知名度。所以将广告与终端宣传相配合可以达到更好的宣传效果。

**3. 广告媒体相组合**

单纯的一种广告宣传难以实现需要的市场效果，需要多种广告结合，实施推广。以传统的电视广告为例，它不能够将景区的信息阐述完善，会造成这样的现象，即游客知道了这个景区品牌，但是不知道这个景区该怎样进入，景区里面哪些景点比较好玩，景区有些什么特色等。这个时候就需要报纸软文、网络、杂志、户外、手机等广告的配合。

**4. 广告与大型活动的结合**

眼球经济是广告中常用的一个词。为了增强景区广告市场的宣传效应，可以考虑将广告与景区的大型活动、节事活动相结合。一是在进行宣传活动的同时，宣传了旅游景区；二是某一时段集中投放广告可以形成热点，起到事半功倍的效果；三是大型活动本身就可以形成新闻亮点，再通过软文就可以更大地提升景区的知名度；四是大型活动的影响面广，可以全方位地向市场传递景区的信息。

**5. 广告与旅游中间商的合作**

传统上，很多景区常用的方式就是在旅行社网上进行广告，景区给予门票优惠或者在达到约定数量给予旅行社一定的返利等，这些做法都有一定效果。但是与中间商的合作一定要做好后期服务，要从长远考虑，做好合作战略计划。

**6. 广告目标和销售目标的区别**

特别需要注意的是，广告目标并不是销售目标，广告更重要的是为了实现景区品牌推广、景区信息传播。例如，通过广告，希望在三个月内使某个景区在某个地区的知晓度达到 60% 等，这就是广告的效果目标，但它不是销售目标。单体广告是否达到目标，可以通过广告调研来确定。

**7. 广告投入的计划性**

广告投放应该具有计划性、目标性。具体广告投放应该紧紧围绕景区的营销战略目标进行合理、有序投放，有的放矢；景区应该清楚什么环节需要什么样、什么量的广告支持，等等。一个旅游景区的成长不仅仅是考量某时段、具体旅游产品的市场销售业绩（旅游规模），还应该考虑景区成长过程的连续性好、市场形象的提升情况、政府的持续支持等要素。

**8. 广告投放与景区产品季节相结合**

从时间看，一年四季都可以旅游。但是，基于市场需求和消费动机，旅游活动是有一定季节性的；基于旅游产品，旅游景区同样具有一定的季节性，而且大量资源型景区的季节性非常明显，广告投放时不可小觑。有些景区四季都可以吸引游客前往，但是有些景区有着明显的季节性，如滑雪、温泉、避暑、避寒、漂流等旅游就具有强烈的季节性，景区在广告销售的过程中要把握好淡旺季。此外，传统节庆和假日都是旅游活动的高峰期。

**9. 广告与区域市场的结合**

不同的区域有着不同的消费特点和消费水平，其社会环境、市场文化习惯与竞争环境不同。因此，广告投放在不同的区域中应有灵活性。旅游景区的营销要在制订广告计划前，对目标区域进行深度调研，不能简单地定义某个地区投放什么广告，什么广告方式，需要多少广告费用等。

**10. 广告与市场发展相结合**

近年来，我国旅游市场发展很快，旅游市场的需求特征也是年年变化。同时，在全域旅游背景下，旅游景区开发思路、环境条件也在变化。因此，旅游景区对目标市场可能要发生的变化应该有科学的预测。例如，竞争者及其产品的变化、旅游方式的变化、旅游需求的变化，甚至非旅游休闲方式对旅游的影响等，都要求景区广告方案适时调整。

综上所述，旅游景区广告的合理性，对于景区开发、运营管理、旅游品牌和形象塑造、旅游效应都有较明显影响。

## 二、项目推广

一个好的旅游项目推广，可以为旅游景区带来良好效益。如何做好旅游景区项目策划，以达到景区的宣传目的，需要注意以下几个原则。

### （一）景区项目推广的概念

景区项目策划是一种具有建设性、规划性的思维过程，其最终目的就是把所有可能影响决策的因素进行分析总结，对景区发展起到指导和控制作用，最终达到方案目标。它是以景区的具体项目活动为对象，开展推广，是有一定功利性、社会性、创造性、时效性和超前性的景区策划活动。

### （二）景区项目推广的原则

**1. 可行性原则**

项目策划，考虑最多的是可行性，“实践是检验真理的唯一标准”。同样，项目策划的创意应该考虑景区的资源条件、基础条件，旅游项目应该具有可操作性，否则就是空中楼阁、纸上谈兵。

**2. 创新性原则**

创新是经济发展的动力。旅游市场需求不断变化，要求旅游景区的项目策划要不断地创新，这样才能具有竞争性，才有机会吸引更多的旅游者。

**3. 价值性原则**

景区项目策划应该有一定的价值导向。旅游作为一种经济现象，项目推广应该考虑项目带来的利益情况，一个没有价值的项目策划，是不能给景区带来经济效益的，反而可能会成为旅游景区发展的负担；旅游作为一种社会现象，项目同样应该具有社会价值，过分功利的项目是不会带来好的社会影响的。

**4. 信息性原则**

信息是旅游项目策划的起点，项目方案既包含需要的信息资源，又要表达希望传播的信息。具体包括以下几项。

（1）原始信息应该全面。

不同区域、不同领域、不同部门、不同环节的信息密度是不均匀的，信息量大小也不相同。因此，我们在收集原始信息时，力求广泛，防止信息的短缺与遗漏。

（2）原始信息要真实可靠。

原始信息是我们对市场准确判断的第一要素，一定要可靠、真实，浮夸的信息、不真实的信息会影响我们对市场的判断，影响项目策划的决策。一个良好的项目策划必然是建立在真实、可靠的原始信息之上。

（3）信息加工要科学、及时。

旅游市场是变化多端，市场信息也是瞬息变化的，错时的信息可能毫无用处。因此对项目策划来说，要求掌握信息的时空界限，及时对信息分析，指导项目策划，这样效果更加完善。

（4）信息应该系统与连续。

旅游景区的发展具有长期性，景区的宣传推广同样应该具有长效性。作为景区具体项目策划，需要纵观发展过程，对市场等信息收集具有连续性和系统性，这样的项目策划更具有发展性。

## 三、促销活动

旅游促销能够为旅游者有效提供景区旅游产品信息，引导旅游消费行为，回收游客意见，塑造景区形象，提高景区品牌知名度，增强旅游景区影响力。在开发利用各种旅游资源（自然资源、人文资源、经济资源、社会资源等）、精心打造具有特色的旅游产品基础上，旅游景区还应该结合时机，通过一定的宣传推广活动，让市场了解旅游景区、旅游景区产品的情况。促销活动可以与旅行社、网络平台、手机平台、各种媒体等携手，加大宣传力度；也可以举办实体性促销活动。这样才能全面提高旅游景区的知名度，塑造旅游目的地形象与品牌，实现旅游景区快速发展。

### （一）促销活动的作用

**1. 传递景区或旅游产品信息**

在旅游产品正式进入旅游市场前，旅游景区应该向旅游中间商和旅游市场传递有关的旅游产品的信息。促销是较好的信息传递方式，让社会了解旅游产品性质和内容，以此建立旅游景区的良好印象，引起旅游市场的注意，从而为景区产品销售创造条件。

**2. 创造旅游需求，扩大旅游规模**

旅游景区只有针对消费者的心理动机，通过有效的旅游促销活动，诱导或激发旅游市场的需求，才能扩大景区旅游产品的销售量。通过旅游景区的促销活动，可以创造旅游需求，发现新的旅游市场，从而扩大旅游市场规模，这样更加有利于旅游景区的发展。

**3. 突出旅游产品特色，增强市场竞争力**

旅游景区通过促销活动，宣传本景区的旅游产品的特点，使旅游市场充分了解本景区旅游产品的特色，同时给予旅游消费者一定的利益，会更加唤起他们的注意和旅游欲望，进而扩大旅游产品的销售，提高旅游景区的市场竞争力。

**4. 反馈信息，提高经济效益**

通过有效的旅游促销活动，使更多的旅游者了解、熟悉和信任本景区，并通过旅游者对旅游促销活动的反馈，及时调整促销方案、完善旅游产品，使景区旅游产品适销对路，扩大该景区的市场份额，巩固景区的旅游市场地位，从而提高旅游效益。

## （二）促销方式

目前，旅游促销方式很多，而且有交差，无法一一罗列，例如活动促销、假日促销、价格促销、广告促销、奖励促销等，加之智能手机、网络等现代平台的大量使用，促销方式层出不穷。但是，旅游促销的目的是一致的，即追求景区旅游影响力和旅游效益最大化。为此，这里举例简述几个常用的促销方式。

**1. 活动促销**

（1）总体目标。

即整个旅游促销活动希望达成的目标。即目前市场现状如何，在活动促销之后，预计达到一个怎样的效果等。只有目标明确，活动促销才会有的放矢。一般情况下，活动促销的终极目标是推广旅游景区，而不是具体的某个旅游产品。

（2）阶段目标。

把活动的整体目标进行细化，设置为短期目标和长期目标，短期目标是达到怎样的效果，长期目标是得到怎样的成果。对活动目标进行细化，有利于促销工作的开展，将活动实施阶段的失误降到最低。

（3）旅游促销活动的包装。

根据旅游产品特征、旅游市场需求特点，活动促销首先要抓住旅游者的眼球。旅游产品首先引起旅游市场关注的就是旅游产品的包装。活动促销不能脱离旅游景区的整体形象，它不是孤立的，是对旅游景区整体形象和品牌的有力支撑。旅游活动促销不能够为了活动而活动，组织者应该清楚景区的最终目的。

**2. 宣传促销**

宣传促销是旅游景区促销常用的一种方式，其具体宣传方式也多样，往往与其他促销方式配套应用。具体宣传促销策略应该注意以下方面。

（1）把握宣传促销的中心工作，做好旅游景区整体形象宣传。

（2）宣传活动应该深层挖掘旅游地、旅游资源的文化内涵，讲好旅游资源或旅游产品的故事。

（3）重视宣传活动对地方历史、社会文化和民俗文化的利用。

（4）综合型旅游景区应该搞好自然资源、环境资源与文化资源的有机结合。

（5）宣传方式应该多样化，注意宣传的规模效应，营造大旅游氛围。

（6）旅游景区应该有营销宣传意识，实质性推进旅游景区名牌战略。

**3. 会展促销**

会展促销与会展旅游有一定的相容性。多是借助举办会议、研讨、论坛等会务活动等各种展览而开展促销或旅游方式，它具有专业性、产业性以及组办规模大等特点。会展促销、会展旅游有利于提高地区品质，能够推进旅游基础建设和旅游服务质量的提高。此外，会展活动还能够获取相关反馈信息，如旅游地、旅游景区的发展建议等。促销活动要抓住会展旅游开展的契机，加强针对不同层次人群宣传推广，一般情况下，参加会展的旅游者多具有较高文化水平和经济实力，影响力较大。这类人群进行旅游活动的概率更高，对旅游地的酒店、旅行社、景区、交通和购物都会带来较大的促进作用。

**4. 区域促销**

（1）区内宣传促销。

区域内的宣传促销是针对本地市场，应该结合旅游景区、旅游产品的吸引力来决定具体方式。一是新闻媒体和旅行商是主要宣传媒体，其影响力巨大，如在电台、电视台、报刊等新闻媒体向本地公众推介旅游产品、旅游线路等，一般效果好、时效快；二是主管部门和旅游景区，政府部门主要负责方向性的东西，包括旅游地、旅游景区整体形象的策划和包装宣传，但是政府不能包揽所有，旅游景区是具体的促销工作开展者；三是旅游社团、旅游协会等中介组织，应该强化他们的服务、协调职能，联合进行旅游产品的市场促销；四是在旅游淡旺季，根据景区资源与产品特点，选择性举行旅游招徕活动，向社会公布活动信息，吸引旅游市场；五是旅行社，旅游景区应该与之合作，做好本地旅游、旅游产品的宣传材料，设计好旅游线路，推介本地旅游精品线路；六是在本地主要街道社区设立旅游灯箱、广告。

此外，为了激发本地群众旅游，还可以定期举办旅游摄影评选、征文评选等活动。为了倡导、鼓励家庭旅游，各旅游景区在旅游旺季可以用不同的方式奖励旅游家庭。

除对旅游景区、旅游产品进行促销外，区域内的促销还应该积极宣传旅游的生活意义，引导民众有健康积极的生活方式。改变生活消费观念，改变旅游是“剩余后的支出”“额外的支出”等传统的消费观念，引导当地居民安排一定的时间参加旅游活动，启发公众的旅游意识，让人们积极参加旅游，让生活更美好。

（2）国内宣传促销。

定位为全国性旅游景区，应该开展全国性的促销活动。及时掌握各种旅游促销信息，积极参加各类单位组织的旅游交易会和促销活动等。一是与媒体建立稳定的信息渠道，及时提供旅游产品的信息，尤其是旅游网站、旅游平台，加强合作，制作宣传旅游产品的专页，加强宣传。二是在目标市场城市，即主要客源地的主要城市的主要街道、通向旅游目的地的国道，设置具有视觉冲击力的户外旅游广告。三是在旅游旺季前，可以在主要客源地的电视台、报刊和电视台、报刊，强力宣传推广；在旅游景区的旅游黄金季节到来之前，有必要合办一至二期专刊（版、节目）。四是建立高质量的旅游景区、旅游产品、旅游资源的文字、照片、碟片等基础资料库，制作新颖、富于创意、有视觉冲击力的介绍旅游景区资源的CD—ROM多媒体演示光盘，制作综合性、便携带、可折叠、图文并茂的旅游画册。

（3）国外宣传促销。

具有国际吸引力的旅游地和景区、旅游产品，可以考虑走出国门进行宣传促销，但是所有促销活动、促销品、促销方式应该尊重当地的法规要求和风俗习惯，注意中国文化自信与文化平等性。一是参加国家、省市单位组织的对外宣传促销活动和交易会，赴国外宣传促销；二是在国内入境口岸设立旅游景区、旅游产品的户外平面广告；三是在国外的旅游网站宣传旅游产品。此外，还可以利用政府驻外机构和国家驻外办事机构、外国驻华使馆等各类机构，开展旅游促销。如果可能，可以整体策划以宣传旅游为目的为主导的文艺作品，如电影、公益片等。加快旅游电子商务与服务的进程，与宣传促销匹配，改革宣传促销手段与设施，实现促销手段创新。

**5. 假日促销**

有些景点为招揽游客，选择节假日、特殊日子开展促销活动，特别是在门票方面出奇招，门票销售上花样百出。例如，有在景区门口背诗就能免票的，有按姓氏、生肖属相免门票的等。河南济源黄河三峡景区推出“叫妈免费活动”：4月23日至5月12日“母亲节”当天，凡带母亲游览，并在景区门口当场叫妈且对方答应者，则两人均可免门票。

对于这些促销，有人认为，特定的方法毕竟让一部分游客得到了实惠，在习惯了景区“涨价潮”的当下，这种举措值得赞赏。也有人表示，景区促销怪招频出，主要是因为旅游市场竞争日益激烈，许多景区为吸引游客采取一些另类促销手段。

### （三）旅游促销的基本要求

**1. 有合理的市场营销观念**

树立“以人为本”的营销观念。旅游景区营销发展到今天，营销观念、营销认识、营销方式都有了很多拓展和很大提升。但是“以人为本”的营销思想仍没有在景区的营销过程中得到很好贯彻，说得多做得少的情况已经冲淡了它的基本含义和有效性。事实上，“以人为本”的思维不仅体现为尊重人（包括景区员工、游客、销售商），更体现在为游客提供增值的服务。景区旅游产品可以带给游客超出期望的体验，旅游者自然就很满意，这些旅游者对其亲人、朋友传达整个游玩的美妙感受，起到宣传作用，受到影响，其他人也会来景区消费。这就是我们常说的口碑营销。旅游景区促销一定要树立广义的“以人为本”意识，以游客为对象，开发旅游产品，设计旅游促销策略。

**2. 做好科学的营销规划**

“规划就是财富”已是旅游业界的共识。旅游景区在开发建设前，都做了总体规划、详细规划等。但是，这还不够，旅游总体规划在景区的总体定位、发展战略及旅游发展要素安排上进行总体部署和设计，对景区市场定位、旅游营销规划也有专门涉及，但是它是旅游景区开发初期的思路，尚不能满足旅游景区营销的动态特点，具体营销策略内容涉及很少。因此，旅游景区还应该有专门的旅游营销规划。一个科学合理的旅游营销规划是保证景区营销有效开展、达到预定目标的必要环节，而且从长远来看，旅游景区应该有专门营销规划，这样景区能够根据实际适时、有计划地开展营销、促销工作，避免盲目的、无序的旅游市场开发。科学的景区营销规划可以事半功倍，能够有效地使用资金，为景区带来较好效果。

**3. 进行景区旅游产品科学定位**

旅游景区要想在纷争的旅游市场中取得一席之地，就需要把自己的旅游产品信息有效传递给旅游市场，能够让旅游市场很好地获悉旅游产品的性质和功能，旅游促销需要把旅游产品特色传递给旅游消费者，并能牢牢抓住消费者，让自己的旅游产品有一定的市场地位。旅游景区的产品定位很重要，它通过一定的旅游形象、旅游营销口号传递给市场，旅游景区定位主要有以下方法。

（1）攀附定位。

攀附定位就是“借光”定位方法。借势著名景区的市场影响来突出、抬高自己，吸引旅游市场，例如把三亚誉为“东方夏威夷”，把云台山誉为“北方九寨沟”等。采用这种定位方法的景区并非占据攀附对象的市场地位，不与其发生冲突，而是借力借势去争取攀附对象的潜在顾客群。一般情况下，采用这种定位方法不可与攀附对象空间距离太近，因为这种定位是吸引攀附对象景区的远途的潜在顾客，如喀纳斯湖曾经的营销口号为“新疆的九寨”，它借力九寨沟的全国影响力，主要针对的旅游市场是新疆等区域，效果较好。攀附定位方法适宜于具有较同特质的旅游资源、旅游产品；适宜该旅游景区市场拓展的初期使用；对于具有一定知名度的景区、具有独特风格的景区不宜采用此种定位方法，这反而会起到负面影响，是景区经营之大忌。

（2）心理逆向定位。

心理逆向定位是打破消费者传统思维模式，以相反的内容和形式标新立异地塑造旅游市场形象。例如，宁夏的沙坡头、内蒙古的响沙湾本是沙漠，游客一般不会把它作为旅游的目的地，这些景区确采取逆向定位方式，打造以沙漠文化为表现形式的旅游胜地。游客也正是逆向思考“沙漠怎么还能旅游”，从而激发了前往的旅游动机。

（3）狭缝市场定位。

狭缝市场定位是景区本来不具有明显的特色优势，但利用其他景区遗忘的旅游市场，塑造自己另外的旅游产品的市场形象。例如，山西省的大寨本是一个普普通通的山村，利用历史上“学大寨”事件，山村走旅游发展道路，他们以洁净的山泉水、清新的空气、知名的旅游商品（大寨核桃露）、特定的历史人物、历史事件、干净卫生的住房条件等旅游形象，用比一般市场低很多的价格占领周边城市的休闲旅游市场、美术院校学生实践教学市场，结果打开了一片旅游天地。

（4）变换市场定位。

变换市场定位是一种不确定定位方法。它主要针对那些已经变化的旅游市场，或根本就是一个易变的旅游市场而言的。旅游市场发生需求变化，景区的产品定位应该随之改变。但是，前提是该景区旅游产品是可变的。

**4. 进行景区旅游产品整合**

旅游景区首先应该对自己的旅游产品有整体认识，包括旅游产品的属性等。旅游营销应该根据景区的旅游产品内容和特征，进行营销整合，制定相应的旅游营销和促销策略。

（1）正确认识景区旅游产品特性。

景区的旅游产品不能仅仅理解为旅游地的风景名胜、人文景观、历史文化等资源内容，还应该包括旅游必需的旅游设施、旅游环境、游客观赏和参与的活动项目、景区的管理和各类服务等。景区旅游产品的核心提供给旅游者的综合服务，不是单纯的旅游资源。

（2）掌握景区旅游产品营销组合包括的因素。

①景区吸引物。

景区吸引物（Tourism Attractins）就是旅游景区各种旅游资源总和。它是景区旅游产品中最突出、最具有特色的部分。其中，旅游资源中的“风景”资源吸引观光游客前来旅游的主要东西，是景区赖以生存的重要依附对象，是景区经营吸引游客的品牌和核心，也是景区旅游产品的主要内容呈现。缺乏“风景”的旅游景区，是很难吸引游客前来的，无论是观光型景区，还是休闲度假型、体验型景区等，均应该有属于自己独特的“风景”，即一定特色的旅游吸引物，尤其是今天旅游市场竞争激烈的情况下，“风景”取胜。旅游吸引物不仅要靠自身独有的“风景”吸引游客，还要有良好的旅游形象塑造和旅游营销宣传，才能有较强的市场引力效果。

②景区活动项目。

景区活动项目是指结合景区资源特色举办的常规性或应时性供旅游者体验的项目，游客或欣赏风景，或参与群众性盛事和游乐体验项目。根据旅游景区属性，旅游活动各不相同，内容丰富。例如，文艺展演、体育表演、比赛活动、民间习俗再现、各种演艺，游客可以观摩、参与活动，有些景区开展寻宝抽奖等。旅游活动不仅是景区旅游产品的一部分，还可以是促销活动。

③景区管理与服务。

景区产品表达形式呈多样化，但其核心仍是服务。旅游服务的特点是提供与消费处于同一时间，每一次旅游服务失误就是一个不可修复的废品。所以在旅游服务过程中，管理显得非常重要。实际上，管理也是服务的一部分，旅游景区管理包含两个层面，一是对景区员工的管理；二是对景区产品的管理。旅游景区服务与管理是以最大限度满足游客的旅游需要为宗旨，为游客提供满意的旅游产品。

④景区可进入性。

可进入性指的是旅游景区交通的通达性。由于很多景区位于交通不方便的偏僻地区，对旅游者进出景区限制较大，甚至旅游交通可能成为旅游产品销售、购买的瓶颈。景区的旅游产品销售过程与有形商品销售不同，是产品不动而消费者动，游客必须来到景区体验消费，享受服务。今天，在区域大交通格局不断改善的情况下，影响旅游景区可进入性的不是主干交通道路，往往是到景区的“最后一公里”。目前，各地都在加强“最后一公里”的建设，完善旅游的可进入性。

# 第二节　旅游景区门票服务

我国传统意识的旅游景区是指买门票才能进入的旅游活动区域，旅游景区票口服务是一项难度较大的工作，也是景区较难管理和控制的环节之一。旅游者对景区的最初印象就在此产生。因此，景区票口服务在整个旅游景区的服务中有非常重要的地位，旅游景区的票口服务主要包括票务服务、排队服务、咨询服务等，以下内容就是基于我国传统景区而言的。但是，我们应该意识到，随着我国旅游发展全域化，“旅游景区”概念逐渐泛化，部分景区将成为没有围墙的旅游活动区域。

## 一、门票定义与类型

### （一）门票的内涵

目前，门票是我国绝大多数旅游景区经营的主要经济形式，即“门票经济”。事实上，景区门票应该包含五个方面的含义，一是旅游景区资源价值的体现；二是旅游景区资源与生态保护的态度；三是旅游者与景区之间的契约凭证；四是旅游景区的社会责任态度和经营理念；五是景区旅游产品经营成本。

目前，决定旅游景区门票的关键是我们对旅游景区开发的终极目的、旅游发展态度取向，即，是以经济为目的，还是以社会服务为目的？特别是资源型旅游景区，门票应该具有非市场机制性。

### （二）基本概念

门票是指供公众游览、参观、娱乐等场所印制的带有宣传、留念等性质的入门凭证。门票主要产生于各地旅游景点、娱乐场所，以及纪念、节庆、展览活动场所，是一种游览者同景区景点之间所建立的契约关系的凭据。

景区门票是指对游客开放的各种旅游景点（包括风景名胜、主题公园、博物馆、文物古迹、休闲度假胜地、纪念场馆，以及旅游景点附属观光索道电梯、环保车和临时展出或观赏项目等）所收取的游览参观费用的票据。

### （三）门票分类

#### 1. 按照制作材料，主要可分为纸质门票、工艺门票、塑料门票、电子门票

纸质门票是比较常见，并且使用较为普遍的一种传统门票。我国很多旅游景区目前依然采取纸质门票为主要门票形式。

工艺门票采用现代工艺美术技术制作，其图案精美、装帧美观，是门票收藏者的最爱，但是它的制作成本较高，目前只有少量出售。

塑料门票是采用特殊印制技术制成，做工比较粗糙，颜色暗淡不华丽。例如，上海依然有公园采用此种门票，正面书写着“上海市·公园门票”。

电子门票是采用先进的电子条码制作识别技术和计算机票务信息管理相结合，具有形象现代化、管理一体化、信息实时性、防伪可靠性、核算严密性的特点。使传统手工售票工作电子化，同时实现票务管理工作走向全面自动化、规范化，能够从根本上解决票据查询难、售票劳动强度大的现状，提高票据管理效率和对客户的服务质量。

**2. 按照门票性质可分为套票、优惠票**

套票指制作材料统一、规格一致、与景点相关的两枚以上的门票。套票可分为景点组合套票和时间组合套票两种。景点组合套票一是把整个景区按照景点组合划分为不同的区域，然后分别对分区和分区组合进行定价，游客根据游览的区间购买相应的门票。如上海东方明珠塔就是采用这种套票形式。二是把多个景区组合，形成套票，套票价格根据加盟景点的多少来定价。如桂林市七星公园等景点就是采取这种形式。但是，目前我国景点门票还是以单个景点独立门票为主，这类的套票组合不多，使用频率也不高时间组合套票。时间组合套票具体表现为年票、月票、次卡等，这类套票基本上都只针对本地及近郊居民，有的可以多次进出景区，有的不能多次出入。如桂林市市民游览公园通卡，本卡售价 10 元，可用 10 次。仅限桂林本地市民使用，每次使用必须出示本人身份证。每人次入园打孔一次，市民游览出园之后当天再次进入公园需要再次打孔，不能重复进入。

套票中也包含年票和联票，旅游年票基本等同于“旅游一卡通”，因为在全国范围内，已经发行的“旅游一卡通”大都处于年票的初级阶段，以发行的智能 IC 卡作为载体，且都是以一年为期限的。因此旅游年票是以“捆绑销售”为指导策略，把一定数量的景区景点整合在一起，以整体形式向外推介的一种营销手段。比如，宁镇扬旅游景点年票是“宁镇扬”同城化发展战略的成果，三地市民可自由购买“宁镇扬游园年卡”，年卡包括三市 23 个景点景区，其中扬州 8 个，南京 10 个，镇江 5 个，三地市民可在年度使用有效期内不限次数游览年卡包含的景点。这是旅游年票以旅游一卡通形式成功案例的具体实践。联票是指旅游目的地将其所拥有的一部分或者所有景点集中到一张票上进行统一管理、统一营销的一种门票。《畅游长三角》旅游联票明信片册汇集了苏、浙、沪、皖四省（市）25 个 4A 级以上景区的门票，平均每个景点的门票只需要 3 元钱。购买了《畅游长三角》旅游联票的消费者，通过拨打电话等方式激活后，在一年的有限期内，持明信片册到其中任何一个景区旅游时，不再需要另行购买门票，只需出示有效身份证即可进入。

优惠票主要针对儿童、老年人、学生、退休人员、残疾人、军人、当地居民、以及团体游客等特殊群体。青少年购买游览参观点门票持居民身份证或学生证等有效证件，有享受价格优惠政策的权利。具体政策标准各不同，例如有些景区对 6 周岁（含 6 周岁）以下或身高 1.2 米（含 1.2 米，现在有些地方为 1.4 米）以下的儿童实行免票，对 6（不含 6 周岁）~18 周岁（含 18 周岁）未成年人、全日制大学本科及以下学历学生实行半票。60 周岁以上老年人凭身份证或老年证、现役军官凭军官证、三级以上残疾人凭残疾人证享受门票减免和优惠，优惠幅度各景区有差异。

【阅读材料：拓展阅读】

### 国内旅游景区门票价格再追踪：门票之外的“门票”

景区门票收费价格排名最高的前十位分别为：广西桂林漓江景区270元、湖南张家界天门山旅游区258元、湖南张家界武陵源248元、安徽黄山市黄山景区230元、浙江宁波奉化溪口——滕头旅游景区230元、四川阿坝州九寨沟旅游景区220元、湖北十堰武当山景区210元、四川阿坝州黄龙景区、江苏常州环球恐龙城休闲旅游区200元、湖北恩施神龙溪纤夫文化旅游区200元。其价格均在200元/张或以上，这些高价门票景区主要分布在黄河以南地区，其中湖南、湖北、四川各2个，广西、安徽、浙江、江苏各1个。

景区联（套）票收费价格排名最高的前十位分别为：福建三明泰宁风景旅游区套票689元、重庆武隆喀斯特旅游区联票650元、广州长隆旅游度假区套票630元、湖北十堰神农架旅游区联票620元、深圳华侨城旅游度假区套票570元、杭州市千岛湖风景名胜区联票490元、金华市东阳横店影视城景区联票390元、保定野三坡景区联票325元、黑河五大连池景区套票310元、福建土楼（永定南靖）旅游景区联票300元，其价格均在300元或以上。从地域分布来看，福建、浙江、广东各2个，重庆、湖北、河北、黑龙江各1个。

景区门票外独立收费项目价格排名最高的前十位为：新疆阿勒泰地区喀纳斯景区804元、福建南平武夷山景区695元、四川乐山峨眉山景区658元、云南丽江玉龙雪山景区526元、山东泰安泰山景区500元、厦门鼓浪屿景区460元、贵州安顺黄果树大瀑布景区378元、河北保定安新白洋淀景区355元、四川成都青城山——都江堰景区322元、吉林长春净月潭景区308元，其价格均在300元以上；从地域分布来看，福建、四川各2个，新疆、云南、山东、贵州、河北、吉林各1个。

在这236个国家5A级旅游景区名录内，仅有4个景区是免收门票的，分别是杭州西湖景区、天津古文化街旅游区（津门故里）、南京夫子庙、石家庄西柏坡景区。

（资料来源：中国经济时报，赵卫民等，2012）

## （四）电子门票

由于电子门票是景区门票发展的一种趋势，因此这里专题介绍电子门票。

**1. 概念**

电子门票是一种将智能芯片嵌入特定的票卡等介质中，用于快捷检票、验票并能实现对持票人进行实时精准定位跟踪和查询管理的新型门票。其核心是采用RFID射频识别技术、具有一定存储容量的芯片，将这种芯片和特制的天线连接在一起就构成了常说的电子标签。将电子标签封装在特定的票卡中，即构成了先进的电子门票。

**2. 分类**

目前，电子门票一般有以下几种形式：条形码、磁卡、RFID卡、手机二维码电子门票、指纹电子门票。未来还将有更先进、更方便的门票技术。

条形码与磁卡电子门票，是指在一种只有名片大小的介质上印刷上精美的旅游景区的宣传图片，同时还能记录门票的各种信息，这种电子门票对游客有着极为重要的纪念价值，同时还能提高景区知名度，为旅游景区的宣传拓展新的空间。

RFID 是 Radio Frequency Identification 的缩写，即射频识别。RFID 电子门票是基于 RFID 技术的新型门票，是指将具有唯一 ID 号码的智能芯片封装在特定的 PVC、PET、PP 或不干胶纸等介质中，便于快速售、检票，实时对持票人进行动态追踪和信息采集的新型电子门票。近些年来，RFID 电子门票已成功用于 2008 年的北京奥运会、2009 年第 11 届全运会、2010 年上海世博会、2010 年第 16 届亚运会、2011 年第 11 届大运会等大型活动。与此同时，随着"数字化景区"和"智慧景区"发展战略的不断推进，RFID 电子门票在景区的应用也取得了一定的成效，如四川九寨沟、江西庐山等国家 5A 级景区已采用 RFID 电子门票管理模式，成功实现景区数字化、智能化管理。

手机二维码电子门票与电子机票的二维码类似，游客可以在付费后，将手机收到的二维码短信或彩信作为电子门票使用，在景区入口处通过专门的识别器读出手机短信的信息。这种方式将电子商务与无线通信技术相结合，使电子门票更加便捷、高效、环保，实现了"无纸门票"。目前，"银旅通电子门票"已经投入使用，这是真正意义上的电子门票，实现了全程无纸化操作。"银旅通电子门票"平台是一个第三方电子门票平台，依托银联专用 POS 机和移动二维码，可以在旅游名店城、广东银联及银旅通各大合作分销机构等，通过网站、电话、手机短信或到分销网点预订。游客付款后，将收到一条带有订单号的二维码短信或彩信，凭该短信即可进入景区。

指纹电子门票实际是一种用于身份验证的生物识别技术，往往将指纹识别与条码门票、IC 卡门票配合使用。以焦作云台山景区为例，自 2009 年 7 月 1 日起，云台山景区将升级电子门禁系统，采用指纹验票；游客购得门票 IC 卡后，在进入景区前进行首次验票时，电子门禁系统会采集其右手食指指纹信息，并存储在 IC 卡中，卡随人行；游客在各景点验票时系统会验证其指纹信息，并与 IC 卡内的指纹信息进行比对。

**3. 主要特点**

（1）时效性。

由于条形码中包含电子门票的一些固定信息（如景点、景区、票类），同时一旦门票注册成功，其有效日期等信息也一并存在，所以电子门票具有一定的时效限制，这种限制只有在注册时才生效，方便灵活。这是传统门票一个较大的缺陷，然而电子门票却可以弥补，并有利于控制景区环境承载量。

（2）统计性。

电子门票在票类设计上可以细分，比如对于优惠票，可以细分为具体优惠类型（军人、老人、学生、残疾人等），并且这些信息都可以在条码中反映出来，便于统计查询。而传统门票要想实现这种功能，是相当烦琐的。

（3）防伪性。

电子门票包含了门票一些基本信息，再经过数据加密处理，就很难被伪造。

（4）重复使用性。

旅游景区使用电子门票是双赢的。既可以令游客得到更快捷的服务；景区也可以提高劳动效率，完善其管理手段。因此在某些景区开始使用电子门票，并且可以二次入园。如张家界和武当山两个景区，为了方便游客深度了解该景区，允许游客二次入园，即一张门票可以使用两次，第二天可以进入景区继续游览。

**【阅读材料：拓展阅读】**

**西湖收费景点昨起“喜刷刷”　多景点启用电子票**

“亲爱的张小姐，您已经成功订购了岳庙电子门票，订单号：2012091800000004468，辅助码：00014707，本次购票共一张……”可别小看了这条短信，它是通过网络购买到的杭州岳庙的门票。

昨天，西湖景区 17 个收费景点正式启用电子门票。

**一个二维码，带你逛岳庙**

“来，手机再往上放一点，听见声音就好了……请进吧！”昨天上午，岳庙门口，一台小小的黑色机器吸引了大家的视线，检票员小崔正在迎接使用电子门票的游客。

这台方方正正的检票机有个特殊的名字：无闸检票机。和地铁检票机不同，它不设置任何关卡，只用来检验二维码。

游客在西湖游览网 www.toxihu.com（西湖风景区旅游官方网站）购票后，手机将收到彩信，第一部分是一个黑白方格子，即“二维码”，第二部分是一条不足百字的文字信息，包括 18 位数字。这些数字代表购票日期、景区名称及购票人数等信息。此外，还有一个备用辅助码，当机器发生故障、二维码不灵光的时候，购票人可以凭辅助码入园。在灵隐飞来峰、岳王庙等人流量较大的景点都有“二合一 POS 机”提供辅助检票。

需要注意的是，电子门票的使用有效期为一周，比如游客 10 月 1 日购买门票，只要在 10 月 8 日之前都可使用。

目前，已有17个景点各安装了一台无闸检票机：杭州动物园、胡雪岩故居、玉皇山景区、灵隐（飞来峰）景区、郭庄景区、杭州少儿公园、吴山城隍阁景区、黄龙洞景区、岳王庙景区、慧因高丽寺、六和塔景区、六和塔登塔、虎跑公园、云栖竹径公园、鼓楼景区、杭州海底世界和浙江外事游船。

**网络买票记牢这六步，原则上不能退票**

电子门刷刷是方便了，但是买票怎么个买法？会不会特别麻烦？有些游客嘀咕起来。

“买票我们专门有一套流程示意图，按照上面的步骤走一点也不麻烦。”西湖景区工作人员指着宣传单说，门票预订共分为六步：

首先登录西湖游览网，注册自己的账号后找到“门票预订”的板块；选择需要的商品并加入购物车；填写订单信息；网上支付，最后手机将会收到预订信息，包含订单号、二维码和8位数的辅助码。

另外，网上购票时也可录入身份证号，入闸时直接刷二代身份证即可入园。

如果有游客买票后改了行程想退票呢？西湖景区工作人员卿先生摇了摇头：“原则上不能退票，不管有没有超过7天的票据有效期，购买以后就不能退票，除非遇到特别恶劣天气等特殊原因。”

现在能够网络预订门票的景点有杭州动物园、胡雪岩故居、玉皇山景区、杭州少儿公园等17个景点，折扣力度从8折到9.3折不等。比如，吴山城隍阁的门票，门市价为30元，在网上购买只要24元，打了个8折。

“现在散客在网上预订门票打8折到9折，我们还是鼓励套票购买，两个景点以上就可以买套票，景点越多，越划算。”西湖风景名胜区资产经营集团有限公司郑钧说。

套票购买分为大学生优惠联票、精品旅游线路、快乐童年、健康休闲、历史人文和都市慢生活六大部分。以精品旅游一线为例，其中包含了灵隐（飞来峰）、胡雪岩故居和吴山城隍阁三个景点，原价95元，网上购买仅80元。

**带上银联卡，找到自助购票机，随时刷卡买门票**

还有一个好消息，上网购电子门票，不一定需要在家中计算机操作哦！

比如你逛到灵隐景区大门口，突然想进门瞧瞧飞来峰，就可以在自助购票机上刷银联卡，这样买票也享受同样折扣。

10月，西湖景区将在64个点投放80台自助服务终端机，包括智慧西湖服务亭中15台，各大景点门口共65台，分别分布在岳王庙对面、灵隐、雷峰塔、六和塔、吴山、虎跑、黄龙洞等景点门口附近。

“具体安装在哪，得看景点门口有没有地方，比如岳庙门口，就是安装在马路对面。”工作人员说。15个智慧西湖服务亭由原西湖南线景区15个书报亭改建而成，分布于西湖南线一公园至长桥公园。

通过自助终端机买门票，购买者只需插卡输入密码即可支付，“类似于银行取钱”。工作人员说，10月开始，带银联标志的信用卡都可以购买。另外，考虑到申遗成功，西湖将迎接越来越多的国外游客，再过一段时间，技术上的问题解决后，VISA卡和MASTER卡将也可使用。

同时自助终端机也能为大家提供景区介绍、旅游商务和旅游咨询、GPS 定位、交通导航、天气预报等服务。

“明年年底前，还将开发出手机客户端，供游客查询信息、导航等。”郑钧说。

（资料来源：新华网，张梦月等，西湖收费景点昨起“喜刷刷”多景点启用电子票，2012）

### （五）旅游景区电子票务系统

旅游景区电子票务系统又称旅游景区自动售检票系统，是针对人工售检票方式推出的一种计算机售票、专用检票机自动检票、电子化信息管理的计算机网络系统，主要由售票单元、检票单元、中央管理单元三部分组成。

旅游景区电子票务系统既可以采取“本地的局域网电子售检票系统”，也可以采取“本地局域网系统和互联网电子商务系统”相结合的模式，实现网上订票、现场取票、现场验票的一体化大型电子票务系统。旅游景区电子票务系统支持单一景点的自动售检票，也可以支持多景点、多景区的联合售检票，帮助旅游景区实现统一管理。电子门票可以采用纸质条形码、RFID 卡、磁卡，同时利用指纹、摄像、二代身份证，借此实现特殊的管理功能。检票单元可以采用三杆旋转闸机、翼门式闸机、摆门式闸机、全高（半高）旋转闸机、无线手持验票机、无障碍检票机等多种检票设备。

电子票务系统融计算机技术、信息技术、电子技术、机械制造于一体，具有很强的智能化功能。它可以克服人工售检票模式中固有的速度慢、财务漏洞多、出错率高、劳动强度大等缺点，在防止假票，杜绝人情票，防止工作人员作弊，提高管理水平，减轻劳动强度，提高景区形象等方面有不可忽视的作用。重庆金佛山景区设置二维码扫描，可自动播放相关导游词，并且安装了智能售票机。

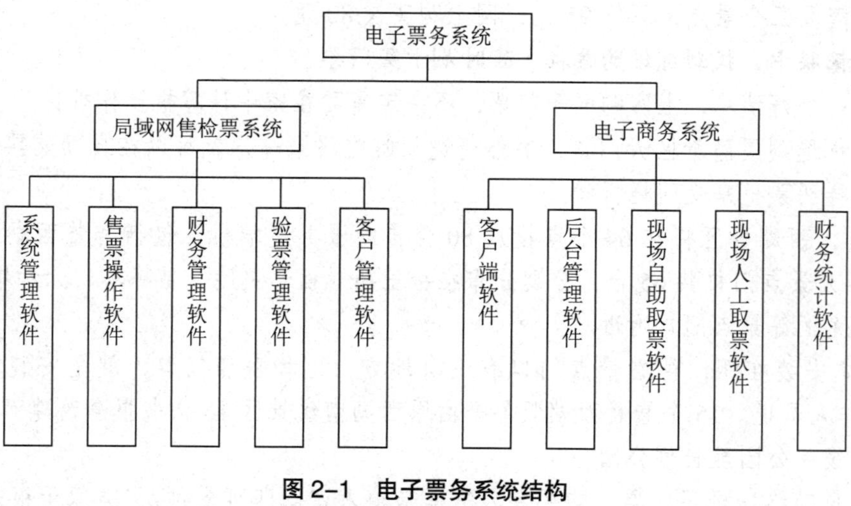


**图 2-1　电子票务系统结构**

（资料来源：根据“旅游景区电子票务系统，联义电子门票系统—电子门票系统”整理）

## 二、门票定价

传统的产品定价大多数都是从市场供需出发，以利润最大化来设置产品价格。而景区门票作为旅游产品的价格，是由市场因素、政策因素、社会因素共同作用形成，景区门票定价不仅要满足景区经营方的利润最优目标，还应符合景区生态保护、社会公益等目标。特别是资源型旅游景区，它具有社会共享性，还兼有社会公益责任。

### （一）门票价格

旅游景区作为旅游产业的核心部分，其发展是旅游产业发展的重中之重。景区的发展与景区门票的定价密不可分。不合理的门票价格会影响旅游景区的健康发展，更会影响景区的社会形象。

**1. 门票价格的定义**

众所周知，价格是价值的货币体现，在受到不同因素影响后会呈现难以把握的变化规律。门票价格是指旅游者为获得旅游景区的游览许可，向景区经营单位支付的旅游产品费用。根据旅游景区的旅游资源类型、旅游产品功能、游客的消费目的、景区的服务质量、旅游景区的经营管理模式的不同，门票价格是不同的。在多因素的影响下，门票价格的制定具有一定的垄断性，也有一定的竞争性，还有一定的政策性。所以，旅游景区门票价格与景区资源价值、旅游产品品质不一定是对应关系。

**2. 门票价格的动机**

理性地讲，景区门票是旅游资源与环境保护、景区服务管理的手段，作为一种公益性休闲生活的活动场所，以服务社会为宗旨，不应以经济利益为主要目的。我国旅游业发展的初期，旅游景区门票价格是由政府主导；在 2000 年国家发展计划委员会将门票价格管理权限下放给 20 个著名景区之后，各地为了追求经济效益，旅游景区门票价格急剧上涨，迅速通过了百元大关。推行高额门票后，本属于公共资源的旅游景区，让低收入群体望而却步，这就有违旅游景区发展的初衷。而不同类型的景区因为其经营主体和经营目的不同，其价格的制定策略也应该不同，以营利为目的的景区，如主题公园往往要收高额的门票；度假休闲类的景区，主要是吸引游客进行休闲娱乐消费，一般采取不收或少收门票的形式；国家公园性质的旅游景区是属于公共产品，具有社会福利性，主要目的不是在于经济利益上的盈利，而是带来更多的社会效益。

**3. 门票价格的特点**

门票价格的特点主要有垄断性、反映景区价值的复杂性、门票价格的政府决定性、社会服务性。

（1）垄断性是指不同的景区存在于不同的地区，无论是自然旅游资源还是人文历史古迹等，因为在地域分布上的不可移动性，使得景区的门票具有天然的垄断性。

（2）在不同地区的景区，门票价值的确定受多种因素影响，门票价格代表着该景区旅游资源价值、生态保护态度、旅游产品开发成本等多种因素，因此具有价值复杂性。

（3）我国旅游景区门票价格管理权限下发到各地方之后，加之旅游产业在各地所占的经济比重越来越重，旅游产业受到当地政府的重视，一方面为了保护消费者利益；另一方面也是为了对资源环境进行有效的保护，各经营单位根据服务成本、市场供求、旺淡季等因素合理确定门票价格，由于景区收益与地方政府效益有明显的相关性，政府要根据相关政策来严格调控价格的幅度，来保持价格的相对稳定。

（4）旅游景区门票管理还应该体现社会价值，实现服务社会的目的，特别是对特殊人群的优惠政策，反映了政府的公益态度。

## （二）门票价格的功能

景区门票价格合理与否，关系到景区的社会形象、居民的承受能力，决定着景区的利润高低，也影响着整个景区的经营管理。

**1. 门票价格是对景区质量的预判标准之一**

景区产品的不可移动性、生产和消费同时性决定了旅游者必须来到旅游景区消费，进而对景区旅游产品的质量进行判断。在来到景区之前，旅游者对景区的了解都是从景区的各式各样的宣传渠道获得，门票也是旅游者对景区了解的一部分。从门票价格角度看，价格是价值的货币体现，价格的高低显然代表着景区旅游产品的价值，这包括景区的资源与环境价值、服务价值。门票较高的景区，应该代表景区的产品质量和服务质量较高，它带给旅游者的期望值就越大。当然，景区门票价格不是判定一个景区旅游产品价值的唯一标准，是参考因素之一。

**2. 景区门票价格对旅游供需有一定的调控作用**

产品供求的变动和价格的变化是因果关系。一般情况下，按照市场机制，供求的变动会引起价格的变化，即景区的游览人数超过景区的合理容量，门票价格就会出现上涨，以此来控制景区的游客流量；价格的变化会引起供求的变动，即门票价格上调之后会使得景区产品的质量供应或服务供应相应的增加，而游客的数量会受价格的影响而相应的减少。但是，这种调剂方式已经不足取了，门票价格已经不是旅游者选择出游的门槛了，反而有坐地涨价之嫌。

景区门票价格的任何变动，都会涉及经济利益的调整。一般产品的价格调控力度取决于需求的价格弹性。但是旅游产品有所不同，需要景区分析旅游市场对门票价格的变动是否敏感，若游客对价格变动不敏感，也就是旅游需求缺乏弹性，那么通过门票价格来控制景区游客数量的效果就不明显；反之，需求弹性越大游客对价格的敏感度就越大。所以在很多需求弹性大的旅游景区，可以根据自身景区的季节性调整，门票价格分旺季和淡季，自然资源型旅游景区多属此种情况，如九寨沟、峨眉山和黄山等景区。

但是，资源型旅游景区应该清楚认识到，景区门票不能完全市场机制化，因为它具有社会共享性，该类景区还有社会服务功能和社会责任。随着我国经济不断发展，居民生活质量不断提高，旅游产业的意识也应该发生转变，旅游经济结构应该转型调整，门票的社会功能应该得到更多体现，资源型景区门票不仅不应该涨价，还应该降价。

## （三）门票定价的依据

目前，国内一些学者运用经济学、数学等方法，按照市场机制对旅游景区门票定价问题构建模型进行研究，从不同的角度得到不同的关系组合。总的来说，影响门票定价的因素有很多，从经济学角度出发，市场价格的定价主要按成本、需求与竞争三个基本要素划分。在旅游景区中，资源价值和经营成本、景区性质是景区定价的主要因素。

**1. 旅游资源价值**

一般产品的价格由多种因素形成，其中最主要的是产品自身的价值，产品的价值是价格形成的基础。传统上，旅游景区作为一种产品，也要根据自身的资源价值等级进行等级定价，以体现自我价值。

旅游资源的质量是形成旅游景区核心竞争力最为直接的因素。一般可分为世界遗产，国家级风景名胜区、国家公园和国家重点文物保护单位等，省级风景名胜区、省级重点文物保护单位和公园，地市级风景区、文物保护单位和公园，县（市区）级风景区、公园五个等级；按质量等级划分，即国家质量技术监督局发布的旅游景区质量等级标准，将旅游景区划分为 5A 级、4A 级、3A 级、2A 级、A 级五个等级。

**2. 经营管理成本**

旅游资源要成为旅游产品，需开发利用、维护管理，对资源进行优化配置。主要是对已有的旅游资源进行开发管理，维持游览参观正常运行。旅游景区的开发是前期工作，服务、管理与维护是日常工作，要维持景区的正常运行离不开持续投如。在开发和管理中成本主要由几个方面构成，建设成本、人工成本、公共管理成本、设施成本、资源与生态保护成本、其他成本等（宣传促销）。

**3. 市场供求关系**

旅游景区能为游客提供的活动空间大小直接决定景区的容量，景区的容量影响景区的市场供给。市场经济条件下，当供给一定，也就是景区容量条件限制下，需求增加时便会引起价格的上涨，反之，价格就会下跌。在市场需求的条件下，门票价格作为杠杆来调控景区的客流量。如自然景区，在气候条件较差的季节，景区的门票下调，气候条件较好的季节，景区门票价格上升；主题公园则是在工作日门票价格下调，在周末和节假日门票价格上升。

**4. 竞争对手定价导向**

随着第三产业收入比重占比率的增加，我国经济增长方式和增长重点也在发生变化，旅游作为人们日常生活中的休闲娱乐方式，越来越受到关注。旅游产业正在发展壮大，市场前景好，产量多，但竞争者也增多。作为旅游产业的核心，旅游景区的竞争相当激烈，旅游产品同质化现象不可避免，有的还非常严重。

目前很多景区以竞争对手的价格为基础定价，并且当景区自身产品成本或需求发生变化时，也会根据竞争对手的定价来进行调整。以古镇景区为例，据不完全统计（中国古镇网，2015），我国百年以上的古镇已经有 220 个。在古城古镇旅游兴起之后，经营模式也在逐渐开始改变，从最开始的免费旅游，到现在的部分收取门票或维护费的费用制度，如平遥古城收费后，丽江古城也开始收取古城维护费，其他有资源底气的古城古镇纷纷效仿收费，都不愿意在经济效益方面落后。但个别古镇景区因为收门票出现了矛盾，影响到游客规模。

## 三、票务服务

票务工作是旅游景区实现收入的直接环节。票务服务包括订票服务、售票服务、验票服务和退票服务。

### （一）订票服务

国家旅游局下发了《关于促进智慧旅游发展的指导意见》（2015），意见指出，我国将鼓励博物馆、科技馆、旅游景区运用智慧旅游手段，建立门票预约制度、景区拥挤程度预测机制和旅游舒适度的评价机制，建立游客实时评价的旅游景区动态评价机制。景区建立门票预约制度，订票服务能够有效控制景区容量，拥堵现状也会改变。订票服务将在智慧旅游的推进下更加完善。

**1. 订票范围**

景区订票范围包括景区门票，也包括景区相配套的其他服务票，如景区观光车票、酒店住宿、餐饮、旅游纪念品预订以及其他预订。

**2. 订票渠道**

（1）网络平台预订。

随着互联网的不断发展，网上预订门票越来越流行。在线旅游公司携程旅行网发布了《2014景区门票在线预订报告》显示，随着休闲旅游市场逐年火热成为旅游主力，在线门票市场随之成为年度热点行业。报告显示，2014年，通过携程网站和APP购买门票的人次数破千万，二、三线城市成为增长新引擎，最高增速超过4000%，手机预订成为主流，最高占比超过80%。报告预计，我国旅游者在线预订门票占有率将突破10%，2014年成为名副其实的电子门票年。随着以携程为代表的OTA企业在移动互联网的快速发展，2015年移动OTA将迎来爆发式增长，在改变游客出行预订方式的同时，不断提升客户体验，加速景区业的移动互联网化。现在部分景区还推出了电子票，可不再前往景区的售票点取票，直接进入景区。

（2）电话预订。

电话预订是景区常用的订票方式。电话订票一般不接受散客的预订，例如香港迪士尼乐园有专门的订票热线，但只针对100名以上的大宗游客。电话预订和网上预订相似，到景区直接取票即可。

（3）代理点订票。

在各大城市中，代理点订票逐渐成为最为普遍的订票方式。这是为迎合散客越来越多的趋势而采取的一种订票方式，代理点分为三种。

旅行社代理点：有代理权的旅行社可以提供预订服务，而且有些旅行社所提供的旅游套餐中，已包括景区门票。

宾馆代理点：不少景区所在城市的各大宾馆也可以提供预订服务，游客可以通过其住宿的宾馆，在其住宿期间预订景区门票。

商场代理点：在城市最繁华的商场密集群和大型超市集中地，往往设立有景区的门票预订代售窗口。

（4）团体预订。

团体游客若订购一定数量以上的门票，如为商务会议获家庭聚会用途等，可电话联络景区团体销售部，获得票务上的相应优惠。

（5）现场预订。

现在很多景区在旺季由于人流量过多，采取现场预订的方式来控制游览人数。在此期间来到旅游景区游览观光，必须在提前一天（不同景区时间不同）到旅游景区现场的门票预约窗口预约次日门票。但这种方式不利缓减游客过多的压力，有时可能适得其反。

**3. 订票流程**

无论采取以上何种方式订票，其基本的订票流程是相似的。

（1）填写预订信息。

预订信息包括日期、要订购的票务类型、数量和零票人信息等，当消费者拨通订票电话或成功登录电子商务网站后，首先选择预订景区，再填写相关信息。

（2）确认订单。

订单是否成功，自订票开始到信息反馈的时间跨度要视情况而定。

（3）网上或现场支付。

（4）现场取票。

现在大部分景区都是现场取票，部分景区采用电子票则无须现场取票。

需要注意的是，景区门票有一个阶段的预订时间，正常情况下，进行预订需要打电话对相应的景区进行询问其接受预订的时间，自行操作避免产生不必要的误会，同时要早于取票时间才能顺利完成取票，到出票口取票的时间视不同景区而定。以九寨沟景区为例，其售票窗口中，预订票取票窗口占多数。

**4. 订票工作的注意事项**

负责门票预订工作人员需要做到以下四点：

（1）熟知整个景区的景点。旅游线路、景点价格以及相关规定。

（2）在接受消费者订票时，要问清消费者姓名以及有效身份证件，作为取票凭证；现场预订的要请消费者填写预订单，填好后要逐项进行核对，并收取押金，然后将订票联交给消费者，作为取票凭证。

（3）如消费者遇到疑难问题，应该向消费者解释，并在管理规范的前提下帮助消费者出主意、想办法，获采取其他补救办法，尽量让旅游者满意。

（4）未征得旅游者同意，订票（管理）员不得擅自做主，随意更改门票时间和数量等。

## （二）售票服务

售票工作虽然简单，但是重复性强，工作情绪容易烦躁，这就要求售票人员工作责任心强、认真仔细，有良好的职业道德，并有一定的会计、出纳知识和相应的服务技巧。

**1. 售票工作流程**

（1）售票前的准备。

①上班前，按规定着装，佩戴工作牌，仪容整齐，化妆得体；不吃生葱、大蒜等异味食品。

②检查票房门窗、保险柜、验钞机、话筒等设备是否正常。

③提前搞好票房内及售票窗外的清洁卫生工作。

④若当日由于特殊原因，票价有变，应提前广而告之，及时挂出价格牌并写明变动原因。

⑤按照管理规范，准备好足额的门票。清点好票种、数量无误。

⑥根据需要到财务部兑换钱币，保证每日所需的零钞。

（2）售票。

①售票员应向游客礼貌问候“欢迎光临”等礼貌用语，询问需要购买的门票数量。

②售票员根据《门票价格及优惠办法》向游客出售门票，主动向游客解释优惠票价的享受条件，售票过程做到热情礼貌、唱收唱付。

③游客购票离开前，售票员提醒游客清点门票数、景区的闭园时间及景区的主要活动。

④根据游客需要，实事求是地为游客开具发票。

⑤交接班认真核对票款数量，核对门票编码。

⑥售票过程中，若票款出现差错，及时向上一级领导反映。

⑦热情待客，耐心回答游客的提问，游客有冲动或失礼行为时，应保持克制态度，勿恶语相向。

⑧耐心听取游客批评，收集游客的建议，及时向上一级领导反映。

⑨有炒卖门票的现象，要及时报告安保部门，及时制止。

**【阅读材料：案例分析】**

### 热情售票

H景点入口售票处，一位女售票员正在忙碌地工作着，窗外正排着长长的购票队伍。她在接待两位外地男旅客，热心向他们介绍，因而放慢了售票速度。后面一位女旅客等得不耐烦了，就挤到售票口训斥这位女售票员：“你是在售票还是在谈情说爱？”后面的旅客也不分青红皂白地轰起来。面对这种情景，这位女售票员不是针锋相对，也不是反唇相讥，而是谦和地说：“非常抱歉，让您久等了。”接着她还简要地向这位旅客解释了放慢售票速度的原因。这一说，女旅客平心静气地回到自己的列位上，售票工作又正常地进行了。

（资料来源：根据公共管理硕士（MPA）经典案例分析题整理）

**问题：**

（1）这个案例发生的原因是什么，这位女售票员的做法是否正确？

（2）你在遇到这样的情况时，会怎样处理？

（3）交款及统计。

①做好每日每月盘点工作，保证账、票、款相符，做到准确无误，并认真填写相应的《售票日报表》。

②结束营业后，将当日《售票日报表》及钱款交景区财务部门。

③记录好工作日记，搞好卫生，关闭门窗、保险箱等，切断电源，下班。

**2. 售票工作的难点**

（1）假钞辨别。

售票工作中很容易收到假钞。售票员一旦收到假钞，按规定需由当班人员进行赔偿；有时售票员在找补过程中因钞票的真伪与游客发生争执，弄得双方都不愉快。所以，售票员应具备一定的鉴别货币真伪的知识，以避免收到假钞。景区应为每个售票岗位购置功能齐全、准确的验钞机。景区应有计划地请专业人员（如银行工作人员）来为有关员工开展防伪培训活动，掌握辨认假钞的能力。

（2）优惠票容易引发争端。

一般的景区都会对不同人群实行差别定价，如小孩身高在 1.1~1.3 米的只需买半票，而在 1.1 米以下的则可享受免票。虽然在售票窗口和验票处都会有测量身高的刻度，但每个售票员可能都有过与游客争论高矮的经历。有部分工作人员因不愿与游客发生争论，便选择听之任之的方法，把球踢给验票口。殊不知，这样做至少会带来三种后果：一是给检票人员的工作增加难度，影响景区闸口的畅通与效率；二是其他游客产生心理不平衡的感觉，甚至也会提出享受同等待遇的要求，导致其他游客对景区产生不良印象；三是如果这些游客再回来补票，不仅增加售票的工作量，也会延长其他游客的购票等候时间。

因此，遇到类似的情况，景区售票员应掌握以下原则：

①不要与游客发生争执，应热情、礼貌地向游客说明门票价格优惠制度。

②向游客解释时，应注意说话方式，尽量站在游客的立场上进行表达，比如适当赞扬游客的小孩，并善意提醒家长孩子知道他（她）有多高，不要在孩子心里留下阴影。

③遇到个别特别固执的游客也可以灵活处理，比如干脆请他（她）做一次质量监督员，对景区服务的各个方面提意见，作为回报，他（她）可以免票入园。这样做皆大欢喜，游客心里得到了极大的满足，景区也得到了关于服务质量的第一手资料。

除了上述案例中讲到的儿童优惠票以外，景区还有团体票、假日票甚至导游票等。售票人员应灵活机动，具体问题具体分析。

**【阅读材料：拓展阅读】**

### 收进假钞我们要自己赔

以下是一位大学生游客 Q 的投诉：

那是阳光明媚的一个周末，我和朋友一起去 Z 景点玩。可刚到售票处，就发生了一件很让我们不愉快的事情，差点吵了起来。

售票窗口里面坐着一位售票员，她身边还坐着一位中年妇女，因为没穿制服，很难判断是不是景区人员。窗上贴着“门票10元一张，1.4米以下半票”的告示。我和我的同学共两个人，没有零钱，于是就给了一张50元，我只有一张50元，拿出去时外观有些破旧，但我没想到会引起后面的不愉快。

售票人员接过钱，摸了摸，看了我一眼，然后转头对坐在旁边的中年妇女说：“你看看这张”站在窗口的我们，没有听清楚她们具体的谈话。但她和中年妇女说话时的神态极不自然，好像在怀疑什么，又不时带着异样的眼神，往我们身上扫视。好久之后，售票员把那张50元钱又递了出来，“这钱是假的，你换一张！”她说。我立刻证实了之前被怀疑的感觉，气愤起来：“干吗要换啊？虽然这钱是旧了点，但绝对不可能是假的！”售票员见我生气了，她依然很冷漠，又说：“你换一张吧，收进假钞我们要自己赔的。”

我很生气，几乎想甩袖而去，但考虑到邀请同学来游玩，发生这样尴尬的事情谁都不想看到，于是很不情愿换了一张崭新的100元给售票员。她接过钱时，脸上那种得意胜利的笑容，像是对我极大的讽刺。这次游玩让我很失望、很气愤，景区售票人员凭什么怀疑我的钱是假的？不过，我更在乎的是售票人员的处理方法。这让觉得自己的人格受到了侮辱，我要投诉她！

分析：此事件中售票人员犯了哪些错误？当收到假钞的时候应该怎么处理？

（资料来源：王昆欣，2008）

（3）交接清楚，以防意外。

在售票工作中，必须要保管好自己的钱箱，钱一定要当面点清。但是在实际工作中，特别是旺季、游客众多的时候，难免会发生顶替上岗或请人代换零钞等现象，这个时候有些工作人员可能会因为嫌麻烦或面子问题而省略了当面交接这一程序，事后一旦出现差错往往会懊悔莫及、有口难辩。所以，每一位售票工作人员都应树立这样的观念，即钱在人在，交接清楚。这不仅是保护自身利益、减少事后麻烦，同时也是尊重对方，保护对方利益的表现。

## （三）取票服务

取票工作通常是与订票、售票工作联系在一起的，但在信息化的时代，“互联网+旅游”已经发展到一个很高的水平，很多游客为了方便，都会在网上提前购买门票，所以取票服务就形成了一个独立的工作板块。游客在预知自己要去的旅游景区，提前在网上订票。但游客在网上购买的时候最好事先确认自己在所属渠道购买的门票是可以在自己想去的时间段进行游览，避免在取票的时候产生不必要的纠纷。

### 1. 窗口取票

游客在预知自己要去的旅游景区，提前在网上平台购票。在景区规定的时间内来到景区的售票窗口，出示身份证和网上购票凭证（通常是取票码形式），并告知取票工作人员取的门票数量，是否带有小孩，小孩是否属于半价票身高内等有关信息。在游客没有主动告知的情况下，工作人员应该进行询问，注意语气和礼貌用语，在情况了解清楚后再递给票务，尤其是有关优惠票务细则，一定要注意语言的清晰，意思传达清楚，避免游客在进入景区的时候和验票人员产生分歧，引起矛盾。

2. 自助终端取票机

目前，很多景区为了减轻售票窗口的压力，在售票大厅都会摆放自助终端取票机。游客在网上购买相应门票之后，来到景区的自助终端取票机，按照机器提示进行操作，按步骤进行取票流程即可。通常要在自助终端取票机安排一定的工作人员，对游客有不清楚的地方进行解释，或帮助游客进行操作等。

### （四）验票服务

验票工作关系到景区经济利益能否真正实现，同时，它也是维持景区良好秩序的重要职责。随着现代科技水平的不断提高，电子检票系统越来越被广泛使用，但是仍然需要工作人员提供服务，进行监督。

1. 验票服务工作流程

（1）做好班前工作，按规定着装，佩戴工作牌，仪容整齐，化妆得体。

（2）做好卫生工作，精神饱满做好开园准备。

（3）游客入闸时，验票员应要求客人人手一票，并认真查验。如设有自动检票机的验票员应监督、帮助游客通过电子检票，游客排长队的时候检票员可以主动帮忙验票，确保游客快速顺利，进入景区。当自动检票机出现故障，应进行人工检票。

（4）熟悉旅行团导游、领队带团入园的检验方法及相应入园规定。团队入园参观时，需登记游客人数、旅行社等信息。另外对于残疾人或老人以及孕妇和婴幼儿等提供必要的帮助。

（5）控制客流量，维持出入口秩序，避免出现混乱现象。对持无效门票入园的游客，说明无效的原因，要求游客重新购票。同时对闹事滋事者，应及时礼貌制止、耐心说服，如无法控制的应该及时报告景区安保。切忌在众多游客面前争执，应引到一边进行处理。

（6）游客提出问题应耐心解答，当游客需要帮助时应予以协助。

（7）下班前打扫卫生，检查各种设备，填写工作日记。

2. 验票工作难点

（1）识别假票、过期票。有些游客为了图方便、便宜，在景区附近或网上购买到了假票或过期票，增加了验票工作的难度。但是，随着景区门票信息化，这种假票现象越来越少见了。

（2）无票入园。作为景区验票人员要以身作则，坚决杜绝自己的亲朋好友或其他社会关系人员无票入园。当发现类似时间时，应以景区的规章制度做劝说工作，礼貌地向游客做解释，维护景区形象。

（3）遇到身份特殊的客人，验票工作难度也会增加。

验票员应认真遵守景区制定的有关规章制度，认真负责，敢于坚持原则，严禁利用职务之便私放人进入景区。售票、验票人员更不得出售假票、废票。要主动接受旅游行政管理部门和执法人员的监督检查，自觉改进工作方法，提高工作效率，维护景区形象。验票服务工作流程如图 2-2 所示。

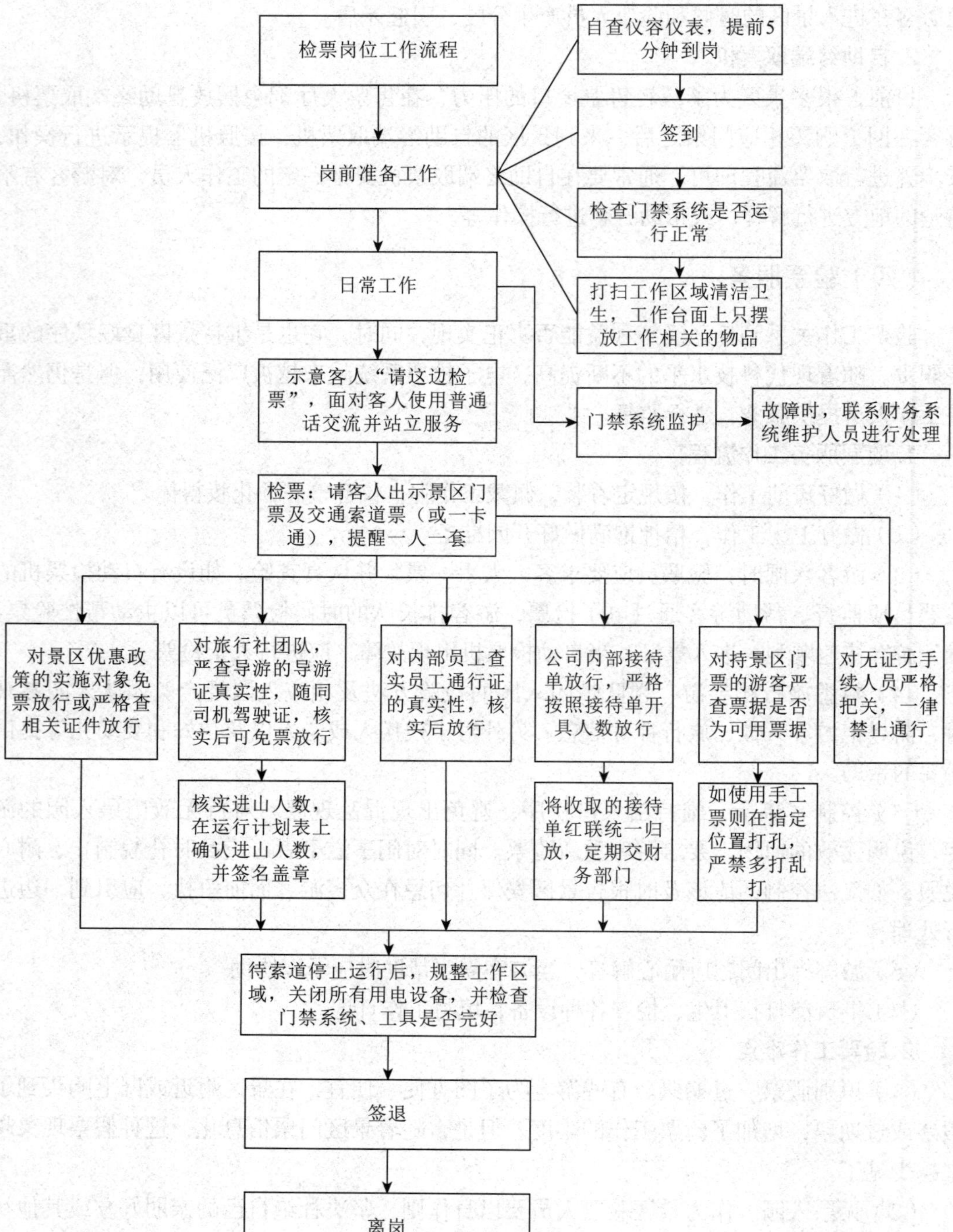


**图 2–2　验票服务工作流程**

（资料来源：百度文库，lxlionlion, 游客接待中心岗位工作流程图，2011）

### 3. 电子验票

为杜绝假票、过期票、人情票等情况，为进一步完善景区旅游配套设施，强化旅游服务功能，不断提高旅游服务质量，许多景区实行了电子门禁系统，改进验票系统，采用电子验票。

电子门票系统是指以采用电子识别技术做成的门票取代传统的门票而形成的一套完整的电脑自动化管理系统。整套系统包括电子门票制作、门票个性化处理及售票、远程订票及出票处理、电子验票系统及门票后台管理等系统。

电子门票已不再是单一的简单的入场券，而是一个集智能卡工程、信息安全工程、软件工程、网络工程及机械工程为一体的智能化管理系统。它涉及门票制作（CI及广告收入、发卡售卡、通道验卡、客流监控、会展资源开发决策及财务等系统。它通过Windows、Windows NT或UNIX等软件管理系统平台向用户提供一种集中控制，是管理集中且操作简便的集成管理系统。

采用电子门票系统的优点如下：能实时检验门票的真伪性、有效性；由于采用了自动验票处理技术，极大地加快了门票的验证处理速度，确保参观者的通行速度；由于采用计算机控制和管理，极大地提高了工作效率和管理水平；有效地杜绝了财务上的漏洞，确保了企业的经济效益。此外，通过计算机统计处理，可得出每一时段的客流量分布情况，以便合理安排服务设施和服务项目，以达到景区内部的科学化管理。

### （五）退票服务

不同的景区有不同的退票流程，但是大致都有以下几个要点：

（1）退票人所持门票分为团体票和散客票。团体票，指购票人以单位名义（包括旅行社、宾馆饭店、疗养院、政府部门、企事业单位、部队、学校等）申请购买的景区门票，并获得了团体价格的优惠。散客票，指购票人以个人名义申请购买的景区门票，且未获得团体价格的优惠，散客票票面应标注“散客”字样。

（2）退票人应在规定的时限内到指定的票务机构办理退票业务，并按规定交纳退票手续费用。提出退票申请时，退票人应提交完整的景区门票票据，票据经核实确认为符合退票要求，否则不予受理。

（3）超过退票时限的退票申请，也会根据景区实际特点来进行受理。例如，漓江景区，因天气等不可抗力因素，游客不能在游江当日游船开航时间之前到达指定码头登船的；因游客临时生病送医就诊，造成不能在游江当日游船开航时间之前到达码头登船的。这两类可以进行退票服务。

## 四、票口服务与管理

当游客来到景区，景区需要将游客导入景区，所以做好景区入口导入非常重要。景区入口导入是指景区为了让游客愉快、顺畅地进入景区而采取的必要服务和管理手段。景区入口是游客进入景区的第一印象区，关系到景区服务形象。由于旅游的季节性较强，经常会出现旅游旺季入口堵塞的情况，造成游客长时间等待。另外，景区内必看（玩）项目（景点）也很容易出现排长队的情况。如果管理措施不力，会降低游客的满意度。

入口导入服务的一个重要环节就是排队服务。排队服务是在不同的地方根据游客流动特点采取不同的队形和接待方式。

## （一）排队类型

排队现象在景区内随处可见。排队现象之所以产生，原因在于具体时段游客数量超过景区服务处理能力。不同的旅游景区或景区内不同景点，根据项目特点、排队区地形、游客规律要采取不同的队形方式，一般队形可分为以下五种（见表 2–1）。

表 2–1 景区游客排队类型与管理

| 类型 | 特点 | 优点 | 缺点 | 管理措施 | 适宜场合 |
| --- | --- | --- | --- | --- | --- |
| 单列单人 | 需要的服务人员少 | 人工成本低 | 等待时间难以确定；游客进入景区的视觉有障碍 | 设置座位或护栏；标明等候时间 | 小型景点入口 |
| 单列多人 | 需要多名服务人员 | 接待速度较快；较适宜于游客集中的场合 | 管理成本增加；队列后面的人仍然视线较差 | 设置座位或护栏；队列从纵向改为横向 | 游乐型、参与型项目入口处 |
| 多列多人 | 需要多名服务人员 | 接待速度较快；视觉进入感缓和；适用于游客流量较大的场合 | 管理成本增加；队列速度可能不一，易引起不满 | 不设栏杆可以改善游客视觉进入感 | 景点检票口、大型集散地出入口 |
| 多列单人 | 需要较少的服务人员 | 视觉进入感缓和；人工成本低 | 队首是否排好非常关键；栏杆多，成本增加；游客需要选择进入哪一队列 | 外部队列位置从纵向改为横向，可以改善视觉 | 购物点、游乐项目入口处 |
| 主题队形 | 队形迂回曲折，一般为单列队，超过两名服务人员 | 视觉及时间改善；有信息展示；排队舒适 | 增加硬件建设成本 | 单列变双列；根据景区文化变换主题形状 | 主题游乐项目入口 |

## （二）游客排队管理

### 1. 排队产生的原因

旅游服务的生产和旅游消费是同时进行的，而旅游需求存在波动性。游客到达景区的时点随机性大，不确定性大，并且主观希望立即得到服务。如果游客到达时，所有的服务位置都已经被使用，游客就应该耐心排队等候，这就需要游客排队等候接受服务。

游客需求的波动性造成了某些时间段的服务处于闲置状态，而在某一特定的时间段游客又不得不等待——排队现象就出现了。特别是在旅游旺季，在高峰时段，排队现象就愈加明显。

旅游服务不像其他产品那样能够储存起来以待未来的消费，一个景区在初期的规划建设中就确定了其服务能力，如景区游客容量、服务流程，景区经营者每天都要面对动态变化的环境情况，每天都要调整供给和游客需求之间的矛盾。

### 2. 排队等待的心理

对等待心理的实验研究最早可以追溯到 1955 年，后来 1984 年美国著名营销学者戴维·梅斯特（David H.Maister）对排队心理作了比较全面的总结研究。他提出了被广泛认可而后采用的顾客等待心理的八条原则。

（1）无所事事的等待比有事可干的等待感觉要长。

（2）过程前、过程后等待的时间比过程中等待的时间感觉要长。

（3）焦虑使等待看起来比实际时间更长。

（4）不确定的等待时间比已知的、有限的等待时间更长。

（5）没有说明理由的等待比说明了理由的等待时间要长。

（6）不公平的等待比平等的等待时间要长。

（7）服务的价值越高，人们愿意等待的时间就越长。

（8）单个人等待比许多人一起等待感觉时间要长。

在此基础上 M. Davis 及 J. Heineke 在 1994 年和 P，Jones 及 E，Peppiatt 在 1996 年分别对顾客排队等待心理理论又进行了两条补充。

（1）令人身体不舒适的等待比舒适的等待感觉时间要长。

（2）不熟悉的等待比熟悉的等待时间要长。

针对以上游客的排队心理，当有些排队问题不可避免的时候，景区要站在游客的角度去思考问题，尽量缓解游客的不舒适感，有时可以在排队处放置一些可以观看的视频，如某些大型超市在每个收银处都设置一台电视机，播放搞笑视频。景区管理者和服务者在提高服务效率的同时，还要掌握排队服务中的技巧，提高游客满意度。

**3. 排队管理的原则**

游客排队服务与管理影响到景区的服务形象。因此，制定相应的管理办法，缩短游客等待的时间，消除游客因等待而形成的负面影响是工作人员的基本职责。

（1）让游客意识到工作人员知道他们在等待。安排工作人员与等待的游客接触，使游客明白景区工作人员知道他们在等待。

（2）让等候时间变得令人愉快。设置特殊的等候区；播放舒缓的轻音乐；播放幽默视频等。

（3）景区可以有效、自然地利用游客的等待时间。游客在等待时无其他事可做，但会仔细反复地熟悉周围的环境，会注意每一件细微的事情。因此，景区要采取一些辅助措施来降低游客在排队过程中的不良感受，如设置相关广告宣传，还可以布局一些景区商品。

### （三）游客排队服务技巧

服务需求的波动是一件不可避免的事情，排队是绝对的，不排队是相对的，但景区服务系统可以通过使用主动和被动的方法来调节需求。

**1. 培养工作人员的敬业精神**

当服务需求大于服务供给，工作人员的工作态度、敬业精神就成为游客更为关注的对象，它不但要提高服务效率，更能在安慰游客方面起到重要作用。试想游客在焦急的等待之中，而工作人员还在聊天或做一些与工作无关的事情，当然会引起游客不满。如在一些游乐项目等候处，有些工作人员只在检票时出来检票，其他时间则坐在工作室内，认为队伍变化情况和游客情绪变化情况与自己没有关系。

当然，长时间尽职尽责服务容易使工作人员产生疲劳感，但不能在游客面前有所流露，更不能借此发泄自己的不满。作为管理者要尽量安排好工作人员的休息，保证他们有一个良好的精神面貌。

**2. 制定排队规则**

公平对于游客来说非常重要，景区必须制定出排队规则，并严格执行，以维护公平性。

（1）预订者优先。预订游客已提前确定了服务消费需求，应该对其实行优先服务。

（2）先到者优先。对先到达的游客提供优先服务，杜绝强行插队、熟人插队的不良现象。

（3）团队优先。由于团队的消费规模大、服务所需时间相对较短，而且团队是由与景区有长远利益关系的机构发送的，因此，只要不涉及原则性问题，景区就可以向团队提供排队优先服务。

（4）特殊人群优先。对老人、幼儿、残疾人、军人等社会特殊人群，在排队优先中都应该有不同程度上的体现。

**3. 加强排队管理**

规定制定好后，还必须在工作中加强对规则的执行和维护，做好游客排队的管理工作。

（1）要有敢于维护正义的精神与勇气。

景区工作人员一旦遇到插队现象，不能视若不见，听之任之。工作人员担负的不仅仅是此刻维持秩序的责任，更代表景区在公众面前的形象。

（2）要有善于维护秩序的经验与技巧。

绝大多数游客是公共秩序的遵守者，他们愿意排队，所以工作人员要善于利用多数人的力量，去打击和杜绝极少数人的插队现象。比如，当游客指责插队现象的时候，工作人员可以适时出现，以委婉的语气劝解插队者。这时的工作人员不仅代表景区，同时也代表游客的观点，因此一般情况下插队者是能接受这样的劝说的。

**4. 设计合理的队列结构**

景区在设计队列结构时要注意以下问题。

（1）根据排队游客的人数以及游览、娱乐活动的特殊要求，灵活运用单通道、多通道、混合通道等多种队列通道设计模式。

（2）注意队列的变化，给游客以队伍不断前进的感觉，并用四周的景色舒缓游客等待时的焦急心情。

（3）以必要的隔离设施对队列进行规范，避免队列秩序的混乱。

**5. 提供“等待服务”**

根据排队管理原则，在游客等待时，景区应该提供一些必要的“等待服务”。

（1）提供良好的排队环境，以调整游客等待时的心理感觉。良好的排队环境包括舒适的座椅、具有吸引力的可视画面、优美的音乐、丰富的阅读材料、电视录像等，让游客在不知不觉中度过等待时间。

（2）等候区的设置。餐饮场所常会专设等候区，放置一些舒适、小巧的沙发、椅子，再附设一个小酒吧，既便于客人聊天。景区有其特殊性，大多数景区景点的等候区设在室外，因此在设置等候区时应充分发挥室外宽敞、自如的优势，用鲜亮的色彩、抒情的音乐，使环境令人心情舒畅；同时还可以展示新项目，提供当天的报纸及景区宣传册等供给游客阅读，公布游客来信，张贴优秀员工的照片和事迹，发布促销活动通知等。

（3）采用关怀服务。冬天送热饮，夏天送冷饮，为老人搬椅子，为小孩提供玩具，使游客感受到你在意他的等候，并尽所能安排其顺利游玩。

（4）提前开始服务。为等待的游客介绍正在开办的游乐项目或其他服务，待其排号一到，游客就可以立即选择自己喜欢的游乐项目，缩短游客在其他服务上的等待时间。

（5）及时与游客沟通信息。及时告知游客真实情况，并鼓励游客游玩其他景点，避免旅游高峰时段，或延长票证的使用时间，让游客改天再来。

（6）适当组织活动。为游客组织一些小游戏，将一些故事笑话，猜一些谜语，分散游客注意力，消除游客焦虑情绪。

（7）及时提醒等待时间。让游客对等待有充分的思想准备。

（8）维护排队秩序，避免插队现象的发生。

**【阅读材料：案例导读】**

### 世博联动参观方案出台 单馆预约取代传统排队

中国新闻网5月18日消息 上海时断时续的阵雨丝毫没有浇凉日渐升温的观博热，根据官方统计数据，截至下午三点，通过票检入园人数为24.31万。这已经是上海世博会开幕18天以来第9次单日入园人数超过20万人。

观博人数的增加，让中国、沙特、德国、西班牙等热门展馆门前排队长龙更为“壮观”。世博会组织方今日召开专题新闻发布会称，自当天起新推《城市名片册》，游客若以此集满城市最佳实践区内的16个图章，就可以在城市广场的问询服务点换领中国国家馆的参观券或沙特阿拉伯的参观券。

城市最佳实践区部孙联生部长透露，《城市名片册》领取点在城市最佳实践区北面的问询服务点，早晨园区开门就可领取。并且不限当天使用，参观者如果当天集不满16个章，可改天再次入园收集，兑换参观券仍然有效。

除推出“联动参观”方案分散人流外，园区内多个展馆将采用单馆预约机取代传统排队。据世博局信息化部公布的信息，目前，包括热门场馆与企业馆在内，已经有30家展馆报名参加单馆预约，其中，沙特馆、印度馆、菲律宾馆、泰国馆等已安装好单馆预约机，调试后可在随后一段时间推出单馆预约。本周末，香港馆拟率先推出单馆预约。

芬兰馆则让参观者通过手机进行预约，从19日起，中国联通、移动、电信的手机用户，都可以通过手机预约参观芬兰馆。预约成功后，可直接走绿色通道入馆而无须排队。值得提醒的是，一个手机号码一天之内只能预约三次，并且只能预约当天的参观时段，而每查询一次需支付1元的信息资费。

在普通游客观博热情高涨的同时，政要名人也纷纷光临世博园。今天是世博会荷兰国家馆日，荷兰威廉·亚历山大王储携马克西玛王妃在上海世博中心东门参加了荷兰国旗升旗仪式。除荷兰馆“快乐街”外，王储和王妃还饶有兴致地参观了中国馆、上海馆。

今天同时来世博园“凑热闹”的还有澳大利亚外交部部长斯蒂芬史密斯。这是他就任外交部部长以来第二次访问中国、首次访问中国上海。斯蒂芬史密斯是为揭幕澳大利亚馆而来，他在发言中称，世博会平台为澳大利亚展示国家形象和文化提供了一个独特的良机。

根据携程旅行网今天发布的旅游者最新参观意愿显示，世博旅游正在“渐入佳境”，非指定日特别是周末出游成为主流，团队参观也日益受欢迎，超过1/3的参与调查者选择参加旅行社的世博团队游。

（资料来源：中国新闻网，陈婷婷.世博联动参观方案出台单馆预约取代传统排队.2010）

缩短游客等待的时间，提供快速的服务不仅是旅游景区的基本要求，同时也是一个景区形象所在。排队管理的这些小技巧，是多数景区很容易做到的或已经做到的。仔细分析游客在景区内游玩过程会发现，游客等待的时间是从排队等待买票开始，到排队乘车辆离开景区结束，其中等待的时间和内容各不相同，但都是等待。要努力提高景区服务效率，缩短游客显性和隐性的等待时间，让旅程更满意。

# 第三节　旅游景区售后服务

为什么近年来旅游投诉的人越来越多？目前国内各旅游企业在做好“游前”“游中”服务时，对“游后”服务忽视是造成投诉的主要原因，景区售后服务是指景区为游客在完成旅游活动之后所提供的一系列个性化服务。目前，售后服务基本上还是旅游景区管理的空白。

希尔顿饭店是全球著名的跨国旅游集团，希尔顿本人也被誉为美国“旅馆大王”。有人询问希尔顿的经营诀窍，希尔顿的回答是：“请你在离开我的希尔顿饭店时留下改进意见，当你再次光临我的饭店时就不再会有相同的意见——这就是我的经营诀窍。”可见售后服务的重要性。

## 一、旅游景区投诉处理服务

游客在游玩、接受服务的过程中可能会产生这样或那样的不满和抱怨，正是这些不满和抱怨是景区服务进步的关键。因为它能让景区认识到自己的不足，然后找出解决的办法，从而促进景区管理的优化。

### （一）游客投诉原因

游客投诉的原因比较多，投诉的内容也千奇百怪，大致可以分为以下几种：

#### 1. 对景区服务人员的投诉

这一类投诉是由于景区服务人员素质不高、服务水平低下、服务观念存在问题而产生的，它占景区投诉量的绝大多数。

（1）服务态度太差。

（2）服务技能欠缺。

**2. 对景区服务产品产生的投诉**

（1）价格投诉，如景区门票过高，特别是园中园，重复购门票，商品或服务项目收费过高，随意宰客。

（2）样品和游客所买的商品、酒水不一致。

（3）最佳拍摄点被承包经营者占据，拍照得付额外费用。

（4）寄存物品、租车、乘船等不方便，结账方式不合理。

**3. 对景区硬件环境产生的投诉**

（1）没有或缺乏卫生设施，或卫生设施条件太差。

（2）没有与景区配套的娱乐项目。

（3）发生安全事故、意外事件，治安状况差，缺乏安全感。

（4）旅游购物氛围差，强迫游客购物。

（5）交通混乱，车辆摆放无指定。

## （二）处理游客投诉的原则

在分析完游客投诉的原因之后，需要运用正确的原则、适当的方法和技巧来解决游客的投诉事件。处理游客投诉有以下几个原则：

（1）遇事冷静。

（2）处理迅速。

（3）对人真诚。

（4）维护景区和游客利益。

## （三）处理游客投诉的方法

受理游客投诉是一项需要耐心和技巧的工作，有些没有学会与不满的游客相处的服务人员，可能和愤怒的游客一样失去理智，使矛盾激化。所以在处理投诉时，要掌握好以下方法：

**1. 认真聆听**

来投诉的游客大多数情绪激动，怨气冲天，往往不先说清真相，就先表达对景区或者服务人员的不满，此时服务人员不要急于解释，应学会耐心聆听。

**2. 充分道歉**

游客前来投诉，必然会有投诉的理由，或多或少是因为景区服务管理工作不到位造成的。游客前来景区消费，过得不愉快，过得不开心，产生抱怨，景区服务人员就应该向游客表示歉意。

在表示歉意时，在注意用词的同时要表示出一种诚意，可以说“真的很抱歉，让你遇到这样的麻烦”等。道歉必须是发自内心的才能使游客接受，并平息游客的怒火，来配合找出真正的原因。

3. 获取相关信息

游客在听到道歉之后，满腔的愤怒可能会得到暂时的平息，但是他们期望的是解决的方式，因此应当积极引导游客，进一步叙述出相关信息。

4. 提出解决问题的方法

在明确游客的问题之后，下一步是解决它。在处理投诉时既要站在景区的角度又要站在游客的角度。在自己的职权范围内，如果当场就能答复或者解决的就不要含糊其辞或有意拖延，并可以给游客提供几种解决的办法供其参考。

5. 征求游客意见

（1）问题解决之前的征求意见。

如果游客选择你提供的建议，那问题很快解决。但是如果游客不同意你的建议，这时再来征询游客的意见也不晚，这时可以问游客希望如何解决："您希望我们怎么做？"问这样的问题很重要，因为能令游客满意的做法往往和景区想象的不同，甚至会差很大一截。如果游客的要求可以接受，那就迅速且愉快地完成。

（2）问题解决之后的征求意见。

大多数人都会想如果游客不再提其他的要求，又何必再提呢？这不是自己找事吗？但是请设想一下，一种情况是你为他解决了问题后他离开，另一种情况是你不仅解决了问题，而且在他离开之前还询问他是否还有其他建议，以便能够最大限度地帮助他。这两种情况哪一种会使你的顾客对你终生难忘呢？

6. 对批评指正表示感谢

游客的投诉实质上是对景区工作的改进，对景区今后的发展，有良好的促进作用。如果是游客不来投诉，而去上诉到上级部门，如旅游局等，或者去向朋友抱怨，都会给景区带来负面影响。如果游客是向景区投诉，在对处理结果很满意的情况下，则会产生良好的积极效应。因此景区应该对投诉的游客表示欢迎和感谢。

7. 跟踪服务

绝大多数的服务人员在第六步就结束了。虽然这时游客已经满意地走了，但你的服务质量仍然只称得上"良好"。想要达到"优秀"，还得继续进行第七步——跟踪服务。

跟踪服务是人员服务的最后环节，能加深旅游者对景区的信任，促使再次游览。同时，通过跟踪服务可获得各种反馈信息，也为服务人员积累了经验，从而为开展新的服务提供广泛有效的途径和线索。

跟踪服务可以是对游客表示问候、感谢，也可以是景区新的活动介绍等。

## （四）投诉处理过程中的技巧

处理投诉的过程是需要受理人员掌握一定的技巧，才能巧妙处理好景区的投诉。

1. 了解游客投诉的心理

（1）求尊重的心理。

（2）求公平的心理。

（3）求补偿的心理。

### 2. 掌握提供补偿性服务的方法

在对投诉事件提出解决方案的时候，如果是游客在营销部购买的有形商品出现问题的投诉，可以采取保修、调换、退款等方式来解决。对于景区内享受服务的这种无形产品来说，会面临更为复杂的局面，需要提供更巧妙、更艺术的补偿性服务来弥补游客所受到的损失。这种具体行为的目的是让游客知道你认为所犯的错误，不管是什么错误都是不能原谅的，也要让游客知道这种事情不会再发生，补偿性服务只是对游客的一种弥补。补偿性服务有以下几种常见的形式：

（1）打折优惠。

（2）免费赠送。

## 二、服务追踪

有一个方法并未被普及，但是已经被证明成功而有效，那就是服务追踪。服务追踪是提高游客满意度的成功技巧。服务追踪的成功关键有以下几个：

**【阅读材料：拓展阅读】**

**追踪《“五一”小长假本报记者调查山西景区服务质量》**
**平遥古城游客洗手将不再难**

【新闻回放】5 月 1 日，记者发现平遥古城北大街的公共卫生间洗手池只有 1 个水龙头出水。位于段巷的卫生间，南侧的两个水龙头没水。此外，雨天游客无法将雨伞带入卫生间，雨伞无地存放，无人保管。

【记者回访】5 月 9 日下午，记者再次来到平遥古城北大街及段巷的公共卫生间，对所有洗手池的水龙头进行了试用，均有水流出。

【部门回应】5 月 9 日，平遥县创建国家 5A 级景区工作领导组办公室工作人员告诉记者，“五一”期间，平遥古城北大街的公共卫生间管理人员为节约用水，特意只打开了一个水管的阀门。《生活晨报》报道此事后，平遥县旅游局已于 5 月 5 日让管理人员将全部阀门打开，满足游客洗手的需求。此外，因平遥县自来水公司的供水压力不够大，每逢旅游高峰，平遥古城内各客栈用水泵抽取自来水满足需要，致使景区卫生间出现水小或无水现象。为此，平遥县自来水公司将于 5 月 19 日前在西大街、衙门街等主干街道加设增压泵，保障各景点用水。

（资料来源：生活晨报．猛子．追踪《“五一”小长假本报记者调查山西景区服务质量》平遥古城游客洗手将不再难 .2015）

### 1. 服务跟踪涉及每个员工

景区的每一个员工都有服务跟踪的义务，在每一次服务完毕后，可以对游客进行有效的跟踪，询问游客是否还需要其他服务，使游客满意度最高是每一个景区服务人员的责任。

**2. 定期的报告制度**

只有定期报告总结才能对近期发生的事件进行有效的分析，才能对景区及人员进行有效的管理，提高管理水平。

**3. 积极的反馈必须记录和传达**

这对于员工的激励与服务跟踪的切实贯彻很重要。因为只有这样，重要的信息才能被积极的反馈，管理人员才能对景区进行更完善的管理。

**4. 服务跟踪的结果必须予以落实**

（1）在规定的时间内服务人员是否解决问题。

（2）客户是否不满意。

（3）对重复发生的老问题要认真对待。

## 【小结】

本章主要学习景区销售和推广的基本知识，这是景区工作者应该了解的内容；其次，景区门票涉及旅游市场、社会服务、景区利益等方面，需要掌握景区门票的内涵、定义、基本类型、定价原则等，第三是了解如何进行票口的服务与管理；最后，针对游客投诉，景区应该如何处理。

## 【复习思考题】

1. 景区销售宣传的价值何在？
2. 你如何推广一个新开发的旅游景区？
3. 你对我国门票价格有什么看法？
4. 你如何了解景区门票的公益性？
5. 景区应该如何为老年游客服务？

# 第三章

# 旅游景区游览服务与管理

【章节导读】

旅游景区游览服务与管理是旅游景区管理者运用旅游景区的人力、物力对旅游景区的预游览服务和相关旅游系统的经营与管理的统一。本部分在重点介绍旅游景区标识系统、景区游路系统和景区解说系统的基础上，将旅游景区咨询服务和景区预警服务纳入景区游览服务与管理的范畴，并对这些主要的景区服务的相关内容做出了阐述。

【学习目标】

◆ 了解旅游景区游览服务与管理的基本概念和内容。

◆ 熟悉旅游景区标识系统、解说系统的类型、功能以及内容。

◆ 理解向导式解说服务和自导式解说服务的含义。

◆ 掌握旅游景区标识系统、游路系统和解说系统设计的原则。

◆ 能够操作电子票务系统，能够进行景区解说服务，能够合理布局、设置景区标识设施，具备自主设计景区游路系统的能力。

【学习重点】

◆ 掌握旅游景区标识系统、游路系统和解说系统设计基本知识，具备标识系统、游路系统、解说系统设计的能力。

景区游览服务与管理的知识体系如图 3–1 所示。

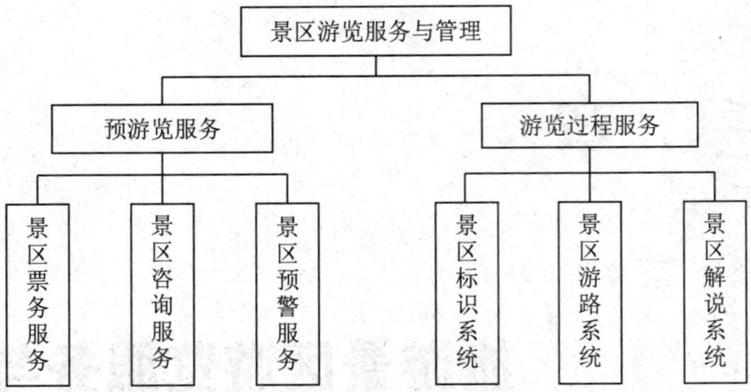


**图 3-1　景区游览服务与管理知识体系示意图**

# 第一节　旅游景区预游览服务

## 一、预览服务

### （一）预览服务概念

预览服务是指游客在正式进入景区之前，能够帮助游客了解旅游景区景点分布情况、游览线路、景区基础设施布设等情况的景区内部的各种设施和设备所提供的服务，主要载体为游客中心。今天，景区旅游虚拟平台也可以帮助游客实现预游览活动。

### （二）游客中心设立原则及功能

游客中心属于旅游公共服务设施，一般设在景区的入口或是交通站点，是展示景区形象的窗口，是为游客提供信息咨询、游程安排、讲解、教育、休息等旅游设施和服务功能的专门场所，其所提供的多数服务是公益性或免费服务。游客中心内的基本服务主要是指免费为游客提供的必要服务，包括厕所、寄存服务、无障碍设施、科普环保书籍和纪念品展示。在游客中心游客可以得到相关的旅游咨询服务，包括景区及旅游资源、景点介绍，景区形象展示、区域交通信息、游程信息、天气询问、住宿咨询、旅行社服务情况问询及注意事项提醒。

**1. 游客中心的设立原则**

（1）游客中心的配建设施，应与其服务的景区质量等级相对应。

（2）游客中心的建设，应符合旅游景区总平面布局要求。

（3）A 级旅游景区游客服务中心建设与服务除符合《旅游景区游客中心设置与服务规范》（GB/T 31383—2015）外，还应符合国家现行的有关法律、法规和强制性标准的规定。要求游客中心位置合理，规模适度，设施、功能齐备。游客中心应该有服务人员，要求业务熟悉，服务热情。

**2. 游客中心的功能**

（1）游客中心功能分为必备功能和指导功能。旅游景区游客中心应具备必备功能，可根据实际情况科学合理地引入指导功能。游客中心功能与平面示意图如图 3–2 所示。

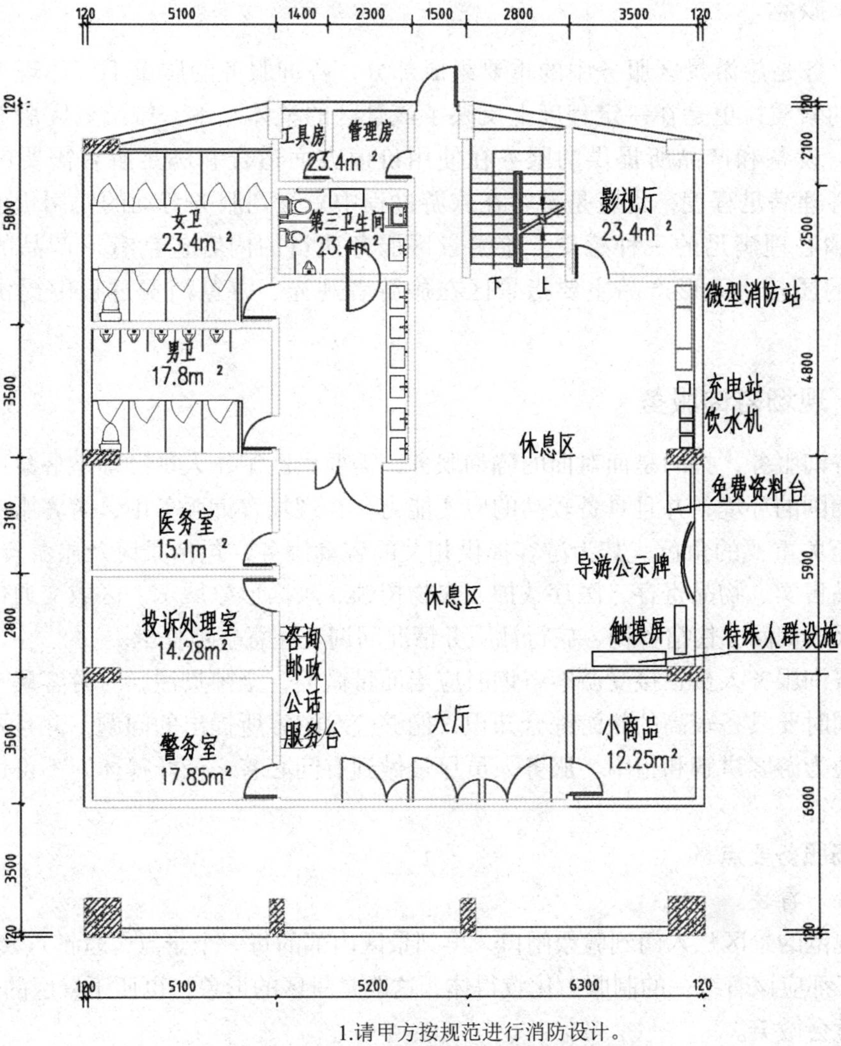


1.请甲方按规范进行消防设计。
2.建议游客中心内部设置冷暖空调。
3.建议考虑从建筑外挂消防楼梯，以达到消防标准要求。
4.建筑滴水线内标高建议比外部标高升高25cm。
5.外部进入大门设置残疾人专用通道。
6.在内部墙面和地面设置插座，方便游客使用。

**图 3–2　游客中心功能与平面示例图**

（2）游客中心的必备功能包括旅游咨询、基本游客服务。如景区信息咨询、游客投诉受理、监控监管、医疗服务等。

（3）游客中心的指导功能包括旅游交通、旅游住宿、旅游餐饮和其他游客服务的指导管理，例如，导游服务、集散换乘、餐饮住宿、演艺购物等。

## 二、咨询服务

### （一）概念

咨询服务是旅游景区服务中的重要组成部分，咨询服务的质量不仅体现一个景区工作人员的素质，更是在一定程度上反映了该景区的整体水平。旅游景区服务质量是利用设施、设备和产品所提供的服务在使用价值方面适合和满足游客需要的物质满足程度和心理满足程度，也就是游客在旅游过程中享受到服务劳动的使用价值，得到某种物质和心理满足的一种感受。旅游景区服务质量的内容包括有形产品的质量和无形产品的质量，无形产品主要指景区在旅游者观光、游览消费过程中提供的各种服务。

### （二）现场咨询服务

现场咨询服务，指的是面对面的咨询服务，需要景区工作人员准确掌握景区相关知识和熟悉周围的环境，并且具备较高的应变能力。在现场咨询服务中，游客服务中心扮演着一个至关重要的角色。其为游客提供相关的咨询服务，包括景区及旅游资源介绍、旅游纪念品售卖、物品寄存、医疗救护、失物招领、景区形象展示、区域交通信息、游程信息、天气询问、住宿咨询、旅行社服务情况问询及注意事项提醒。

现场咨询服务人员在接受游客咨询时应当面带微笑、全神贯注，对游客展示出诚意和尊重，同时要具备较高的旅游综合知识，能够应对游客所提出的问题，并且要十分耐心、热情地为游客讲解和指引。服务人员尽量做到有问必答，谈吐得体，不可过于偏激或者避之不答。

**1. 现场服务要点**

（1）统一着装。

一个规范的景区从入门到验票闸口，再到景区内部的每一个景点、营销点及卫生间，所有的员工都应该着统一的制服、化妆得体，这既是景区的形象，也便于景区的管理。

（2）学会微笑。

“没有面带微笑，就不能说有完整的工作着装”，用微笑告诉游客，他们来对了地方，并处在友好的环境里，因此所有的工作人员在面对游客的时候，始终牢记要保持微笑。

（3）保持良好的礼仪形象。

工作人员应该保持良好的礼仪形象，因为一个人的外在形象是人的思想感情和文化修养的外在表现，同时也反映了他对工作的态度。因此，工作人员保持良好的第一步就是穿着得体。其次，除了微笑以外，一定要有正确的坐姿，应以坐满座位的 1/3~2/3 为宜，上身要挺直；站着为游客服务时，站姿要典雅，身体正对客人，腰身挺直，双腿不可抖动，最好与游客保持 1.5~3 米的距离；在服务时要配合适当的手势指引。

（4）工作态度认真。

要认真对待每一位游客，准确、仔细地回答每一位游客提出的问题。工作时不要与其他员工闲聊或大声说话，私人电话不应通话时间太长。

（5）应答语言技巧。

与游客的沟通，语言得体、应对大方可以给游客留下良好的印象，也可以缓解矛盾冲突，提高服务质量，因此，合理地应对语言艺术是沟通和交流成功的重要保障。其中，最重要的是广泛使用礼貌用语。

（6）熟记景区内外情况。

游客的咨询是多样化的，公共卫生间的设置、景区内的标志性景点、本地特色小吃等均可能成为游客咨询的问题。因此，景区内部应当定期对工作人员进行培训，让其了解该景区的现状和景区周围的情况，以便对所有的咨询都能流利回答。

（7）做好工作日志。

景区工作人员应对游客提出的问题认真记录，写好工作日志，并且阅读工作日志，了解前一天的游客询问的主要内容。游客提出的问题往往是由于景区内部规划或管理不完善、不到位而引发的，因此，可以根据工作人员的记录了解景区内现有资源的不足，以便起到更好的优化景区的作用。

**【阅读材料：拓展阅读】**

**三米微笑原则**

沃尔玛服务顾客的秘诀之一就是“三米微笑原则”。它是由沃尔玛百货有限公司的创始人山姆·沃尔顿先生传下来的。每当他巡店时，都会鼓励员工与他一起向顾客做出保证：“……我希望你们能够保证，每当你在三米以内遇到一位顾客时，你会看着他的眼睛与他打招呼，同时询问你能为他做些什么。”

这就是我们所说的“三米微笑原则”，它是山姆先生从孩提时就得到了印证的原则。他总是雄心勃勃并喜欢竞争。还在他刚进入哥伦比亚州的密苏里大学时，他就下定决心要当上校学生会主席。

他曾说过，“我很早就懂得要成为一名校园领袖的秘诀之一就是：要首先向对面走来的路人打招呼……我总是直视前方并朝每一位向我走来的人打招呼。”

“如果我认识他们，我会叫他们的名字；但如果我不认识，我仍然会与他们说话。不久，我就成了学校里认识同学最多的人了。他们认识了我并视我为他们的朋友。我积极参与竞选每一个社团的领导职位。”

山姆先生不仅被当时学校里的所有社团选为领袖，他还将其一贯奉行的哲学带进了零售领域。你每天都可以从世界各地的沃尔玛员工身上看到这一哲学。

**2. 现场咨询服务流程**

不同场景的语言有所差异，但是岗位的工作流程应该是一致的，即分为四个环节，每个环节都应该有礼有节地进行，见图 3–3。

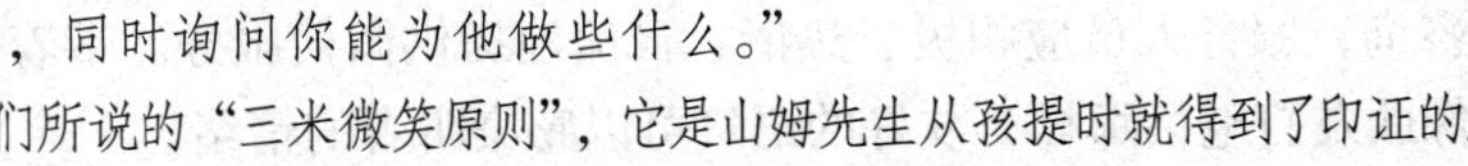


**图 3–3 现场咨询服务流程**

**3. 现场咨询的难点**

（1）多人询问。

（2）了解本景区最新的动态信息。

（3）回答对本地及周边区域景区情况的问询。

（4）对方固执己见。

**4. 咨询服务因遵循原则**

（1）认真倾听，表明关注并且向游客呈现出负责任的态度。

（2）保持冷静自信，记录游客咨询内容。

（3）不要打断游客谈话。

（4）信息及时传递反馈。

## （三）电话咨询

人们在了解景区情况时，电话咨询必不可少，而电话咨询服务代表了一个景区的整体服务水平，甚至在一定程度上影响着人们对景区的友善印象，以及影响人们是否到景区旅游的出行决定。对于电话咨询，很多景区都实行“首问制”，要求景区工作人员对咨询对象绝不说“不知道”“不清楚”“不关我们的事”等，而是竭尽所能帮助游客。如果遇到暂时无法回答的问题，要致歉说明原因，然后联系景区有关部门以求获得帮助，更好地解决问题。

**1. 电话咨询服务要点**

（1）态度。

对于电话咨询，服务人员应积极、热情、自信地提供微笑服务。带着微笑的通话效果最佳，就好像朋友打电话那样，友好的语气可以感染听者的情绪。

（2）声音技巧。

由于电话咨询服务是“只闻其声，不见其人”，咨询者只能通过声音来感受景区的服务，服务人员的心情都是通过声音来传递的。因此在电话服务中，使用声音的技巧，运用得当有利于提升咨询者对景区服务的认同感。在声音技巧上应该注意以下几点。

语言。在和顾客谈话时，语言表达要简单明了，尽量不要谈及太多与咨询无关的内容。

节奏。在和客户讲话时，要使用标准语速，既不能太快，也不能太慢。学会适时地停顿，因为停顿可以吸引对方的注意力，停顿也会让对方有机会思考，让其主动参与到电话沟通中来。

语气。服务人员要学会不卑不亢，不要让咨询者感觉到服务人员没自信心，也不要让其感到盛气凌人，态度傲慢。音量太大或太强会让咨询者产生防备心理，他会觉得咨询服务人员太强大了；声音太小或太弱领咨询者觉得服务人员缺乏信心，从而使游客不重视咨询人员。

语调。服务人员语调不要太高，否则会让听者有不舒服的感觉；太过于平凡的声音也会使人注意力分散，产生厌倦，在重要的语句上，服务人员要用重音。

**2. 电话咨询服务流程**

（1）接电话流程。

电话咨询服务流程见图 3–4。

**图 3–4　电话咨询服务流程**

（2）打电话流程。

①确认电话号码。

②接通时，礼貌问候，确认对方是否为受话人。

③注意通话时间。

④愉快地结束电话。

⑤受话人不在，记录在案，并换时间段拨打。

⑥拨错号码，对拨打号码核实后再次拨打。

**3. 电话咨询难点**

（1）同事没有及时回复电话，对方再次来电催问。

（2）对方未及时打电话。

（3）没时间接对方的电话。

（4）对方发脾气。

（5）对方注意力不集中或离题。

（6）对方喋喋不休，没有挂掉电话的意思。

**4. 电话咨询原则**

（1）认真倾听。

（2）记录游客咨询的内容及问题。

（3）及时反馈信息。

## 三、预报预警服务

### （一）概念

预报是指就某种可能发生的情况预先告知。预警是衡量某种状态偏离预警线的强弱程度并发出预警信号的过程，而预警系统是确定预警状态、发出监控信号的信息系统。旅游预报预警是通过选定科学的指标，对以后一定时间段内、一定旅游区内的旅游动向进行预测和引导，使旅游的效果达到最好的活动。这里的旅游效果包括两种，从旅游者角度出发，包括旅游者通过旅游得到的效用，从旅游景区的角度出发，包括旅游地生态环境得到可持续发展和旅游经营收益。因此，做好旅游景区预报预警服务有利于景区的全面发展。

## （二）自然灾害的预报预警

自然灾害预报预警，是指景区根据气象、交通、环保、地质等部门监测到的指标数据为基础，对景区可能出现的灾害事故所进行的信息发布。健全自然灾害预报预警系统不仅有利于有效的预防风险给游客带来的人身和财产损失，而且其有利于旅游资源的优化，提高景区的服务质量。

自然因素引发的旅游安全风险是由于自然灾害等不可避免的原因造成的旅游安全风险，常见的自然灾害包括地震、泥石流、火山爆发、台风、海啸、滑坡、赤潮等。如在2004 年发生的印度洋海啸中，东南亚数个国家受到波及，灾害共造成了包括世界各国旅游者在内的数十万人死亡。2004 年 5 月 1 日，我国福州永泰天门山景区山体滑坡致使数百游客被困景区。在此类旅游安全风险中还应包括野生动植物对旅游者可能造成伤害引起的风险，如我国峨眉山风景区猴子伤人事件等。由此可见，建立自然灾害预报预警系统，做好预报预警工作迫在眉睫。

现如今，旅游景区的防治管理存在很多问题，比如体制不清，重救援、轻预防，主观认识不足，减灾培训和防灾宣传力度不够等问题。

对于自然灾害的预报预警，我们应该做好以下工作：

**1. 与相关灾害发布机构合作**

景区应与地震局、气象局、防汛办等相关灾害发布机构合作，从而随时获取当地未来 48 小时内的天气变化情况和灾害预警信息。

**2. 与其他灾害预警组织联盟**

缺乏对特定自然灾害的预警系统是很多灾情扩大的重要原因之一，如 2004 年 12 月底的印度洋地震发生前，美国地质调查局在检测到地震后试图通知印度洋沿岸各国准备，可竟然无法找到与这些国家沟通的途径。所以景区应与区域性或国际性灾害预警组织联盟，实现灾害信息共享。

**3. 对游客的警示、教育**

旅游经营者及其从业人员对可能危及旅游者人身、财物安全的事宜，应及时通过媒体向旅游者做出公开、真实的说明和明确的警示；及时采取有效的安全防护措施。预警机制还应对旅游者进行警示，提示游客某地区正值某灾害多发季节，并告之目前情况和应采取的相关措施。

**4. 部门联网、实时监控**

旅游景区可以将气象、环境、地质、交通、海上救助等部门联网，实时监控地质、潮差、天气、海水水质等指标数据，进行对比分析，预测可能产生的灾害，同时根据可能产生的危害程度不同，发出不同级别的警报。

## （三）人流、车流的预报预警

景区客流量预报预警是在一定范围内对一定时期客流量的影响因素进行监测，分析客流量可能性前兆，预测客流量发展趋势，并及时发布预报的体系。2013 年实施的《旅游法》指出，景区是旅游流量控制的责任主体，承担着游客最大承载量预警、制定和实施旅游者流量控制方案的责任。2012年国务院发布了《国务院关于批转交通运输部等部门重大节假日免收小型客车通行费实施方案的通知》，大大促进了自驾车旅游和长线旅游。客流量和车流量成为旅游景区容量过饱和的重要因素。

据有关部门统计，至2013年10月7日下午，九寨沟景区“十一”黄金周7天，接待游客突破20万，实现门票收入3970.9万元。同时，也引发景区拥堵、秩序混乱、游客滞留等诸多问题。因此，景区迫切需要建立客流量预警系统，在客流量警情之前，给予有效的警告，采取有效措施合理调控客流量。

要做好旅游景区客流量预报预警工作，意味着在旅游旺季到来的之前，旅游景区必须要做好客量的预测，及时发布消息，将客流量控制在所能承受的容量之内。对于旅游出行，应借鉴欧美国家经验，实行预约制度，疏导分流游客；同时，还应信息对称，建立旅游预测系统，以预测旅游流量，帮助指导景区的管理并为游客提供有用的出游参考信息。从景区的容量角度考虑，相关部门应该通过广播和网络等媒体，及时发布安全预警信息引导游客，方便游客选择旅游景点，做好安全应急预案。政府要对旅游城市制定旅游分流预案，旅游景区应当增辟旅游分流线路，防止过于集中在优质景区。

**【阅读材料：拓展阅读】**

### 门票限量　倡导预约　死守景区最大承载量底线

新疆喀纳斯景区核心区因受限于基础设施承载能力和服务设施容纳量等问题，不得不向新疆内400余家旅行社发出通知：在2014年旅游旺季期间，核心景区将最多每天出售8000张门票。这表明喀纳斯将从今年开始实施“高峰限客”措施。

**新疆喀纳斯：要求旅行社提前网上订票**

**权宜之计**

近年来，喀纳斯景区加大基础设施建设，国内外游客越来越多，2013年接待游客量突破100万人次，随之而来的是核心景区内基础设施承载能力和服务设施容纳量面临着严峻考验。

往年数据显示，喀纳斯景区接待量单日最高达12000余人次的时候，核心景区就会出现景点拥堵、游客乘车不便、排队吃饭时间过长等问题，并且投诉剧增，而且，游客在景点拥堵滞留还易造成生态破坏。喀纳斯景区一负责人称，推行“高峰限客”实在是逼不得已。

喀纳斯景区管理委员会外宣办主任姚春莲表示，为实施“高峰限客”政策，景区将通过喀纳斯旅游官方网、西域游等网站向社会旅行社推行网上购票业务，同时将通过网络进一步扩散信息，并通过微信客户端即时向外界发布核心景区的门票售出情况。

**预约培养**

喀纳斯景区为推动“高峰限客”措施，采取的是每天最多出售8000张门票的办法，提倡“预约服务”。

据了解，现阶段喀纳斯将率先在旅行社中间推行网上预约订票业务。喀纳斯景区有关部门负责人介绍，“若旅行社没能提前购票，到景区买票将与自助、自驾游客同等对待，达到限客数量后，将无法进入核心景区游览”。此外，针对自助、自驾等游客的网上售票平台也在建设之中。

记者随机采访了两家旅行社，他们都表示接到过通知。乌鲁木齐铁道国际旅行社经营部负责人刘宝告诉记者，他们4月初就接到通知，“旅行社一定要在网上订票，否则直接带团过去，很有可能在现场买不到票”。

中青旅新疆国际旅行社国内部的一位工作人员也表示，他们都是通过网上订票的，“在票务达到了一定的标准后还将享受相应的奖励，这将有助于旅行社开展业务”。

**合理分流**

记者了解到，不少游客对此存在担心，乌鲁木齐市民徐先生还没有去过喀纳斯，他正计划去一趟，但他疑虑道，“要是旅行社提前把连续两天的门票都预订一空，那么个人自助游客、自驾游客该怎么办？如果一些游客没有得到票务信息就前往景区，进不去该怎么办？”

景区管委会相关部门表示，游客有这些担心是很正常的，不过根据往年经验，景区尚未出现过没办法安排的局面。“散客到了门口，若门票售完，我们将采取分流措施，先让他们到禾木村、白哈巴、铁列克提等三大景点游览。”

据了解，一般游客来到喀纳斯景区都会在贾登峪游客服务基地住上两天，这里有发往喀纳斯湖、禾木村的车，对于到了白哈巴景点的游客也有发往铁列克提景点的区间车，景区确实也可以。

将他们分流到这些景点，第二天他们就有了优先购票进入核心景区以及观鱼台的机会。喀纳斯景区负责人称，通过设置“高峰限客”措施，可以一方面有效保护环境，另一方面有益于加强游客管理，提升对游客服务的质量和水平。

（资料来源：王思超，2014.）

## 第二节　旅游景区标识系统

《辞海》（1989）对标识的定义是，即标志，记号，顾名思义，标识是区别于他事物的一个事物的特征，是一个实体，具有引导、指示、识别、警告的作用。

旅游景区标识的概念界定为两层含义：一是指由某一旅游景区具有代表性的文化遗产与用于展示这些旅游景区（景点）名称、内容、特征等属性的标识构成的组合体；二是在旅游景区内部实现场所指引、场所标识、导游、景观介绍等功能的过程中所起作用的特定图形、文字、造型和符号的新形式。它的设计要与整个景区的风格成一个系统。

旅游景区标识系统起源于美国与欧洲的国家公园旅游景区解说系统，旅游景区标识系统（Tourist Attractions Sign System，TASS）是指引导旅游者在旅游景区内完成旅游活动的各种信息和符号的集合体。它至少要包含旅游吸引物标识、旅游设施标识、旅游地环境标识和管理标识这四大标识，四类标识功能互补，构成完整的景区旅游标识系统。

## 一、标识系统的设置原则

### （一）功能性原则

旅游景区的一般特点是面积大、环境识别性相对较弱，这就使得游览者对环境导引的需求大。标识系统能否为游客提供有效的导览服务功能是评判景区标志系统合格与否的首要标准。

### （二）人性化原则

景区标识系统的人性化设计是既能保持标识的科学结构和合理功能，又能在设计中注入情感、心理、历史文化等与景区特色和谐的因素，从而使设计富有生命感和人情味。充分考虑旅游者的需要，如观光、趣味、娱乐、休息、导引的需要等，在标识的制作时要充分考虑旅游者的感受，以服务者的身份引导别人该怎么做，营造出一种舒适的氛围。同时，在具体内容上，应增加标识内容的知识性和趣味性，体现出景区的特色，不仅有助于提高游客游览质量，更有助于提高景区知名度。

### （三）连续性原则

标识系统应连续设置，使之成为序列，准确的引导旅游者完成景区内的旅游活动，景区标识系统应该像接力棒一样，在到达旅游目的地之前，所有可能引起行走线路偏差的地方，都应该有目标地的引导指示和服务标识。

### （四）统一性原则

标识牌的设置应统一，统一即是美，统一有利于美化景区，提高美观性。统一的风格能加深游客对景区的形象，使景区信息能够更为有效地传播，增加了景区的宣传性。总之，景区标识符号应统一于景区的文化理念、营销形象和生态和谐的需求。

### （五）规范化原则

规范化原则的目的就是保证导向信息能够被准确地传递，从而使得游客能够非常迅速地到达自己的目的地。它的作用在于能够规范景区秩序，并将人们接受信息的特点和规律以固定的形式保留下来。规范化原则主要体现在导向标识的内容、景区交通标志、安全标识的制作，内容上的规范主要是指标识上的文字和图形都要采用规范的方式表达，简洁醒目。景区道路交通标志、安全标志等通用符号的文字、图案、色彩应按照国家规定的统一标准进行设计和制作。景区旅游设施与服务标识应遵照《公共信息图形符号（第 1 部分）：通用符号》（GB/T 1000.1—2012）中对图例、样式和颜色的相关规定，以及《旅游景区公共信息导向系统设置规范》（GB/T 31384—2015）进行设置。

### （六）个性化原则

在标识系统设计时应充分汲取当地地域、历史、传统文化的因素，提取并设计具有地域特征的符号或者形态，使其成为一种人文精神的象征载体。因此，规划旅游景区要体现当地独特的历史背景和文化背景，在设计中将标识所要表达的内容与当地传统相结合，可以利用当地的传统文字、民间艺术、地域性材料，既增强了景区的独特性，又丰富了景区的文化内涵，传播了当地的文化。同时，只有将当地特色融入标识系统中，才能体现景区的个性化，给游客留下深刻的印象。

### （七）协调性原则

景区导向标识设计要根据不同的环境氛围，因地制宜，整体规划，统一设计。统筹安排，从标识形态来讲，设计整体风格、样式要根据景区的类型、特点及环境特征确定。做到与环境和谐。从制作材料来讲，标识的材料应与环境和谐。在性质不同、游客结构不同的景区，标识的设计、选材、形态都应该有相应的考虑，使之与环境相协调。从色彩上来讲，标识使用材料的颜色和标识上的文字、图形所运用的色彩应该尽可能形成和谐的氛围，符合游客审美价值观。

### （八）生态性原则

景区拥有雄壮、秀丽、奇特、险峻、旷远、质朴、神秘等各具特色的自然美，是游客增知长智、养性怡情、陶冶情操、丰富生活的地方，景区的自然美因不可再生的原真性而弥足珍贵，它是任何现代人工再造景观所无可比拟和不可替代的。因此，景区标识系统的设计应该遵从自然，使得景区标识成为自然的一部分，融入自然的环境中。同时旅游标识的材料和放置位置，不对景区环境造成负面影响。生态旅游区要具有对旅游者生态知识、自然环境保护的功能，提高人们的生态意识，使游客可以理解景区文化和特色等。

## 二、旅游景区标识系统的作用

### （一）推广景区的旅游形象

旅游景区标识系统所起到的功能不仅仅是“标示物”的功能，而且起到了一种“代言”的作用，从旅游形象逐渐转化为区域形象，并且传播和推广了本区域的特色产品，促进了经济发展。

### （二）重申旅游资源文化内涵

通过旅游景区标识系统的建立，人们能够认知区域旅游历史文化发展进程，了解旅游景区的文化属性和历史价值。通过旅游景区标识系统的建立，使那些遭到破坏甚至消亡的旅游文化遗产不至于被世人遗忘并能够被后人重新认知，从而唤起人们对失落的文化的记忆。

### （三）强化旅游者与旅游景区的互动

旅游景区标识系统作为构成景区服务设施的主要部分之一，其不仅能够为游客提供一定的帮助，从而使游客的需求得到满足，也能够调动游客的好奇心理，从而使游客去游览景区，不仅能使游客更好地理解旅游景区所表现出的文化特色，还能起到教育游客的作用。

## 三、标识设施分类

标识是标识系统的基本元素，标牌是标识的载体，标识、标牌相结合成为旅游标识系统的本体部分。

### （一）道路标识设施

旅游景区道路是旅游者进入旅游景区的必备基础设施。因此，对旅游景区道路安全设计和管理是必不可少的，而景区道路标识是管理景区道路交通的一种重要手段，对其道路标识进行合理配置，不仅可以保障旅游景区的交通安全，还能提高景区的整体服务质量。

**1. 景区道路牌**

标识系统是景区道路系统设计的重要组成部分，是隐形服务部分。景区道路系统设计的完整性主要体现在景区道路牌设计的合理性上，因此，景区应该加大对景区道路牌设计的资金投入，使景区道路牌成为景区中一道亮丽的“风景”。

（1）色彩。标识面的色彩主要有两方面的功能，一种是常见的表现功能，调节表示面的关系，并赋予个性；另一种是色彩的一种记号功能，即色彩的语言，它能代表文字表达一定的含义。景区道路牌色彩的选择要符合《道路交通标志和标线第 2 部分：道路交通标志》（GB 5768.2—2009），如红色用来表示禁止、停止、危险，用于禁令标志的边框、底色、斜杠，也用于叉形符号和斜杠符号、警告性线性诱导标的底色等。黄色或荧光黄色用来表示警告，用于警告标志的底色。蓝色用来表示指令、遵循，用于指示标志的底色。景区只有合理使用颜色搭配，才有利于驾驶员和游客识别景区道路牌，降低交通事故发生的概率，提高游客游览质量。

（2）形状。道路交通标志分为主标志和辅助标志两大类。主标志又分为警告标志、禁令标志、指示标志、指路标志、旅游区标志和道路施工安全标志六种。警告标识如图 3–3 所示。不同类型的标识有着不同的形状，不同的形状代表着不同的含义。例如，等边三角形一般用于警告标志，圆形一般用于禁令和指示标志，倒等边三角形一般用于“减速让行”禁令标志，八角形一般用于“停车让行”禁令标志，叉形一般用于”铁路平交道口叉形符号“警告标志，方形一般用于指路标志，部分警告、禁令和指示标志，旅游区标志，辅助标志，告示标志灯。景区在设置这些标识的时候，要将其形状与代表的含义融合在一起。

**图 3–3　警告标识**

（3）符号。交通标识牌的设计主要以箭头、图形、文字这三种符号组成，景区在设置符号时，主要应该考虑：箭头的弯曲或直指方向、颜色、尺寸，文字的大小、版面、字体、颜色，图形的标准性、科学性和可识别性等，不仅为游客提供方便，更是为景区的整体质量赢得了新的得分点。

（4）支撑方式与高度。交通标志的支撑方式一般可分为柱式、悬臂式、门架式、附着式四种。交通标志的支撑方式应根据交通量、车型构成、车道数、沿线构造物分布、风荷载大小以及路侧条件等因素综合确定。例如，警告、禁令等标志宜采用单柱式支撑方式，中、大型指路标志可采用双柱或多柱式支撑方式。版面内容少时，宜采用悬臂式。标牌设置的高度与驾驶员的视野范围、反应时间、行驶速度等存在一定关联，景区应该根据自身道路情况和规定的行驶速度，运用人体工程学和建筑学进行标牌的合理设置。

（5）设置位置。在景区的陡坡、路侧深沟、交叉口、转弯处。为了满足道路安全需求、视距需求，应该适当对妨碍视线的建筑、树木等进行拆除，或者对这些路段进行调整、封堵，并设置安全警示标志。

**2. 道路交通标线**

道路交通标线时引导人们遵守交通守则、进而控制交通流量的重要措施，景区内外的道路应该根据相关文件规定，并结合景区特色设计合理的交通标线。

（1）符号样式。道路标线的符号样式可分为线条、字符、图形、突起路标、轮廓标，景区可以根据道路的实际情况进行选择，合理搭配这五种符号样式，设计出安全可靠的游览道路。

（2）线条虚实。道路标线不仅有颜色之分，也有虚实之分，一般有白色虚线、白色实线、黄色虚线、黄色实线、白色虚实线、黄色虚实线等，标线虚实的不同，所代表的交通含义也不同，因此，在进行景区内道路设计的时候，一定要正确使用标线，以免人车混流，造成安全隐患。

（3）色彩。根据相关规定，道路标线的颜色有四种——白色、黄色、橙色、蓝色，同时图文标识可以采取红色或者黑色。若是在危险地带或者车速相对较快的地方，可以在事发地段铺筑红色或黄橙色路面，可以直观地提醒驾驶员注意，从而谨慎行车。景区在设计道路标线时应该注意各种颜色所代表的含义，以便正确设置合理的标线。

（4）宽度。对于不同类型的道路，如可跨越车道、不可跨越车道、停车站出入口、人行道等，他们各自标线的间距、线宽都有各自的标准。例如，人行横道线的线宽为 40 厘米或 45 厘米，线间隔一般为 60 厘米，可根据车道宽度进行调整，但最大不应超过 80 厘米。景区应该按照标准进行标线宽度和道路宽度的设计，同时根据景区自身的道路情况，适当加以调整，提高行车安全度。

（5）标线闪现距离比例。标线实线与间隔长度的比例应该尽量符合驾驶员生理和心理指标，如果标线实线间隔距离太近，就会造成标线的闪现频率过高，对驾驶员产生过分刺激，影响驾驶员的正常驾驶。根据透视原理，最好把标线的宽度设置为 10 厘米，这样才能使驾驶员有良好的视觉体验。

（6）反射性。一般来说，路面的标线都是以白色和黄色为主。白色标线最常见，但是在晚上，白色标线的可视性较差，这个时候就可以采用反光标线，增加可视性。同时在选择具有反射性的材料也应该慎重斟酌，以便提高反射质量的同时又能节约景区成本，扩大收益。

3. 安全护栏与反光镜

在旅游景区，可以根据路侧的危险程度分别设置不同等级的防护栏，并安装轮廓标诱导设施，可以是反光柱或者反光片，提高行车的安全度。

4. 防眩设置

在夜间，防眩设施是必不可少的标识，尤其是在车流量较大的交通要道，防眩设施一定最好是连续设置，如果出现间断性，突然出现的炫光可能会对驾驶员造成伤害。同时，在中央带开口前后设置足够的警示和指示设施，使驾驶员早在看见中央带开口之前就已经做好了准备，大大减少炫光对驾驶员的影响。

## （二）游径标识设施

游径标识设施，即是游览步道沿线的交通指示牌，一般设置在旅游景区入口和主要交通节点，主要用于为游客指明方位，或引导游客找到他们所需的设施及景点，以引导游客正确迅捷地做好时空判断，快速到达目的地。

对于一般的景区而言，全景图、游程线路图是一级导向，而属于局段指示型的景区导览牌、道路导向指示牌是二级导向，景区导览图是对局部区域的景点、景物的标识，而道路导向指示牌是进一步引导游客到达各个景点。对于大型的综合园区，二级导向有时会包含一个或多个目的地的信息，这就需要设置第三级导向作为引导。多级导向的规划设计管理较为复杂，一定要脉络清晰、联系紧密、环环相扣。如游客中心外部需要有景区全景图、内部要有游程线路图、景区内有导览图和方向指示牌等。

景区还通过景物介绍牌为让游客了解景区景点的自然、历史、文化等信息，不仅可以激发游客对景区的兴趣，而且也可延长游客的参观时间，在某种可能上增加旅游收入。

1. 局段指示型

局段指示设施的典型代表是景区景点中的道路方向指示的标识牌。从游客角度出发，对景区内各个景点、公共设施及服务设施的方位及线路指示。包括方位指示牌与场所标识牌。

（1）内容设置。标牌设计要注重标识牌内容的完整性和易懂性。局段指示型的标识牌不仅要注明方向及前方目标，而且应适当标出距目标的距离及步行所需时间，让游客在选择线路的时候了解旅途耗费时间，以免游客会放弃时间不明的旅游线路，而错过了精彩的旅游景点，得不到更好的旅游体验。

（2）设计规范。随着旅游的国际化发展，国内景区不乏外国游客，这就要求景区重视标识牌的内容的精确性，保证符合外文翻译的用语习惯，为国际游客提供更好的服务。

（3）放置地点。此类标识牌一般要将其放在交叉路口比较显眼的位置，也就是将到达目的景点的主干道处以及代表性景点的必经之路，总之要让游客在第一时间清楚地明白自己下一步将通向哪里。

（4）安置方式。可以采用单柱型结构。局部指示型的标识牌处于景区内部复杂多变的环境中，因此可以采用单柱形结构。

2. 全景指示型

导游全景图和导览图可谓是全景指示型标识设施的典型代表。导游全景图也叫景区总平面图，包含景区全景地图、景区文字介绍，游客须知、景点相关信息，服务管理部门电话（全景图应包括景区投诉、救援、咨询电话）等。导览图则是在景区局部标明游客所在位置和附近游览线路、景点方位。

（1）放置地点。景区切记不要将每个景区岔路口都设置全景图，而是要在景区入口处和休息处等地域宽阔的位置设置全景图，在交叉路口设置导览图，导览图与全景图有着本质区别，导览图可以帮助游客更好地进行局部分区的游览，而全景图是帮助游客了解整个旅游景区的概况，需要自行找出自己所在的地点，并分析线路，然后再进行游览，这需要一定基础的地理知识和良好的方向感，这在一定程度上就给旅游者造成了困难。

（2）指示范围。地图导览所示的区域面积也应该根据景区总体面积进行设置，一般来说，如果所示区域面积超过 1 公里以上，观众与实际的目的的距离就过长，容易使中间路标节点过多，可能会给游客带来烦躁的情绪，进而放弃选择最佳景点和线路，那么不仅是导览图的指示作用不明显，对游客的满意度服务也是会有影响的。因此，在设计景区导览图的时候，必须要考虑人性化、人体工学以及消费者心理学，可在导览图中标出景点间的相对距离。

（3）安置方式。导览图和全景图面积大，导向信息含量多，可以采取双柱形、墙壁形结构。

（4）高度设置。导览图和全景图可以考虑较复杂的倾斜形和箱式形。但是它们的高度通常在 1.2 米，才适宜于承载详细的图解导向信息，并且符合人体工程学和环境行为学理论，通常安置于不同景点的交叉口。

## （三）景点标识设施

不同类型、不同等级的旅游景区解说系统的规划应结合景区开发现状，根据景区所在区域的发展规划，依照《旅游景区质量等级的划分与评定》相关要求，从为游客提供咨询服务、标识牌、宣传教育材料、讲解员、讲解词、公共信息图形符合的设置等要求进行。

1. 景点解说牌

解说牌示系统可理解为非人员解说系统中除手册、导览机、录像等解说设施外以牌示为主要解说媒介所构成的系统。

解说牌示作为景区的附属设施，通过文本、图片、示例等手段以娱乐和教育的方式与游客交流，达到为游客指引线路、解说景点、警示安全、管理游客行为等目的。

景点解说牌也称为景物介绍牌。是用来介绍各个景点的基本情况，包括名称、由来、资源概况、周围环境、历史文化内涵等与景点相关的信息，这是游客获取景点信息的重要方式，对游客具有较强的吸引力。因而此类牌示更要注意力求图文并茂、文字简练，形式和材质上要与周围整个环境相适应且有特色。

（1）主体内容。景点解说牌用以说明单个景点或某一资源的名称、性质、特点、历史、内涵等信息，不仅是景区资源知识传递的重要载体，也是体现景区教育功能的重要手段，所以其内容的科学性就显得非常重要。

（2）内容设计。内容一定要建立在对景区的历史、文化、自然资源进行充分调查分析的基础上，不仅要注重教育性，还要注意科学性，切不可凭空捏造又悖科学的内容误导游客。

（3）自身特点。景区景点解说牌具有稳定性强、游客使用的自由度高、经济实用等特点，是景区传达信息的重要手段。

（4）位置安排。一般设在景点入口处、游客中心内的展示厅、游客便于停留的地方，如观景台、观景点等处。

（5）字体选择。不同类型的景区可以根据自身特点和文化背景等因素设计合适的字体。

（6）色彩选择。色彩选取可以考虑以色彩意象尺度空间（色彩意象尺度空间中的各种色彩都以“柔软—僵硬”“动感—静止”的两大轴为基准，各自占据一席之地）。所以应该选择与景区整体环境和人文背景相适应的色彩，或柔软或僵硬或动感或静止。例如，《公共信息导向系统要素的设计原则与要求》（GB/T 20501.1—2013）标准中规定如图形标志使用边框，则边框颜色与图形符号颜色相同。

2. 导游手册

宣传印刷品是景区为游客提供自助式游览服务和进行景区宣传的重要方式。宣传印刷品主要包括：旅游指南手册、宣传书籍、画册、旅游交通地图、宣传彩页、明信片、纪念邮票以及导游手册等。在以上各种宣传印刷品中，除了导游手册，其他的资料在旅游景区一般不会受到游客的重视。

（1）导游手册内容。

一是应包含景区简介、景区导游示意图、服务点、游览点的位置分布，并要注意定期对新游览点的解说进行补充，可适当配置图片和背景知识进行说明，让游客随时可获取景区信息，帮助游客无障碍式完成游览，获取相关知识，成为游客了解景区的入门资料和游览结束后的纪念品。

二是也应该标注游乐设施分布及功能，表演节目的内容及地点，新项目的推出等内容，能让游客做到心中有数，合理安排时间，以根据自身的需要选择性的游览及参与各项目。

三是在景区导游手册中可以加入环境解说、温馨说明，起到保护环境和教育游客的作用。

（2）总体设置。导游手册为了让游客大致了解景区，激发游览欲望，扩大宣传效果，应图文并茂，合理编排，知识性和趣味性有机结合。

（3）封面制作。可以制作得相当精美以反映当地的特色和文化气息。写作风格应深入浅出，适合游客的口味，掌握好娱乐与指导性之间的平衡，帮助游客准确、快速、容易地掌握信息。

3. 视听解说器

视听解说是通过电影片、电视片、光盘、幻灯片、广播等影像、音像资料来实现宣传景区、传递旅游信息的目的。其形式多样，内容直观，携带方便，具有较高的旅游参考和宣传价值。

如何利用视听解说器提供高质量的景区服务：

首先，在游客中心，可以设置影像放映厅播放景区风光片、资料信息或者以景区为背景的艺术片等；将在景区内拍摄效果比较好的照片，包括景区一年四季的美丽景象、能突出景点独特性的景象以及突出景区主题的景象，配上解说词，制作成幻灯片，在电脑或者大屏幕上播放，还可通过电视将录制好的有关于景区的过去、现在的景观、民俗风情等展示给游客，给游客动态、直观的感觉。景区的各种影像展示都可以通过制成VCD、DVD、CD等来实现，也可以此形式向游客出售，它们不仅便于携带，对于游客来说也有很大的收藏价值和纪念价值。

其次，在景区比较显眼的位置，可以安放滚动屏幕以循环、不间断地播放景点景观的介绍以及比较有代表性的景点图片，以便引起游客的注意，引导游客观看。

最后，景区广播系统是以声音为主的信息传播媒介，它主要以语言和音乐为载体向游客播放景区的基本情况、游客须知、与景区相适应的背景音乐等，特别是背景音乐播放系统和紧急广播系统不仅使游客在探古寻幽、欣赏美景之余聆听悠扬的背景音乐，还能播放寻人广播，发布紧急通知或安全警告，是提高游客旅游质量和景区安全保障水平的重要设施。

### （四）服务标识设施

服务标识设施是对景区设施的导引系统，设置在景区入口、交通景点、设施内部，包括服务设施标识和公共基础设施标识。

#### 1. 服务设施标识牌

游客中心是为游客提供信息咨询、进行宣传教育的重要解说场所。

（1）服务内容。游客服务中心设有游客咨询台、电子触摸屏，宣传资料架等基本服务设施和咨询服务人员，墙上不仅有讲解员的展示图，还有景区游程线路图、行李寄存服务说明、导游讲解收费说明等，同时可以免费为游客提供景区导游图、租雨伞、轮椅等服务。游客中心的资料一般要包括以下内容，哪里有什么可看的、可做的；怎样找到你想看的东西；游客正在看的是什么；在游区内应怎样做；究竟为什么要设立某种类型的游区，如风景名胜区、自然保护区等，系统地为游客提供游览服务。例如，根据《旅游景区质量等级的划分与评定》，4A级的景区游客中心位置要合理，规模适度，设施齐全，功能完善。咨询服务人员配备齐全，业务熟练，服务热情。

（2）位置安排。游客中心的位置一般设在风景区入口、边缘、餐饮集中的地区，或是进入风景区的交通节点位置。

（3）分级设置。由于一般旅游景区占地面积较大，有的还有好几个进出口，因此游客在景区游览的过程中，需要有专门人员给予指导和帮助。目前一般景区的游客中心设置在大门口，但游客使用频率不是很高，而中途需要帮助时又找不到，因此，建议景区根据景点的布局及游客量的分布，适当增设二级或三级游客咨询中心，发挥各次级游客中心的作用。

（4）拓展渠道。一方面，由于游客服务中心内容的翔实丰富，可以利用虚拟互联网延展其功能，扩大其影响范围；另一方面，通过大量的物品（实物标本、虚拟模型等），也可以部分替代补偿当信息受阻时的缺憾。

**2. 公共基础设施标识牌**

公共设施服务牌示是指在景区内具有服务功能的场所、建筑物位置设置的牌示，指示游客服务设施所在地，主要包括餐厅、小卖点、购物点、休息处、电话亭、垃圾桶、卫生间等，为游客提供旅途中的便利。因为游客存在可能需要在途中进行物资（食品、防寒衣物）储备或是其他服务（手机充电、电话）等，这是满足基本游客需求的必要设置。

在景区内的餐厅或厕所等地方，通常标以相对应的文字和图文，如餐厅用刀叉表示，厕所则用男女图案表示。

**【阅读材料：拓展阅读】**

## 小小标识牌，游客眼中的罗盘

随着现代社会的发展，引导标识系统日益成为衡量城市文明程度的标志之一。城市中，定位类、信息类、导向类、标识类、管制类、装饰类等类型的标识牌无处不在。

在首都北京，日益完善的旅游引导标识系统，已经成为城市公共服务的重要载体，引导着每年数以亿计的游客顺利开展旅游活动。

一场秋雨后的长安街格外美丽，自东向西的公交车上，一位热心的姑娘指着右前方的一块标志牌告诉身边的外地乘客："看，距离天安门 2 公里，你们很快就到了。"外地乘客转头告诉孩子，孩子满脸兴奋。

这块标志牌以咖啡色为底色，左侧是天安门的彩色图片，右侧是四行醒目的白色字符："天安门"的中英文文字、距离公里数、方向指示箭头。这块让外地游客为一睹天安门风采"酝酿感情"的旅游区交通标志牌，在各种深蓝色的标志牌中显得格外亮丽、醒目，为长安街增添了一道风景。

再往东行，首都博物馆的交通标志牌映入眼帘。过了东单路口，一块深蓝色的标志牌显得有些特别，左侧白色的"台基厂大街"下方，括号中白色的"天坛"二字，在长方形咖啡色底纹的衬托下格外醒目，去天坛的车辆，前方就要左转了。

近年来，这样的旅游区交通标志牌在北京越来越多了，极大地方便了市民、游客。特别是在郊区县，旅游区交通标志牌为自驾游客提供了更多方便。

一位邻居向记者讲述周末去密云游玩的经历时说，这是第一次去，虽然在网上查了线路，但还是有些担心走错路。没想到下了京承高速后，一块块简洁醒目的旅游区交通标志牌让旅途变得极为轻松，"看到咖啡色的标志牌，心里就踏实了。一路顺利，心情极好，在景区玩得也很开心。

记者从北京市旅游委旅游环境与公共服务处了解到，近年来自驾游发展迅猛，而区县道路错综复杂，这就对旅游区交通标志牌的设置提出了更高的要求。

据该处工作人员介绍，2012 年，北京市旅游委将安排旅游产业资金 800 余万元，联合市公安交管局和市交通委路政局，为各区县旅游景区设置旅游区交通标志牌 833 块。

**"采用五种文字，是北京国际化的一种体现"**

10月下旬的一个周六，在天坛公园南门售票处附近的五种语言文字全景牌前，几个年轻人边指点边说笑。"一个牌子居然用了五种文字！中文、英文都认识，这是日文、韩文，这个是哪国字啊，你们谁知道？""应该是俄文吧，真有意思！我们在这儿拍张照片留个纪念吧！"

全景牌用中、英、日、韩、俄五种语言文字对景区进行描述，可以让来自世界各地的游客更加方便快捷地了解景区的基本情况和游览线路，是景区呈现给游客的第一张名片。

记者在全景牌旁观察，不时有出园的游客来到全景牌前，回味着刚刚到过的各处景观，还不时有家长指着文字或图标教孩子认字、识图。原来全景牌还有这些附加值。

2009年，北京市旅游局就结合当年旅游景区规范工作，在颐和园、天坛、八达岭长城等十几个景区试点建设了64块五种语言文字全景牌。

（资料来源：张玫，2012.）

### （五）无障碍标识设施

无障碍设施，是指为保障残疾人、老年人、伤病人、儿童和其他社会成员的通行安全和使用便利，在道路、公共建筑、居住区等建设工程中配套建设的服务设施。旅游景区无障碍设施，主要指的是景区内方便残疾人旅游的基础设施。

全国范围实施的强制性规范《无障碍设计规范》（GB 50763—2012）使我国的无障碍设施得到进一步规范化，为景区无障碍设施的研制开发提供了理论基础。

**【阅读材料：拓展阅读】**

**园林无障碍设计须贯彻始终**

园林中的无障碍设计，适用于居住区、公共绿地、综合性公园等各类公共空间。其细部构造主要包括，无障碍出入口、无障碍园路、坡道、台阶、停车位、标识、公厕及其他园林公共设施和小品等。

首先，在园林中的各主要出入口，要结合地形设计盲道等无障碍空间。大连"东方圣克拉"居住区景观工程中的各项无障碍设计曾得到业界赞誉，它对设计细节的把握值得业界借鉴。案例中，无障碍出入口的提示盲道，宽度超过1.2米，盲道两边加装安全扶手，地面采用了防滑材料。

出入口周围留有1.5米×1.5米以上的水平空间，以便轮椅使用者停留。入口处牌匾上的字迹，考虑到弱视者的视力，文字与底色对比十分强烈，并设置了盲文。需要注意的是，若盲道存在高差，则坡度需控制在1/12以下。

对于无障碍园路设计，要尽可能做到平坦但不光滑。主干道上设盲道，电线杆、垃圾箱、标识牌等设施要远离盲道。如道路必须设置高差时，应小于0.02米，路宽要保持在1.35米以上，以保证轮椅使用者与步行者可错身通过。

另外，重视盲道引导标识的设置，特别是对于残疾人不能通过的路，需要设预先告知标识；对于不安全的路段，护栏扶手上最好设盲文说明。

在公园、广场等开放绿地中，若园路设计有台阶，则要设无障碍坡道、无障碍台阶等。坡道纵向断面坡度宜在1/17以下，坡长超过10米时，每隔10米设置一个轮椅休息平台。台阶踏面宽应在0.3米至0.35米，台阶高度在0.1米至0.16米，台阶幅宽在0.9米以上，踏面材料要防滑。坡道和台阶的起点、终点及转弯处，都必须设置水平休息平台。

此外，公共开放绿地的停车位也要考虑无障碍停车位的设计。其他车辆不得通过无障碍停车位，车位数要达到总停车位的2%，且不少于一个。盲文地图、盲文名牌等无障碍标识的设置也必不可少。

园林小品是园林中不可或缺的组成部分，绿地内的景亭、廊架、座椅、小桌、垃圾箱等都要尽可能使轮椅使用者容易接近并便于使用，其位置以不妨碍视觉障碍者的通行为前提。

广场上设置休息座椅时，应考虑桌椅边缘的圆角处理，以免设施棱角对人造成伤害。尤其是在老人和儿童较为集中的居住区内，公共设施更要尽量避免出现锐角或直角。另外，在休息座椅旁应按照不小于总座椅数10%的数量，分设轮椅和婴儿车的车位。

一级台阶、一个棱角、一处护栏、一段路面，这些在公园或居住区内十分常见的设施，如果处理不当就会在实际生活中对弱势群体带来极大不便。因此，园林规划和建设者必须充分考虑这个群体的特殊需要，将无障碍设计贯穿于园林规划建设的每个环节，进行系统、深入的研究和实践。

（资料来源：于洪波，2011）

**1. 针对外国游客**

改革开放以来，来中国旅游的外国游客越来越多，为了给外国游客营造舒适的高质量的旅游环境，旅游景区应该根据景区外国游客的来源地和语言使用设计合适的外文标志牌。例如，在东北地区，可以考虑在旅游标识牌上加入朝鲜语和俄语；在内蒙古地区，经常会接待一些蒙古国的游客，可以在旅游标识中加入一些蒙古语；而一些西部地区，如西藏等地，法国、德国的登山队很多，在旅游标识的设计上，可以适当地增添一些法语和德语。景区的管理人员中，如果没有熟悉外语的或是外语水平不高的，可以同当地的高校合作，组织旅游标识的翻译。例如在国家旅游景区等级划分中要求提供至少三种外国主打菜系。

**2. 针对老年游客**

老年人随着年龄的增长，身体各部分功能都会不断老化。如视觉、听觉和认知能力等各项人体功能都出现了衰退现象，对复杂环境的接收和判断能力也大幅度下降，他们其实是特别需要关注的人群。如何使老年人在日益复杂的景区环境中明确、便捷、准确地获得必要的信息引导，这是旅游景区标识系统在设计上应做的一次重大调整。要求在对标志牌的文字内容、字体大小、图片的可解读性、色彩的对比性等方面进行综合考虑，为老年游客营造一个愉悦轻松地游览氛围。

**3. 针对儿童游客**

儿童因为缺乏生活经验，同时认知能力正在提高阶段，对语言和文字的掌握仍有许多不足，造成其对各类环境不能进行准确推断。因此，在环境建设中也要考虑此类人群。例如，采用通俗易懂且富有趣味性的图片进行展示可能会取得更好的效果。

**4. 针对残障游客**

盲人，他们在从事旅游活动的时候需要借助盲杖、盲道等进行定向和定位，而低视力者，他们对形状属性、规格大小、色相本质、色彩对比、色彩明暗、照度强弱等因素都直接影响视觉判断，借助其他感官功能有助于各种活动的安排。

肢体残障游客，他们的旅游活动一般需要借助轮椅，并且要保持坐的姿势，因此，旅游景区在设计旅游标志和设置旅游基础设施时一定要根据轮椅的高度并结合肢体残疾者的视线范围等因素综合考虑。针对残疾人无障碍标识如图 3–4 所示。

无障碍坡道位置标志　无障碍通道位置标志　无障碍服务窗口位置标志　无障碍卫生间位置标志

**图 3–4　针对残疾人无障碍标识**

听力和言语残疾者，他们一般在行动上没有困难，旅游景区可以适当设计他增音设备、助听系统、可调节音量的电话和聋人电信系统（TDD）等设施。

**【阅读材料：拓展阅读】**

### 使用人群的基本尺度

正常的健康人行进时的宽度为 500 毫米，轮椅使用者行进时因双手操作外轮，则需要 700 毫米的宽幅，约是正常的健康人的 1.4 倍，拄双拐的人行进时的宽幅为 1200 毫米，约为正常的健康人的 2.4 倍。正常的健康人的平均侧面宽是 300 毫米，轮椅使用者为坐式，其侧面宽为 1100~1200 毫米，约为正常的健康人的 4 倍，拄双拐的人及使用盲杖者其侧面宽为 600~700 毫米，约是正常的健康人的 2 倍。正常的健康人作 180° 旋转，大约 600 毫米 ×600 毫米的面积空间，轮椅使用者以轮椅为中心旋转 180° ，需要直径 1500 毫米圆的面积空间，拄双拐旋转 180° 所需的直径 1200 毫米圆的面积空间，视觉残疾人借助盲杖需要直径 1500 毫米圆的面积空间。由于残疾人和老年人存在着某种身体功能上的障碍导致他们在空间环境需求方式上的差异性。

（资料来源：王威，2013）

## 四、标识设施的管理

景区标牌系统应该一直正常状态，但由于人为或者自然原因，要求景区安排专门的工作人员对标识进行日常检查、养护、维修和更新。

### （一）标牌管理存在的问题

标牌管理主要存在以下几个问题：标牌内容模糊失色；标牌严重腐朽；部分标牌已经丢失；标牌遭到人为因素、自然因素或者动物破坏。

### （二）维护措施

景区在对于不同材质的标识牌应该采取不同的维护方法。

1. 木质标牌

可以进行水、烘干，清理其表面污垢，然后涂上一定剂量的防护剂，这些措施都可以延长其寿命。

2. 石质标牌

可以采用石材护养剂，或者采用传统打蜡的方式，也可以将部分残缺的地方进行清洗然后填充。

3. 亚克力制品

可以用鸡毛掸子进行打扫或者用清水清洗。

4. 不锈钢制品

可以用毛巾进行打扫或者用清水清洗。

# 第三节　旅游景区游路系统

## 一、旅游景区游路系统概述

### （一）旅游景区游路系统内涵

旅游景区游路系统即旅游景区游览道路系统，是连接景区与景区之间或景区内各景点的骨架脉络。通过交通基础设施、设备，以实现游客、车辆位移，使景区游览活动得以顺利开展。

### （二）旅游景区游路系统功能

游路是景区的重要组成部分，发挥着无可替代的作用。景区游路的功能主要有以下几个：组织交通，引导游览；便于管理，丰富组景；美化地面，烘托环境。

### （三）旅游景区游路分类

按照交通功能，景区的道路可分为对外交通和内部交通两大部分。对外交通是指国际、国内远途游客进入景区交通枢纽的交通运输，以及远途客源地经过最靠近景区的城镇到风景区接待中心的交通。对外交通要求高效、快速、经济、舒适、安全。内部交通是指风景区内部的接待区和游览区之间以及各个游览区之间的交通。例如，车行道、游步道、索道、栈道等。

按使用功能分类，可分为主干道、次干道、步行游览道、特殊方式等。主干道是指进出景区的主道路，以游览车辆通行为主，同时考虑生产、通行、救护、消防等因素。次干道是指分散游人进入各景区道路，是深入到景区内的路，对景区内各景点起沟通和联系的作用，主要是小型游览车通行，也可以作为步行道。步行游览道是深入到景区内的道路，一般以游人徒步游赏为主，汽车不能通行。特殊方式是指具有特殊功能的通行方式，如汀步、栈道、索道。

总之，景区道路按不同的标准可分为不同的类型。结合景观资源特征、游赏组织方式、游人体力、游人结构与游赏规律等因素，合理设置机动车道，如车行道、停车场、换乘点、电瓶车道、电瓶车站、机动游船、水上游线码头；以及非机动车道，如游步道、自行车道、手划船、手划船泊岸、码头、栈道、索道等。

## 二、景区道路系统设计的基本原则

### （一）保障安全，游览便捷

保安全千日不足，出事故一日有余。安全问题是景区游路设计的重中之重，所以在景区道路设计中，设计者应高度重视。道路设计必须满足坚实、稳固等安全要求，不得穿越有潜在危险、地质不良的危险地段，如有滑坡、塌陷、泥石流等。或在危险地段采取必要的稳妥的安全保障措施，以保障游客的人身安全。如若景区游路设计不合理，引发旅游交通事故，后果不堪设想。

在充分考虑安全问题的前提下，在设计规划景区道路走向等方面尽可能地为游客提供方便，避免人车混流。

### （二）以人为本，持续发展

以人为本的思想来源于欧洲文艺复兴时期的人本主义思潮。这一思想具体运用在游路的设计中，就是强调人在风景区中的主人翁地位。从游客的角度出发，进行人性化设计，从而满足游客的生理和心理需求。

可持续发展理论的核心是“既满足当代人需求，又不危及后代人需求的发展模式”。一方面，游路规划设计应满足弹性原则，为下一阶段的发展留有余地；另一方面，景区道路应尽量加强对自然要素的运用，并与景区中其他景观要素协调统一，努力保护景区的真实性和完整性，不危害后代人参观游览景区的需求。

**【阅读材料：拓展阅读】**

世界著名建筑大师格罗培斯设计的迪士尼乐园，经过3年的施工，马上就要对外开放了。然而各景点之间的道路该怎样联络还没有具体的方案。施工部打电话给正在法国参加庆典的格罗培斯大师，请他赶快定稿，以便按计划竣工和开放。

格罗培斯大师从事建筑研究40多年，攻克过无数建筑方面的难题，在世界各地留下了70多处精美的杰作。然而建筑中最微不足道的一点小事——路径设计却让他大伤脑筋。对迪士尼乐园各景点之间的道路安排，他已修改了50多次，没有一次是让他满意的。

接到催促电报，他心里更加焦躁。巴黎的庆典一结束，他就让司机驾车带他去了地中海海滨。他想清醒一下，争取在回国前把方案定下来。汽车在法国南部的乡间公路上奔驰，这里是法国著名的葡萄产区，满山遍野是当地农民的葡萄园。一路上他看到人们将无数的葡萄摘下来提到路边，向过往的车辆和行人吆喝，然而很少有人停下来。

当他们的车子进入一个小山谷时，发现在那里停着许多车子。原来这儿是一个无人看管的葡萄园，你只要在路边的箱子里投入5法郎就可以摘一篮葡萄上路。据说这座葡萄园主是一位老太太，她因年迈无力料理而想出这个办法。起初她还担心这种办法能否卖出葡萄，谁知在这绵延百里的葡萄产区，她的葡萄总是最先卖完。她这种给人自由、任其选择的做法使大师格罗培斯深受启发，他下车摘了一篮葡萄，就让司机调转车头，立即返回了巴黎。

回到住地，他给施工部发了一封电报：撒上草种开放。施工部按要求在乐园撒了草种，没多久，小草出来了。整个乐园的空地都被绿草覆盖。在迪士尼提前开放的半年里，草地被踩出的小道宽窄不一。第二年，格罗培斯让人按这些踩出的痕迹铺设了人行道，成了“优雅自然、简捷便利、个性突出”的优秀设计。1971年在伦敦国际园林建筑艺术研讨会上，迪士尼乐园的路径设计被评为世界最佳设计。

当人们问他，为什么会采取这样的方式设计出迪士尼乐园的道路时，格罗培斯说了一句话：艺术是人性化的最高体现。最人性的，就是最好的。

（资料来源：根据 http：//blog.sina.com.cn/s/blog_4e74fe910100afmd.html 整理）

### （三）因地制宜，保护自然

景区道路贵在合乎自然，尊重自然，因地制宜，得景随行，达到“天人合一”。一方面，景区的地理位置、历史文化、地质条件等在一定程度上制约着道路的规划设计。例如，风景区多建于山林之中，道路所在的地形多以丘陵、山区地貌为主，山势起伏，连绵不绝，所以在道路设计时线路要畅通，布局与走向应适应自然地形和风景特征，道线路形灵活设计，适当弯曲、起伏，避免深挖高填，不得损伤地貌、景物和景观，尽量减少对自然地形的破坏，尤其是不可再生资源，一定避免破坏，要与周围环境融为一体并成为风景的一部分；另一方面，规划设计要突出景区形象，使景区的历史背景、风俗文化等在景区道路中得以很好地展现，使景区富有特色。

### （四）点缀空间，变化多样

景区道路不应拘泥于一种形式，与不同的环境相结合，它的形式也应该是多种多样的。同时，景区道路设计应符合审美原则，给人以美的享受。例如，遇山地，可把道路修为盘山道、蹬道或爬山廊；遇水，路可以转化为桥、堤、汀步等；遇峭壁陡崖，路又可转化栈桥、隧道或明洞。使道路不仅具有交通联系，引导游览的实用功能，且兼具丰富组景内容，增加风景层次感等功能。

### （五）尺度适宜，合理串联

景区中的空间尺度关系会直接影响游客游览的总体感受。结合景区客流量大小和道路使用的主要对象（车或人），确定景区道路中的道路路宽、线形设计等几个重要指标，其尺度要与周围环境相协调。

为了将景区最美、最诱人的独特风情展示在游人面前，应在充分了解景区景物分布、设施配备的基础上，合理规划，巧妙构思，精心设计，让游客能够到达各个观景点并且尽量避免走回头路。

## 三、景区道路配套设施

### （一）景区停车场

#### 1. 机动车停车场

（1）设计原则。

1）停车场的面积应根据旅游景区游客接待的容量以及大部分游客到景区所选择的交通工具进行合理设计。

2）停车场的设施、建筑应与整个景区的景观相协调。

3）室内停车场的设施设备和出入口设置的数量应符合消防等规范的规定。

4）为避免车流相互交叉，停车场应配备醒目的指路标志。

5）为使汽车按车位停车，停车场须设立停车线，停车线主要有硬化停车线和绿化停车线两种形式。

6）停车场设施设计应考虑到路面结构、绿化、照明、排水等因素。

（2）停车场规格。

平行停车方式，车辆停放时车身方向与通道平行，是路边停车带或狭长场地停放车辆的常用形式。车辆驶出方便迅速，但单位车辆停车面积较大。

垂直停车方式，车辆停放时车身方向与通道垂直，是最常见的一种停车方式。停车带宽度由车身长度加上一定的安全距离确定，驶入驶出尚算便利，用地比较紧凑。

斜向停车方向，车辆停放时车身方向与通道成锐角斜向布置。停车带宽度随停放角度和车身长度而有所不同，驶入驶出车位较为方便，但单位停车面积相对较大。

机动车停车场设计指标见表 3–1 和表 3–2。

表 3–1 微型汽车和小型汽车停车设计指标

| 停车角度 | 停车方式 | 垂直通道方向停车位宽$L$/m | | 平行通道方向停车位宽$B$/m | | 通道宽$S$/m | | 双排停车单位宽度$D$/m | | 单位停车位面积$A$/（$m^2$/车） | |
|---|---|---|---|---|---|---|---|---|---|---|---|
| | | Ⅰ | Ⅱ | Ⅰ | Ⅱ | Ⅰ | Ⅱ | Ⅰ | Ⅱ | Ⅰ | Ⅱ |
| 平行式 | 前停前发 | 2.6 | 2.8 | 5.7 | 7.5 | 3.0 | 4.0 | 8.2 | 9.6 | 23.4 | 36.0 |
| 30° | 前停后发 | 4.1 | 5.2 | 5.2 | 5.6 | 3.0 | 4.0 | 11.2 | 14.4 | 29.1 | 40.3 |
| 45° | 前停后发 | 5.45 | 6.9 | 3.7 | 4.0 | 3.0 | 4.0 | 13.9 | 17.8 | 25.7 | 35.6 |
| 45° 交叉 | 前停后发 | 4.45 | 5.9 | 3.7 | 4.0 | 3.0 | 4.0 | 11.9 | 15.8 | 22.0 | 31.6 |
| 60° | 后停前发 | 4.5 | 6.2 | 3.0 | 3.2 | 3.5 | 4.5 | 12.5 | 16.9 | 18.8 | 27.0 |
| 90° | 后停前发 | 3.7 | 5.5 | 2.6 | 2.8 | 4.2 | 6.0 | 11.6 | 17.0 | 15.1 | 23.8 |

注：表中Ⅰ指微型汽车，Ⅱ指小型汽车。$D=S+2L$，$A=D/2 \cdot B$

（资料来源：文国玮，2007）

表 3–2 普通汽车和大型汽车停车设计指标

| 停车角度 | 停车方式 | 垂直通道方向停车位宽$L$/m | | 平行通道方向停车位宽$B$/m | | 通道宽$S$/m | | 停车单位宽度$D$/m | | 单位停车位面积$A$/（$m^2$/车） | |
|---|---|---|---|---|---|---|---|---|---|---|---|
| | | Ⅲ | Ⅳ | Ⅲ | Ⅳ | Ⅲ | Ⅳ | Ⅲ | Ⅳ | Ⅲ | Ⅳ |
| 平行式 | 前停前发 | 3.5 | 3.5 | 13.2 | 16.5 | 4.5 | 4.5 | 11.5 | 11.5 | 75.9 | 94.9 |
| 45° | 前停后发 | 9.0 | 11.3 | 5.0 | 5.0 | 6.0 | 6.75 | 24.0 | 29.4 | 60.0 | 73.5 |
| 60° | 后停前发 | 9.75 | 12.6 | 4.0 | 4.0 | 6.5 | 7.25 | 26.0 | 32.5 | 52.0 | 65.0 |
| 90° | 后停前发 | 9.2 | 12.5 | 3.5 | 3.5 | 9.7 | 13.0 | 28.1 | 38.0 | 49.2 | 66.5 |

注：表中Ⅲ指普通汽车，Ⅳ指大型汽车。$D=S+2L$，$A=D/2 \cdot B$

（资料来源：文国玮，2007）

## 2. 自行车停车场

为对景区的自行车进行统一的管理，避免乱停乱放，影响景区的整体形象，应设置自行车停车场。可在机动车停车场内规划出一片区域供自行车停放，也可单独设置自行车停车场。

因自行车的形制大致相同，自行车停车场可根据自行车的长宽设计停车带宽度、通道宽度、单位停车面积（见表 3–3）。

表 3–3 自行车停车带宽度、通道宽度和单位停车面积

| | | 停车带宽度/m | | 车辆间距/m $C$ | 通道宽度/m | | 单位停车面积/（$m^2$/辆） | |
|---|---|---|---|---|---|---|---|---|
| | | 单排 $A$ | 双排 $B$ | | 一侧用$D$ | 两侧用$E$ | 单排 $(A+D)C$ | 双排 $1/2(B+E)C$ |
| 垂直停放 | 并排 | 2.0 | 4.0 | 0.6 | 1.5 | 2.5 | 2.1 | 1.95 |
| | 错位 | | 3.2 | 0.4 | | 2.5 | | 1.15 |

（资料来源：文国玮，2007）

### （二）景区交通站点

景区交通站点是观光游览车或观光游船停靠和游客上下车、船的设施。其最主要的目的在于为游客提供快捷便利的交通运输服务。不同景区的实际情况有差异，实际管理应该灵活处理。

**1. 景区公交站点**

（1）设计原则。

功能性原则——功能齐备。景区公交站点即候车站点，应是舒适的、便利的、安全的、易于识别的，并可提供足够而清晰的游览交通信息。因此，在要设置候车亭、廊时，可设置必要的站台、站牌、遮蓬、隔板、垃圾桶、休息座椅、标识信息、栅栏等配套设施，体现景区公交站点多功能的特点。

合理性原则——比例尺度。和谐的比例与尺度是建筑小品形态美的必要条件，也是建筑理性设计的重要体现。例如候车亭的高度及长度、信息标识牌、座椅等高度应该按人体工程学所规定的适宜游客使用的尺寸范围来确定。站牌的高度不应过高或者过低，一般在视觉区域中心点 1.63 米左右，便于大多数游客观看；座椅的座高、座宽、靠背倾斜度应使游客放松肌肉，感觉舒适。

人性化原则——人文关怀。综合运用环境心理学、人体工程学等知识，以人为本，使设计建造的公交站点让游客感到安全、舒适，满足其需求。

生态化原则——绿色设计。景区交通站点在选材时应尽量利用接近自然的无污染的绿色建材，如卵石、沙子、竹木等，减少对景区自然环境的破坏。

美学原则——外观造型。景区车站点的造型应与景区规划相结合，其色彩要与景区整体色调相统一，积极地发挥色彩自身的对比效应，使色彩搭配与质感、造型等外在形式要素相协调，做到统一而不单调，对比而不杂乱，符合现代人的审美观念。

（2）注意事项。

合理安排景区公交站点，方便游客游览。设置景区公交站点时必须注意：应尽量设在旅游道路沿线所经过的主要客流集散点；各公交站点保持一定间隔距离；不可设置在旅游公路段中弧度较大的转弯处和地震、地裂带以及泥石流多发处等危险系数较高的地块；若候车站点设有候车亭，亭长宜不大于 2 倍观光车车长，全宽宜不小于 1.2 米，在服务半径较小的候车站点，候车亭尺度可适当缩小，单体亭长最小宜不小于 5 米。

**2. 景区游船码头**

在景区内，当水路成为重要交通观景线时，规划游船码头势在必行。

（1）景区游船码头选址布点考虑因素。

环境条件：景区游船码头选址布点应尽量选在位置明显，交通比较方便的地方，注意气象因素对码头的影响。

水体条件：景区游船码头选址布点应考虑水体的大小、水流、水位、水深等情况。水面大的应设在避免风浪冲击的湖湾中，以便船只停靠；水体小的应设在较开阔地段；流速大的水体应设在能避免河水对船体正面冲击的地段。

观景效果：码头在宽广的水面上应有景可对，水体小的水面争取较长的景深与视景层次，取得小中见大的效果。

（2）常用形式。

驳岸式：如果水体不大，常结合池壁修建，垂直岸边布置；较大的水面，可以平行池壁进行布置；如果水位和池岸的高差较大，可以结合台阶和平台进行布置。

伸出式：用于水面较大的景区，直接将码头挑伸到水中，拉大池岸和船只停靠的距离，增加水深，节约资金。

浮船式：适用于水位变化较大的景区。

### （三）道路照明设施

景区道路照明设施不仅要让其达到照明的效果，还可进行独具匠心的设计，使其达到装饰的效果，让景区在夜间展现出不逊于白天的风情。

景区道路照明设施在设计时应对灯杆外形、高度、色彩、灯具外形、灯具配光、光源亮度、光线性质等进行仔细斟酌，兼顾其日间和夜间的外观外貌。例如，法国孚日省朗莱塔珀镇默尔特河沿岸的灯光照明设计满足了多种要求：尽最大可能照亮该区域的同时保持了极简主义风格；达到安全标准；符合节能环保要求，使其可持续发展。该项目照明设计的基础概念有：通过使用发光率极高的材料、控制眩光以及合理调节灯饰的高度，尽可能地减少灯饰数量，节约能源；选择耐用照明材料以及维修率低的照明系统；选用生产及运输过程对环境影响程度较低的木质灯柱。这别具一格的照明设施设计，使默尔特河的夜晚宁静而安详。

# 第四节　旅游景区解说系统

## 一、旅游景区解说系统概述

### （一）旅游景区解说系统内涵

著名哲学家维特根斯坦曾说过，一个不习惯在森林里寻找花朵、浆果或植物的人是不可能找到它们的，因为他的眼睛没有受过发现它们的训练，而且他不知道必须在什么地方专心致志地进行搜索。引导旅游者用发现美的眼睛来搜寻美，获得愉悦的体验，帮助旅游者发现“花朵”“浆果”的重任就落在了旅游解说系统的建设和管理上。

“景区景点解说系统是随时向游客传递景观信息和导向服务，以多样的形式使游客获得充分文化享受的一个重要媒介”。世界旅游组织认为解说系统作为旅游目的地诸要素中十分重要的组成部分，是旅游目的地教育功能、服务功能、使用功能得以发挥的必要基础，是管理者管理游客的手段之一。吴必虎对解说系统的定义是“解说系统就是运用某种媒体和表达方式，使特定信息传播并到达信息接受者，帮助信息接受者了解相关事物的性质和特点，并达到服务和教育的基本功能”。旅游景区解说系统是解说系统的一种，是以游客为受众的解说系统。随着我国旅游业的迅猛发展，建设和完善旅游景区解说系统势在必行。

## （二）旅游景区解说系统发展历程

解说，是伴随人类文明发展而产生，它是人类认识自然和改造自然的产物。旅游现象的出现，促进了解说的发展。1845年，托马斯·库克旅行社（现英国通济隆旅游公司）成立，这是世界上第一家商业旅行社。当年，该旅行社组织了350人的从莱斯特到利物浦的包价旅游，并为此设立了专业的地方导游，以导游为职业的商业性导游由此产生。19世纪后期，旅游解说开始作为一项独立的服务工作。

景点解说系统最初源于美国与欧洲的国家公园，以向游客介绍公园的资源为最主要目的。1871年，约翰·缪尔（John Muir）在美国约塞米蒂国家公园中使用了“解说”（interpretation）一词。1888年，伊诺士·米尔歇（Enos A.Mills）在落基山担当自然导游时，把解说变成了一种商业行为。随后，伊诺士·米尔歇整理出导览原则、纲领及技巧，奠定了日后解说专业的基础。1953年，美国国家公园管理局设立解说长官一职。1957年，解说之父提尔顿（Tilden）出版了《解说我们的遗产》一书，这本书成为现代解说职业的第一个里程碑，解说得到了学术界广泛的认可。1961年，美国成立了解说自然主义者协会与西部解说员协会。1964年，美国西弗吉尼亚州成立了解说培训与研究中心。旅游解说服务在美国国家公园得以发展完善，并逐步推广发展到世界各地的国家公园及旅游地。

随着旅游业的不断发展，现今旅游解说系统的研究与应用已较为成熟。目前大量的研究工作围绕着如何利用解说系统正确引导游客行为，如何提高游客使用的效果与满意度，如何有效评估解说系统的质量以及有关解说系统工作原理方面的研究。旅游景区解说系统的研究已然从宏观深入到微观领域，如对标识牌的设计、所用材料、设置高度、字间距等的深入研究。至今，关于旅游景区解说系统的研究方兴未艾。

## （三）旅游景区解说系统的分类

旅游景区解说系统中涉及的解说形式有很多，内容也很广，根据不同的标准，可以对旅游景区解说进行不同划分。例如，根据解说进行的场所可分为区域内解说和区域外解说；按解说方法可划分为人员解说、视听解说、展示与陈列解说、书面解说；按解说媒体划分，分为人工解说和非人工解说；根据解说的内容和功能分为诱导性解说、说明型解说、环境地图型解说、警示型解说和公共设施指示解说；按引导方式划分，可将旅游景区解说分成向导式解说和自导式解说两种类型，本书将采用这种分类方式进行阐述。

## （四）旅游景区解说系统的功能

### 1. 提供信息服务，帮助旅游者了解并欣赏旅游景区的资源及价值

旅游解说系统通过多样化的形式为游客提供目的地的基本信息，提升景区文化品位，使游客在较短时间内尽可能多地了解该目的地。增长游客见闻，丰富游客自然、历史、社会等多方面的知识，满足游客精神需求，使其获得愉悦的旅游体验。

**2. 提供导向服务，引导游客正确有序地开展旅游活动**

通过景区解说服务，为游客提供明确的参观游览线路，增强游客游览乐趣，加深游客对景区景点的印象。同时，有利于形成合理有序的客流模式，尽可能地减少对景区景点的各类破坏性行为。

**3. 规范景区管理，加强旅游资源和设施的保护**

旅游景区解说系统通过一些喜闻乐见的方式引导游客在开展旅游活动的同时增强对景区资源和设施的保护意识，规范其自身行为，改善游览环境，使旅游目的地可持续发展。

**4. 交流沟通作用**

旅游景区解说系统通过发挥信息传递作用，从而实现游客、社区居民、旅游管理者等利益相关者之间的信息交流和沟通，使他们达成相互理解和信任，使旅游目的得以良好运行。

**5. 强化教育，提高国民素质**

旅游解说系统可将自然环境教育、生态可持续性教育、历史文化教育、政治教育等严肃的话题在游客娱乐、游憩过程中，通过游客易接受的形式传递，在潜移默化之下，增加游客素养，提高我国国民素质。

**【阅读材料：拓展阅读】**

### 《旅游景区质量等级的划分与评定》对于不同等级旅游景区的解说系统的相关要求

**5A 级景区**

a) 游客中心位置合理，规模适度，设施齐全，功能体现充分。咨询服务人员配备齐全，业务熟练，服务热情。

b）各种引导标识（包括导游全景图、导览图、标识牌、景物介绍牌等）造型特色突出，艺术感和文化气息浓厚，能烘托总体环境。标识牌和景物介绍牌设置合理。

c）公众信息资料（如研究论著、科普读物、综合画册、音像制品、导游图和导游材料等）特色突出，品种齐全，内容丰富，文字优美，制作精美，适时更新。

d）导游员讲解员持证上岗，人数及语种能满足游客需要。普通话达标率 100%。导游员（讲解员）均应具备大专以上文化程度，其中本科以上不少于 30%。

e）导游讲解词科学、准确、有文采。导游服务具有针对性，强调个性化，服务质量达到 GB/T 15971—1995 中 4.5.3 和第 5 章要求。

f）公共信息图形符号的设置合理，设计精美，特色突出，有艺术感和文化气息，符合 GB/T 10001.1 的规定。

**4A 级景区**

a）游客中心位置合理，规模适度，设施齐全，功能完善。咨询服务人员配备齐全，业务熟练，服务热情。

b）各种引导标识（包括导游全景图、导览图、标识牌、景物介绍牌等）造型有特色，与景观环境相协调。标识牌和景物介绍牌设置合理。

c）公众信息资料（如研究论著、科普读物、综合画册、音像制品、导游图和导游材料等）特色突出，品种齐全，内容丰富，制作良好，适时更新。

d）导游员（讲解员）持证上岗，人数及语种能满足游客需要。普通话达标率100%。导游员（讲解员）均应具备高中以上文化程度，其中大专以上不少于40%。

e）导游讲解词科学、准确、生动。导游服务质量达到GB/T 15971—1995中4.5.3和第5章要求。

f）公共信息图形符号的设置合理，设计精美，有特色，有艺术感，符合GB/T 10001.1的规定。

（资料来源：中国旅游网，http：//www.cnta.gov.cn.）

### （五）旅游景区解说系统的内容

一个科学完整的旅游解说系统，应该包括景区环境解说、旅游吸引物解说、旅游设施解说、旅游管理解说、资源保护解说这几方面的内容，他们相互依赖，相互作用，形成一个有机整体，致力于实现景区的有效管理，资源的有力保护以及游客的深度体验。

**1. 景区环境解说**

主要指对旅游景区所在地的自然、人文、社会、经济等环境的相关解说。根据不同类型的旅游目的地，对当地的气象气候、地质地貌、动植物、历史文化、经济教育、民俗宗教等概况进行有侧重的解说。

**2. 旅游吸引物解说**

旅游吸引物解说是对景区及其内部景点的解说，是旅游解说系统内最为重要和核心的部分，它关系到游客对旅游活动的体验及评价，也直接关系到旅游解说的教育功能。其内容应该对相应景区或吸引物的特点、性质、发展与环境、构成及其形成因素等进行科学易懂且富有趣味性的解说，以帮助游客能够更好地理解吸引物的游憩价值、科学价值、科考价值及保护价值。

**3. 旅游设施解说**

旅游活动的实现须借助于一系列的配套设施。主要包括旅游目的地及景区内的交通设施、娱乐设施、医疗设施、环境设施及住宿、餐饮、购物、通信等其他配套设施。

**4. 旅游管理解说**

为保证旅游景区安全有序地开展旅游活动，提升景区的管理质量，对景区的管理体制、管理制度、管理规范以及对游客的管理措施（如安全警示、游客守则、出游建议、游览提示）等进行科学系统的解说显得尤为重要。

**5. 资源保护解说**

我们应看到日益增长的游客量在给景区带来经济效益的同时，也给景区资源保护带来了冲击。为使景区资源得以合理保护和开发，可通过解说使游客深入了解资源的重要性，从而采取行动，用自身的力量保护景区资源，实现景区的可持续发展。

## 二、主要解说方式

### （一）人员解说

人员解说即一般概念的导游解说服务，是指导游人员向游客提供信息传递引导服务，属于能动式服务。

**1. 景区解说员的素质要求**

按导游人员从事的业务范围，可将其划分为出境旅游领队人员、全程陪同导游人员、地方陪同导游人员、景区景点导游人员。其中，景区景点导游人员也称讲解员，他们不是正式的导游人员，只是在特定景区内提供导游讲解服务，工作时无须导游证。通常由所在景区景点统一培训和管理，具有较丰富的相关专业知识，在景区景点导游服务中起着重要的作用。

（1）具备良好的职业道德。导游人员的职业道德的基本要求是：热爱旅游事业，发扬爱国主义精神。具体的道德规范可概括为：真诚公道，信誉第一；热情友好，宾客至上；不卑不亢，一视同仁；钻研业务，提高技能；锐意改革，勇于竞争。

（2）知识素养。导游知识包罗万象，导游人员应具备语言知识、史地文化知识、政策法规知识、心理学知识、美学知识、社会知识、国际知识、旅游常识。

（3）业务能力。具体包括独立工作的能力、善于与各种人打交道的能力、组织协调能力、导游讲解能力、特殊问题的处理和突发事件的应变能力。

（4）服务行为规范。旅游活动是一项综合性的审美活动，景区导游人员也是游客的审美对象。因此，导游人员必须注重自身的外貌、行为等，给人以美的享受。注意服饰仪容、言谈举止、礼仪规范。

（5）心理素质。导游服务具有复杂性和特殊性，为使导游解说服务顺利完成，景区导游人员应有敏锐的观察能力和感知力、冷静的思维能力、准确的判断力以及较强的自我控制能力。

（6）身体素质。好的身体素质是提供高质的景区解说服务的保障。导游服务工作是脑体高度结合的工作，这就要求景区导游人员有较好的身体素质，能吃苦耐劳，艰苦奋斗。

**2. 导游讲解要求**

萨迪曾说过："在要说一些事之前，有三件事要考虑：方法、地点、时间。"同理，在进行向导讲解时，也应考虑语言要求、表达方法以及景区讲解的位置。以下将对这几方面的具体要求进行阐述。

（1）语言表达要求。语言是一个人交流思想，表达感情的重要工具，正如席勒所说"思考是我无限的国度，言语是我有翅的道具"。导游语言是导游人员指导游览，进行讲解，传播文化，与旅游者交流时使用的具有表达力、生动形象、通俗易懂的口头语言。口头语言是以说和听为形式的语言，是景区导游人员开展向导讲解工作时，主要使用的语言。

景区导游人员在向导讲解时应注意导游语言的思想性、科学性、知识性、趣味性，运用语言遵循“正确、清楚、生动、灵活”四原则，并充分重视导游语言的“八要素”。

1）导游语言的四原则：正确、清楚、生动、灵活。

2）导游语言的八要素：言之有物、言之有据、言之有理、言之有情、言之有礼、言之有神、言之有趣、言之有喻。以上八要素中，言之有理体现了导游语言的思想性；言之有物、言之有据是导游语言的科学性和知识性的体现；言之有神、言之有趣、言之有喻体现了导游语言的艺术性和趣味性；言之有礼、言之有情是景区导游人员道德修养在导游讲解中的具体体现。

（2）景区讲解位置要求。旅游景区导游人员的讲解是游客接触、了解并感知景区自然风光、名胜古迹内涵的重要途径。为提高讲解质量，景区导游人员在讲解时应注意讲解的位置。

景区的主要景点和精华景点是景区导游人员需讲解的重要内容。在还未达到主要景点和精华景点所在位置时，可对其做简要的介绍，制造悬念，激发旅游者的想象思维，提高旅游者游兴。待到达后，游客身临其境，再对主要景点和精华景点做详细而精彩的讲解。这样更有利于游客理解解说的内容，提高游客体验度。此外，讲解地点尽量选在空旷安全的地方，以确保旅游者的人身安全。

所谓“横看成岭侧成峰，远近高低各不同。”距离和角度是两种不可或缺的观赏原理。景区导游人员应适时地选择合适的地点进行讲解，引导旅游者从最佳方位去观景赏美。特别是自然类的美景千姿百态，变化无穷，其卓越风姿只有从一定距离和特定角度方能领略。例如，在黄山半山寺望天都峰山腰，有一巧石，像金鸡，头朝天门，振翅欲啼，人称“金鸡叫天门”；但到了龙蟠坡，同一堆石头又变成了五位老翁携杖登险峰的形象，构成了“五老上天都”的美景。这就要求景区导游人员应在不同的位置，不同的观赏角度对其进行不同的讲解，使旅游者领略到大自然的神奇之美。

**3. 解说工作流程**

景区导游员其服务范围相对较小，仅限于景区之内。因此，服务流程相对较简单，包括服务准备、导游服务、送别服务这三个方面。

（1）服务准备。了解提前预订的旅游团、知识准备、接待准备、物资准备。

（2）导游服务。热情接团、参观游览、注意安全、文明提示

（3）送别服务。致送别词。感谢游客的支持与配合，征询意见和建议，向游客表示祝愿，欢迎再次光临；赠送景区特有或专门设计的具有特色的小纪念品或分发有关宣传资料；与游客亲切道别。

## （二）解说牌

解说牌解说通过旅游解说牌来实现传递信息和解说功能。解说牌是一种载有图案、标记符号、文字说明等内容的功能牌，具有直观简洁、实用简便、易于识记等特征，能够起到解说、广告、教育、服务等功能，是景区解说系统中不可或缺的重要组成部分。

（1）定位性牌示。大多以平面图、鸟瞰图、简介文字等形式表现，提供给游客景区的整体形状和布局以及当前所处景区位置的相关信息，使游客了解全景概貌，确定自

身方位。景区定位性牌示一般设置于景区入口、各功能区域临界位置、道路节点、地标处。

（2）导向性牌示。景区导向性牌示主要发挥方向性指示的作用，方向准确、易于识别。通常标明一个或多个目的地的名称，指向性的箭头符号或文字，当前位置与目的地间距等，帮助游客辨别目的地所在的景区方位，并估计行进的时间。本着以人为本的原则，景区导向性牌示的位置和数量应根据景区空间和游客的需求来设置、规划。尽量连续、系统化，同时避免重复设置带来的视觉污染和视觉疲劳。

（3）说明性牌示。用以讲解单个景观的名称、历史、性质、内涵等方面的内容。内容要准确，另外，为满足国际化需求，文字要有中英文对照说明，便于识别。景区说明性牌示是教育功能的重要体现。

（4）警示性牌示。景区警示性牌示主要用以告知游客安全注意事项，规范游客行为，使游客有序、文明、安全的开展旅游活动。设计风格应与景区环境相协调，运用相对醒目的色彩，引起人们的注意，发挥警示作用。文字语言应简洁明快，富有特色，文明用语。

（5）服务性牌示。主要是服务设施的导引牌示。

### （三）旅游指南

旅游指南属于书面解说，因不受字数和版面的限制，所反映的内容相当丰富，封面页可以制作得相当精良，以反映当地的特色和文化气息。旅游指南上反映的信息一般有：景区简介、游客须知、旅游服务设施（住宿、饮食、交通、购物等）、景区的精辟介绍、景区全景图、景区旅游线路、旅游咨询等。

### （四）多媒体

多媒体解说系统集声音、文字、图片、影像等于一体，以实现宣传景区、传递旅游信息的目的。其形式多样，可视性强，内容直观，引人入胜，具有较高的旅游参考和宣传价值。

### （五）预录式语音导游

预录式语音导游是指景区为游客或是参观者提供声音方式的解说用以传递信息，主要分为点播式和自动接收式两种。声音是有效传播的重要媒介，它可以调动游客听觉，集中游客注意力，增强游览效果。目前，景区内部的声音展示有许多方式，如背景音乐、朗诵、景区提示、CD 等。

#### 1. 预录内容要求

（1）预录讲解内容应以游客游览线路和拟讲知识结构为次序，每一个讲解点都应独立讲述。

（2）预录讲解内容应具有较为权威的准确性，可依据已有的权威资料改写，也可委托专业公司或专家撰稿。

（3）预录讲解内容宜有明确的知识产权说明。

2. 预录配音要求

（1）预录配音语速不宜过快，要适应于游客的边走边听。

（2）预录配音也应与景区地形地貌或环境呼应，并及时提醒该讲解点附近可能出现的不安全因素。

3. 预录内容的更新与保存

（1）预录讲解内容应及时更新，旅游景区的语音讲解系统以配有专门的语音写入系统为宜，也可委托有关专业服务的企业负责此项工作。

（2）旅游景区对预录讲解内容应建立明确的历史档案，其中应包括有关知识产权的保护与作者、译者的档案。

### （六）景区模型与模拟

景区模拟与模型是通过使用电子或建造模型的手段，将整个景区的全貌呈现出来。让旅游者在进入景区之前就对整个景区的概况有全面的了解。

### （七）虚拟导游

虚拟导游首先在技术面结合了 3D 场景、flash 交互技术、视频流等技术，以直观的多种展现方式将景区内的游艺设施、主题表演、服务设施等展现在游客面前，让游客对园区有一个全面真实的认识，仿佛置身于园区内；具体到某一个设备、表演或设施，又有视频、图片集、文字描述等方全面展现，让游客体验融入园区的气氛当中，更能展现吸引力并让游客产生游玩冲动。

## 【小结】

本单元是本课程的学习重点，也是旅游景区的服务核心之一。预游览服务是游客到达景区的第一道服务环节，良好的预游览服务会给游客节约游览时间，让旅游有的放矢；标示系统是游客的方向，景区应该站在游客角度认真处理好标示类型、内容和位置；游路系统涉及游客游览路径的有效性，结合解说，才能够完美地把景区景点展示给游客。

## 【复习思考题】

1. 旅游景区游客服务中心应该具备哪些功能？
2. 标示设施有哪些类型？它的服务对象是谁？
3. 请以实际景区为例，帮助设计一个游路系统，并说明为什么。
4. 你认为景区最有效的解说方式是什么？
5. 景区游览服务应该注意什么环节？

# 第四章

# 旅游地辅助服务系统

【章节导读】

旅游地辅助服务是指为游客旅游提供辅助的相关服务，包括购买服务、交通服务、餐饮服务、住宿服务以及医疗、邮电等辅助服务。旅游地的服务与管理需要配套服务来支撑，因而配套服务的质量与完整度是旅游景区应该重视的问题。本章分别对旅游地的购买服务、交通服务、餐饮服务、住宿服务以及医疗、邮电服务的基本要求和管理方法做了详细的阐述。

【学习目标】

◆ 了解旅游地辅助服务类别和相关概念。
◆ 了解旅游地交通服务的重要性。
◆ 熟悉旅游地餐饮服务的工作流程。
◆ 掌握旅游景区商品推销技巧与游客购物心理、购物动机。
◆ 能够规划设计旅游地交通服务，具有一定的现场管理能力。

【学习重点】

◆ 基于心理学的游客消费行为特征。
◆ 旅游地购买、交通、餐饮、住宿等服务与管理。

由于旅游地服务中的购买服务、交通服务、邮电服务等可能发生在传统景区之外，不一定完全存在于旅游景区之内。因此，本章统称为旅游地辅助服务系统，具体描述过程中，根据实际内容需要，空间概念在“旅游地”与“旅游景区”之间切换。

# 第一节 旅游购买服务与管理

## 一、旅游购买品概述

旅游者在旅游地购物是旅游消费的一部分，而且这部分的比例还相当大，特别是出境旅游者，购物消费几乎要占旅游消费的1/3。一般情况下，可以将旅游购物品分为两个部分，即旅游商品和日常消费品。也有人直接用旅游商品概念替换旅游购买品，提供并未完全统一。其中，旅游商品是旅游地购物的主要组成部分，经济效益较好，经济的带动性强，也是旅游地重点开发的旅游购买品。

### （一）旅游商品概念

旅游购物的主要对象是旅游商品，是与旅游地的旅游资源、旅游文化、旅游特征相关联的购买物，与我们日常生活中所消费的商品有所不同，旅游商品虽然属于商品的范畴，但是并非所有的商品都可以作为旅游商品。关于旅游商品的认知，目前的概念名称和内涵还没有统一，有不同说法。

**1. 旅游纪念品**

旅游纪念品是指旅游者在旅游活动过程中，购买的具有地域文化特征、富有民族特色、具有纪念性的各种物品。一般以旅游目的地或者旅游景区、景点的自然风光、文物古迹为题材，具有地方文化特色，体现当地传统工艺和风格，并且做工独特。

旅游纪念品的内容十分广泛，如文物古董仿品、珠宝玉器、金银首饰、工艺美术、特色服饰、土特产品等。也有观点认为土特产品不属于旅游纪念品范畴。

**2. 旅游工艺品**

旅游工艺品的纪念性强，是旅游商品的重要组成部分，它更多是地域文化特色的重要表现载体，开始主要是民间艺人世代传下来的传统手工技艺，通过家庭式作坊制作，如云南大理的白族银器。随着技术的发展，出现了由工业企业生产的工业工艺品，如水晶工艺品。但是手工制作工艺品仍然是旅游者比较推崇的工艺品，售价也相对较高。

**3. 旅游商品**

旅游商品（也称为旅游购物品）的定义在学术界还没有统一的界定。许多专家学者对旅游商品给出了不同的定义。世界旅游组织对旅游购物支出进行了定义，认为旅游购物支出是为旅游做出准备或者在旅途中购买的商品（不包括服务和餐饮），其中包括购买衣服、工具、纪念品、珠宝、报刊书籍、音像资料、美容及个人物品、药品等的支出，不包括任何一类游客出于商业目的而做的购买，即为了转卖而做的购买。结合景区经营特点，可以将旅游商品定义为：旅游者在旅游活动过程中所购买的具有纪念性、具有当地特色，或者由于旅游活动需要而购买的物质性商品。其中的三个要点是：第一，购买主体是旅游者；第二，客体是具有纪念性、特色性或者支持旅游活动需要的商品；第三，它是有形的物质性商品。

## （二）旅游商品的种类

### 1. 旅游纪念品

旅游纪念品是一个地方文化的缩影，是旅游消费过程中不可或缺的一项内容，旅游纪念品与普通消费品不同之处在于，它浓缩了一个地方文化与民俗风情，承载了一次旅游的记忆。旅游纪念品对于旅游者的主要意义并不在于其价值的大小，而在于能记载旅游者曾经美好的旅游记忆，能给旅游者带来美好回忆。常见的旅游纪念品如下：

（1）文物古董。“文物”是指历史遗留下来的，对研究社会政治、经济、文化有价值的东西，是人类宝贵的历史文化遗产，如建筑、碑刻及各种艺术品等。作为旅游纪念品的文物古董，主要指国家法律允许进行流通的，具有时代价值的艺术品、工艺美术品、历史文献资料，以及反映各时代社会制度、社会生产和社会生活的代表性实物。这一类物品是极具收藏价值的、珍贵的旅游纪念品。

（2）文化艺术品。旅游地的文化艺术品包括书画金石、文房四宝等。书画金石是指反映民族文化的各类书法、绘画、篆刻、拓片作品，是旅游购物商品的一个重要部分。它是形象反映民族文化的艺术品，有很高的收藏价值。文房四宝是我国书画艺术的主要工具——笔、墨、纸、砚的总称。其主要代表有毛砚之冠——湖笔，千秋光——徽墨、纸寿千年——宣纸、天下第一砚——端砚。

（3）工艺美术品。其实工艺美术品也属于文化艺术品，但它又自成一类。我国工艺美术品的制作历史源远流长，种类繁多、色彩纷呈，可细分为六类。它包括雕塑工艺品、陶瓷工艺品、漆器工艺品、金属工艺品、刺绣工艺品、民间工艺品。我国地域广阔，各地都有极富特色的工艺品存在，如江西景德镇的景瓷、江苏宜兴的紫砂陶、北京的景泰蓝、江苏的苏绣、湖南的湘绣等都是闻名中外的工艺品。

（4）土特产品。我国地域广大，各地人民生活方式和生活习惯各不相同，因而土特产相当丰富。土特产商品包括酒、烟、食品、饮品、药材、山货土品等，各个地方都有各自的土特产品，如著名的贵州茅台、金华火腿、南京咸水鸭、天府花生、天津鸭梨、龙口粉丝、上海五香豆、桂林“三宝”、青岛啤酒等。在世界上独具特色的则有茶叶和各类中药材。中国是世界上制茶最早的茶叶大国，各地名茶多达两百多种，其中，久负盛名的有西湖龙井、苏州碧螺春、黄山毛尖、祁门红茶、武夷岩茶、信阳毛尖、福建茉莉花茶、云南普洱茶、安徽铁观音、庐山云雾、闽南龙井茶和君山银针等。我国的中药有中药材和中成药两大类。具有代表性的中药材有人参、党参、枸杞、贝母、三七、黄麻、半夏、胖大海、当归、何首乌、冬虫夏草、阿胶、牛黄、鹿茸、麝香、杜仲、甘草等。著名的中成药有云南白药、蛇胆川贝枇杷膏、桂林西瓜霜、漳州片仔癀、六味地黄丸、乌鸡白凤丸等。

（5）珠宝首饰。珠宝作为权利、财富和吉祥的象征，在中国古代只是达官贵族的专享物品。随着中国经济的发展，人民消费水平的提高，珠宝首饰正在成为继住房、汽车之后中国老百姓的第三大消费热点。近年来中国珠宝首饰销量以年均 10% 的速度增长，已成为世界上少数几个珠宝首饰饰品年消费额超过 100 亿美元的国家之一。旅游者一般喜欢到珠宝首饰的原产地、著名交易地购买，如到缅甸购买缅玉，到澳大利亚喜欢购买澳宝等。

（6）服饰。服饰最能体现一个民族的审美性和民族性，因其实用性，受到广大旅游者的青睐，如中国的旗袍，西班牙的披风、斗牛裤，泰国的纱笼，日本的和服，美国的牛仔服等。现在流行的一些时装也为旅游购物的亮点，如巴黎时装、上海服装、广东服装、福建服装等。

**2. 旅游实用品**

旅游实用品是旅游者在旅途中需要的生活用品，它主要是为了满足旅游者在旅游活动中的日常需要，是旅游者外出的生活必需品，包括服装和旅游专用品两大类。由于旅游方式不同，所以旅途的日常生活品是不同的；旅游者的购买行为可能发生在出行前，也可能发生在旅行中。归纳起来，主要有旅行车、游艇、旅行箱包、旅游鞋帽、登山器械、滑雪（冰）器械、手杖、风雨衣、太阳镜、摄影摄像机、防寒暑用品、美容护肤品及常备急救药品、帐篷等。随着旅游者旅游个性化要求的提高及新型旅游项目的兴起，旅游用品市场的前景极为广阔，与旅游纪念品具有同等地位，是旅游购物商品开发的一个新的方向。

**3. 旅游消耗品**

旅游消耗品是指旅游过程中生活方面需要不断消耗的物品，主要有食品、医疗、以及盥洗用品、当地特色风味小吃、日常生活必需品等。在风味小吃方面，旅游者对这类商品的购买通常是根据平时的生活习惯，也可能尝试体验地方风味特色，每个旅游者的需求差别较大，不能一概而论。

## （三）旅游商品的特性

旅游商品除具有价值和一定的使用价值外，更多的是旅游商品应该具有旅游纪念价值，这是一般商品所不具备的特性。归纳起来，大致具有以下特性。

**1. 纪念性**

纪念性是旅游商品的一个基本属性，也是核心属性。从旅游者的角度来说，旅游就是为了获得一种与众不同的经历和感受。旅游者为了能够让自己的旅游经历得到保存，在旅游途中往往会买一定的旅游商品，以作纪念。旅游商品的纪念性是其区别于普通商品的一个主要特点。

**2. 地域性**

旅游景区存在于一定的自然地理环境和文化背景之中，赋予它了很多地域性、文化性的特征。所以旅游地开发出的旅游商品也应该具有明显的地域性和民族性特色。旅游者为了留住旅游途中的美好回忆，通常会买一些能够代表地方特色、民族特色和收藏价值的旅游商品作为纪念。例如，人们去苏州游玩，通常会买苏绣；到景德镇旅游，会买一些景德镇瓷器；去云南丽江旅游，会买与一些与纳西文化相关的艺术品；到湖北恩施旅游，会买一些“西兰卡普”织锦等。

**3. 艺术性**

旅游商品的观赏性、艺术性要明显高于一般生活消费品。旅游者购买旅游商品，不管是自己留作纪念还是赠送亲朋好友，都要选取具有艺术美感的商品进行购买。衣服、鞋子、刺绣、瓷器等只有具有艺术美才能刺激人的购买欲望，也才具有保存价值。随着社会经济的发展和人们文化素养的提高，旅游者在购买商品时，会更多关注商品的艺术性。所以，旅游地为了吸引游客购买自己的旅游商品，应该在旅游商品的艺术设计方面下功夫。具有创意新颖、特性鲜明、做工精巧等艺术特色的商品往往更受旅游者欢迎。

**4. 便携性**

旅游商品的买卖行为通常发生在旅游者的旅行途中，因此，旅游产品的设计应该具有便携性，这样才有便于旅游者携带。旅游商品的设计应该在结构、容积、重量等方面充分考虑旅游者的需求，如携带、使用和收藏的要求，旅游者会有更大意愿购买。当然，随着我国物流业的高速发展，旅游商品在这方面的顾虑会越来越少，大量旅游商品的商家开始与物流快递合作，无须旅游者全程携带，免去不方便之苦。

**5. 实用性**

实用性是旅游商品的又一特征，它是指部分旅游商品应该具有一定的使用价值，但是并非所有旅游商品都应该具备这种特征。具有实用性的旅游商品，如果同时还具有纪念性、艺术性、便携性等特点，它必定更受旅游者的欢迎。如民族服饰、紫砂壶、雕花手杖等都是属于这类旅游商品。

## 二、旅游者购物动机

旅游者在购买旅游商品是有一定的购买动机的。购买动机是旅游者购买行为发生的内在原因，而购买行为则是购买动机的外显。根据旅游者购买动机的特点，可以将购买动机分为以下类型。当然，旅游者的购买动机不是单一的，可能是多个动机的集合；一次购买行为，其动机存在主次之分。

（1）纪念动机。有这种动机的旅游者一般喜欢购买那些具有代表性和象征性的旅游商品，以作为到过某地旅游的纪念和凭证。一方面是为了纪念旅行；另一方面是作为曾到过某地旅游的证明，以此来提高自己的声望和社会地位，赢得周围人的羡慕和尊重。例如，在西安购买兵马俑复制品、到南京的雨花台买雨花石、到江苏宜兴买紫砂壶、到广东肇庆买端砚等。

（2）馈赠动机。人们外出旅游购买旅游商品，还有一个重要的动机就是赠送他人。这在人情观念很浓的中国很普遍，人们旅游归来后都要送给亲戚、朋友和同事一些旅游商品。即使有些商品在本地也能买到，但从旅游地带回来的商品肯定别有一番情趣，它表达了对亲朋好友的感情和礼貌，既可以增进彼此的友谊，也可以提高自己的声望。

（3）实用动机。实用性是人们购买商品的一个较普遍的心理需求。虽然旅游者来自不同的国家和地区，有着不同的爱好和风俗，但对旅游商品实用性的要求是普遍存在的。旅游者在购物时，可能特别关注商品的品牌、质量、功能和实用价值，买的东西不管是自用、收藏或是馈赠亲友，首先看它是否有实用的价值，能否在生活上派上用场，或作为艺术装饰，或作为日常生活的用品，然后再考虑是否购买。例如，国外游客到中国旅游，喜欢购买中国的名贵中药等，这就是从实用的角度考虑的。

（4）新异动机。这是以注重商品的时尚、奇异、新颖为主要目的购买动机。追新猎奇同样是许多旅游者的购买心理需求。旅游者对异国他乡有新奇性的物品一般都喜欢购买，特别重视商品的外观、造型、款式、装饰等；买点地方特产也是旅游者求新求异的心理。地方特色商品不仅具有纪念意义，而且正宗、有价格优势，旅游者认为值得购买，如杭州的龙井、海南的椰子、云南的民族服装等，都可以购买纪念或赠送给亲朋好友。

（5）审美动机。这种购买动机是以注重旅游商品的欣赏价值和艺术价值为主要目的。旅游者不仅希望在旅游活动中看到美丽的风景，也希望买到精美的旅游商品。很多旅游者在购买商品时都要考虑到商品的美观和艺术，重视旅游商品的美化作用、对环境的装饰作用、对精神的陶冶作用。他们非常喜欢具有民族特色、地方特色和审美价值的旅游商品，尤其是对那些具有艺术美、色彩美和造型美的旅游商品感兴趣。这类旅游商品往往是首饰、工艺品、字画、陶瓷、名族服装等。

（6）珍藏动机。这些旅游者为了满足个人特殊兴趣、嗜好而形成的购买动机。旅游者个人嗜好千差万别，如有人收集火柴盒、香烟盒，有人收集各国邮票、旧式手表，有人收藏古玩字画。有的旅游者对具有保存价值的工艺珍品、名人字画和传世古董等，不惜高价购买，以作珍藏。

以上是旅游者购物的主要动机。在旅游者的购买动机中，可能同时存在两个或者两个以上的具体动机，相互交错。不同的旅游者的具体情况不同，因而购买动机也各有特点，从而形成了不同的购买行为。在旅游购物服务中，应该注意旅游者的不同购买动机，以便更好地为旅游者服务。

**【阅读材料：拓展阅读】**

### 导游骂游客不购物　网友：旅游最烦导游势利嘴脸

“五一”小长假，外出旅游成为很多人的选择。旅游是为了好心情，但是“人生不如意十之八九”，摊上一个“极品导游”，那就麻烦了……2015 年 5 月 1 日，一段西双版纳导游骂游客视频在微信朋友圈被广泛转发。云南西双版纳一名女导游不满意游客消费低，大发雷霆，大骂游客的道德、良心在哪里，质问游客是“骗吃骗喝骗玩”，并要求买到指定的数额。

5 月 1 日是“五一”黄金假期的第一天，但有游客通过微信视频爆料称，在西双版纳旅游时被导游强行要求消费满 3000~4000 元。爆料视频昨日上午在微信朋友圈内被广泛转发，该起事件涉及的一批游客正乘坐大巴到西双版纳州旅游。视频中，一名中年妇女因部分游客消费金额低或有的游客没有消费，向游客大发怒火：如果你要想貔貅一样只吃不拉，那对不起，下一站不要跟着我，咱们这趟旅游车是给有德行、有道德、有良心的人坐的，你如果没有德行、没有良心、没有道德，不配坐在我的旅行车上。

随后，这名女性导游说，“如果你的旅行团告诉你，不用买东西，那你去找旅行社，干嘛要跟着我吃喝玩乐几天是不是？来到咱们云南你抱着什么心态？骗吃骗喝骗玩吗？骗飞机坐吗？我告诉你错了！我这个人一般不发火，我一般不轻易骂人的，但是你去看看其他旅行社，我们今天 53 辆车，人家的团也出来，都是 3 万、4 万的镯子，我们车上呢？ 5000 块以上的都没有，你看你们一车人都没有一个人买得多，你们对得起谁啊？”

原来，在此次出行的 50 多辆旅行大巴中，消费最少的就是她所在的这辆大巴。这也是她很生气的原因。她进而发出威胁的话语："如果每个人不消费3000~4000元，将取消西双版纳的旅游，旅行社将不再负责返回沈阳、河南游客的2000多元的机票费用。"在一顿怒火之后，该名导游点出了到达下一站（西双版纳），游客需要为家人购买黄龙玉、烟嘴、化妆品等，直到买满指定的数额。

在此案例中，作为一名导游，在导游过程中应该严格遵守自己的职业道德，不得强行要求游客购物。这不仅是导游一个人的事，还将影响到整个导游行业的形象。游客进行购物是有不同需求与动机的，强行要求购物只会让旅游购物丧失最初的乐趣。

（资料来源：根据观察者网（2015）整理）

## 三、购物环境的营造

旅游者的购物活动强度很大程度上受旅游地购物环境的影响。有时即使有好的旅游商品，如果销售点的设置不合理或者销售方法不得当，旅游者也不一定购买。因此，营造一个良好的购物环境，对发展旅游地购物经济同样重要。

旅游购物点的布局需要结合旅游景区（旅游地）的实际情况而定，有的旅游景区（旅游地）将购物点布局在景区内部，有些布局在景区的外部，有的甚至布局在距离景区较远的地方。这些均要结合旅游线路设计来确定，但都应该考虑旅游购物的方便性。

### （一）购物环境的概念

购物环境是基于旅游购物活动需要而存在的并影响着购物活动结果的一切外部条件的总和。它包括与购物活动相关的一切政策法规、人文社会、基础设施氛围环境等方面的因素，这些因素相互作用、相互影响而形成有机整体，是旅游购物健康发展的基本保障。

购物环境对旅游购物活动的影响非常大，良好的购物环境是旅游购物行为的"催化剂"，有助于旅游购物的发展，而旅游购物的良性发展又会影响购物环境的改善。随着旅游经济的发展和人们生活水平的提高，旅游购物逐渐成为旅游的一部分，也是旅游地（旅游景区）重要的获取经济效益方式，在旅游消费结构中的比例不断增加。

打造一个独具魅力的购物环境，不仅能给旅游者带来难忘的购物经历和旅游体验，而且富于特色的旅游购物场所本身就是旅游地的一道风景，旅游地的重要旅游活动场所。

### （二）购物环境的营造

#### 1. 外部环境

第一，旅游购物的发展要有一个良好的政策环境。政策是国家经济发展的宏观调控手段，旅游地购物要得到良性发展，必须遵从国家政策的指导。

第二，旅游地购物发展还需要一个好的社会环境。经济发展是景区购物发展的前提，反之，旅游购物发展又能推进当地经济的发展；此外，良好的社会治安、完善的社会服务体系等也是景区购物发展的必备条件。总之，良好的社会环境是景区购物存在和发展的基础。地方社会和旅游者的价值观念、文化水平、消费习惯等都对旅游购物活动产生不可忽视的影响。所以，创造有利于旅游购物发展的社会文化是非常必要的。

第三，创造一个有利于旅游景区可持续发展的良性生态环境。随着旅游业的深度发展，景区的生态和环境都不可避免地会遭受一定的破坏，而旅游购物需要生态产品和生态意识、生态场景的呈现，特别是地方性旅游商品，更应有生态的烙印。所以，加强生态环境的保护和利用，为旅游购物营造一个良好的外部生态环境也是必需的。

**2. 内部环境**

购物的内部环境主要指景区内购物点的布局、购物设备的配备、购物氛围的营造等。

旅游者在旅途中的购物有较大的随机性，很多是看见旅游商品后临时产生购物想法和购买行为，具有较大的偶然性。旅游地（旅游景区）为了使这种偶然性发生的频率更高，就应该在不影响旅游观览的前提下，合理布设旅游购买商业点。根据旅游者在景区内旅游活动行为特征和心理习惯，景区购物点的布局和选址通常有两种：一是设置在旅游过程的结束路段，如景区的出口处；二是分散设置于旅游线路过程中。

在布局旅游商业网点时，应该将商业网点与观光、休闲、游憩、休息等基础服务设施结合起来，这样既方便有购物需求的游客，又增添了游客休闲游乐的情趣，也增加了旅游商品销售的可能性。

此外，旅游地（旅游景区）商业点环境整洁、秩序良好、无围追兜售和强买强卖现象、商品陈列合理、购物商店清新、亮度适宜、装饰合理等都是影响游客购物的因素。

## （三）购物场所

**1. 旅游商品专营店**

旅游商品专营店主要销售或专门销售旅游商品，其全部收入来自于旅游商品的销售。例如，我国景区的土特产品商店、文物商店及各种免税商店等都属于这类型的商店。这类商店一般经营规模较大，销售的商品档次也较高，而且具有浓郁的地方特色和民族特色。

从传统的经营模式看，这些店除了满足旅游者对旅游地（旅游景区）特色商品的需求外，商店还会要给予团队导游、交通车司机及旅行社等一定的回扣，因此这类商店的经营成本一般较高。当然，如果政府和旅游行业监管不严，会出现大量宰客现象；强行购物现象，这将影响到旅游地声誉。

**2. 旅游商品附属商店**

旅游地（景区）饭店除了能满足游客饮食和住宿的需求外，一般还设有专门的商品部或购物中心，以方便游客购买所需要的商品。这些旅游商品的种类不多，但因为饭店有稳定客源，所以经营收入一般较为稳定。

**3. 旅游商品兼营商店**

随着社会经济的发展，各旅游城市、各旅游地为了方便游客，也为了促进旅游消费，在各种百货商店、大型超市和购物中心等设有旅游商品销售点。这种类型的商业网点，属于综合性销售点，它们除了经营满足地方居民生活需要的商品外，也附带销售旅游商品，所以它属于旅游产品的兼营店。

布局的这种旅游商品店原因是，除了旅游观光外，部分旅游者还喜欢光顾当地的大型购物中心。购物中心和繁华的商业街代表了一个地区的商业文化，通过游览这些地方，旅游者不但可以深刻地了解当地的发展状况，还可以顺便购买到自己所需要的商品。所以，这类商店在旅游商品的经营中也有一席之地。

**4. 旅游商品摊位**

这种旅游商品购买点一般散布于旅游景区的步道沿线，多属于经济型商业网点，具有临时性，经营商品的品种也比较混杂。但是，这些摊位布局要充分结合游客需求，不能随意摆点，也不能影响游客的旅游活动。此外，还要注意不影响旅游景区的整体景观和环境效果。

### （四）旅游商品购物场所布局和建设的基本原则

（1）其网点布局应该结合旅游地（景区）的实际情况，根据游客需求特征，合理布局，不影响旅游活动，不妨碍游客游览，不与游客抢占道路和观景空间。

（2）旅游地的购物场所应该不破坏景区自然景观和环境。

（3）购物场所建筑造型、色彩、材质与景观环境相协调。

## 四、旅游购买管理

### （一）存在的问题

**1. 旅游商品同质化严重，缺乏地方特色**

绝大多数游客在旅游景区游览过程中都会选择购买当地的特色商品。但是，由于地方特色商品开发难度较大（原创性的），很多地方和商家选择了走捷径，仿制加工生产，销售的商品大同小异、缺乏特色，并且大量旅游商品做工粗糙、低值。真正能够具有地方特色的旅游商品非常匮乏，而且缺乏品牌性，导致游客在旅游地（景区）的购物欲望较低，在旅游地的旅游消费水平不高。以云南西双版纳为例，按理说地方文化特征明显，但是销售的旅游文化衫竟然绝大多数是“Thailand”字样。

**2. 购物场所和环境散乱，购物陷阱较多**

大量旅游地（景区）的购物点缺乏系统的规划和管理。乱摆现象较多，甚至影响到了旅游环境氛围，而且商家之间恶性竞争，乱杀价现象普遍。大量景区旅游商品价格不明确，缺少物价局认证的价目表，旅游者在购物时往往担心上当受骗。个别地方还出现小贩围追兜售，强买强卖的情况，扰乱了市场秩序，影响到了旅游地（景区）形象。

**3. 售后服务几乎缺失，对购物投诉的处理水平低**

旅游商品的销售对象是旅游者，流动性大，当旅游者结束旅游行为就会回到居住地。大多数旅游商品不提供售后服务的，如维修保养，更不会退货，导致一些商家带有侥幸想法出售价以次充好的高价商品。加之很多游客购物没有索要发票的习惯，若有问题，因为缺少证据无法投诉；即使有发票，大多数旅游购物属于异地购物，投诉成本高，投诉程序复杂，处理效率低，大多数旅游者选择不投诉或是投诉之后不了了之，对旅游地的印象产生不好效果。

### （二）旅游购买管理的对策

**1. 正确认识旅游购物对旅游业发展的影响**

旅游者在食、住、行、游等方面的需求基本是相对稳定且有限的，但是旅游购物属于非基本需求，旅游者在购物上的支出有较大的弹性。如果服务和管理得当，旅游购物可以成为旅游地较大的收入。在旅游业发达的国家或地区，旅游购物收入可以占旅游业总收入的50%左右。

如果开发得当，旅游商品本身也是一种旅游资源，它不仅仅是旅游纪念品，更具有一定的宣传推广作用，是很好的广告载体，有助于扩大旅游地（景区）知名度。同时，旅游商品也是旅游地形象的物化，是旅游者旅游活动的延伸。只有正确地认识到旅游商品在旅游业发展中的重要地位，才能真正重视旅游商品的开发、旅游购买环境的改善。

**2. 重视特色旅游商品的设计和开发，塑造特色旅游商品品牌**

（1）设计和开发具有地方特色、旅游特色的纪念品、工艺品，例如景区模型、纪念章、宣传册等。特色是旅游商品的生命力所在，旅游地在旅游商品的经营中必须把地方特色作为首要考虑因素，能够做到独有性更好，甚至使旅游商品成为旅游地旅游产品的一部分。旅游商品的开发，首先，需要研究地方文化特色，提炼出能够表征的载体和方式，其次，分析旅游者购物消费的特点和喜好，这样的旅游商品才受欢迎。以日本旅游为例，富士山景区出售的纪念品很有意思，它根据不同的海拔高度出售不同的纪念品，这样对于游客来说就很有意义，突出了旅游资源特点，也考虑到了游客的需求。

（2）旅游商品的开发尽量系列化、多样化、品牌化，以满足不同层次旅游者的需求。商品的开发与设计要求在题材、样式、规格、原料、色彩、包装、价格、功能等方面求多样、求系列。例如，著名的迪士尼乐园商业广场经营的商品种类繁多，以迪士尼人物为主题的迪士尼乐园纪念品及礼品、帽子、各种装饰品、玩具、纪念品、男女服装以及为儿童设计的迪士尼卡通人物服装等。大多数游客会在这里购物消费，选购自己需要的旅游商品。

（3）提高商品的制作工艺，注重商品的包装 。因为很多游客购买旅游商品的目的不是留为己用，还要作为礼品馈赠亲友同事。旅游商品还应该附外文说明，解释产品意义和背景。

**3. 加强旅游地（景区）购物监管，规范购物环境，维护旅游者合法权益**

针对旅游地（景区）出现的小商贩对旅游者围追堵截、强买强卖，出售假冒伪劣商品等损害旅游形象的现象，旅游主管单位应该主动规范市场，加强管理，维护旅游者合法权益。同时，旅游景区应加强对旅游商品销售点的管理，对旅游购物商品明码标价，让客人明明白白消费；对不讲诚信的销售行为及时曝光，并给予严厉的处罚；开通旅游者投诉热线，设立畅通的投诉渠道，及时接收和解决旅游者的投诉；加强对旅游商品质量监管，保证旅游者的合法权益。

**4. 旅游商品购买多样化，提升旅游购买过程的体验性**

国际旅游业的一个新口号是“完整的经历”。游客对购物旅游的兴趣不仅仅在购物本身，更在于消遣性活动，寻求一种经历。因此，购物场所除了柜台式、开放式外，还可以结合娱乐等形式，丰富购物过程的体验性。

（1）现场制作式。现场制作式适合就地取材生产并富有当地特色的手工艺品，政府可以适当组织，相对集中，让游客观看生产手工艺品生产过程，在现场购买，甚至亲手制作，例如陶瓷制品、扎染制品等。

（2）知识讲座式。在购物前，为旅游者举办小型知识讲座，对旅游商品的成分、性能、特点、使用、辨别等一一作介绍，并现场示范，帮助客人对所购商品加深了解，从而促进购买。但是，讲授过程不能存在欺骗、误导。

（3）表演式。对具有极浓郁的地方或民族特色的旅游商品，可以通过歌舞表演等形式，加深客人对旅游商品的认识，从而激发旅游购买的欲望。例如大理白族的“三道茶”歌舞表演，潮汕的“工夫茶”茶艺表演等。

## 第二节　旅游交通服务与管理

### 一、旅游交通服务概述

#### （一）旅游交通服务的含义

广义的旅游交通服务是指旅游地为游客提供的各种交通服务。本书的旅游交通服务主要是指景区的交通服务，即旅游景区向游客提供的各种交通服务，以便游客在景点之间、景点与旅游设施之间（例如餐厅、饮食摊点、客房、购物商店、公共设施等）之间进行旅游活动。旅游交通服务是景区旅游活动顺利进行不可缺少的物质基础，是旅游发展的先决条件。由于旅游景区的旅游交通和旅游地的旅游交通是交错的，涉及的空间范围可能包括景区票口以外的区域，很难完全将旅游景区内外交通分开。因此，简单理解为旅游景区内部交通服务还不能概全，这里统称为旅游地交通服务，不再赘述。

#### （二）旅游地交通服务的分类

旅游地交通服务因为旅游地（旅游景区）不同而有很大差异。

**1. 运输方式**

（1）现代型交通方式。

我国旅游景区的现代交通运输方式种类比较多，除常态的汽车公路交通运输方式以外，还有以下五种交通方式。

新能源车。目前，有条件通行汽车的景区，多使用新型能源车为游客提供交通服务。其中，最多使用的是以氢作为能源汽车。

电瓶车。具有无污染、无噪声等优点。目前，地形比较平坦的大型旅游景区多采用了这种交通方式。有时也使用于联通景区停车场到景区票口。

出租车。某些景区允许出租车这种交通工具的存在。例如，庐山风景区的牯岭镇就有这种交通方式。

缆车。包括观光缆车和运输缆车两种。目前，很多山岳型景区建有缆车。例如，泰山建有观光缆车，既有交通工具的作用，也有观光的功能。

游船。一般是水域风光类型的旅游景区采用这种交通方式。例如，游客游览长江三峡就是使用这种交通工具。

（2）民间传统交通方式。

民间运输方式一方面可以实现景区内景点之间的连接；另一方面由于传统的运输方式本身就是一种旅游资源，是一种具有吸引力的体验性旅游项目。

滑竿。四川峨眉山景区的游客可以在登山过程中，体验这种交通方式。

畜力驮运。包括新疆、内蒙古沙漠中的骆驼，某些旅游景区的马匹等。

羊皮筏子。即以羊皮充气漂浮于水面，由民间把式载游客游览。例如，宁夏沙坡头旅游景区，游客乘坐羊皮筏子横渡黄河来领略塞上黄河的美景。

雪橇。在寒冷的高纬度地带，地面积雪很厚，于是产生了由动物拉牵爬犁而行走运输方式。例如，我国东北大兴安岭林海雪原景区的狗拉雪橇。

溜索。云南怒江的两岸设有这种交通方式，吸引了大批的外地游客来“一溜索为快”。

**2. 经营方式**

组织性经营方式。主要由景区、企业负责，这种经营方式在我国旅游景区比较常见，尤其是大型的交通方式。例如，新能源车、电瓶车、缆车等。

个体性经营方式。较散的经营方式，主要出现在规模小的景区，具有一定的民族性和地方性，经营比较方便灵活。但是给景区管理可能带来一定难度，较难控制服务质量。

## 二、旅游地交通服务的价值

交通服务是旅游地（景区）向游客提供的一项重要服务，直接影响到游客游览和体验质量。同时，对旅游景区的正常运营起着非常重要的作用。交通服务的重要性体现在以下几个方面。

**1. 旅游活动的重要保障**

旅游者的整个旅游活动包括食、住、行、游、购、娱六个部分，这里的“行”指的是旅游交通（包括客源地到旅游目的地的交通，旅游景区内部的交通），旅游地所提供的交通服务质量直接影响到旅游者能否“进得去、散得开、出得来”。此外，景区旅游交通设计是旅游景区总体布局规划的重要环节。

**2. 增强游客的旅游体验性**

景区交通已经成为旅游活动的重要内容，而不仅仅是运输功能。游客乘坐不同的交通工具，接受不同的交通服务，可以领略到不同的风景，获得不同的旅游感受。

有些旅游交通服务本身就具有“愉悦身心”的价值。例如，峨眉山和黄山景区提供的独具特色的滑竿和轿子等旅游交通服务，对于大多数的游客来讲，这本身就充满了乐趣，可以体验不同地方的风俗习惯。有些旅游景区还向游客提供骑马、骑骆驼、溜索、观光缆车、划船、热气球等独具特色的交通服务，这些服务不但具有交通运输性，同时也增加了游客在景区的体验性。

**3. 增加旅游地（景区）的经济效益**

旅游景区提供的旅游交通服务多为有偿性的，一方面是满足部分旅游者的交通需求；另一方面能够获得一定利润。旅游景区向旅游者提供的交通服务（尤其是特色交通服务）本身就是旅游活动的重要内容，并且特色交通服务作为有偿服务，有的费用还较为昂贵，但是游客为了得到不同的旅游体验，还是乐意支付这笔费用。对于景区而言，这是收入的组成部分。以庐山三叠泉景区为例，进入三叠泉的缆车往返票价为 80 元，而三叠泉的门票是 50 元，由于进入三叠泉的路途遥远，大多数的游客会选择坐缆车，由此可见，交通服务收入对景区收入的贡献是较大的。

**4. 旅游地（景区）服务的重要环节**

良好的旅游景区交通组织使得旅游者旅游活动畅通无阻，既能够使游客充分体验景区的美景，又能节省游览路途时间，无疑提升了旅游者的旅游质量。相反，如果景区的交通服务质量差，不但会降低游客的游览体验度，不满意的游客还会为景区做负面宣传。

## 三、旅游交通服务管理

### （一）旅游地（景区）交通服务的要求

**1. 进出畅通性**

可进入性是指旅游景区所在地同外面交通联系的通畅性和便利程度，即不仅要方便游客进入，而且要保证游客旅游结束后的离开。《旅游景区质量等级的划分与评定》国家标准对 4A 级景区的可进入性要求为：可进入性良好，交通设施完善，进出便捷，或具有一级公路或高等级航道、航线直达，或具有旅游专线交通工具。

**2. 运行准时性**

由于景区旅游活动具有连贯性，游客在前一阶段的交通误点或滞留会影响到下一阶段的旅游活动，由此产生一系列的连锁反应，影响旅游者的整个行程和旅游效果，甚至有可能产生一系列的经济责任事件，如房费、餐费和交通费的问题。对于国际旅客，还可能产生涉外事件，如有些入境游客不能按时出境返回其国家，影响工作等。因此，旅游地交通服务的准时性是衡量旅游地服务质量的重要环节。

**3. 客流波动性**

一般情况下，由于旅游资源的特点和游客出游时间选择，旅游景区的客流量在时间上具有一定的波动性，一是一年内的季节性波动性；二是一周内的周期性；三是一天内的时段波动性。例如，有的景区早晨进入的客流量大，傍晚离开景区的客流量大，中午出入景区的客流量少；一周之中，周末进出旅游景区的客流量一般较大。我国“黄金周”期间，景区客流量爆发增长，达到极限，这就要求景区服务注意这一特点，提早布置工作，提供优质、高效的旅游交通服务。

**4. 方式多样性**

大多数旅游地的旅游交通方式具有多样性特点，即使同一种交通方式也会有档次差异。不同的旅游景区对旅游交通方式选择也不同。这就要求旅游景区应该合理布设和优化组合旅游交通方式，管理者和服务人员应该熟知旅游交通服务的多样性，增加游客对旅游交通的选择性。

5. 要求多元性

旅游者对景区交通方式和服务质量要求不尽相同。例如，收入较高者或特殊旅游需要的游客，可能要求豪华型高档次的交通服务方式，对价格较高的民营运输服务方式也非常受青睐，如九寨沟景区旅游交通相当发达，但是仍然有部分旅游者需要包车服务。因此，景区管理和服务人员应该根据游客不同交通需求，对旅游交通服务方式和运力进行调度，以满足不同需求游客的需要。

### （二）旅游地（景区）交通服务建设原则

旅游地（景区）的交通是旅游辅助服务的重要环节，需要总体规划、合理布局，有序建设。对旅游地交通线路进行规划和交通方式布局建设时，应遵循以下原则。

1. 环境优先性原则

旅游地（景区）的交通布局应该将环境保护放在首位，把对生态环境的影响尽量降低，特别是以动植物资源为特色的旅游景区，还要考虑动物繁殖、迁徙的情况，减少对动植物生存环境的影响。景区交通方式以节能减排为目标，发展新能源交通，减少交通污染，以利于景区可持续发展。

2. 景观完整性原则

特别是景区内的交通规划和布局时，一定要考虑到对景观可能的影响、对观赏效果的影响等；同时，尽量将交通作为景区景观的一部分。例如，四川黄龙景区的索道建设，为了不破坏主游道的景观，主动改变索道线路，起到了很好效果。近年来，很多景区大兴索道工程，初衷是为游客提供体验和方便，减轻游客体力负担，吸引更多的游客进入景区。但多事与愿违，有的工程不但破坏了原有景观，还引发了游客的强烈不满。

3. 交通方式多样性原则

我国大量旅游景区内的旅游景观丰富，类型多样，甚至有水、陆、空融合的景观系列，为了能够让游客观赏到不同的景观，体验不同的旅游方式和旅游风情，需要布局风格各异的交通方式。景区布局交通时，遵循多种交通方式相结合的原则，合理提供多种交通服务。

4. 安全舒适性原则

旅游交通方式的选择，还应该考虑安全可行性。旅游地的交通布局一定要保证旅游安全，将安全放在第一位。同时，旅游交通方式还应该是舒适的，旅游者能够在体验旅游交通工具的同时，还应该让游客感受到交通是舒服性，而不是在难受的过程中到达目的地。

5. 畅达性原则

旅游地的交通布局应保证游客“进得来、散得开、出得去”。这就要求管理者在旅游交通布局时，一定要遵循最大畅通性原则。同时，各种交通方式还要互相配合，相互链接，使旅游交通畅通无阻。

【阅读材料：拓展阅读】

**2013年九寨沟游客爆满发生滞留事件，武警出动维持秩序**

2013年10月2日中午，四川九寨沟景区发生游客滞留事件。九寨沟景区管理局相关负责人回应有游客情绪激动引发堵车情况。当天21点左右，滞留游客开始逐步撤离。据央视报道，当天，九寨沟景区游客量达到了四万多人。由于区间车等候的时间较长，部分游客强行拦停区间车造成了景区道路几近瘫痪，无法运行。10月2日下午，四川当地媒体报道称，九寨沟景区发生游客滞留事件。游客抱怨，已被堵了数小时，景区却还在对外放人，最终导致想上的上不来，想走的下不去。管理人员说，部分游客可能因没有赶上公交车，导致交通线路瘫痪，拥堵数公里长。景区一度出动武警维持秩序。

记者致电九寨沟景区管理局相关负责人，该负责人表示目前景区游客量并未超过四川省旅游局公布的景区最大承载量4.1万人次。“今天犀牛海景点发生游客滞留的情况，不是因为承载量的问题。今天是国庆黄金周假期，游客量本来就较大，景区内的游览车候车时间相对较长，有的游客就情绪激动发生了堵车的情况。我们现在已经将游客劝导疏散。我们在此也呼吁，游客在景区游览时要遵守相关的规定，不要翻越栈道走到公路上，影响景区游览车的行驶。”负责人说。

因为中午发生的滞留事件，九寨沟景区将原定晚上18点的闭园时间推迟到19点，公交车也会运营到19点，确保所有游客安全下山后再关门。10月2日21点左右，大约60辆大巴在警车带领下抵达诺日朗换乘站，滞留在这里的2000多名游客开始逐步撤离。很多乘客已经滞留5小时以上。

思考：九寨沟游客爆满发生滞留的主要原因是什么，应该如何规避？

（资料来源：新京报：2013）

## 第三节 餐饮服务管理

### 一、基本概述

餐饮服务是旅游服务的组成部分，为旅游六大要素之一，旅游地在为游客提供游览服务的同时，还应该在旅游景区的内外为游客提供餐饮服务。餐饮也是旅游者体验当地文化民俗的旅游项目之一，特别是地方风味饮食等，也能够为地方带来一定的经济效益。

旅游地餐饮服务在景区的内外有别，景区外部的餐饮需要依托社会资源，在地方政府的主导下合理布置和管理。景区内部的餐饮服务，要视景区的实际情况定，有些景区不宜布局餐饮设施，例如博物馆；而有些景区（如山岳型景区）由于规模大，游客需要长时间停留在景区内，因此应该布局餐饮点。由于景区的特殊条件，旅游餐饮具有消费较高、经营较灵活、餐品有限、管理难度较大等特点。

### （一）景区餐饮点的类型

景区内的餐饮点类别主要包括中餐点、西餐点、果汁店、冷饮店、茶室、酒吧、地方风味小店等。景区内餐饮类型选择需要根据景区实际情况而定；餐饮选择不同于一般社会餐饮单位，它需要充分考虑到景区旅游活动特点、景区线路节点、旅游功能等具体情况。旅游景区餐饮的常见类型如图 4-1 所示。

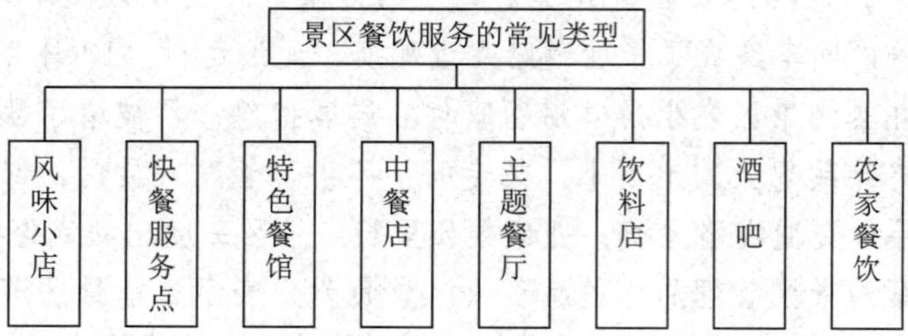


**图 4-1　旅游景区餐饮的常见类型**

### （二）景区餐饮点的选址要求

首先，景区是游客游玩、休闲体验的地方，和谐的环境是吸引游客的主要因素。餐饮点的选址和建设不能破坏景区景观的整体美感，避开景观优美、环境脆弱的地段，建筑风格不能与周围环境冲突。

其次，要考虑到景区特殊的环境和功能。有的餐饮单位的油烟废弃物等排放会给环境带来一定的环境污染；景区餐饮点应设在人流量相对较多、游客进行休憩并且环境不敏感的地方，根据不同的区域设置不同的餐饮单位。餐饮单位的废弃物和厨余应该带出景区进行无害处理。

最后，景区内的餐饮单位的规模和数量应该受到一定的限制。

### （三）景区餐饮建筑物要求

景区内的餐厅、饮品店、摊位设计应该符合景区的主题，建筑风格和材质应该与景区环境协调一致，不能造成视觉污染，风格还应该为景区锦上添花。

**1. 外观要求**

景区餐饮单位的外观设计应该和周围环境、区域文化相协调，不能太突兀而破坏景观的美感，也不能与区域文化产生冲突；在色调和材质上要慎重选择，既要做到与周边景观融合，还要尊重区域文化特色；本身的结构造型还应该成为景观的一部分。此外，还要尽量减少广告宣传牌和霓虹灯箱等，做到醒目而不抢眼。

**2. 内部环境**

旅游者喜欢美观、闲适的餐饮过程，游客对景区餐饮环境的舒适度要求较高。因此，餐饮服务单位的环境应该舒适、优雅，通风条件良好，光线柔和。同时，内部的装修和配饰应该突出旅游地的文化特色。在墙体等围合物设计方面尽量考虑视觉空间延伸的要求，应该尽量做到使旅游者在就餐的同时，还能欣赏到外面的风景。

3. 氛围营造

景区餐饮单位的气氛应该闲适恬淡，在体现整个景区文化特色的同时，注重整体色调、装饰、光线和音乐氛围的营造。

## 二、餐饮服务的基本要求

### （一）明码标价

近年来，旅游投诉案件中，关于景区餐饮投诉占有很大比例。价格是消费者很敏感的一个因素，不合理的餐饮产品定价，不仅会让旅游者有上当受骗、宰客的感觉，也会影响旅游者的整个旅行心情。因此，景区在制定餐饮产品价格时，要认真慎重，做到市场机制，客观公平，价位合理，质价一致。同时，各类餐饮食品应该明码标价，让游客明明白白消费。

### （二）卫生的饮食环境

卫生条件、餐品质量、服务态度、餐饮设施等是用来衡量景区餐饮服务好坏的几个重要指标，卫生状况又是各大指标之首。在景区餐饮服务中，为客人提供一个干净卫生的饮食环境是景区经营单位首先应该做到的。随着人们生活水平的提高，旅游者出游对于餐饮的卫生要求也越来越高。客人对餐饮的卫生要求主要体现在食物、餐具和环境几个方面。游客希望在旅途中享受到的食物都是新鲜、卫生的；餐具都是经过严格消毒的；餐厅的环境是整洁、高雅的；空气是清新的。

### （三）高质量的餐饮品

根据游客对旅游餐饮的卫生、质量、价格、特色的消费态度反映，游客对景区餐饮品质量、特色的重视程度较高。在旅游景区中，高质量的特色食品对于旅游者来说很有吸引力，旅游者对旅游地的特色食品、特色小吃最感兴趣，所以在景区餐饮经营中，应该走特色化道路。特色化经营不仅满足了游客求新、求奇的餐饮消费心理，也是景区弘扬地方饮食文化的需要。

### （四）优质高效的服务

旅游地餐饮需要优质高效的服务。顾客至上，无论什么样的顾客，无论社会地位、经济条件如何，餐饮服务人员都要以友好、诚恳的态度接待，为游客着想，使他们有宾至如归的感觉。

### （五）餐饮种类多样性

旅游餐饮品种越丰富越好，最好还有一些品牌性餐饮品。以旅游度假地为例，根据《旅游度假区等级划分细则》（2015）中对餐饮的评分标准，要求地方主打菜系消费档次多样，并可提供 8 种以上其他国内外主要菜系（至少包括 3 种国外菜系），与不同住宿设施接待的相应游客的需求相匹配，且菜品应具有浓郁地方性，特色菜品多样。当然，这要结合景区的实际情况而定。

【阅读材料：拓展阅读】

**景区餐饮服务得分最低**

《旅游法》即将实施，近日，山东省消费者协会开展了以乡村旅游为主的旅游消费体验活动，组成38人体验团，对5个城市的11个景点进行“陌生拜访”，曝光了省内部分旅游景区存在的“旅游购物遭捆绑”“餐饮住宿问题多”“安全设施不健全”等问题。

消费体验对15个大项进行百分制评分，具体评定内容有200多个子项。最终得分结果：旅行社服务87分、观景设施83分、内部游览线路78分、路标指示79分、景物介绍标牌标识80分、导游讲解83分、公共休息设施77分、厕所设施83分、服务质量78分、安全保障79分、环境卫生83分、门票及价格83分、商品购物81分、餐饮或食品73分、投诉处理84分。

体验人员参加的威海大乳山、华厦城旅游线路，宣传的住宿条件是商务酒店，但到了住宿地点，发现是一个小区的公寓式住宅，一个房间坐便器垫发霉，床单没有更换，另一个房间空调不能用。在蓬莱阁、长岛三日游住宿过程中，旅行社提供了渔家乐和准三星级宾馆两种选择，但旅行社没有讲明是几个人合住，只是说明了卫生间、洗澡间是公共间，其他未进行详细提示。体验人员选择了听上去颇具特色的渔家乐，住进去才发现，20多平方米的房间安排住了5个人，且只有一个小电扇，许多游客抱怨没有休息好。

（资料来源：尹训银等，2013）

## 第四节　住宿服务与管理

### 一、基本概述

#### （一）景区住宿服务的概念

“住”作为旅游六大要素之一，存在于旅游目的地、旅行过程、旅游景区，是旅游地必备的基础服务设施。旅游地的住宿服务分布于旅游景区内外，景区外部的住宿依托社会而存在，服务对象不仅仅是旅游者。但是，由于有些景区的特殊性，需要在景区内部布局一定的住宿服务设施，向游客提供住宿、休息等基本服务，同时也可有限满足游客其他有限需求。景区可能提供的住宿服务设施多种多样，其中宾馆、饭店、疗养院、度假村、民居旅馆、露营地、房车基地等是主要类型。

#### （二）景区住宿服务内容

景区住宿服务与其他地方的住宿服务没有明显区别，只是有些景区因为客观条件限制，其服务内容是有限的。景区住宿服务主要包括两个方面的内容：前厅部服务和客房部服务。其中，前厅部的服务包括客房预订服务和接待服务（入住登记服务、问询服务、礼宾服务、总机与商务中心服务、前厅收银服务、前厅销售服务），客房部服务包括清洁卫生服务（清洁整理客房、更换补充物品、检查保养设备）、对客服务。

### （三）景区住宿服务的目的

景区住宿服务同景区的餐饮服务，以及其他辅助服务相互配合，为游客在景区内的旅游活动提供基本的住宿接待条件，使他们的基本需求得到满足和保障，并获得心理上的安全感。设施齐全、高质量、有特色的住宿服务同样可以为游客带来美好的体验，提高游客的满意度和重游率。

## 二、住宿服务的基本要求

### （一）整洁卫生

客房是客人单独拥有的临时居住空间，旅游者对客房整洁的要求比较高。客房卫生还包括服务人员自身的卫生和整洁，应让客人觉得服务人员干净、利索、精神状态好。

清洁卫生是反映景区住宿服务质量的一项重要指标，也是宾馆档次、等级的重要标志。干净卫生的客房是游客最普遍、最基本的要求。作为客房服务人员，他们的主要职责是整理客房，做到客房内外清洁整齐，使客人产生信赖感、舒服感、安全感，能够放心使用。

服务人员清洁客房，一般分为走客房和住客房两种情况。例如，《中华人民共和国星级酒店评定标准》（2013）中对五星级酒店的客房清扫有如下要求：客房、卫生间应每天全面清理一次，每日或应宾客要求更换床单、被套及枕套，客用品和消耗品补充齐全，并应宾客要求随时进房清理。此外，客房的各种设施、用具等要时时刻刻保持清洁，即便是空房间也应如此。房间内用具清理完毕后要贴上“已消毒”的字样，茶具上要蒙上塑料袋，这些小细节都能给客人留下干净卫生的印象。

除了保证客房内的卫生质量外，搞好公共区域的清洁卫生也很重要，它同样能为游客提供舒适、美观、整洁的环境。

### （二）安全可靠

旅行在外，安全是旅游者最基本的需要，是游客首先考虑的问题。在景区住宿期间，游客希望自己的人身和财产有安全保障。因此，客房的安全设施要齐全可靠。除了做好防火、防盗、防意外侵害、食品卫生等方面的安全外，客房服务也尽量不要干扰客人的生活。服务人员在没有得到客人要求或允许的情况下，不要擅自进入客人房间；不要随意翻动客人的物品，不得随意丢弃客人的物品，不随意接听客人的房间电话等，特别是在进入房间时不要东张西望，以免引起客人不安。

### （三）安静轻松

客房环境的宁静，会给人舒服、高雅的感觉。在客人忙碌一天之后，为游客提供一个安静轻松的环境，有利于客人放松身心，使客人的身心都得到休息。例如，酒店的开夜床服务就包括了把窗帘拉上，拖鞋放在床边，被子掀开一角，床头放上瓶装水和杯子等服务。

#### （四）亲切温馨

对于来景区饭店住宿的客人，服务人员应该用真诚的微笑、热情的话语、贴心的服务等来消除客人的陌生感，缩短游客与服务人员之间情感上的距离，让他们有“宾至如归”的感觉。游客与服务人员之间建立起相互信赖的关系后，就会对饭店的服务工作采取配合、支持和谅解的态度，这样就有利于饭店顺利完成日常的服务工作，也有利于饭店顺利良好信誉。

### 三、住宿服务设施管理

#### （一）建筑景观

建筑风貌应该与整个景区环境协调；建筑外观整洁。根据《服务质量与环境质量评分细则》（2007），景区住宿建筑物无污垢、五剥落，以及高海拔地区酒店防止建筑物冻害、需要采用地暖等。

#### （二）生态环境

在景区开发和建设住宿设施，最大的挑战就是生态环境问题，如果规划和管理不到位，很容易导致次生污染。因此，景区应该加强住宿经营的规划、规范、垃圾处理等管理。着重注意三废的处理，如集中排污处置、雨水收集等。

#### （三）消防安全

景区开展住宿服务最需要防备的就是火灾，经营建设应该首先论证其可行性。其实是消防设施是否健全到位，加强经营过程监管。在《星级饭店评定标准及细则》（2011）中要求水、电、气、油、压力容器、管线等设施设备应安全有效运行。

## 第五节　其他辅助服务与管理

### 一、医疗与救护服务

#### （一）景区医疗救援服务的重要性

##### 1. 保证游客健康安全

游客出门在外，由于长途跋涉，再加上水土不服，很容易在游览过程中出现身体不适情况，有时可能还会出现意外伤情，这就需要旅游景区为游客提供基本的医疗服务，为游客排忧解难。此外，游客在景区内还可能出现意外事故，景区必须提供紧急的救援服务。

2. 保证景区人员健康安全

景区工作人员、景区居民可能突然生病或发生意外，也需要景区为其提供必要的医疗服务。

### （二）景区医疗救援服务的要求

1. 向游客宣传医疗救援服务

在游客进入景区之前，要向其进行安全、医疗救援服务的宣传，使游客知道景区医疗服务的地点、内容、联系方式，以便游客在需要医疗服务时联系景区。

2. 医疗救援服务要迅速

景区提供的医疗救援服务一定要迅速，要充分借鉴医院的120救护服务的做法，与当地大型医疗机构签订协议，开通医疗救护“绿色通道”，尽最大努力救治游客，挽救游客生命。

3. 合理布局景区内的医疗救援服务点

有条件的景区在游客中心设置医务点外，还要结合景区的地理和空间等特征，在主要可能发生事故的地段建立医疗救援服务网点，以便及时为游客提供服务。同时可以将固定与移动的方式结合起来，采用医疗救援服务车的服务方式，以流动的方式为游客提供医疗救助服务，为游客提供更好的救援服务。

4. 建立专业的救援体系

在特殊的旅游景区内部（如山岳型、海滩型景区），建立救援体系，以帮助远离医疗服务网点而又出现危险的游客。许多景区由于缺乏一定的旅游救援体系，不能很好地保证游客的生命安全。

5. 做好特种旅游设备的检查

对景区的设施设备做好上岗前的检查与培训工作，并有合理的运行时间段，定期进行专业检查。

6. 做好特种设备使用教育

做好游客使用特种设备（包括机械游乐、水上项目、水下项目等）前的警示教育，在危险地段放置警示牌。

## 二、邮电服务

旅游地（景区）为游客提供的邮电服务主要包括邮政和电信、电话及网络通信服务等，它与旅游地（景区）接待规模相适应。景区邮政部门提供普通信件、汇兑、邮寄、包裹（特色产品邮寄等）和快递业务；电信部门的通信设施——基站的布局合理，并应与有国际、国内直拨电话和传真、移动电话信号覆盖、宽带信息网络服务等功能。这对于游客的顺利完成旅游起着非常重要的作用。

### （一）邮电服务的意义

#### 1. 纪念价值

邮电服务随着时代发展，具体服务内容有所调整。首先，很多游客外出旅游，为了家人放心，需要经常和家人取得联系，这就需要景区提供良好的通信服务。其次，旅游结合邮政服务，催生新的旅游商品购买，今天，邮政服务的邮寄功能退化，主要价值在于纪念性，不少集邮者每到一地盖个戳、寄一枚信封，成为其所喜欢的旅游消费方式。随着我国旅游业的发展，各地景区的配套设施也日臻完善，有的景点都配套设立了邮政服务，为中外游客，特别是喜欢集邮的旅行者提供便利。同时有的游客在旅游过程中会购买有特色的旅游商品，而自身携带又不方便，这就需要景区为他们提供邮寄服务，景区为游客提供了这些服务，能保障游客后续游览顺利。例如，重庆大足石刻景区在入口附近设立了邮寄代办柜台，为游客提供邮政代办服务，纪念邮票、纪念邮戳、纪念邮册、纪念封等邮政纪念品，种类齐全。

#### 2. 安全需要

游客在游览的过程中，由于人地生疏，也容易遇到疾病等意外事件，这时就需要景区的帮助，而此时无线通信信号如果覆盖不全，就应该在游客集中场所设置公用电话亭（公用电话亭与环境要协调），以保证游客电话联系畅通。因此景区的电信服务其实也是具有安全电服务功能，以全面保障游客的旅游需要。

### （二）邮电服务网点的布局原则

为了更好地为游客提供邮电服务，景区在进行邮政服务网点的布局时，充分考虑各方面的需要和实际条件情况，应遵循以下原则。

#### 1. 方便性原则

旅游地（景区）的邮政代办点一般适宜建立在景区的游客中心，一方面便于游客寻找；另一方面便于为游客提供服务，同时也节约建设成本；有的旅游地还应该结合当地居民的需要灵活布局，兼顾居民和游客需要。景区的电话亭应当分散地分布在景区的主要节点位置，便于游客随时与家人和景区联系。例如，四川峨眉山景区在创建国际化精品景区的过程中，景区都开通了固定电话和移动电话，景区不少地方设有电话亭，还配有 300 多台电脑，开发了中、日、韩三个语种的峨眉山旅游网站和中低山景区宽带网，架起了游客与峨眉山景区以及外界的沟通桥梁。

#### 2. 环境保护原则

景区设置的邮电通信设备要符合环境保护的原则。例如，电话亭应根据景区特点，选用木质等材料制作，外观设计要美观醒目。景区邮政分局的修建选址、建筑材料、建筑风格等都要考虑到环境保护以及与周围的景观相协调的问题。

此外，景区还应建立包括内部电话交换机、公共广播系统等内部电信管理系统，为加强景区的管理和发生意外时能起到一个重要的帮助作用。

## 【小结】

本章的学习内容以旅游地（景区）的基础服务为主，重点是学习旅游地（景区）的购买服务、旅游交通服务。学习过程中，可以结合第三章的游路系统，进一步认识到旅游景区游路系统和旅游交通服务需要配合协调。同时，景区餐饮服务、住宿等服务作为了解内容，主要原因是大量景区内是不布局餐饮和住宿的，这需要学习者结合景区实际情况，灵活思考和应用。尽管邮电服务、医疗服务介绍简单，但是它一样必须存在于旅游景区，而且很重要。

## 【复习思考题】

1. 你认为应该如何处理景区购买服务与景区氛围的关系？
2. 你认为景区道路与景区交通的差别和联系是什么？
3. 你认为哪种类型的景区不宜提供餐饮、住宿服务？

# 第五章

# 游客服务与管理

## 【章节导读】

游客服务与管理是为游客提供更好的服务，同时引导游客正确行为的重要手段，是旅游景区经营管理者对游客行为进行引导和调控，实现游客高质量旅游体验和目的地可持续发展的管理活动。本部分叙述了正确引导游客行为的意义和方法，并对游客在旅游活动进行前、进行中、结束后的引导和沟通做了详细的阐述，讲述了旅游景区容量的含义及控制景区容量的方法。

## 【学习目标】

◆ 了解游客管理含义。
◆ 了解旅游景区容量管理的概念、构成。
◆ 熟悉游客服务与管理的过程。
◆ 理解游客行为引导的必要性。
◆ 掌握游客行为引导的方法，学会正确引导游客行为。
◆ 掌握景区容量管理的技巧，能提出景区游客容量与管理办法。

## 【学习重点】

◆ 旅游景区正确引导游客行为的方法。
◆ 旅游景区容量控制方法。

# 第一节 游客行为引导

游客是旅游景区的主要服务对象，扮演着景区旅游产品消费者的角色，从消费者的角度来说，旅游者的行为和需求理应得到景区经营管理者的高度重视。旅游产品的主要特点在于生产过程和消费过程的不可分离性，即必须要有旅游者的消费才能体现旅游产品的生产，因此，旅游者不仅是消费者，同时也是生产环节的一员，可谓是双重身份的消费者。为此，景区管理者应该重视旅游者在景区经营管理中的价值，将旅游者管理纳入到景区管理当中。

对游客的管理，首先应激发他们维护自然生态和文化生态的自觉性，引导旅游者对自然生态和文化生态的关注，并且愿意承担起保护环境的责任，尊重当地的自然生态，尊重当地群众的文化传承，积极参加一些有益于景区发展和自己身心健康的社区活动。希望通过对游客引导管理，让旅游者收获完美的旅游体验，让景区得以长足的综合发展，让当地社会、经济、文化在可持续的态势下精益求精。在引导游客行为的过程中，信息的充分沟通和交流是旅游者和景区双方之间相互理解的必要条件，旅游业的许多负面影响主要来自于信息的沟通不畅，因此有必要采取各种有效的方法和措施来保证双方交流的流畅性，互相理解，互相尊重，通过多种方式来对旅游者实现全方位的教育和引导，既可以保障旅游者的权益，同时也使旅游者在游览过程中得到满意度高的旅游体验。

综上所述，旅游景区游客管理就是旅游景区经营管理者以游客为管理对象，对游客行为进行引导和调控，以实现游客高质量旅游体验和目的地可持续发展的管理活动的总和。

## 一、游客行为引导的意义

景区实施游客行为引导管理有着十分重要的意义，能在保持景区稳定发展的基础上更好地为旅游者提供优质的旅游服务，其成效也显而易见。

### （一）促进旅游者满意度的提升

满意度是指旅游者在景区滞留游览之后对整个游览经历的个人感知评判，该判断主要基于以下几个方面，即景区资源、景区环境、游玩心情、行程安全度等。对游客的行为进行引导能有效提升游客游览过程中的满意度，也能够保证游客获得更好的游览感受，有效防止和避免旅游者之间、旅游者与当地居民之间，因行为上的差异而发生冲突，为旅游者良好的旅途心情提供保障。

### （二）为游客提供全程安全保障

近年来，景区安全事故频出，无论是景区管理方还是游客方都措手不及，并心有余悸。因此，旅游者的人身安全和财产安全越发成为景区游客管理关注的重点内容之一，在具体管理上，通过事前教育、事中控制和事后总结，游客的旅游行为可以实现规范化和文明化，这样能有效防止旅游者违规行为而造成对自己或他人的伤害，从而保证旅游全过程具有较高的安全度。

### （三）优化景区资源，提高经营效益

景区在引导游客的同时，也是在为自身的资源优化作出努力，从而维持资源质量甚至提高资源价值。强化对旅游者在旅游过程中的引导管理，保证旅游全过程的流畅性、安全性以及满意性，也在无形中提升了游客的忠诚度，吸引他们再次选择。从本质上来看，此举也是为了实现景区效益的最大化，推动了景区的经济价值、生态价值乃至社会价值的长足发展。

## 二、游客行为引导的方法

### （一）服务性引导方法

游客管理的服务性引导方法如表 5-1 所示。

**表 5-1　游客管理的服务性引导方法**

| 方法 | 技术层 | 具体措施 |
|---|---|---|
| 服务性引导方法 | 科学设计游览线路 | 1.维护并改善通入道路<br>2.有选择的封闭某些道路<br>3.新建道路<br>4.改进停车设施<br>5.改变游径，或仍保留无游径区域<br>6.改进通往水域的道路<br>7.增加野生动物种群数量<br>8.开辟水体<br>9.扩大视野 |
| | 提供优质服务 | 1.增强对旅游景区员工为游客服务的意识<br>2.加强对游客中心的建设<br>3.加强对服务质量的管理 |
| | 宣传教育 | 1.设置合理的方向标志<br>2.利用景区的各种宣传工具作为旅游景区的广告<br>3.向游客介绍活动类型，特别是开放的场所和时间<br>4.教育游客遵守规则<br>5.号召游客予以协助 |
| | 旅游解说 | 1.向导式解说（导游人员等）<br>2.自导式解说（牌示、景区手册、导游图、语音解说等） |

（资料来源：王庆国，2006）

服务性引导方法（见表 5-1）是一种“软”性的管理方法，是指通过管理者对游客提供人性化的服务，间接地引导、改变影响游客意愿和行为的因素，使游客自觉地遵守景区的各项规章制度，以实现引导管理的目的。游客与管理者的关系具有特殊性，即游客既是管理者的管理对象，又是管理者的服务对象，实际上，对于很多游客来说，他并不十分清楚在景区游览时应注意什么，自己的责任何在，义务何在，权利又有哪些，也

就是说，大部分的游客是“盲目的”，他们极有可能会跟风，别人做什么、怎么做，他也就做相同的事情。因而需要管理者在为游客提供服务和帮助的过程中提醒游客哪些该做，哪些不该做。服务性管理方法是基于游客都有公德心、责任心、羞耻心等人性中善的考虑，通过引导游客的行为来实现管理的目的。

在管理游客的过程中，渗入更多的人情味，表现出对游客的爱心和耐心，而这就需要通过理解和尊重来实现，让游客意识到自己绝不仅仅是被约束、监督甚至惩罚的对象，更是被尊重、理解和关心的对象。管理人员可采用巧妙、温和、幽默的话语来引导游客行为，使游客意识到自己的不文明行为是不对的，出于对资源的保护以及管理的公正和顺利实施，不文明行为必须被约束甚至惩罚。

### （二）控制性引导方法

控制性引导管理方法是一种比较“硬”性的直接管理方法，即旅游景区通过制定各项规章制度来控制游客行为，以达到管理的目的。旅游景区往往采用加强巡逻、罚款、禁止在某些区域或某些时间段内的活动、游客数量与团队规模以及停留时间，甚至采取关闭一些景区项目等措施。游客管理的控制性引导方法如表 5–2 所示。

**表 5–2　游客管理的控制性引导方法**

| 方法 | 技术层 | 具体措施 |
|---|---|---|
| 控制性引导方法 | 限制游客量 | 1.通过门票控制进入时间<br>2.限制游客总量，选择合适容量<br>3.限制旅游团队数量，调整团队规模和团队出现频率<br>4.限制游客的停留时间，调整游客的时空分布 |
| | 分区管理 | 1.禁止在某些区域或某些时间段内从事某些活动<br>2.关闭某些地域的活动场所 |
| | 限制活动 | 1.禁止在规定区域外游泳<br>2.禁止超出道路和游径的旅行<br>3.禁止在景区乱涂乱画，破坏原有景观<br>4.禁止乱扔废弃物<br>5.禁止篝火晚会<br>6.禁止在局部敏感区域（如动物活动区、庄严肃穆区域等）大声喧哗<br>7.禁止打猎、钓鱼<br>8.禁止在宿营点以外开展任何形式的露天宿营活动 |
| | 实施规则 | 1.加强巡视<br>2.罚款<br>3.雇用看护员<br>4.使用闭路电视或摄影监视器 |

（资料来源：王庆国，2006）

在旅游景区的游客管理中仅仅依靠服务性的管理方法是不够的，制定必要的景区管理规则及惩罚措施，并配备必要的人员，有助于更好地实施管理措施。控制性管理方法的一个特点就是严格，游客对管理规则提出的要求必须遵守，没有商量的余地，这个要求必须明确，只能有一种理解，而不能产生各种各样的歧义，管理人员在操作过程中，必须坚持对即是对、错即是错，而不能盲目迎合游客，严格按照管理规则办事，不能规定的是一套，操作起来又是一套。

了解游客的不文明行为产生原因，目的是进一步引导和减少此类行为。比如在知晓游客对景区资源的破坏是出于对旅游过程中种种不满情绪的发泄，管理者可以对游客的行为表示理解，提供弥补性措施，帮助其消除此种不满情绪，但对于已经造成的不良后果，游客还是要承担责任，并按照管理规定受到惩罚。可见，控制性管理方法和服务性管理方法在引导游客行为的时候是互补的，两者相辅相成，二者缺一不可。

综上所述，运用以上两种管理方法对游客进行管理，将有助于游客体验品质最大化，同时有助于景区总体管理目标的实现，解决旅游景区管理中的以下几个问题：

首先，保证游客活动不会给旅游景区带来不可接受的负面影响。游客的不断增加，产生了一系列的管理压力和问题。例如，游客对植被的践踏、污水垃圾的排放以及景区建设对地形地貌的破坏等，这些活动给当地带来了不可恢复的破坏。虽然简单控制游客数量和行为方式可以起到一定的引导和保护效果，但不能同时满足游客游赏的愿望。因此，需要科学的管理方法来协调两者的矛盾，实现资源保护和游客体验的双重目标。

其次，避免或解决发生在游客中间或旅游团队之间的矛盾。游客有着不同的兴趣和爱好，研究显示，一个团队活动带来的视线遮挡、声音干扰以及人员拥挤很可能影响另一个团队的活动和体验，使后面的团队离开景区时产生不满，所以在游览活动的组织中，需要尤其注重引导与调整游客之间的时空分布和相互关系，这也是游客行为管理过程中必不可少的重要环节。

最后，协调游客与旅游景区当地居民、社区之间的关系。旅游景区的规划管理与景区当地居民、社区有着千丝万缕的联系，包括当地居民的经济收益、当地居民与游客的关系、对社会文化资源真实性与完整性保护等方面。

## 第二节　游客服务与管理的过程

### 一、预知管理

对多数游客而言，他们并不清楚自己在景区游览时的责任和义务，不知道在景区应该注意什么，因此，有必要让盲目的游客了解其责任。对于来自不同文化背景的游客，更有必要让他们知悉旅游当地的风俗或禁忌，少犯错误以减少投诉、矛盾甚至敌对。预知服务就是指在游客刚到达景区开始游览之前，景区或导游应当就游客行为规范的问题开展必要的教育，让旅游者获取更多关于景区资源环境以及自身行为约束的相关信息。对于景区而言，需要做的事情包括三个方面：制定景区游客行为规则、向旅游者提供环境以及行为规则的信息，发放相关的旅游物品。

#### （一）制定景区游客行为规则

不同类型的景区为保障旅游者人身安全、财产安全，保护旅游资源、旅游环境，对景区内的游客行为都会有不同的要求。因此景区应将游客在旅游景区内应该有的行为制定成详细、明确的注意事项，让游客明白这些注意事项是旅游时应遵守的基本要求，并且通过这类规范对旅游者进行教育和引导，使旅游者认识到哪些行为是正当的，哪些行为是不文明的，意识到自己对旅游景区环境应负的责任，从而有效约束自己的不文明行为。

### （二）发布游客行为规则信息

制定了景区游客行为规则后，还应该通过合适的方式让旅游者知晓规则的具体内容。例如，在进入生态旅游地或遗产地之前，先让游客观看通过生动形象布置的展览或现代化技术摄制的短片，使游客增长知识，唤醒游客的责任意识，自觉进行文明旅游；在景区入口处，免费发放《入园须知》或旅游指南，提前向游客告知一些禁止的行为，使游客在入园前就了解有关规定，在游玩过程中自觉遵守；在景区醒目的地方利用大型电子显示屏滚动播出游览须知及文明宣传短片，在显要位置悬挂文明标语，设置文明提示牌等。园内景区较为常见的方式是发放载有游客行为规则信息的卡片或宣传资料。

### （三）发放相关的旅游物品

为了促进旅游者按照文明的方式游览景区，在进入景区之前，可以为游客免费发放一些实用的小物品，以引导其按照文明的行为游览景区。常用的物品有可降解垃圾袋以及其他的一些有趣小物件。

景区在设计游客行为规则相关宣传资料时要注意三点：其一，内容丰富性。游客宣传资料的内容不应过于生硬刻板，旅游者需要的是轻松和愉快，因此，可以采用漫画加文字的方式表现游客行为规则中的内容；其二，功能实用性。景区在制作游客行为规则宣传材料时，可以采用实用型的载体，比如夏天用扇子，雨天用一次性雨衣，都可以作为宣传的载体。功能性的设计能够使宣传材料变成一种游客喜爱的旅游纪念品；其三，材质生态化。为了防止宣传材料被丢弃而造成新的环境污染，所有宣传材料应选择可以降解的环保材料。

## 二、过程管理

从心理学角度看，人会受到周围环境的暗示，在不知不觉中产生与环境相应的行为与心情。一个场所越是脏乱差，游客对自身不文明行为的控制能力就越低；相反，如果游客置身于优雅、整洁的环境中，他的环境意识、文明意识、社会责任感就会得到激发。因此，提供一个清洁卫生、设施齐全、服务周到的旅游环境，是景区消除不文明行为的重要措施。

### （一）基础设施的设置

我们时常发现景区垃圾桶相隔较远、厕所指向不明、卫生打扫不及时等问题，要使旅游者在景区中举止文明、行为规范，景区必须为其提供完善的设施环境。在文明的环境里，人们会自觉地约束自己的行为，任何不文明的行为，都会让人觉得是一件十分丢人、极其难堪的事情。

因此，景区管理在基础设施方面仍需加强，尤其在我国的旅游业和旅游消费者都并不足够成熟的今天，更需要在这方面加以引导，既然部分游客不知道游览时需要注意哪些，怎么做才是文明的，景区应责无旁贷地履行职责和义务，为旅游者完善基础设施。

### （二）游客行为引导的标志

通过在景区明显位置悬挂和摆放规范的旅游标志，达到使游人自觉维护秩序和环境的目的。宣传教育的语言可使用富于情感性、有文化底蕴的倡导性口号，以情动人，以理服人，尽量不用警告性口吻的语言，尽量不用或少用生硬的禁止性条文，如“严禁摘花”“严禁攀登”“严禁乱丢果皮纸屑 违者罚款”等生硬、冷漠、带有训诫式的言辞。此外，景区内禁止吸烟、严禁烟火、禁止攀爬花木等警示牌的设计也少有照顾到游客的感受，起不到与游客通过心灵沟通使之从心底接受的效果，而更多的是让人容易产生逆反心理。

### （三）导游肩负的环保职责

带队导游可对游客的行为起到直接的示范、监督、制约作用，在可持续旅游中，导游不仅要完成组织协调、解说等传统职责，同时还应负有资源管理和环保宣传的职责。在帮助游客了解、欣赏环境和景观的同时，应鼓励游客表现出对景区环境负责的行为，预防和制止不文明行为。因此，景区在导游人员培训方面应强调沟通技能和环境保护理念，从导游的解说词设计到导游的环境知识普及都应成为景区游客管理的重要内容。

## 三、事后管理

在游览结束后，景区可以对游客的行为进行适当的总结，并对表现突出的游客给予物质或精神鼓励，这样可以起到一定的示范作用，以激励其他旅游者自觉遵守景区的游客行为规则，保障自身和景区的共同利益。

**【阅读材料：拓展阅读】**

**云南老君山景区独特环保之举——垃圾换早餐备受推崇**

著名的云南省丽江市老君山旅游风景名胜区采取了一项独特措施——垃圾换早餐后，当地环境由坏变好，取得了令人欣喜的环保效果。老君山风景区地处全球生物多样性最丰富的热点地区之一，是三江（金沙江、澜沧江、怒江）并流世界自然遗产地的重点示范区。这里山川秀丽，风光旖旎，动植物资源极其丰富，享有“滇省众山之祖”的美誉。

景区负责人李树成发现：摆放在各处的垃圾桶总是不合时宜地将美丽的风景挡住。而且垃圾桶本身就是垃圾，许多景区等垃圾桶满了才去处理，若景区内的珍稀动物误食，后果不堪设想。出于对自然最纯粹的保护和对动物的关爱，李树成于2004年景区开放时推出了一项环保措施——垃圾换早餐：每位游客入住时会得到一份特殊的礼物：一个布袋。景区承诺，凡捡回一袋垃圾，交到回收点，即可获得一张价值10元人民币的早餐券，次日享受免费的早餐。

措施实行 5 年来，效果非常好，实行之初，每年约能回收 80 吨的垃圾，近几年，游客慢慢增多，回收的垃圾量每年约为 150 吨。目前，景区内已很难看到成堆的垃圾了。大多数游客感动于这项措施，人人都主动上交捡回的垃圾，有的甚至用雨伞和自己的衣服包回来。最后没有要早餐券，第二天自己花钱买早餐。“垃圾换早餐”自实施之初就引起了各方关注。美国黄石公园的策划师和联合国教科文组织的专家都来考察过，对此赞许有加。日本一位环保人士到景区 19 次，每次看到措施仍在进行，都觉得“不可思议”。来自台湾的几位客人说，这样的环保措施是对“心灵的美容”。

分析总结：老君山风景区在环境卫生长久得不到治理时，转换思维，采取了“垃圾换早餐券”制度，让游客参与到保护环境的过程中来，环境日益得到改善。对于游客不文明行为的引导和管理，景区应以服务性管理为主，通过引导激发游客的自我控制意识而保证其按照景区的游客行为规范行事。

（资料来源：新华网，王小易．云南丽江：垃圾换早餐，游人促环保，2009）

# 第三节 旅游景区容量与管理

## 一、旅游景区容量的含义

### （一）旅游景区容量概念

旅游景区容量又称为旅游承载力，是一个由生态学发展而来的概念，指环境单元可容纳某种事物的数量。我们平时所指的旅游景区容量是以旅游景区为地域单元的可容纳某种事物的量，它表示一个景区可以容纳的旅游业资源利用及相关基础设施的最大限度，这个限度一旦被超越，会产生系列后果，如该景区资源退化、游客满意度降低等，对该地社会经济和文化的负面影响无法避免。综上所述，我们认为：旅游景区容量是在某一旅游地环境（即旅游环境系统）的现存状态和结构组合不发生对当代人（包括旅游者和当地居民）及未来的有害变化（如环境美学价值的损减、生态系统的破坏、环境污染、舒适度减弱等过程）的前提下，在一定时期内旅游地（或景点、景区）所能承受的旅游者人数。

旅游景区容量是一个抽象、理想化的概念，在实践中，旅游景区容量会因地域、季节、时间、设施、管理水平、游客行为的差异而产生较大差异。况且，旅游景区容量还包括游客的主观心理因素，因此，旅游景区容量的管理是一个非常复杂的过程，尽管如此，旅游景区容量管理仍不失为一种有效的管理工具。

### （二）旅游景区容量的构成

对于旅游景区容量概念及其作为管理工具的作用，人们多有不同的观点和见解。就传统的观点而言，旅游景区容量指某一特定地域内可接待来访旅游者的最大数量或者最大旅游使用量。这一解释很自然会使人联想到，一个景区的游客接待量应有一个不可逾越的极限，正因为如此，在国内外很多研究文献中，我们都可以见到有关旅游承载力衡量指标的探讨，其中常见的指标包括游客接待量，如特定旅游景区的高峰期接待量、小时接待量、日接待量、周接待量、月接待量、年接待量等。

实际上，旅游景区容量是一个概念体系，可以分为供给和需求两个方面。

**1. 旅游景区环境的生物物理容量**

一般认为，没有一个生物物理系统经得起毫无限制的开发利用，因此必须设立一个基于生态系统脆弱性评估的基础之上的界限，这个界限取决于环境的面积和环境的复杂性，如在保持旅游资源质量的前提下，一定时间内旅游资源所能容纳的旅游活动量。相对来说，资源容量较易测定，因此被广泛应用到了实践中。

**2. 旅游景区环境的社会、文化容量**

旅游活动一旦超越一定水平，就会对当地居民带来社会、文化方面的不可逆转的负面影响，严重地破坏当地的社会文化环境。一定时间内，特定地域范围内经济发展程度所决定的能够接纳的旅游活动量是有限的，包括设施容量、投资能力、基础产业的支撑能力等。

**3. 旅游景区环境的心理容量**

这是从需求角度考虑的容量概念，即旅游者在一个景区从事旅游活动时，在不降低活动质量的前提下，景区所能容纳的旅游活动最大值，也称为旅游感知容量。心理容量的范围在不同民族间差别较大，如以美国和日本对海滩上的游客满意度调查为例，在日本，平均利用密度为人均 5 平方米时，60% 以上的游客满意；在美国，平均利用密度达到 10 平方米时，游客的满意度仍然低于 60%。

**4. 旅游景区环境的管理容量**

它指的是在不影响有效管理的情况下，特定旅游景区可接待参观的最大程度。管理容量和旅游者可使用的设施的类型密切相关，主要考虑的因素包括：员工数量、营业时间、解说、标识牌、设施、购物场所、停车场空间等。成熟的景区，其各项服务、各类设施必定是齐全且井然有序的，应理性接待，控制游客量在合理接待程度范围内，为游客创造更好的体验，也为景区自身树立良好口碑。

## 二、旅游景区容量管理

### （一）供给方面

**1. 增加实际旅游容量**

从长远来看，要解决游客过量问题，旅游景区应通过扩大投资建设来增加实际旅游容量，如建设二期、三期，通过后续建设达到扩容的目的，但是对于一些生态脆弱、珍稀物种的栖息地一般不采用此法。如河南清明上河园 2005 年进行了二期建设，整体园区达到 600 亩，2012 年继 2011 年门票收入突破亿元大关后，开始着手实施三期工程。景区扩建可增加游客容量，缓解客满为患的压力。九寨沟管理局近年来充分利用灾后重建的有利时机，对九寨沟景区栈道进行了扩容、改造和升级，此外，九寨沟也正着力于开发其第四条沟——扎如沟，并对九寨沟周边及其他可开发利用的景区进行策划，提升景区的游客分散能力和接待能力。

另外，可通过冷门旅游景点的开发、宣传和引导游客的流向，来增大旅游景区实际旅游容量。景区的游客汇集往往集中在具有较强吸引力的旅游资源附近，应实施景区内部游客分流，降低游客在景区局部景点的时空集中程度，引导游客向冷门旅游景点的疏散。所以，景区管理人员对游览线路顺序及时间安排、客流的时空分布情况的掌握非常有助于分流，利用现代科学技术与手段即时传递各处的游客拥挤信息情况，可更快实现游客分流或游客自发分流。如黄山景区利用先进的数字技术创新保护管理，每当出现游客高峰期，景区管理人员通过在关键景点布置的监控设备，不仅能获得现场实施人流、车流影像，还可以及时获得关键景点路段的人流量和进山车流量实时数据及历史资料数据，达到提前预测哪些景点会出现多路游客交汇高峰，对景区各片、各关键节点情况进行指挥调度，削峰填谷，避免游客拥堵或长时间排队，确保游道畅通，对之提前组织分流，改变了过去造成拥堵后疲于被动应付的局面，变被动式为主动式管理。

**2. 扩大景区日容量**

扩大景区日容量的方法包括延长景区开放时间或一年中增加开放天数；在旅游高峰期开放备用旅游通道，而在需求减少时关闭备用通道；调整景点工作人员，增派工作人员到游点工作；设置免票人员专用通道等。如桂林某主题公园就灵活运用开放时间调节园区游客容量：在 7~8 月旅游高峰期，开园时间不变，但闭园时间比平常推迟半小时：平时与周末节假日营业时间相同但可视园内游客数量灵活延后清场时间；如遇重要节假日则另安排开、闭园时间并以通告为准。昆明世博园、西安秦始皇兵马俑博物馆等景区都设有免票人员专用通道，避免与游客共用通道给工作人员检票带来不便。对多数的旅游景区，游客一般集中在一天中某个时段进入景区。通过加强对景区工作人员知识、技能和服务意识方面的培训，提高工作人员效率，可以使游客在较短时间内分散到各景点。可以考虑增加通过增加人流的聚集方式来调节景区游客容量，如迪士尼的几个剧场演出时间都是和客流的集中入园时间相吻合。

**3. 实行定量定点管理技术**

景区游客容量达到饱和时禁止游客进入，实施定量管理技术。定量管理主要是通过门票控制来实现的，采用限制进入时间、停留时间、旅游团人数、日旅游接待量或者综合运用几种措施来解决因过度拥挤、温度、湿度变化引起的旅游资源的消耗。例如，在景区对人流高峰的预案中应该注意对就餐高峰的处理。九寨沟是我国率先采用限制游客数量来保护旅游资源的景区，限定日游客接待量淡季不得超过 1.2 万人，旺季不得超过 2 万人。在 2007 年黄金周实行游客总量控制和分时段控制：从 9 月 3 日起开始网上预售“十一”门票，每天限售 1 万张，售完即止。在 8:30~9:00 和 9:00~9:30 的游客高峰时段，每个时段限售 3000 张门票。未购买该时段门票者，不得在该时段验票进沟。所谓定点管理是指在需要特别保护的地带利用警示性标牌提醒游客什么不可以做，或在旅游高峰期聘用保安及专门服务人员或安排志愿者，在资源易受损耗的地方执勤，重点区域、重点地段实行重点管理，避免游客踩踏、触摸、偷盗、乱写乱刻乱画引起旅游资源的损耗，在危险地带或禁止游客入内的场所采用拉网、拉绳、种植植物墙等措施，对于重点文物可采用覆盖、分隔等方式保护。例如，莫高窟，除了常规的限定游客门票外，也提供短时定点的门票，解决景区容量问题。

**4. 运用队列管理技巧**

在旅游旺季或接待高峰期，在停车场、旅游景区入口、热门参观点或乘骑设施前常常会出现游客排队等待的现象。如果不能有效处理此类问题，会严重降低游客体验质量和满意度。例如，旅游景区入口是游客进入旅游景区的第一印象区，在旅游旺季，旅游景区入口经常出现堵塞的情况，造成游客长时间排队等候。如果分流措施不力，甚至可能会出现安全事故，损害旅游景区的声誉。排队区的管理宜采取如下措施：

（1）设置合理的游客排队队列。不同旅游景区根据游客流量、游客集中度、排队项目特点等应采取不同的队形和接待方式，一般有单列单人型、单列多人型、多列多人型、多列单人型、主题或综合队列型 5 种形式。例如，丽江玉龙雪山索道、乐山大佛通过九曲栈道到大佛脚下的排队区，由于索道和九曲栈道瞬时容量的控制、排队游客较多等原因，采用的是迂回的单列多人型队列；昆明世博园入口采用多列多人型，队列多达 12 条，根据入园游客数量多少开启部分队列，确保游客不至于在入口处滞留。旅游景区在设计和改进排队区队列类型时，要考虑人员成本、排队游客的视觉效果，多用横列，少用纵列。

（2）利用技术手段加快游客进入过程。游客等待时间过长必然影响游览或游乐活动时间，产生焦虑、烦躁心理。排队区管理的最高目标是减少或杜绝游客排队等待。一些大型旅游区率先利用高科技或独特的管理手段，如使用电子门票、设立自动快行通道等缩短游客进入时间，迪士尼一些热点项目实行提前预约，以分流高峰期游客。电子门票技术示意图如图 5–1 所示。

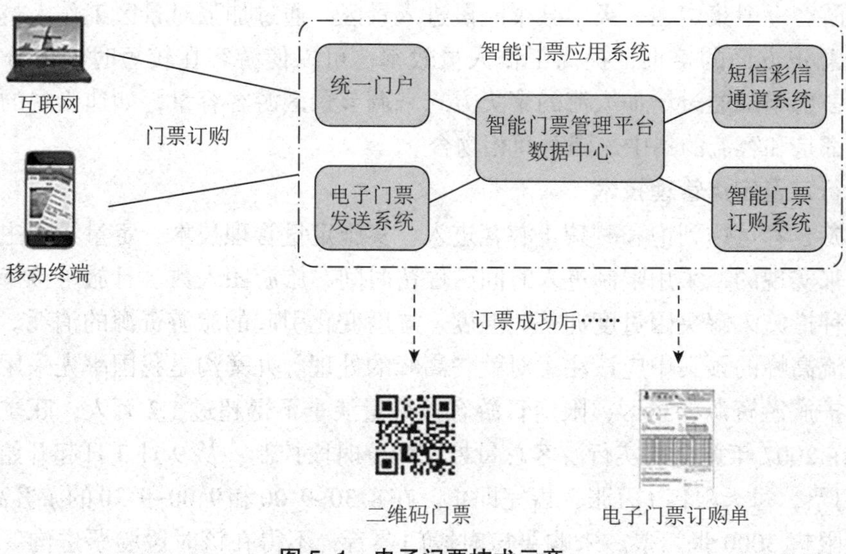


**图 5–1　电子门票技术示意**

（3）设计排队区环境。设计良好的排队环境，最好选择在景观较好的区域，并设置相应的座位和护栏，或者通过墙壁上或两侧的景区宣传画、游览注意事项等把游客的等候过程和旅游体验经历融合起来。在等待时间较长的地方，可通过电视、轻音乐等转移游客的注意力。例如，泰山索道的排队区设计有座位，有电视介绍泰山美景，提供免费茶水。云南丽江的玉龙雪山旅游景区的候车厅内，旅游者可以看电视、听音乐；在乘索道的地方，旅游者可以听到广播里有关雪山的介绍，周围墙壁上布满了有关雪山、冰川等的图片和文字介绍。

### （二）需求方面

#### 1. 价格调节

由于全年旅游需求的不平衡，旅游景区在旺季采取高价控制游客数量，淡季采取低价策略吸引旅游者是比较普遍的。旅游景区的拥挤、交通堵塞、植被践踏、噪声污染等问题，都与游客的数量相关，游客数量减少可降低旅游景区的压力，调节游客数量主要采取价格杠杆。通过提高门票价格等措施筹集资金，用于旅游景区资源破坏后的恢复及资源保护，还可以用于实现景区更广泛的战略目标，如旅游景区的扩容和公众教育。但我们反对"门票经济"，这是对旅游业的极大伤害，景区门票价格只作为调节杠杆，并且随着门票的提高，旅游景区的基础设施、服务质量同时也要进行优化。

#### 2. 市场营销

除了价格刺激外，营销组合中的其他因素也可以起到调节游客需求的作用。旅游淡季可通过广告或与其他企业联合促销等来提高旅游景区知名度，鼓励潜在的游客旅游，错开高峰旅游。为减少旺季游客对热点旅游景区产生的压力，要减少热点景区的宣传，着重宣传周边旅游景区用以分流热点景区的游客。通过电视、广告、网络等媒体发布景区交通、住宿、气候和接待容量等信息，为游客选择合适的旅游地提供指导，分流客源，理性出游。另外，也可开发新旅游景区来减少游客对脆弱旅游景区的压力。如英国的历史名城 Canterbury，在城市外围开发了许多新的旅游景区，并采用了上述营销方法，致力于改进市区内大教堂拥挤不堪的状况。

#### 3. 教育引导

教育和讲解也能减少游客对旅游景区产生的负面影响。教育游客，让他们明白某些行为可能带来负面影响，并告知他们正确的旅游行为，鼓励他们按正确的方式进行旅游，这在旅游过程中及旅游后都会产生一些积极作用。教育和讲解是解决游客负面影响的较为理想的方式。虽然有不少游客确实是想了解他们所见到的事物，具有接受教育的内在动力，但是游客的旅游动机更多的是享受而不是受教育，典型的旅游动机主要是娱乐，寻求与朋友、家人在一起时的乐趣，这就决定了通过教育和解说的方式只能在一定程度上影响游客行为。

综上所述，预防和减少游客对景区的负面影响，游客和旅游管理部门都负有一定的责任。但游客是一个自由主体，对景区不管是有意或无意的伤害行为，在很大程度上取决于游客自身的文化素养和道德水准。目前我国的景区管理多处于被动管理阶段，一般是出了问题才开始想办法解决，因此到目前为止还没有建立一套完备的监控管理体系，特别是对游客行为的监控与管理，除了象征性的景区规章制度外，还没有实质有效的措施。为保证景区的可持续发展，景区管理者应真正肩负起维护景区资源、保障旅游质量的重任。

【阅读材料：拓展阅读】

## 威尼斯游客管理的成功经验

为了保持历史悠久的世界著名水城威尼斯在全世界旅游者心目中的旅游吸引力以及促进当地旅游业可持续发展，当地政府以及旅游主管部门制定了一系列游客管理政策以有效地缓解巨大客流量所带来的负面效应。

（1）借助预订系统调控旅游需求。

这一预订系统的具体表现形式就是“威尼斯旅游智能卡”。旅游者在出游之前可以通过国际互联网订购“智能卡”；在订购的过程中互联网会将威尼斯目前旅游动态信息传递给旅游者，如游客数量、游客密度、旅游接待设施情况、旅游建议等。旅游者通过这种适时互动的方式，在全面了解威尼斯旅游信息的基础上再做出选择什么时间出行的决定。这在很大程度上分流了一部分旅游旺季的客流，因为毕竟不是所有的旅游者能够忍受旅游旺季恶劣的旅游环境：旅游交通设施严重超载，游人人满为患，游客食宿困难，服务质量下降，旅游花费提高等。

威尼斯“旅游智能卡”的另一个重要功能是在便利游客消费的同时有效地掌控了客流的流量。游客申请到这种“智能卡”后就可以得到一系列在威尼斯旅游的优惠，游客可以以十分优惠的价格获得“旅游包价服务”。最贵的金卡是为计划在威尼斯游玩 7 天的游客制订的，价格 50 美元，包括参观威尼斯城内的博物馆、纪念馆的门票，机场到市区、市区内的公共交通费用，还包括去威尼斯公共厕所的费用（不预订的游客则不能得到这些优惠）。这对大多数旅游者而言还是具有很大的吸引力的。为了有效控制游客数量，“智能卡”的发行数量由威尼斯城市中心的旅游承载力决定。如果游客数量接近了当地旅游环境承载力的阈值，主管部门就会停止发行“智能卡”以抑制客流流入。威尼斯通过“威尼斯旅游智能卡”这一旅游预订系统的方式不仅有效地调控了客流流量，缓解了旅游旺季巨大的客流给城市带来的压力，而且给游客带来了高质量的旅游体验。

（2）改变旅游线路合理分布客流。

威尼斯旅游市场的一个重要特征是游客高度聚集城市中心区域，游客活动大多集中于利亚德桥和圣马可广场之间的区域。这会带来两个方面的不利影响：游客停留时间短，城市中心游客密度过于密集。

威尼斯为调整游客在空间上的合理分布采取了两项措施：一是开发新的旅游线路改变旅游者游程，降低城市中心区域的接待压力，实现更合理的游客空间分布。具体做法是开发新的旅游线路，这些旅游线路将一些著名的中心城区的“必游景点”、由于缺少宣传而不太知名的城郊景点（事实上这些旅游吸引物的旅游价值也不逊于知名景点）以及重要的旅游设施合理地串联起来。游路的改变不仅合理分布了游客的空间布局，而且延长了游客的停留时间，增加了旅游消费；二是对旅游基础设施的使用进行限制以引导客流流向，包括不让私人轿车和旅游车进入城市中心和历史文化遗迹；游客在中心城区使用公共设施时征收一定的附加费，如每次上公厕都要缴付 1000 里拉的费用，外地游客乘船进入大运河的费用则是本地居民的 8 倍以上。高昂的旅游成本在调控游客缩短城区逗留时间方面起到了一定的作用。

## 【小结】

本单元是重点学习单元，所有景区服务环节均需要面对游客，因此，如何现场引导、服务、管理游客显得非常重要。此外，景区游客容量是景区需要认真思考的环节，以维护景区的可持续发展。

## 【复习思考题】

1. 景区游客行为一般有哪些特点？
2. 如何应对较刁蛮的游客？
3. 你对景区合理游客容量是怎样理解的？
4. 尝试计算景区游客容量。

# 第六章

# 旅游景区资源与环境管理

## 【章节导读】

旅游景区资源与环境管理是影响景区形象与可持续发展的重要因素，是游客对景区印象最直观的体会，直接关系到景区的可持续发展。本部分描述了旅游景区环境的构成和特点，对旅游景区不同环境的管理做出详细的阐释，包括对景区资源环境和人文环境的开发和保护、景区氛围环境的营造、景区景观环境的布局和对景区卫生环境的管理。

## 【学习目标】

◆ 了解旅游景区资源与环境管理的关系。

◆ 熟悉旅游景区资源开发管理、资源保护管理的相关内容。

◆ 理解旅游景区环境、旅游景区环境管理的基本概念和特点。

◆ 掌握旅游景区环境管理、景区卫生环境管理方法，能够进行旅游景区环境管理实施。

## 【学习重点】

◆ 旅游景区环境资源的开发与保护管理。

◆ 旅游景区卫生环境的管理。

# 第一节　旅游景区环境的内涵

## 一、旅游景区环境的概念

旅游景区环境指的是旅游景区的生存和发展条件。从旅游者的角度来讲，是开展旅游活动所必须依靠的各种社会和物质条件的综合体。旅游景区环境是景区旅游价值的重要组成部分。一个拥有良好的旅游环境的景区必然具有较大的旅游价值以及对游客具有较大的吸引力。

**【阅读材料：拓展阅读】**

**成都千米黑水沟污染荷塘月色　景区内垃圾成堆**

经过一段时间的城乡环境治理，成都主城区的城市环境有了明显改观。不过，在一些城郊接合部，脏乱差现象依旧存在。近日，成都晚报就接到多名市民热线举报，在有“五朵金花”之称的锦江区三圣花乡、荷塘月色等景区，多处区域存在水域污染、乱丢垃圾等现象。昨日下午，《成都晚报》记者走访三圣花乡、荷塘月色等景区，发现荷塘边的小水沟发黑，花卉市场商家门前垃圾乱堆等一系列脏乱差问题。

**荷塘月色水治之乱　1000米黑水沟臭了七八年**

昨日下午，《成都晚报》记者沿着荷塘月色景区的荷花池塘绕行，行走过程中，不时有恶心的臭味传来。随后，记者走到荷塘边，见到池塘边有一条小水沟，里面的池水呈黑色，恶臭难闻。池边有厚厚的黑色淤泥，水面上四处漂浮着杂草，有的地方还有白色垃圾。

当地一名居民告诉记者，小沟存在了七八年，是当地居民自己开凿的，用来沤肥、堆肥。因小沟的底部有许多杂草、水生植物，所以看上去发黑。小沟全长约1000米，发黑的距离有大约500米长，臭味与沤肥堆肥有关，但也不排除上游存在污染源，导致水域污染加重。

**环卫之怠　化粪池无盖垃圾成堆**

下午5时许，《成都晚报》记者在荷塘月色景区周边的一座高架桥边见到一个面积约10平方米的化粪池，其表面没有盖子遮盖，臭气熏天，化粪池的旁边，则堆放着大堆垃圾。附近路人称，垃圾堆、化粪池存在有一段时间了，到了夏天非常臭。

此外，记者在景区路边见到了白色垃圾，有的农家乐经营户私自占用公共区域开辟停车道，在公共区域、景观区域堆放杂物。

**花卉市场路面失修　洼多路面烂游客绕道走**

在花卉市场的一花盆批发部门前，《成都晚报》记者见到进门的道路凹凸不平，高出地面几十厘米，几名游客行至此都不得不绕道而行。

路边的一花卉商家称，路面已经烂了有一段时间，是以前里面修停车场时被车子碾压坏的。道路破损对生意有些影响，顾客看到后会绕道而走。之前，他们也曾向相关部门反映过，但此问题一直没得到解决。

**乱堆乱放　花草与垃圾为伍**

下午6时许，《成都晚报》记者来到附马联合四组307号附24号，见一家名为“闽兴花卉批发”的商家门前，堆放着许多花草，而花径的旁边则堆放着两三平方米的废报纸。商家称，这是他们暂时堆货的地方，会马上撤走。

随后，记者走访其他商铺，不少商铺前都存在门前乱堆货物的问题。

**三圣街办承认：未达到综合治理层次　需探寻新的管理方式**

锦江区三圣街道办事处党工委副书记冉卫在接受记者采访时说，因三圣街道位于城郊接合部，加上景区人流量大，目前相关管理制度还未上升到城乡环境综合治理的层次。他们已经意识到了问题的存在，如商家门前的垃圾堆放，内部管理问题等。

冉卫称，池塘边的那条黑色小水沟，他们春节的时候就已发现存在此问题。近日气温升高，水沟开始发臭，他们前两天开了会，初步怀疑上游有污染源，正在采取措施解决此问题。

冉卫称，目前他们正在梳理三圣花乡、荷塘月色等景区存在的问题，接下来将进行重点整改，探寻新的管理方式，以达到治本的效果。

## 二、旅游景区环境的构成及其特点

### （一）旅游景区环境的构成

旅游景区环境是一个系统体系，主要包括以下几个方面。

**1. 旅游吸引物**

旅游吸引物是景区环境的中心要素，也是旅游景区环境系统中的重要因素。它是旅游景区发展旅游业的基础，主要包括自然旅游资源和人文旅游资源。在旅游景区环境中，旅游吸引物是相对变动的要素，它容易受到各方面的影响，当旅游吸引物受到的损害超过临界点后，就会反过来作用于旅游环境系统中的其他要素。

旅游吸引物又可分为自然环境和社会宏观环境。

（1）自然环境。自然环境是指在景区旅游活动相关的各种地球表层因子的总和，这些因子构成了景区存在的基础，一般可以进一步细分为生态环境和自然资源，如大气、水、土壤、地质、植被、野生动物等。

（2）社会宏观环境。社会宏观环境是指影响旅游区存在和发展的各种社会宏观因素。旅游区社会宏观环境包括人文环境、经济环境和管理环境三个方面。

①人文环境。人文环境包括当地的文化习俗、历史古迹及居民对旅游开发的态度和承受力等。

②经济环境。经济环境主要是指旅游开发的区域经济背景和旅游发展潜力。

③管理环境。管理环境包括当地的社会管理、旅游政策、旅游区管理所形成的旅游气氛等。

2. 社会人文环境

旅游景区的社会人文环境是指对游客体验产生影响的社会因素，对游客体验产生影响的社会因素主要有以下几项。

（1）旅游者。旅游者是旅游景区环境系统中最活跃的因素之一，景区的所有工作都是围绕旅游者展开的。旅游者进入景区后要与环境系统中的各种要素发生关系，如旅游经营者、当地居民等。旅游者的行为和数量对景区环境有重要影响。

（2）旅游经营者。旅游经营者是旅游景区主要的旅游服务提供者，他们在旅游景区资源的开发和利用过程中，其开发的程度和经营方式都会对景区环境产生影响。旅游经营者的经营行为是为了追求经济利益，而利益的最大化必然会增加旅游景区资源的利用强度，从而对景区的环境造成一定的损害。

（3）社区居民。当地居民是旅游景区的原始居住者以及满一年的居住者。其中有些居民在旅游景区开发后或参与景区经营活动，或从事与旅游业相关的活动。他们与其他利益群体的关系会对景区环境产生直接影响。

（4）当地政府。在我国，当地政府是旅游景区的主要管理者，而非主要经营者。政府制定的旅游法规和政策会对旅游业的可持续发展和景区环境产生重要而长远的影响。政府在鼓励当地旅游业发展的同时，首先应做好旅游业总体规划、旅游景区的开发和环境保护规划工作，并制定以保护为主的旅游景区资源开发及保护措施。

3. 自然突变要素

自然突变要素主要是指自然界中所发生的突发事件。这些突发事件可能会改变景区的景观特征，如地震、泥石流、洪水、山体滑坡等。自然突变的发生可能使景区环境发生重大变化，甚至不再适合旅游业的发展。

### （二）旅游景区环境的特点

1. 系统性

旅游景区环境通过食、住、行、游、购、娱六大主要要素共同组成一个开放的系统，它不断地与外界发生信息、物质及其能量的交换。

2. 复杂性

旅游景区环境系统是复杂的，它由许多相关的因素构成。其中旅游吸引物、旅游者、旅游经营者、当地居民、当地政府、自然突变等是这一系统中的主要因素，它们之间相互影响、相互作用。

3. 自适应性

旅游景区环境系统与其他环境系统一样具有自适应性。这种自适应性可以使系统在受外部干扰时进行自我调整，以使系统维持相对稳定的状态。

## 第二节　旅游景区环境服务与管理

旅游景区环境管理就是要在充分认识旅游活动对旅游景区环境影响的基础上，综合运用经济、法律、技术、行政、教育等手段，提高旅游景区环境质量，增强旅游景区的吸引力，并对一切可能损害旅游景区环境的行为和活动施加影响，从而协调旅游景区经营活动与环境保护之间的关系，为游客营造一个高质量的旅游景区环境，以实现旅游景区经济效益、环境效益、社会效益的有机统一。

## 一、景区环境资源的开发与保护管理

### （一）景区环境资源开发与保护的基本认知

景区环境资源是一个景区出现并存在的基本条件。因此，为了维护正常的旅游业运作，在合理利用和开发景区的时候，对景区环境资源的保护也尤为重要。

### （二）景区环境资源管理

#### 1. 景区环境资源管理原则

（1）资源整合原则。由于地域分异规律的影响，景区内的资源表现出一定的地域差异性和地域特色性。因此，为了合理利用和开发景区内的旅游资源，必须对其旅游资源的类型、等级、空间结构等进行整合。从整体的角度出发，对景区内的旅游资源进行调查，评价其价值以及构建层次分明的资源等级体系。

（2）可持续发展原则。景区的可持续发展必须在发展过程中遵循三条基本原则：生态可持续性，社会和文化可持续性，经济可持续性。景区的资源管理是景区旅游可持续发展的具体化。

#### 2. 景区环境资源开发与保护管理的措施

总体来说，可分为以下几点：

第一，树立环境保护为主的理念，引导自然环境保护、利用和培育三方面的和谐统一。良好的自然生态环境是景区健康持续发展的基本保证，这应是景区旅游开发的一个基本理念。景区环境资源开发应以自然生态保护和培育为基础，从而达到综合效益的最佳化。当开发与保护发生冲突时，开发利用应让位于保护和培育。

第二，合理规划布局。旅游景区应遵循“区内旅游、区外服务”的原则。尽可能把旅游服务设施建设在自然景区之外，保护完整的自然景观，使植被、水体、土壤免受大规模的破坏；合理规划旅游线路和各种线性设施，如游道、索道、工程管网等，避免穿越生态敏感区。例如，九寨沟管理局于 2001 年 5 月关闭了景区内所有饭店，代之以景区唯一一家环保餐厅，游客一律在“沟内游、沟外住”。

第三，确定旅游生态环境容量。通常可采用收集资料、现场调查、遥感等多种调查方法，对旅游景区的自然环境进行细致的调查、统计、分类和规整等，以使旅游规划开发中的承载容量与环境相协调，从而避免对环境不必要的破坏。

具体来说，旅游资源的类型不同，遭受破坏的原因不同，其保护措施也有差异：

（1）对文物资源的管理措施。加盖加罩；预防虫蚁危害；限制游人数量，减少游人对文物古迹的影响；配备防治大气污染的设备；配备防火设备；防治水对文物的侵蚀；目前，高分子材料技术、物理检测技术等高科技手段已开始运用于文物保护中。

（2）对水体资源的管理措施。采取措施严格控制工业污染源，并逐步治理污染源；控制景区内农业排放的污染物，减少农药、化肥使用量，发展生态农业；对景区内的污水、污物进行处理做到排放的零污染；景区的游船使用无污染的电瓶船，船上垃圾收集到岸上处理；减弱水体波浪对堤岸的冲击；加强对水体周围堤岸的绿化；减少网箱养鱼等活动，降低渔业对水体富营养化的影响。

（3）对地质地貌旅游资源的管理措施。山地景区容量有限，要控制游客数量；可在淡季施行短期封闭制度，休养生息，恢复生态平衡；加强景区内道路、接待等建设项目的审批把关，对造成山地资源影响的采石场等活动加以限制，减少和避免对山地资源的破坏；组织水文、环保、林业、地质、气象等专业技术人员，加强对山地自然灾害的调查研究，防止山地灾害。建立山洪、火灾、森林、虫灾观测站等灾害预警系统和防火救援系统。

（4）对溶洞旅游资源的管理措施。要使各种人工设施不至于影响溶洞的原始自然风貌：进行灯光装饰时，只能见灯光，不能见光源和电线；设置防护网或专人看护，防止触摸、攀爬等行为的破坏。

（5）对森林和植物资源的管理措施。加强游客教育，禁止林区吸烟、野炊、采摘花木树叶；游道宽度要适应游客流量，减少游客游道外踩踏；加强植被的修剪、防虫、防火、施肥、浇水等维护工作；珍稀植物，重点保护。

**3. 景区可持续发展**

（1）定义。

彭德成（2003）认为，在确保旅游资源、生态环境和社会文化得到有效保护的前提下，通过对景区资源的合理利用，既满足当代人对旅游景区产品的需要，又不损害后代人对旅游景区资源利用的需要。

邹统钎（2004）认为，景区在维持文化完整、保持生态环境的同时，满足人们对经济、社会和审美的要求，既能为现代旅游开发者和游客提供生计，又能保护和增进后代人的利益并为其提供同样的发展机会，

郭亚军（2006）认为，旅游景区可持续发展是在保持景区资源原真性和文化完整性的前提下，使得旅游景区资源既满足当代利益相关者的需求，又能满足后代人发展的需要，保持旅游景区资源、环境、旅游的和谐统一发展。

（2）系统构成。

时至今日，对于可持续发展问题的研究已进入初步成熟阶段，可持续旅游也已经变成未来世界各国发展旅游业的最优选择。然而，要把景区可持续发展由概念变为系统化的理论，就要把可持续发展落实到具体的景区上来研究。由于在一个景区内影响可持续发展的要素庞杂、层次众多、功能不一，研究就有必要引入“系统”的概念。景区可持续发展系统是由人口、资源、经济、科教、社会、环境六个子系统构成的。

## 二、人文环境的利用与保护

管理景区人文环境，主要是指景区和旅游依托地的政治局势、社会治安情况、卫生及健康状况、当地居民对外来旅游者的态度以及配套的各项服务。旅游业的稳定发展除

了需要良好的自然环境以及优美的旅游资源，还需要健康稳定的社会人文环境，所以景区的环境管理同样需要对旅游地周边的人文环境进行管理。主要包括以下方面。

### （一）对景区内文物及历史文化景观的开发和保护管理

在景区内构建现代化设施的同时，充分发掘、保护和发展旅游地的传统特色和历史风貌。在景区环境管理中，除了要不断创新，及时赋予景区以新的时代特色，同时尤其要精心保护和管理代表旅游地历史文化的标志性建筑物、文物等历史文化景观。

### （二）对景区独具特色的民俗风情的开发和保护管理

将景区的民俗风情加以提炼，以当地民俗风情为依托，在景区内整修一些典型的民俗载体，控制景区内的建筑现代化和城市化倾向。

### （三）对景区内文化氛围的开发和保护管理

注重景区内文化氛围的营造，在景区内建筑装修、店铺门面、园林绿化、环境卫生、广告标识、交通工具等景区综合风貌上体现文化品位。

因此，旅游景区社会人文环境的管理不仅需要通过让社区获益、增强社区文化自豪感，从源头上解决问题；也需要通过采取综合治理和专项整治措施等强制性措施进行调控，优化景区综合环境。

**1. 社区参与，回馈社区**

旅游景区往往曾经是社区居民世代居住的家园，景区居民及其所负载的文化是景区的重要吸引力因素。景区经营中必须照顾社区的利益，鼓励社区居民参与到旅游活动中来，从旅游业中获益。因此，景区管理机构要通过各种渠道，与有关部门协调，确保周边建设不破坏景观意韵，做到景区与周边一体化规划建设，是景区与城区相互借景，社区给景区添景并提供功能配套，景区成为社区、城区的“氧吧”和“园林”。

（1）社区参与决策。景区经营者要积极创造机会，让社区居民参与经营和管理，以求可持续发展。首先，让社区居民参与规划，让他们了解旅游发展规划的进行情况，征求他们的意见。其次，从管理和经营的角度而言，尽量由社区居民担任旅游接待服务和经营管理工作。旅游是建立在社区参与的基础上的，旅游景区的环境管理工作在相当大程度上需依赖社区居民的支持和配合才能得到落实执行。

（2）利益补偿。景区经营企业应根据景区开发、经营与发展过程中土地和资源征用的情况与政府及社区签订协议，每年按照协议支付社区一定比例的景区收益分成款项，以弥补社区因景区旅游发展而产生的损失。同时，景区在收益中还应该拿出一部分投资社区的公益事业。

（3）为居民提供工作及商机。首先，景区的经营者管理机构在工作人员招聘、培训时要优先考虑社区人员。其次，景区经营企业应鼓励社区居民的商业行为，尤其是鼓励、引导本地居民从事旅游商业服务活动，特别是大企业无法提供的一些特色服务，如家庭旅馆、农舍食宿等，提供统一的经营场所，鼓励社区居民出售具有当地特色的土特产、工艺品等。

**2. 加强地域文化的开发与保护**

旅游景区为增强吸引力，烘托旅游氛围，凸显地域特色，增强竞争力，往往要大力开发地域文化。在景区在地域文化旅游开发的过程中，要妥善保护文物古迹等有新文化资源，无形的文化风情、民俗、传统表演艺术等的开发要避免舞台化、商品化对传统文化价值的贬低。开发形成的文化旅游产品要既能雅俗共赏，又不失去民族文化的原真性，吸引游客关注、神往。例如，丽江开发的纳西古乐会，被誉为“天籁之音”，令游客叹奇。这样的地域文化开发，会增强社区对本地传统文化、民族文化的自豪感，容易形成自觉维护和传承社区文化的内在动力。

旅游景区在鼓励社区保留传统文化的同时，也要教育游客尊重社区的文化和习俗，如宗教信仰、名族礼节、传统禁忌等，减少文化冲突。

**3. 实施社会环境综合治理与专项整治**

旅游景区及其依托的集散地是一个复杂的小社会，由于人流量巨大，商业机会较多，各色人等混杂其间，有时社会治安问题、市场环境维护问题等相当复杂。景区要在当地政府的牵头下，与当地宣传、公安、工商、技监、物价等部门合作，开展景区及其周边环境的综合治理。有时某一项问题特别尖锐和突出，还要进行专项治理。

## 三、氛围环境的营造

旅游氛围是景区的旅游资源、旅游设施、自然生态环境、旅游服务等综合作用于旅游者，旅游者通过视觉、听觉等感知，产生联想、联觉所形成的主观感受。换言之，景区旅游氛围是指人工设计开发的设施和服务环境的总和，它能直接影响到旅游者的心情和感受。

景区的氛围环境管理主要是识别影响景区氛围环境的因素，突出景区特色，营造旅游氛围，采取有针对性的管理措施。

### （一）旅游设施合理规划

旅游设施建设项目的规划不当或开发过度，会使当地原有的景观环境遭到破坏，即所谓的“开发污染”。旅游开发的实质是在自然山水或原有景区的基础上添加人工建筑，使之适应旅游活动开展的需要。但现今很多景区的旅游开发，只考虑迎合其主观上认定的旅游者的兴趣所在的审美特点，忽视或根本不顾及该项目建设同周围景观环境的协调，从而造成对该地景观环境的侵害。例如，浙江普陀山是我国四大佛教名山之一，昔日“见屋皆寺庵，逢人尽尼僧”，现在山上山下摊店林立，现代化娱乐设施遍布全山，流行音乐已淹没了寺院传来的梵音，洋楼与寺殿争高，摇滚与梵音共鸣，此情景，与佛教圣地相去甚远。

因此，景区要按照《风景名胜区管理条例》《自然保护区管理条例》等有关规定，制定景区发展规划，控制土地利用，严格执行规划，严格景区设施建设审批，控制景区建设规模。对已有的违章批地建设的设施、与景区氛围不相符合的设施，要适时拆除；对开发的景区经营性商业区要合理调整密度和结构，加强管理。

### （二）旅游服务的组织及管理

首先，应注意对于旅游地性质和整体景观相融合、直接影响游客感官效果的多种接待服务元素进行精心设计，如服务人员的服装、背景音乐的格调、方言等，形象设计越丰富、越全面，它的形象力就越大，景点旅游氛围就越浓。例如，游客在我国的民俗文化村中，从衣着富有民族特色的服务人员那里获得的感受，远远好于从西装革履的服务人员那里获得的感受。近年来，丽江古城居民大量搬出，大批外地人搬进古城。为了鼓励居民留在古城，为古城留住鲜活的文化"灵魂"，丽江市从 2004 年 1 月 1 日起决定给予丽江古城内的居民每人每月 10 元补助金，还规定景区内从业人员中当地居民应占有一定比例。

其次，应严格规章制度，并合理调动导游、景区保洁及游客安保工作等服务人员的积极性，杜绝不文明现象的发生，使其能够为游客提供恰如其分的服务，否则，服务人员的行为也会严重影响景点旅游氛围的形成。例如，东京迪士尼每天要接待六七万人，但手持像长把刷子一样笤帚的清洁员工随时随地在清扫，整个乐园内看不到任何垃圾。中午时分，化装成松鼠、米老鼠、唐老鸭和大灰狼等形象的工作人员，在近 40℃的气温下穿着厚厚的服装，顶着火辣辣的太阳在人群中穿梭舞蹈、与小朋友合影，每一个动作都充满激情，一丝不苟。让游客感动不已的是他们在完成一段表演任务后浑身大汗地进入休息室休息时，不是疲惫地或是急不可待地推门而入，将背影留给观众，而是进入休息室后在门口又转过身来，像演员谢幕一样优雅地与观众道别。迪士尼的企业宗旨是"提供最好的娱乐，为所有人创造幸福"，它在管理中非常注重对员工的企业文化培训，培训的目的是要让员工适应和认同迪士尼的文化，把"提供最好的娱乐，为所有人创造幸福"的文化理念延伸到员工的思想和行为中，使员工形成在迪士尼工作的一种兴奋感和自豪感。当然，迪士尼的管理工作也是非常细致严格的，管理人员常常以"神秘顾客"的身份对员工工作进行检查。正是管理者和员工的共同努力，才将迪士尼打造成具有快乐魔力的乐园。

### （三）开发地域文化、营造文化氛围

地域文化是景区及周围社区居民千百年来与自然和谐相处所创造的物质文化和精神文化的总和，它与景区的自然山水具有天然的偶合性。景区在开发地域文化时，要在准确把握和预测旅游需求的基础上，对地域文化事项进行挖掘、梳理、整合、提炼、物化、外显和再现，抽象出地域文化主题，开发地域文化产品，烘托景区旅游氛围，使人文内涵、人文风情融合于自然景观，自然景观浸润在文化氛围中，并为文化再现提供场景。自然人文景观相得益彰，自然天成，营造纯自然景观奇绝、人文内涵丰富的高品质景区。如张家界景区内，游客只需 5 元钱，就可以让身着民族服饰的土家歌手弹唱一曲山歌，在缓解登山之累的同时，品味土家文化，没有耀眼的舞台，没有华丽的灯光，唯有高亢嘹亮的歌声在山谷间回荡，营造出浓浓的文化氛围。桂林阳朔由张艺谋编导的大型实景壮族歌舞演出《印象・刘三姐》，以漓江为实景，渔船、渔夫等为背景和道具，气势恢宏，与自然山水浑然天成，成为桂林新的旅游热点。

### （四）营造良好景区接待氛围的管理措施

**1. 以游客为中心**

景区是为游客提供服务的组织，其产品的质量和组织的绩效是由游客来评价的，景区依存于游客，景区只有为游客创造价值，让他们满意，才能获得长足的发展。以游客为中心就是要以游客为关注焦点，强调游客是景区运作的中心。这就需要景区在管理理念、服务流程、人员服务各方面全方位、全员、全过程地满足游客需求，从而全面提升景区服务质量，形成良好的景区接待氛围。例如，深圳欢乐谷从“游客满意”为最高价值导向的服务理念出发，一方面优化内部服务流程；另一方面倡导二线服务一线，一线服务游客，管理服务现场。

**2. 满足游客期望**

景区的服务对象是游客，景区声誉的好坏很大程度上取决于游客的总体评价，而游客的总体评价则来自于旅游期望与实际体验之间的差距。因此，景区只有实际提供的产品质量超越游客已形成的期望，给游客不断创造惊喜，其产品质量才能被游客所认同与称道。客观地讲，超越期望并不是一件非常艰难的事，景区可以在每一个细节中体现超值服务，不同的景区可以根据自身的特点提供不同的超值服务。

**3. 施行全面质量管理**

随着生产和科学技术的不断发展，人们认识的不断深化，质量管理的方法也随之不断发展和深化。其中，全面质量管理是目前最为流行的质量管理方法。

第一，建立质量管理体系。景区要推行全面质量管理，必须建立一个完善的、高效的质量管理体系。要想既有助于提高游客对景区的满意程度，又有助于降低质量成本，就有必要有一个明确的、结构完善的体系来识别、记录、协调以及维持在整个企业经营中的全部关键性活动。

第二，进行质量教育工作，培育全新服务理念。质量教育是推行质量管理的前提条件，它包括四个方面的内容：一是质量意识的教育。质量意识是员工对质量的看法和认识。通过教育，使员工认识到“服务质量是景区经营的生命线”；二是全面质量管理的基本知识和方法，从而强化员工自我管理意识；三是职业道德教育，培养员工高尚的道德情操；四是业务技术教育，使员工掌握正确的技能和方法，提高业务技术和服务水平。

第三，组织质量管理活动。质量管理活动主要包括接待服务活动本身的组织和质量管理活动组织两个方面。前者以贯穿服务质量标准，在服务准备、迎接游客、现场服务、善后服务等方面认真执行标准、遵守操作规程为主；后者以开展服务质量管理小组活动、评比活动为主。

第四，评价质量管理效果。其评价内容有：各项具体服务操作是否贯彻服务质量等级标准；服务程度、服务方法和操作规程是否符合游客的消费需要；“宾客至上、服务第一”的宗旨是否深入人心，并在服务操作中得到贯彻落实；游客满意程度是否达到了规定的标准。

### （五）其他措施

影响旅游景区旅游氛围的因素是多方面的，景区游客数量多少、社区居民的友好程度、景区员工的服务技能与服务质量等客体要素、旅游者自身的文化素养、感知敏锐程度等主体要素对旅游景区氛围的形成都具有重要影响。从旅游氛围环境管理的角度看，景区应在游客心理容量测定的前提下，充分使用各种游客流量、流向调控技术，使景区内游客的时空分布符合旅游者最佳体验的需求，提供优质服务；景区也要引导社区居民保持热情好客的传统。

## 四、景观环境的布局与打造

### （一）景区自然生态环境基本认知

#### 1. 景区自然生态环境的概念

景区的自然生态环境是由大气、水体、土地、生物及地质、地貌等组成的综合体。对游客而言，它并不是直接的旅游对象或旅游吸引物，而只是一种起承载作用的外在环境或基础环境。因此，它往往不被旅游开发者所重视，但恰恰是它构成了景区生存、发展的基础，关系到旅游景区的成败兴衰。

#### 2. 景区的自然生态环境应达到的国家标准

《旅游景区质量等级的划分与评定》（GB/T 17775—2003）标准对不同 A 级的旅游景区应达到的环境质量标准进行了限定，如表 6-1 所示。

表 6-1　不同 A 级旅游景区的自然生态环境质量标准

| 环境质量标准A级 | 空气质量（GB 3095—1996） | 噪声质量（GB 3096—1993） | 地表水环境质量（GB 3838—2002） |
|---|---|---|---|
| 5A级景区 | 一级 | 1类 | 达到规定 |
| 4A级景区 | 一级 | 1类 | 达到规定 |
| 3A级景区 | 一级 | 1类 | 达到规定 |
| 2A级景区 | 一级 | 1类 | 达到规定 |
| A级景区 | 一级 | 1类 | 达到规定 |

（资料来源：万剑敏，2012）

### （二）景区景观环境的布局与打造

#### 1. 景区规划

首先，应对景区的旅游景观进行定等评级，并根据景观性质与开发利用方向，进行功能分区，其目的是通过对游客的分流，避免旅游活动对景区资源造成破坏。按照旅游区的功能分区，根据景区内旅游资源的属性，划分核心保护区、缓冲区和旅游服务区等不同层次。通过合理划分功能区，拟定适合动物栖息、植物生长、游客观光游览和景区原住居民生活的各种规划方案。在严格执行环境功能区划分的基础上，实行相应的旅游功能分区管理，设计建成相应的旅游设施。

其次，还要从结构和功能上对旅游区进行景观生态规划，主要包括对旅游产品市场的需求及特征分析，对景区内的自然、社会要素等基础资料和相关资料的调查搜集，对景观的分类以及对景观结构功能和动态的诊断。然后通过不同类型的结构规划，构建不同的功能单元，从整体上协调和优化利用出发，确定景观单元及组合方式，选择合理的利用方式。

**2. 景区设计**

（1）景观结构生态化设计。

景观结构生态化设计应该从两方面入手：一是旅游消费场所的设计要与环境融为一体。旅游基础设施要充分实现生态化，并注意与当地的自然、文化特征相协调一致，切忌以城市化、商业化的浓重气息破坏景区内原有的文化内涵和特色；二是充分利用现存的自然通道。景区内步道的设计以林间小道、河岸为主。道路施工应尽量利用卵石、沙子、竹木等接近自然的无污染的材料。

（2）旅游容量设计。

旅游容量是一个从生态学中发展而来的概念，说明一处环境在维持一定的品质与特性下，可容纳游客群体的最大数量。旅游业的综合特征决定可旅游容量的多维化，主要包括生态承载量、设施承载量和社会承载量。景区要实施生态化管理，就要从环境保护和可持续发展出发，对景区的容量进行科学的设计，以保障景区内的生态系统的平衡和稳定。根据社会调查和景区性质及地域特色，确定旅游感知质量和社会文化承载量。按照设施设备的设计标准，测量景区内的设施承载量。

旅游容量涉及三个方面，可以设计出三个不同的标准，但根据“木桶原理”应按最小的承载量来控制游客人数。

## 五、卫生环境管理

旅游景区卫生环境主要是指旅游景区的卫生状况，如景区干净整洁程度、垃圾处理情况、社区居民的健康状况，如地方病、流行病的控制情况等。旅游景区卫生环境管理是旅游景区环境管理中最基础性的管理工作。由于卫生状况是整个环境状况中的一个常变量，不像生态环境、设施环境那样有时间上的稳定性，因此，景区卫生管理就成为旅游景区环境管理工作的一项特殊内容。

### （一）旅游景区卫生环境管理概述

**1. 景区卫生环境管理的重要性**

（1）卫生状况是旅游景区环境质量的重要表现。

旅游者进入旅游景区首先感受到的是景区的卫生状况，而且卫生状况自始至终都影响着游客的整个游览过程。清洁的路面、干净且分布有序的各种设施设备、服务人员的整洁仪表等，都能给游客以舒适美好的感受，同时还能增加游览的兴趣，提高精神享受的程度。因此，卫生状况是旅游景区环境质量最直接的表现，直接影响到游客的消费体验和消费质量。国家旅游局对旅游景区开展质量等级划分与评定，其依据的标准《旅游景区质量等级的划分与评定》中对景区内餐饮场所、文化娱乐场所、游泳场、垃圾箱、公共厕所的卫生状况都有明确的要求。

（2）卫生状况反映了旅游景区的管理水平。

在我国《旅游景区质量等级的划分与评定》等国家标准中，卫生环境是重要组成部分。其质量不仅是旅游景区管理水平的重要体现，也是旅游景区管理者和员工、旅游目的地整体形象的重要表现之一。要提高旅游景区的市场吸引力，提高景区环境卫生质量是必不可少的手段之一。

（3）卫生状况对旅游景区吸引力有着重要的影响。

影响旅游者对旅游景区评价的重要因素之一就是景区的卫生状况。一个拥有良好卫生状况的旅游景区必然会受到旅游者的青睐，增加其旅游市场吸引力；相反，如果具有较高价值的旅游资源的景区卫生状况不好，游客对其评价就不会高，结果导致景区吸引力下降。

（4）良好的卫生环境有利于扩大景区客源市场。

无论是当地居民还是外地游客，都希望在一个良好的环境中生活。特别是旅游景区，作为旅游业的先驱部门，对客源市场有着最直接的影响。一个景区如果在游客中心留下了脏、乱、差的印象，影响到的将不仅仅是该游客的重要概率，甚至是与此名游客相关的人数的出游概率。没人会愿意到一个“垃圾场”般的景区度假休闲的。所以，要提高旅游景区在游客心中的形象，给游客留下美好印象，扩大客源市场，提高景区卫生质量是必不可少的手段之一。

（5）卫生状况直接影响着游客的游览质量。

景区内的卫生状况是景区环境质量最重要的外在表现。如同一个家庭的居家环境直接影响到客人对家里的评价一样，景区的环境卫生状况也直接影响着游客的游览质量以及游客对景区的整体印象。良好的卫生环境会给旅游者提供享受，增加旅游者的游览乐趣。

**2. 景区卫生环境管理的特点**

结合旅游景区产品及服务的特殊性，景区的环境卫生管理活动具有以下特点。

（1）全面性。景区的环境卫生贯穿于旅游活动的各个环节、各个部门、各个岗位。在纵向上，卫生工作任务应从决策层逐级落实到各个基层岗位；在横向上，卫生工作应扩散到各部门。因此，景区应做到上下结合、统一布置、统一规划、统一行动。

（2）连续性。旅游者在景区的活动是一次连续的、完整的旅游体验，因而景区的卫生管理工作应实现空间和时间上的流畅性。

（3）多样性。由于旅游者需求的多样性，其对卫生的要求程度也不同。旅游者需求的多样性决定了景区场所的多样性。各种不同功能的场所要求符合不同的卫生标准。各国根据本国的实际情况，针对同一项目又有不同的标准，各景区也必须根据地区的经济技术状况制定切实可行的卫生标准。

（4）季节性。旅游业的经营活动具有很强的季节性，在不同的季节，景区对卫生的要求也不同。在旅游旺季卫生工作要做到“勤”，在旅游淡季卫生工作要做到“精”。

（5）超前性。在旅游者进入景区之前，景区服务人员应做好卫生工作，迎接客人的到来，为旅游者营造安静舒适、清洁卫生的游玩环境。

（6）及时性。景区一旦发生卫生问题，须及时给予处理。一旦有旅游者的投诉，须及时找出问题，尽快改进。一旦发生卫生事故，须及时给予解决，吸取经验，防止类似事件再次发生。

**3. 旅游景区卫生设施**

设施是卫生管理的必要条件。旅游景区的卫生设施可分为两类：一类是公共卫生设施，包括集中式垃圾箱、路边垃圾箱、公共厕所和排污设施等；另一类是专门卫生设备和工具，主要是卫生工作人员使用的卫生清扫工具，如垃圾运输车、垃圾清扫车以及其他专用工具。

旅游景区内卫生设施的设置应本着方便、耐用和美观、协调的原则，合理安排数量和布点。其中方便和实用是最基本的要求；美观是指各种卫生设施的外形要体现旅游景区的特色，具有一定的艺术美；协调是指卫生设施要与旅游景区的整体形象特别是与相邻的景物相协调，最好在建筑设计上融为一体，内部功能具有实用性，外观形象上又成为景观的一部分。

## （二）旅游景区卫生环境管理的内容

**1. 景区自然卫生环境**

（1）空气卫生。

随着现代工业的发展，一些大工业区和大城市的空气质量正在逐步下降，而人们游览旅游景区时，希望呼吸到清新的空气。对景区来说，洁净的空气也是一种旅游资源。

景区大气污染物的来源主要可分为天然来源和人为来源两大类。按旅游者的活动内容划分，景区人为引起的大气污染来源主要有：旅游交通工具排放尾气造成的空气污染；由于使用煤做燃料造成的空气污染，如景区内的生活锅炉、茶炉的使用，饭店、餐厅、个体饮食业摊点炉灶的使用，冬天一些景区内取暖设备的使用等都会对大气产生污染；大量垃圾堆放，经风一刮，都可能将化学性污染物（如铅、汞等）和生物性污染物（如结肠杆菌等）转入大气中；景区饮食业油烟的排放等。

除了景区内人为活动造成的污染外，景区周围工业企业燃料的燃烧、生产过程中排出的污染物，居民生活燃料的燃烧以及其他一些意外事故如工厂爆炸、火灾、油田失火等都会严重污染景区的大气环境。

景区防治大气污染的对策主要有：进行环境卫生知识的传播，加强旅游者环境保护意识，正确引导旅游者的行为；控制景区内交通工具的尾气排放量；减少使用煤等易造成空气污染的燃料；加强景区的绿化；采取高效的垃圾处理措施，如加强跟踪式清扫力度、设置生态型垃圾箱、加强垃圾清运等；景区周边合理安排工业布局和城镇功能分区。

（2）水体卫生。

景区水体包括景区的观赏水体和饮用水体。景区水体卫生是景区经营得以维系的根本。特别是以水景为主角的景区，如黄果树瀑布、九寨沟以及有“水乡”之称的周庄等，水体卫生显得更为重要。影响景区水体水质的因素主要有以下几项：

第一，景区不合理开发对水体的破坏。如在景区水源区大量砍伐木材以用于景区的建设，在溪流旁边不合理布局及不合理的游览交通线路，忽视池塘、沼泽等湿地景观等。

第二，景区经营过程中造成的污染。部分景区在经营过程中，直接排放未经处理的污水；在水边或水上不合理地设立污染水体的娱乐设施设备；在未对海滩做出详细的生态评估前，过度利用海滩，以致超过海滩的环境容量；忽视水源周围的绿化等。

第三，旅游者造成的破坏。旅游者缺乏环境保护意识，在景区的水体内任意丢弃垃圾、有毒物品，不仅破坏了水体的美观，而且一旦污染物的数量超过水体的净化能力，将造成水质的恶化。

第四，景区外的污染。景区周围的工业废水、生活污水、农业污水、居民生活垃圾、商业垃圾等有害物质排入水体，随着水体的流动，都将影响到景区的水体卫生。

（3）土壤卫生。

景区中的土壤卫生管理主要是对固体废弃物污染的管理。景区的固体废弃物是在旅游设施运营中和旅游者旅游活动中产生的。随着景区旅游者接待量的递增，固体废弃物的排放量也将增加，如果管理不当，将给景区的环境带来极大的危害。

固体、半固体和泥状物质，包括生活废弃物、废纸、织物、家用杂物、废旧塑料制品等。存在于固体废弃物中的有害物质经过风化、淋蓉及地表径流的侵蚀，很容易渗透进土壤，不仅会使土壤中的微生物死亡，还会导致土壤盐碱化、毒化，导致植物死亡；在适当的温度下，废弃物中的有害物质还会蒸发及发生化学反应而释放出有害气体，影响景区的生态环境；废弃物中的颗粒、粉末随风加重了大气的粉尘污染；固体废弃物的大量堆放会影响景区的形象。

（4）噪声。

噪声指的是声波的频率和强弱变化毫无规律、杂乱无章，使人不同程度地产生烦躁、不安情绪的声音。景区的噪声主要来自交通工具、娱乐设施、景区周围居民等。

噪声不仅会影响旅游者的身心健康，影响其旅游体验，还会对景区周围的动植物产生影响，如强噪声会使鸟类羽毛脱落、植物枯萎等。一些古老建筑如古塔、鼓楼、教堂等也会因长期的噪声污染而受到破坏。对噪声的控制应采取综合措施，如消灭声源、减弱强度及采取防护措施。

除了上述几方面外，景区自然环境卫生管理还包括动植物的卫生状况、光污染、热污染、放射性污染、电磁污染、振动污染等。

**2. 游览环境卫生**

（1）游览场所卫生。

按功能分，景区游览场所主要包括观赏区（如景区、图书馆、博物馆、美术馆、展览馆）、娱乐区（如酒吧、咖啡吧、KTV）、购物商业区、休息区、康乐健身区（如健身房、游泳池）等。游览场所的环境卫生管理应按照国家卫生部颁发的相应公共场所的卫生标准执行，包括场所的空间大小、空气质量、噪声、墙壁的清洁、装饰材料的卫生标准、通风设备、地面的清洁、限制的客容量、使用消毒过的配备品、规范旅游者的行为等。景区在制定场所卫生制度是，可参照卫生部已颁发的《文化娱乐场所卫生标准》（GB 9664—1996）、《商场（店）、书店卫生标准》（GB 9670—1996）、《游泳场所卫生标准》（GB 9667—1996）（卫生部，国家体育总局）等公共场所卫生标准，并结合景区实际情况。

（2）设施设备卫生。

景区的设施设备按其在景区中的作用可分为基础设施、接待服务设施、娱乐游憩设施（见图 6–1）。

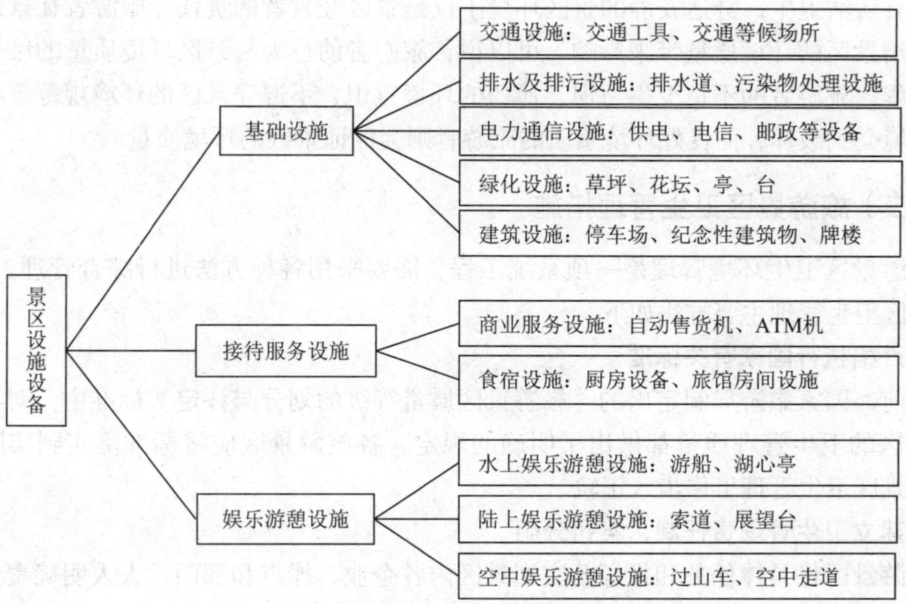


**图 6–1　景区设施设备卫生管理内容**

（3）公共卫生。

景区的公共卫生管理主要指景区公共场所的卫生管理，包括景区门口、接待室、厅堂、通道、走廊、草坪、内庭花园、景区周围环境及虫害、场所消毒等内容。

（4）卫生设施。

景区卫生设施主要有公共厕所、垃圾桶、废弃物处理设施、公共盥洗室等。公厕和垃圾桶的卫生管理是重点。

景区厕所应尽量达到“六有”和“六无”标准。“六有”是指达到有水、有纸、有篓、有挂钩、有专人值守、有第三卫生间的 A 级标准；“六无”是指厕所标识醒目，干净卫生，无污垢、无堵塞、无异味、无破损、无滴漏、无垃圾。同时公厕的设置应与景区环境相协调。

按垃圾的可否回收，将垃圾桶分为可回收垃圾桶、不可回收垃圾桶及有害垃圾桶。旅游者应按照垃圾的类别，投入相应的垃圾桶。垃圾桶应做到标识明显，数量能满足需要，布局合理，造型美观、实用，与环境相协调。

**3. 服务人员卫生及餐饮卫生**

大部分景区将饮食卫生的管理列为景区卫生管理的重点之一。饮食业不仅要保证本身的食品质量，还要将其对景区环境的影响降到最低限度。餐饮本身的卫生管理主要包括厨房的装饰材料、设施设备的配备及其卫生、食品原材料的采购、食品的运输、食品的贮存、食品的加工过程、服务流程的卫生、服务人员个人素质及卫生、周边的环境等内容。随着饮食业的发展，油烟、生活污水、是食品残渣等排放量的增加在一定程度上影响着景区的环境质量。景区的全体服务人员应有较强的环境保护意识、卫生意识、服务意识，要以身作则，为旅游者塑造良好的示范效应。

### 4. 旅游者行为卫生

拥有清洁卫生、舒适安静的景区环境不仅是景区经营者的责任，旅游者在景区的活动也会给景区的环境质量带来影响。可以说，旅游者的行为与景区环境质量的维护是互动的过程。旅游者的不良卫生习惯、薄弱的环境意识、不遵守景区的环境规范等将使景区的环境受到破坏，而良好环境素质的旅游者则会保证景区的环境质量。

## （三）旅游景区卫生管理措施

旅游景区卫生环境管理是一项系统工程，需要采用各种方法进行综合管理。目前，旅游景区卫生管理主要方法如下。

### 1. 严格执行国家有关标准

目前，国家旅游局制定出的《旅游景区质量等级的划分与评定》标准中，对五个等级旅游区的卫生管理质量都做出了明确的规定。各旅游景区应将标准落实到实际工作中，使景区卫生管理工作步入正轨。

### 2. 建立卫生管理责任制、奖罚分明

旅游景区将具体任务和指标落实到景区内各企业、摊点和部门，人人明确责任，并建立起相应的奖惩制度。

### 3. 完善景区卫生设施

完善景区卫生设施重点应做好以下两方面的工作。

（1）景区厕所管理。

公共厕所是景区基础设施的必要组成部分。在现代社会里，厕所，尤其是公共厕所早已不仅仅是人类生理代谢简陋而随意的场地，还是兼有卫生整理、休息乃至于审美、商业、文化等多种功能的场所。公共厕所是景区经济发展水平和城市居民生活质量的重要标志，是现代景区文明形象的窗口之一，显示着一个民族的文明素质。

过去，我国绝大多数旅游景区的厕所是传统暴露式蹲坑厕所，外国旅游者对旅游景区厕所卫生状况反映最强烈。为此，国家旅游局曾多次拨出专款解决旅游景区厕所问题，同时为了规范我国旅游厕所建设和管理，提高旅游厕所建设和管理水平，更好地为国内外旅游者提供服务，优化旅游环境，国家旅游局于2016年制定了《旅游厕所质量等级的划分与评定》（GB/T 18973—2016）标准，该标准将旅游厕所质量等级划分为3个等级。各景区应根据实际情况，逐步完善厕所及其他卫生设施。

第一，重视规划设计与选址。景区厕所的选址、设计与建设，要尽量做到与周围环境和谐，实现数量与质量、适用与美观的统一。重要旅游区的厕所还要适当增加文化内涵，在为旅游者提供方便的同时，发挥赏心悦目的功能。

第二，体现环保理念。建厕工作对水源要求较高，同时又有可能引起环境污染，因此在建设过程中要体现环保意识。无上下水系统的山岳型景点厕所，应尽量建在能使污物自然化解、不造成环境污染的合适地点。加强自然通风措施，并采用“生态厕所”“沼气化粪”等先进技术，以保证厕所外观整洁，内部干净，使用安全。

第三，表现人文关怀。景区厕所的设计与建设，还必须按照与国际接轨的要求，对特殊人群给予关注，如适当增加女厕厕位的数量，有专门适应儿童的厕所，为残疾人提

供位置判断方便、进出方便、使用方便的专门设施，新建或者改建第三卫生间。

第四，景区厕所卫生标准。严格按照《旅游厕所质量等级的划分与评定》对厕所卫生进行管理：

①所有厕所在开门接待客人前必须打扫干净，做到地面无污物、尘土、积水，便池无污物、不堵塞，墙壁门窗无蛛网、无乱涂乱画形象，无积土，无明显异味，纸篓倒净。

②在游览时间内，厕所清扫人员要随时或定时清扫。

③每一位清扫人员下班之前，其负责的厕所必须达到卫生标准。

④按以下顺序进行厕所保洁工作：墙壁、天花板和门窗，厕位和便池，纸篓，地面。

（2）景区垃圾处理。

第一，景区垃圾问题。随着旅游业的迅猛发展，旅游景区垃圾也不断增加。若按垃圾的来源分类，大致可分为两类：一类是旅游者在旅游过程中产生的各类生活垃圾；另一类是旅游经营单位和个人经营产生的垃圾。景区垃圾是一把“双刃剑”，处理不当会影响旅游体验、有损旅游形象、危害人体健康、威胁旅游安全、影响旅游可持续发展，但若处理得当就会变成宝贵的财富。

第二，景区垃圾处理。如果旅游景区位于城区或者城郊，旅游垃圾可纳入城市垃圾处理系统；如果旅游景区远离城镇，就要考虑旅游垃圾清运处理问题。在旅游旺季，要及时清运垃圾，如果游客不多或在旅游淡季，可根据情况处理。垃圾桶（箱）要及时清洗、消毒。收垃圾最好选在开放时间之外，以免干扰游客。当今广泛应用的垃圾处理方法就是卫生填埋、高温堆肥和焚烧。垃圾处理的目的是无害化、资源化和减量化，其中减量化是解决景区垃圾问题的关键。减量主要包括垃圾产生量的减少及垃圾自身的减少。垃圾产生量的减少必须从源头做起：如通过改变景区燃料结构，提高燃气普及率和集中供热率，减少煤灰垃圾产生量；提倡减少使用一次性塑料袋等，直接减少垃圾产生量。

第三，景区垃圾管理的具体措施。针对旅游垃圾的危害，应该采取以下措施：加强旅游景区垃圾的收集，建立景区卫生管理制度，责任到人，奖罚分明；合理配置垃圾桶的数量，并合理摆放，既要满足需要，又不影响景观的协调性；进行垃圾的科学分类，实施废物回收制度，减少垃圾处理量；运用科学有效的垃圾处理方法，将垃圾对环境、人体的危害降到最小；加强对游客的教育，运用各种措施使游客认识到保护环境的重要性，使他们养成自觉爱护环境的意识。

#### 4. 扎实的卫生宣传教育工作

景区要运用多种手段向公众宣传讲究卫生、爱护环境的知识，以提高公众的环境保护意识，从而达到提升景区卫生质量的目的。旅游景区卫生宣传教育对象主要包括旅游者、旅游景区工作人员以及旅游景区所在地的居民。

对于旅游者而言，旅游景区卫生宣传教育重点主要在于促进旅游者的消费行为文明化，将旅游者行为对旅游景区环境造成的负面影响减到最小，如不随地吐痰、不乱扔垃圾等；对旅游景区工作人员的教育主要是增强其环境保护的意识、知识与技能，让其在日常工作中能够按照科学理论的指导为旅游者提供更为专业的服务；具有强烈环保意识的社会环境能够对旅游者起到极大的约束作用，所以对社区居民卫生宣传教育工作不容忽视。对景区所在地居民的教育应立足于普遍增强居民的环保意识，鼓励其广泛参与到旅游景区环保中来。

5. 赏罚分明的经济激励措施

经济激励措施是对为旅游景区卫生优化做出贡献的组织和个人予以奖励，对破坏旅游景区环境的组织和个人处以经济处罚的行为。如老君山旅游风景区从2000年起，在全国首创“垃圾换早餐”的环保措施。在风景区入口给游客发放一个塑料袋，并承诺：凡捡回一塑料袋垃圾，交到回收点，即可获得一张价值10元的早餐券，也可凭早餐券兑换10元现金。此举实施后，风景区内一天比一天干净。如今，想捡垃圾兑换早餐或现金，反成了不易之事。

## 第三节 旅游景区资源保护与管理

旅游景区环境管理需要在充分认识旅游活动对旅游景区环境影响的基础上，综合运用经济、法律、技术、行政、教育等手段，提高旅游景区环境质量，增强旅游景区的吸引力，并对一切可能损害旅游景区环境的行为和活动施加影响，从而协调旅游景区经营活动与环境保护之间的关系，为游客营造一个高质量的旅游景区环境，以实现旅游景区经济效益、环境效益、社会效益等各方面的有机统一。

### 一、旅游景区资源的概念

#### （一）旅游景区资源基本认知

景区资源就是指景区内具有旅游开发价值，能够吸引游客并能满足旅游需要的自然和人文景观以及旅游服务设施的总和。而旅游资源概念是：自然界和人类社会凡能对旅游者产生吸引力，可以为旅游业开发利用，并可产生经济效益、社会效益和环境效益的各种事物和因素（国家旅游局、国家技术监督局《旅游规划通则》2003）。旅游资源强调吸引力，景区资源重视开发价值，两者有因果关系；旅游资源强调广泛性和可能性，景区资源强调综合性。

#### （二）旅游景区资源的特征

客观性。可以有形，可以无形，但必须是客观存在的，有文脉根源。其一，是可以通过感官感知。例如，佛光、极光。再如，重庆的闷热，雅安的阴湿，高原的紫外线；其二，能够通过讲解能使人相信，信服她是存在（过）的。如钓鱼城“上帝之鞭折鞭处”的史诗般壮阔；巫山神女痴情等待的凄美。因此，生搬硬套，草率模仿的景观没有吸引力就是这个道理。

吸引性。能够给外地游客前往访问的理由。其深层原理是差异化。景区能够提供游客在其原住地不能享受，甚至接触到的内容。因为差异而构成的吸引力。旅游开发要明确目标市场，强化差异。

功能性。景区资源具有潜在的造景功能，具备开发成旅游景观或旅游项目的潜质和条件，“原材料”需要开发以增强其吸引力。例如，通过游览线路设计，使四姑娘山的精华景色可以在较短的时间内展示给游客；九寨沟的民族歌舞晚会，通过发掘、组合和包装，在短短两个小时的时间，集中展现藏族、羌族迷人的风情和精华的歌舞，无疑增强了资源吸引力。旅游资源需要不断地开发，是一个动态的过程。清乾隆年间袁枚游历了广东仁化的丹霞山，在《游丹霞记》中没有提到目前最著名的两处景观“阳元石”和“玉女渊”。说明，“没见阳元石，未到丹霞山”，只是那时候，这两处景观尚未被“发现”。“发现”并不是指第一次看到某东西，而应该是第一次赋予某个东西以某种意义。（单之蔷，2006）开发的过程往往就是对资源的再发现的过程。

宽泛性。旅游景区资源既具有内容多样的丰富性，也具备内涵拓展的多元性。所谓“物物皆可能成为旅游景观”，还包括满足游客需求的服务设施、旅游市场，是供景区利用的各种物质和非物质的总称。

### （三）旅游景区资源的分类

#### 1. 按旅游资源类型分类（见表 6-2）

（1）自然景观类：以自然资源为依托的景区。

（2）人文景观类：指由各种社会环境、人民生活、历史文物、文化艺术、民族风情和物质生产构成为人文景观。

表 6-2 按旅游资源类型分类

| 类型 | 范例 |
| --- | --- |
| 自然景观类 | 泰山、五台山、黄河、峨眉山、西湖、珠穆朗玛、昆明石林等一系列自然景观 |
| 人文景观类 | 敦煌石窟、白马寺、圆明园、都江堰、西安鼓楼、茶马古道、秦始皇兵马俑等 |

#### 2. 按自然资源细分（见表 6-3）

（1）地文景观类景区：主要是在自然环境的影响下，地球内力作用和外力作用共同作用形成的，直接受地层和岩石、地质构造、地质动力等因素的影响而产生的景观。

（2）水域风光类景区：属于自然景观但重点突出江河、湖海、飞瀑流泉等水域景观。

（3）生物景观类景区：指各类由动植物为主体所组成的景观。

（4）天象与气候类景区：主要指千变万化的气象景观、天气现象以及不同地区的气候资源所构成的丰富多彩的气候天象景观。

表 6-3 按自然资源细分

| 类型 | 范例 |
| --- | --- |
| 地文景观类景区 | 五台山、华山、广东肇庆七星岩、云南路南石林风景区、贵州的织金洞、黔灵山麒麟洞、鄱阳湖口石钟山景区 |
| 水域风光类景区 | 西湖、洞庭湖、黄果树瀑布、长江三峡、黄河、新疆天山天池、青海湖 |
| 生物景观类景区 | 新疆巴音布鲁克草原、东北长白山原始森林、云南西双版纳原始森林景观、四川九寨白河自然保护区、可可西里保护区 |
| 天象与气候类景区 | 在漠河和新疆阿尔泰看极光，沙漠上的海市蜃楼，峨眉山佛光，东北的雾凇 |

3. 按人文资源细分（见表 6-4）

（1）历史遗址景区：依托由古代流传，保存至今，具有历史意义的资源而产生的景区。

（2）建筑物景区：通常指设计具有独创性，唯一性，具有纪念意义等重要意义的建筑物。

（3）博物馆景区。

（4）民族民俗景区：具有民族文化和民族生活氛围以及能体现各个民族传统风尚、礼节、习性的景区。

（5）关于宗教的景区。

（6）关于节事节气的景区：由重要的节日庆典或特别的节日活动而独树一帜的景区。

表 6-4　按人文资源细分

| 类型 | 范例 |
|---|---|
| 历史遗址景区 | 敦煌石窟、都江堰水利工程、长城、颐和园、圆明园、紫禁城、秦始皇兵马俑、布达拉宫 |
| 建筑物景区 | 台北101大厦、东方明珠、广东电视塔、央视演播大厦、埃菲尔铁塔、迪拜帆船酒店 |
| 博物馆景区 | 首都博物馆、大英帝国博物馆、国家博物馆、上海博物馆、巴黎卢浮宫 |
| 民族民俗景区 | 云南丽江东巴谷、内蒙古通湖草原 |
| 关于宗教的景区 | 圣城麦加、耶路撒冷、布达拉宫、大足石刻 |
| 关于节事节气 | 傣族泼水节、彝族火把节、巴西狂欢节 |

4. 按开发类型分类（见表 6-5）

（1）主题公园，是根据某个特定的主题，采用现代科学技术和多层次活动设置方式，集诸多娱乐活动、休闲要素和服务接待设施于一体的现代旅游目的地。

（2）旅游度假区，是指符合国际度假旅游要求、接待海内外旅游者为主的综合性旅游区，有明确的地域界限，适于集中设配套旅游设施，所在地区旅游度假资源丰富，客源基础较好，交通便捷，对外开放工作已有较好基础。

表 6-5　按开发类型分类

| 类型 | 范例 |
|---|---|
| 主题公园 | 迪士尼、欢乐谷、海洋公园 |
| 旅游度假区 | 北海银滩国家旅游度假区、三亚亚龙湾旅游度假区 |

5. 按游客参与度划分旅游景区（见表 6-6）

表 6-6　按游客参与度划分旅游景区

| 类型 | 范例 |
|---|---|
| 美食类景区 | 台湾士林夜市 |
| 探险类景区 | 神农架原始森林、奉节天坑地缝溶洞 |
| 刺激类景区 | 北京怀北国际滑雪场、澳门蹦极塔 |
| 节事活动 | 狂欢节、青岛啤酒节、云南傣族泼水节、凉山彝族火把节 |

### 6. 按旅游景区质量等级划分（见表 6-7）

表 6-7 按旅游景区质量等级划分

| 类型 | 范例 |
|---|---|
| 5A级景区 | 云阳龙缸景区、故宫博物院、颐和园、九寨沟、九华山 |
| 4A级景区 | 长江索道、孔子庙、平遥县镇国寺、滕王阁、江西凤凰沟景区 |
| 3A级景区 | 鹅岭公园、北京中华文化园、洛阳花果山 |
| 2A级景区 | 巴州金海湾疗养培训中心、乌鲁木齐燕尔窝风景区、西藏昌都地区然乌湖、昆明岩泉风景区 |
| 1A级景区 | 汉中秦巴民俗园、西安鸿门宴遗址、西藏拉萨市热堆寺卓玛拉康、敦煌白马塔景区 |

### 7. 按娱乐内容划分景区（见表 6-8）

表 6-8 按娱乐内容划分景区

| 类型 | 范例 |
|---|---|
| 游乐园 | 欢乐谷、迪士尼 |
| 电影院 | 万达电影院、UME影院、星美国际电影院 |
| 赌场 | 澳门葡京赌场 |
| 购物中心 | 成都环球中心 |
| 表演中心 | 国家大剧院 |

### 8. 按景区适合的年龄段划分（见表 6-9）

不同年龄段的消费者选择的景区必然有不同之处，如小孩想去游乐园性质的景区，而年轻人想去新奇、有刺激性、有挑战性的地区，而中老年人则会选择偏向轻松的观光型休闲景区。同理，个人、情侣、家庭在选择景区时也会有一定差异，因此可根据此划分景区。

表 6-9 景区适合的年龄段划分

| 消费人群 | 适合景区 |
|---|---|
| 儿童 | 迪士尼乐园、海洋公园、欢乐谷 |
| 中青年 | 西藏拉萨、泰山、峨眉山 |
| 中老年 | 海南三亚度假区、普吉岛等 |

### 9. 按旅游景区所在地划分（见表 6-10）

表 6-10 按旅游景区所在地划分

| 类型 | 范例 |
|---|---|
| 国内景区 | 泰山、峨眉山 |
| 国外景区 | 埃菲尔铁塔、卢浮宫、威尼斯等 |

10. 按世界遗产的种类来分类（见表 6-11）

根据形态和性质，世界遗产分为文化遗产、自然遗产、文化和自然双重遗产、人类非物质文化遗产、文化景观遗产，因此景区也可以根据此来分类。

表 6-11　按世界遗产的种类来分类

| 类型 | 范例 |
|---|---|
| 文化遗产 | 山西平遥古镇、北京颐和园、天坛、洛阳龙门石窟 |
| 自然遗产 | 云南省三江并流、中国南方喀斯特地貌 |
| 文化和自然双重遗产 | 泰山、黄山、乐山大佛 |
| 非物质文化遗产 | 古琴艺术、苏州昆区、蒙古长调、新疆维吾尔木卡姆艺术 |
| 文化景观遗产 | 新西兰的汤加里罗国家公园 |

## 二、旅游景区资源保护的意义

《旅游法》第 4 条规定：“国家鼓励各类市场主体在有效保护旅游资源的前提下，依法合理利用旅游资源”，这就是旅游资源保护的原则和要求。旅游资源保护，就是为了可持续地开发利用旅游资源，更好地保持旅游资源的差异化和原生态。生态旅游是对不可再生性资源的保护，旅游景观不仅是一种有限的资源，而且遭到破坏就无法复原，具有不可逆性。人口、科技、交通工具的发展，地球上有限资源所受的压力日增，大量消费的结果，使旅游资源日益趋于匮乏。旅游景观的改变具有持久性，因此也就使它具有非再生性资源的性质。

生态旅游能够满足人类对生活品质的不断需求，从这种活动中不仅获得适当的身心运动和锻炼体魄，使身体更加健康；更因为活动中的静态休闲活动以及净化心灵满足人们生理上及心理上的需求，而使他感觉幸福，培养人们高尚的情操，自尊的情怀，以及对精神上的追求。由此可见，人类的生活需要生态旅游进行调剂，为了满足人们精神上和物质上的需求，人类情愿花钱去获得更好的旅游质量。总之，不管时代多么进步、工商业多么发达，人类对生态旅游的需求是不可能降低的。

生态旅游是对历史资源的传承和延续。旅游资源是经由中华民族祖先的血汗、智能以及梦想改造而成的，是先人们留给我们相当的重要的遗产。从旅游当中游客可以感受到各个历史阶段的痕迹，这些痕迹使我们具有不可替代的教育意义、象征意义和潜作用力，生态旅游也为后人留下最好的宝贵财富。

研究生态旅游的经济意义的目的所在是更好地开发和利用人类所拥有的自然资源和人文资源。旅游资源是人类可能利用的自然界和人文的物质；环境则是资源的状态；而旅游生态就是在旅游过程中人与自然界中各种资源之间的相互关系。可持续发展的旅游资源观就是资源的持续利用。通过旅游资源的合理开发、节约使用、防治污染，保护环境，维护生态系统的动态平衡，实现地区经济和旅游产业的可持续发展。人类发展的历史表明应该维护生态平衡，可持续发展要求维护生态平衡。人类不可能不发展，生态不可能不改变。生态平衡既然不可能恢复，只有树立生态动态平衡维护观才是科学的，才能为旅游资源开发和利用可持续发展的实践服务。

利用自然优势发展旅游，既可满足都市人的需求，又能发展地方经济，但要在保护自然环境的基础上进行，避免人的活动破坏自然环境。一方面要加强对游客的管理；另一方面在设施建设和项目设置上要注意生态环境承受能力，尤其是生态本已处在脆弱状态的地方，开发旅游更要谨慎。

回望历史，人类的文明发展史是基于自然资源的不断开发中创造了辉煌灿烂的文明古国，人类才有了今天的发展。尽管人类开始懂得理解自然，亲近自然，明白自然与人类生活的重要性，但更加应该尊重自然，保护自然。在发展生态旅游中应该回报自然，在原生态保存完好的景区景点，应采取开发单一旅游线路、不要过多地搞人工建筑、要限制游客数量、规定活动范围等方法来尽可能地减少旅游业的快速发展给当地生态带来的不利影响。

## 三、旅游景区资源保护的举措

采取必要的措施，是旅游景区开展保护性开发的有效途径。

（1）进行功能分区。应根据旅游景区的具体情况，在充分调查研究的基础上进行综合规划，尤为重要的是要做好功能分区工作，如长白山自然保护区划分为核心区、缓冲区和试验区。核心区是整个保护区的绝对保护地段，除进行巡护和经国务院批准的定期资源普查外，不准进行任何其他活动，以保持自然状态和储存物种，缓冲区是核心区与试验区的过渡带，主要作用是保护核心区，使其免遭破。试验区是保护区内综合利用自然资源的地段，试验区内可以开展科学考察、研究和试验以及教学实习，也可结合自然风景划定区域，开展不影响自然保护的参观旅游活动。

（2）健全环保机制。景区开展旅游活动应尽快建立健全三种环保机制：

①行政立法机制。包括对到景区旅游的单位、个人的一系列限制性规定，如人员定额、禁令和制裁措施等。

②经济计划机制。按时间尺度划分，包括近期、中期、长期规划，它补充行政立法机制，以经济计划为手段，对景区旅游事业的发展规模与速度进行宏观调控。

③旅游开发的经济核算和有偿使用机制。即补偿因利用自然资源开展旅游所造成的损失。

目前国内大多数生态景区采取发售门票或收取资源维护费的办法，而且价格偏高，游人意见大。解决的办法是，生态景区经营、管理人员应以劳力、知识和技能为消费者提供服务，以此满足消费者的需求，如可为一定数量的游人配备一位导游兼环保工作人员，可谓一举多得。

（3）慎重对待土木建设。例如建造索道，必须先修路，修路必先伐树、炸山，因此建索道通缆车对自然资源与环境的破坏是极其严重的，所以国外像美国的黄石公园、大峡谷都是绝不允许建造索道的。

（4）加强科学管理。如何提高景区经营者的管理水平，是景区旅游事业成败的关键因素之一。在经营思想上，应改变目前“粗放经营”的做法，而以优美的自然环境、优质服务取胜，必要时可适当限制游人人数，以利于资源、环境的保护。例如，厄瓜多尔政府便对到科隆群岛（即加拉帕戈斯群岛）旅游的人数严格限制在每年 2.5 万人以内，任何一个岛上的每日游客数不得超过90人。在管理方面，保护区可以和附近的乡、镇共管旅游业，做到有责大家尽，有利大家图，旅游、环保齐头并进。旅游项目的选择，应以知识性旅游为主，在一些景点挂牌介绍该景点的内容，向游人传授科学知识。保护区内一定要采用线性开发的方式，严禁游人到处乱跑。主要开展一日游，以减轻游人对自然资源与环境的破坏。

## 【扩展案例】

### 黄山风景区资源保护措施

**一、依法治山是风景区资源保护的基础**

风景区要做好资源保护，必须使资源管理走上法制轨道。一是加快立法建设，走依法治山的道路。近十几年来，政府和有关管理机构颁发的针对黄山管理工作的法规文件达70余件涵盖了景区的规划设计、风景名胜保护、森林防火、环境保护、植物检疫等各个方面；二是要重视普法宣传。对相关法律法规要通过广泛宣传贯彻，增强景区干部职工和游客依法治山的意识；三是要严格执法，加快执法队伍的建设，使风景区的资源保护走上依法管理的轨道。

**二、景点客流调控是资源保护的有效手段**

实行热线景点单独管理和疲劳景点轮休制。先后对天都峰、始信峰、莲花峰等热线景点实行单独售票管理，控制游客数量，减轻了各景点的超负荷运转。还对这几处景点实行了封闭轮休，让其得到休养生息的机会，并辅以人工措施，加快植被的恢复进程。

研究试行分区旅游。1994年以来着手研究制定规划，将黄山风景区分为北海、玉屏、温泉、云谷、钩桥、松谷6个相互独立又相互贯通的游览单元，实行分区管理，改变不合理的游览线路布局，有计划调控游客的时空分布。

**三、森林资源保护是景区资源保护的重中之重**

黄山风景区现有国有土地12255.9公顷，其中有林地8742.4公顷，灌木林地1480.3公顷，疏林地685.1公顷，景区森林覆盖率83.4%。对黄山森林资源采取多方面保护措施，取得良好成效。

森林防火常抓不懈。黄山风景区管理委员会狠抓了防火队伍、防火基础设施、防火宣传、火源监控、协作联防等方面的建设，健全了机构，完善了制度，不断提高森林防火管理水平，实现了连续23年无森林火灾。

加强古树名木保护。黄山风景区登记建档的古树名木已有110株，其中54株被列入世界自然遗产名录。对游道两旁的树木包围竹片，定期对古树名木进行全面调查和防治，定期邀请专家对古树名木进行会诊、并对其采取综合保护措施，对重点古树名木确定专人进行日常养护，编制了古树名木管理软件，实行了计算机管理。

严格植物检疫。黄山风景区陆续建立以预防松材线虫病为重点的病虫害监测网络，以景区内松林为重点，常年开展森林病虫害监测预报工作。现设立了1个监测站，4个监测分站和13个监测点，坚持每年春秋两季进行松材线虫病专项普查，并及时清理枯死树木。同时设置了一个检疫检查站和5个检疫检查分站。通过全天候检疫检查，杜绝一切松木进山，切断病原物进入景区的途径。

开展生物多样性保护。黄山风景区现有植物1805种，其中国家一类保护#1种，二类保护2种，三类保护8种；有野生动物249种，其中属国家二级保护的20种。风景区长期坚持封山育林和禁止狩猎，禁止开山采石和挖沙取土，建立高山植物园，繁殖和保存珍稀名贵树种，开发了浮溪猴谷，对国家二级保护动物黄山短尾猴进行科学驯化、保护和研究。

**四、通过加强资源保护改善旅游生态环境**

水土保持与美化环境相结合。实行风景区退耕还林和退茶还林；改革殡葬制度，禁止在景区内修墓下葬；实施了桃花峰美化及高海拔华箬竹的更新造林等项目。修建挡土墙、驳岸等水土保持设施，对盘山公路、登山步道沿线、河床两岸的危险地带进行保护。同时结合植树种草，扩大绿化面积，美化游览环境。

## 【小结】

旅游景区资源与环境管理是景区管理中较为隐形的环境，对景区的氛围营造有非常重要的作用，在卫生环境、建筑环境、人文环境等各个方面，都对景区的环境建设提出了要求。

## 【复习思考题】

1. 你认为景区环境服务与管理中，最重要的是什么?
2. 如何进行景区植物环境的管理?

# 第七章

# 旅游景区安全服务与管理

【章节导读】

旅游景区安全是旅游安全最重要环节，越来越成为旅游景区建设、旅游景区服务与管理的重要部分。旅游景区的安全服务直接影响到景区的声誉和形象。本章涉及景区安全服务管理内容包括旅游景区自然灾害预防和防控治理，景区旅游服务设施设备的安全，景区活动与事件的安全，景区的社会治安安全以及景区游客生活与文化健康（OHSW），这些安全因素容易对游客在景区的旅游活动产生影响。

【学习目标】

◆ 了解旅游景区自然灾害的类型、特点和预防措施。
◆ 熟悉旅游景区安全事故形态及管理方法。
◆ 理解旅游景区设施安全管理的内容及其重要性。
◆ 熟悉旅游景区安全管理机制的重要性。
◆ 提高安全意识，能够预判景区安全隐患。
◆ 具备一定的安全事故应急处理能力。

【学习重点】

◆ 旅游景区设施设备的安全管理。

# 第一节　关于旅游景区安全

## 一、景区安全管理的概念

旅游业因其综合性强、关联度高、涉及面广等特性，旅游的安全管理显得尤为复杂、重要。旅游景区作为旅游业的重要组成部分，是游客旅游的最终目的地和重要集散地，面临复杂的旅游环境，要确保景区与游客的人身和财产安全，确保景区能稳定地发展，景区安全管理是不容忽视的一个环节，也是维护景区声誉、提高服务质量，保证景区接待服务活动正常开展的重要条件。

景区安全管理是根据国家旅游安全工作方针政策，为确保景区和旅游者的人身及财产安全，在接待服务过程中所采取的一系列制度、措施方法等管理活动的总称。包括旅游活动各个环节中的安全现象，也包括旅游活动中涉及人、设备、环境等相关主体的安全现象。管理既包括旅游活动中的安全观念、安全意识、思想建设与安全制度等“上层建筑”，也包括旅游活动中安全的防控、保障与管理等“物质基础”。

## 二、旅游景区安全管理类别

旅游景区安全管理基本上是通过行政、法律、教育、经济、技术等多种途径和手段，来实现旅游景区对各类伤亡事故、灾害事故以及职业危害有效控制的活动。从旅游业运行的环节和旅游活动特点来看，旅游安全贯穿于旅游活动的六大环节。旅游景区安全管理分类方式较多，例如根据管理方式分类、根据管理内容分类等。结合旅游景区的实际情况，安全可以分为饮食安全、住宿安全、交通安全、游览安全、购物安全、节事活动等娱乐安全六大类。当然，还有其他的安全分类方式，这里不再赘述。

### （一）餐饮安全

部分景区内设置有餐饮服务，餐饮卫生安全问题可能引发旅游者的疾病导致食物中毒。在引起不适或中毒之后，医疗点的设立，其地理位置、设备和药物等都显得十分重要。定期进行景区范围内的餐饮卫生检查，加强旅游景区餐饮食品安全综合整治，消除安全隐患，以保证景区的餐饮卫生质量，景区设立医疗点，配置医疗设备和医疗药物，防患于未然。让旅游者在游览途中不要因为身体原因而降低对该景区的游览满意度。

### （二）住宿安全

一般情况下，很多景区内部不宜布置住宿设施，但是有些景区因为条件限制，需要布局有住宿设施，因此住宿安全成为其中一部分，特别是自然区、古镇（村）内的住宿。人在睡眠过程中，对外界的感知力、抵抗力都降低，无法准确预测和判断危险的来源，故选择让自己放心的住宿环境是非常重要的。一是规范住宿设施建设和安全设备留置；二是建议游客不去三无酒店，不贪图小便宜，尽量选择评价好、环境好的酒店进行入住；三是进入酒店后先观察安全门和安全通道，入睡时将门窗、房门关好。

### （三）交通安全

旅游交通安全是旅游安全中最容易发生的。而旅游景区的交通安全形态也是多种多样，有公路交通安全，包括公交车、电瓶车、特殊交通等；也包括步道安全。尤其在旅游景区游客密度较大的地区，交通安全更应该引起重视。目前，旅游景区各式各样，游览方式也十分丰富，如迷宫主题景区、乡村旅游等，道路交通情况复杂，通行安全条件较差，景区在规划时一定要充分考虑所存在的所有安全隐患，解决问题。影响景区交通安全的要素也较多，旅游者在出行时也应了解旅游目的地的天气状况、交通路况，以保护自身的安全，旅游景区应该加强各种安全可能的预见性管理。

### （四）游览安全

游览安全是指旅游者在景区旅游活动过程中可能导致的安全，在旅游游览行进过程中，在观光、体验过程中等都容易导致安全问题。引起的原因包括旅游设施设备、天气、游客本身、客流过大、地理条件、管理失误等。在旅游景区日常管理工作中，贯彻“以人为本，关爱生命”的指导原则，对景区进行安全设施检查，对景区游览活动安排进行合理化调整。例如，四川黄龙景区海拔 3070~3900 米，按照景区线路设计和道路情况，旅游者必须步行，但是旅行社在安排活动方面不注意老年旅游团队的身体情况，导致游览活动相对困难，游客常有缺氧等情况发生，安全隐患较大。

### （五）购物安全

旅游购物是旅游者旅游活动的重要环节，购物品涉及农业、工业、商业等众多产业和部门。由于旅游购物能够带来较多的经济效益，因此被政府、企业、商家所关注。购物安全既包括商品本身的价格安全，如价格欺诈、强买强卖，也包括游客自身的财务安全和人身安全，如偷窃、抢劫、个人信息泄露等，都会影响游客的购买决策，甚至影响到整个旅游活动的游览心情。过去，某些低价团中设置的隐形消费金额，在参团期间必须进入指定店铺消费，消费不满一定金额不让出店门，给旅游地带来负面影响，也严重影响到旅游者心情。

### （六）节事活动安全

在游览观光过程中，娱乐安全通常是最容易被忽视的，旅游者进行娱乐活动时，精神状态放松，警惕性下降，安全系数降低。因此旅游者在娱乐过程中也要注意保管好自己的随身物品，不要单独行动，不要在混乱的娱乐场所逗留，防止踩踏、诈骗、盗窃和抢劫事故的发生。如 2014 年 12 月 31 日的上海外滩踩踏事件，导致 36 人死亡，49 人受伤。在参与游览项目的时候应当量力而行，根据自身的身体状况选择适合的娱乐项目，尽量不要单独行动，更不能参与违法的娱乐活动。如 2017 某动物园老虎咬人事件，就是游客不按景区规矩私自进入园区而发生的惨案。

## 三、旅游景区安全的特征

### （一）导致安全事故的因素多，并且具有交叉性

一般来讲，导致旅游景区安全事故的因数并非某一方面，它可能是人为因素、设施设备、自然因素、卫生健康等多因素的结果。曾经的北京密云事故，安全问题发生与基础设施，即虹桥梯坎不规则、现场管理和组织疏导不到位、游客缺乏景区预知信息等有直接关系。因此景区安全预防应该系统化、精细化，进行安全综合预防。

### （二）安全管理范围广泛、难度高、要求严

在游览的过程中，由于旅游者流动性强，逗留时间短，人流量大；游览安全事故具有多种表现形态，不同形态的安全事故造成的损失与影响都较大。因此景区安全管理的范围广、难度高，应该进行严格管理。

### （三）对旅游景区旅游形象负面影响巨大

根据旅游者出游动机，影响旅游者的出行因素中，安全因素排在第一位。旅游景区是旅游地对外宣传的窗口，旅游景区事故直接影响到旅游景区的形象，还会冲击旅游企业和当地旅游经济，甚至损害到地方形象和国家形象、影响国际关系。1994 年 3 月千岛湖特大抢劫纵火杀人案，对中国旅游业就产生了严重的影响，该事件导致中国旅游形象整体下滑，国际游客数量骤减，景区花费大量精力才恢复旅游形象，走上正轨。

### （四）安全事故发生具有不可预见性和连环性

景区安全事故发生往往都是在意料之外，有的安全事故发生之后，容易发生连锁反应，事故的发生与应急情况直接反映景区管理水平。如峨眉山风景区，2005 年 5 月某日突降雨，清音阁—九老洞—雷洞坪一带的登山步游游客遇上险情，而且又因暴雨，索道停开，安全情况非常严峻，遇险游客直到第二天才得到景区的妥善处理，方无大碍。

# 第二节　主要自然灾害和安全管理

## 一、地震灾害

### （一）地震概念

地震是地壳快速释放能量过程中造成的震动，其间会产生地震波，其中地震波又分为 S 波及 P 波。地震可由地震仪所测量，地震的震级是用作表示由震源释放出来的能量，通常以“里氏地震规模”来表示；烈度则透过“修订麦加利地震烈度表”来表示，某地点的地震烈度是指地震引致该地点地壳运动的猛烈程度，是由震动对个人、家具、房

屋、地质结构等所产生的影响来断定。在地球的表面，地震会使地面发生震动，有时则会发生地面移动。震动可能引发山泥倾泻甚或火山活动。如地震在海底发生，海床的移动甚至会引发海啸。

## （二）地震的分类

地震的主要分类如表 7-1 所示。

表 7-1　地震的主要分类

| 分类标准 | 地震类型 | 指标或特征描述 |
|---|---|---|
| 根据发生的位置 | 板缘地震（板块边界地震） | 发生在板块边界上的地震，环太平洋地震带上绝大多数地震属于此类 |
| | 板内地震 | 发生在板块内部的地震，如欧亚大陆内部（包括中国）的地震多属此类。板内地震除与板块运动有关，还要受局部地质环境的影响，其发震的原因与规律比板缘地震更复杂 |
| | 火山地震 | 是由火山爆发时所引起的能量冲击，而产生的地壳振动 |
| 根据震动性质 | 天然地震 | 指自然界发生的地震现象 |
| | 人工地震 | 由爆破、核试验等人为因素引起的地面震动 |
| | 脉动 | 由于大气活动、海浪冲击等原因引起的地球表层的经常性微动 |
| 按地震形成的原因 | 构造地震 | 是由于岩层断裂，发生变位错动，在地质构造上发生巨大变化而产生的地震，所以叫作构造地震，也叫断裂地震 |
| | 火山地震 | 是由火山爆发时所引起的能量冲击，而产生的地壳振动。火山地震有时也相当强烈。但这种地震所波及的地区通常只限于火山附近的几十公里远的范围内，而且发生次数也较少，只占地震次数的7%左右，所造成的危害较轻 |
| | 陷落地震 | 由于地层陷落引起的地震。这种地震发生的次数更少，只占地震总次数的3%左右，震级很小，影响范围有限，破坏也较小 |
| | 诱发地震 | 在特定的地区因某种地壳外界因素诱发（如陨石坠落、水库蓄水、深井注水）而引起的地震 |
| | 人工地震 | 地下核爆炸、炸药爆破等人为引起的地面振动称为人工地震。人工地震是由人为活动引起的地震。如工业爆破、地下核爆炸造成的振动；在深井中进行高压注水以及大水库蓄水后增加了地壳的压力，有时也会诱发地震 |
| 根据震源深度 | 浅源地震 | 震源深度小于60公里的地震，大多数破坏性地震是浅源地震 |
| | 中源地震 | 震源深度为60~300公里 |
| | 深源地震 | 震源深度在300公里以上的地震，世界上记录到的最深地震的震源深度为786公里 |

（资料来源：中国地震局，中国科学院地球环境研究所）

此外，还有按地震的远近、按震级大小、按破坏程度的分类。

## （三）我国地震的分布

### 1. 时间分布

根据历史上地震和现今地震大量资料的统计分析，发现地震活动在时间上的分布是不均匀的，一段时间发生地震较多，震级较大，称为地震活跃期；另一段时间发生地震较少，震级较小，称为地震活动平静期；表现出地震活动具有一定的周期性。中国大陆东部地震活动周期普遍比西部长。东部的活动周期大约300年，西部为100~200年。如陕西渭河平原地震带，从881年（唐末）到1486年606年间，就没有破坏性地震的记载。1556年华县8级大地震后几十年，地震比较活跃。1570年以后这一带就没有6级以上地震，连5级左右的地震也是很少。20世纪中国地震活跃期和平静期的统计情况如表7–2所示。

表7–2　20世纪中国地震活跃期和平静期的统计情况

| | 活跃期 | 平静期 | 7级以上地震（次） | $M_{max}$ |
|---|---|---|---|---|
| Ⅰ | 1897~1914年（18年） | 1915~1919年（5年） | 6 | 8.25 |
| Ⅱ | 1920~1934年（15年） | 1935~1945年（11年） | 11 | 8.0 |
| Ⅲ | 1946~1957年（12年） | 1958~1965年（8年） | 15 | 8.6 |
| Ⅳ | 1966~1976年（11年） | 1977~1987年（10年） | 13 | 7.8 |
| | 1988~1997年（10年） | | 10 | 7.6 |

（资料来源：根据中科院地球环境研究所统计，2001）

部分20世纪中国地震活跃期的统计情况如表7–3所示。

表7–3　部分20世纪中国地震活跃期的统计情况

| | 起目年份 | 7级以上地震 | 死亡人数（万） | 备注 |
|---|---|---|---|---|
| Ⅰ | 1895~1906 | 10次 | — | 资料不全 |
| Ⅱ | 1920~1934 | 12次 | 25~30 | — |
| Ⅲ | 1946~1955 | 14次 | 1~2 | 主要在青藏地区活动 |
| Ⅳ | 1966~1976 | 14次 | 21 | — |

（资料来源：中国地震信息网）

### 2. 空间分布

中国的地震活动主要分布在5个地区，它们分别是台湾省及其附近海域；西南地区，包括西藏、四川中西部和云南中西部；西部地区，主要在甘肃河西走廊、青海、宁夏以及新疆天山南北麓；华北地区，主要在太行山两侧、汾渭河谷、阴山—燕山一带、山东中部和渤海湾；东南沿海地区，广东、福建等地。

从中国的宁夏，经甘肃东部、四川中西部直至云南，有一条纵贯中国大陆、大致呈南北走向的地震密集带，历史上曾多次发生强烈地震，被称为中国南北地震带。2008年5月12日的汶川8.0级地震就发生在该带中南段。该带向北可延伸至蒙古境内，向南可到缅甸。

根据地质力学的观点，中国大致可分为20个地震带。中国主要地震带如表7–4所示。

表 7–4　中国主要地震带

| 台湾带 | 海原—松潘—雅安带 | 河西走廊带 | 炉霍—乾宁带 | 天山带 |
|---|---|---|---|---|
| 闽粤沿海带 | 山西带 | 马边—巧家—通海带 | 花石峡带 | 哀牢山带 |
| 东北深震带 | 渭河平原带 | 冕宁—西昌—鱼鲊带 | 拉萨—察隅带 | 兰州—天水带 |
| 营口—郯城—庐江带 | 银川带 | 腾冲—澜沧带 | 西藏西部带 | 河北平原带 |

（资料来源：成都市防震减灾信息网）

### （四）地震的预报

地震预报是指在地震发生前，对未来地震发生的震级、时间和地点进行预测预报，并及时公布于众，让预测受灾区居民做好预防工作，以减少人员伤亡和财产损失。

为加强对地震预报的管理，规范发布地震预报行为，中华人民共和国国务院于 1998 年 12 月 17 日颁布了《地震预报管理条例》。在管理条例中，据时间、尺度的不同，可将地震预报分为 4 个阶段，即：长期预报、中期预报、短期预报和临震预报。当然，地震预报工作是环环相扣的，要严格区分是不可能的。

**1. 地震长期预报**

地震长期预报是指对未来 10 年内可能发生破坏性地震的地域的预报。

**2. 地震中期预报**

地震中期预报是指对未来一二年内可能发生破坏性地震的地域和强度的预报。

**3. 地震短期预报**

地震短期预报是指对 3 个月内将要发生地震的时间、地点、震级的预报。

**4. 临震预报**

临震预报是指对 10 日内将要发生地震的时间、地点、震级的预报。

### （五）景区地震事故的处理

**1. 地震过程中的自救与互救**

（1）在行驶车辆中。

特别是旅游巴士，驾驶员应立即减速，逐步刹闸，把车辆停靠在地势开阔区域。乘客应用手牢牢抓住拉手、柱子或座席等，以免摔倒或碰伤；并注意防止行李从架上掉下伤人，面朝行车方向的人，要将胳膊靠在前座席的椅垫上，护住面部，身体倾向通道，两手护住头部；背朝行车方向的人，要两手护住后脑部，并抬膝护腹，紧缩身体，作好防御姿势。

（2）室内人员。

地震一旦发生，首先要保持清醒、冷静的头脑，千万不可在慌乱中跳楼。其次，可躲避在坚实的家具下，或墙角处，也可转移到承重墙较多、开间小的卫生间去暂避一时。因为卫生间结构力强，具有较好的支撑力，抗震系数较大。但因电、气密布，地震时极易因管道破坏而导致天然气泄漏，躲入其中发生中毒、火灾的可能性较大，因此，不宜进入。总之，震时可根据建筑物布局和室内状况，审时度势，寻找安全空间和通道进行躲避，减少人员伤亡。在发生地震时，不能使用电梯。万一被关在电梯中，迅速将操作盘上各楼层的按钮全部按下，一旦停下，迅速离开电梯，确认安全后避难。

（3）户外避震。

首先要保护好头部，避开危险之处，向空旷区域逃离。当大地剧烈摇晃、站立不稳的时候，人们都会有扶靠、抓住什么的心理。身边的树木柱、墙壁大多会成为扶靠的对象。但是，这些看上去挺结实牢固的东西，实际上却是危险的。

就地选择开阔地避震：蹲下或趴下，以免摔倒；不要乱跑，避开人多的地方；不要随便返回室内。

避开高大建筑物或构筑物：楼房，特别是有玻璃幕墙的建筑；过街桥、立交桥；高烟囱、水塔下。

避开危险物、高耸或悬挂物：变压器、电线杆、路灯、广告牌、吊车等。

避开其他危险场所：狭窄的街道；危旧房屋、危墙；女儿墙、高门脸、雨篷下；砖瓦、木料等物的堆放处。

（4）山地景区避震。

我国山地区的景区分布较多，有些还位于地震带上，如九寨沟、黄龙等，地震一旦发生，带来的是山崩、滑坡、滚石等。要避开山脚、陡崖，以防山崩、滚石等。遇到山崩、滑坡，要横着与滚石前进方向跑，逃离滚石流；也可躲在坚实的障碍物下，或蹲在地沟、坎下；特别要保护好头部。注意山崩、断崖落石或海啸，在山边、陡峭的倾斜地段，有发生山崩、断崖落石的危险，应迅速到安全的场所避震。

**2. 震后自救与互救**

（1）自救——抓住生存的机遇。

注意用湿手巾、衣服或其他布料等捂住口鼻和头部，一是避免意外事故；二是避免灰尘呛闷发生窒息的危险。尽量活动手和脚，并清除压在身上的物品。用周围可搬动的物品支撑身体上面的重物，避免塌落，扩大安全活动空间，保障有足够的空气。条件允许，尽量设法逃避险境，朝更安全宽敞、有光亮的地方移动。几个人同时被压时，要互相鼓励，要设计方案，得以延生和脱险。在周围安静时或能听到上面（外面）有人说话时，应敲击出声，向外界传信息。无力脱险时，尽量节省力气，要静卧，保持体力，寻找食品和饮用水，并计划使用，以延长时间。更重要的是要有信心，要乐观，等待时机。脱险后应当怎么做，首先是迅速救人。在有关人员的指导下，采用科学的方法，积极参加互救活动。其次是从危房中撤出时，应当先灭掉明火，切断电源、火源和气源。尽快离开室外各种危险环境，遇到特殊危险时要注意保护自己。再次是不要回房去取东西，谨防余震随时发生。最后是尽快与家人或机关、学校取得联系，到单位或指定的疏散地点去。

（2）互救——减少伤亡，增加帮手。

震后救人的原则：救助者要先救近，再救远，先救医务人员和强壮人员，以便增加帮手。要确定被压埋者的情况，先让被压埋者的头部露出来。急救者要针对不同情况，如窒息、出血、骨折等，予以适当处置。救出受伤者作简单处置后，转移到更安全的地方。

震后救人的方法：要用最快的速度使伤者头部充分暴露，并清除口、鼻腔内的异物，保持呼吸通畅，然后再暴露胸腹部。如有窒息，应立即进行人工呼吸。挖掘时，要分清哪些是支撑物，哪些是压埋阻挡物，保护支撑物，清除阻挡物，保护被压埋者赖以生存的空间不遭覆压。被压埋者不能自行出来时，不要生拉硬扯，防止进一步造成损伤。对于脊椎损伤者，挖掘时，要避免再次加重脊椎损伤。从废墟中救出后，在转送搬运时，应使用硬担架或门板，绝对禁止脊椎弯曲或扭转；不能一人抬肩，一人抬腿，以免造成伤者瘫痪。凡四肢骨折、关节损伤者，应就地取材，制作夹板，实施固定。固定时，应显露伤肢末端，以便观察血液循环。对于在黑暗、窒息、饥渴状态下埋压过久的人，救出后应给予必要的护理；蒙上眼睛，使其避免强光的刺激；不可突然接受大量新鲜空气，不可一下进食过多；要避免被救人情绪过于激动；对受伤者，要就地做相应的紧急处理。

（3）震时应急主要措施。

①遇震时一定要镇静，选择室内结实、能掩护身体的物体下（旁），或易于形成三角空间的地方和开间小、有支撑的地方，如跨度小的厨房、厕所、墙角或桌子、床等家具下进行躲避。

②千万不要跳楼。不要站在窗边和阳台上，也绝对不可以使用打火机或蜡烛，因为空气中可能含有易燃易爆气体。

③避开高大建筑物，如楼房、特别是有玻璃幕墙的高层建筑、立交桥、高烟囱、高门脸、女儿墙及桥梁、隧道、峭壁陡坡或海边等；避开危险物，如变压器、电线杆、路灯、广告牌、吊车等，更不要在狭窄的巷道和楼梯上停留。

④遇到山崩、滑坡，要横着与滚石前进方向跑，切不可顺着滚石方向往山下跑；也可躲在结实的障碍物下，或蹲在地沟、坎下；特别要保护好头部。

⑤处于泥石流区域时，应迅速向泥石流沟两侧跑离，切记不能顺沟向上或向下跑动。要避开山脚、陡峭的山坡、山崖等。

⑥实施平时设想好的各种避震方式方法，带上必要的救护药品及避震器物。

⑦尽可能迅速逃离建筑物，转移到空旷场地。来不及逃出时，尽量躲在室内墙角或支撑结构较多的空间部位及器物之下。

⑧迅速切断电源和煤气管道，迅速远离易燃易爆及有毒气体源。

### （六）景区的地震安全预防管理

涉及可能发生地震灾害的景区，应该在安全预防管理环节做足功课。一是设置安全的室外避难场所（空地），一旦地震发生，可以疏散游客；二是建设一定的避难设施，特别是在陡岩附近，一旦发生地震，游客可以在其中躲避滚石等；三是景区应该有游客安全须知，让游客有一定的逃生知识，一旦发生，游客大概知道怎么做，哪里可以躲避等；四是作好景区建设的安全规划。

## 二、泥石流灾害

### （一）概念

泥石流是指在山区或者其他沟谷深壑，地形险峻的地区，因为暴雨、暴雪或其他自然灾害引发的山体滑坡并携带有大量泥沙以及石块的特殊洪流。泥石流具有突然性以及流速快，流量大，物质容量大和破坏力强等特点。发生泥石流常常会冲毁公路铁路等交通设施甚至村镇等，造成巨大损失。

泥石流是暴雨、洪水将含有沙石且松软的土质山体经饱和稀释后形成的洪流，它的面积、体积和流量都较大，而滑坡是经稀释土质山体小面积的区域，典型的泥石流由悬浮着粗大固体碎屑物并富含粉砂及黏土的黏稠泥浆组成。在适当的地形条件下，大量的水体浸透山坡或沟床中的固体堆积物质，使其稳定性降低，饱含水分的固体堆积物质在自身重力作用下发生运动，就形成了泥石流。泥石流是一种灾害性的地质现象。通常泥石流爆发突然、来势凶猛，可携带巨大的石块。因其高速前进，具有强大的能量，因而破坏性极大。

### （二）泥石流分类

#### 1. 按流域形态

（1）标准型泥石流：为典型的泥石流，流域呈扇形，面积较大，能明显的划分出形成区，流通区和堆积区。

（2）河谷型泥石流：流域呈有狭长条形，其形成区多为河流上游的沟谷，固体物质来源较分散，沟谷中有时常年有水，故水源较丰富，流通区与堆积区往往不能明显分出

（3）山坡型泥石流：流域呈斗状，其面积一般小于1000平方米，无明显流通区，形成区与堆积区直接相连。

#### 2. 按物质状态

（1）黏性泥石流，含大量黏性土的泥石流或泥流。其特征是：黏性大，固体物质占40%~60%，最高达80%。其中的水不是搬运介质，而是组成物质，稠度大，石块呈悬浮状态，暴发突然，持续时间也短，破坏力大。

（2）稀性泥石流，以水为主要成分，黏性土含量少，固体物质占10%~40%，有很大分散性。水为搬运介质，石块以滚动或跃移方式前进，具有强烈的下切作用。其堆积物在堆积区呈扇状散流，停积后似“石海”。

以上分类是中国最常见的两种分类。除此之外还有多种分类方法。如按泥石流的成因分类有水川型泥石流、降雨型泥石流；按泥石流流域大小分类有大型泥石流，中型泥石流和小型泥石流；按泥石流发展阶段分类有发展期泥石流、旺盛期泥石流和衰退期泥石流等。

### （三）主要危害

泥石流灾害往往突然暴发，浑浊的流体沿着陡峻的山沟前推后拥、奔腾咆哮而

下，地面为之震动，山谷犹如雷鸣，在很短时间内将大量泥沙石块冲出沟外，在宽阔的堆积区横冲直撞、漫流堆积，常常给人类生命财产造成很大危害。泥石流的主要危害是造成人员伤亡和摧毁城乡建筑通道路、工厂矿山、水利工程、农田土地（造成经济损失）。

（1）泥石流危害的地域性差异由于泥石流的发育强度、人口密度和国民经济发展程度在地域上差异很大，它们造成的危害在不同地区也有很大差异。在西部地区由于国民经济发展程度较低，而泥石流规模很大，危害以人员伤亡为主，尤其是西南地区更是如此。而东部地区尽管由于灾害强度较小（规模或破坏面积较小），造成的人员伤亡数量较少，但由于经济发达程度较高，经济损失却与西部不相上下。也就是说，泥石流在西部地区的危害以人员伤亡为主，而东部地区则以经济损失为主。

（2）泥石流对人类的威胁由于泥石流具有突发性、多发性、阵发性、短暂性（约几分钟至 2 小时左右）、多相性（具有泥沙石块和水组成的不均质的固液两相流体）、周期性（常发于夏秋季节的傍晚至深夜这一段时间）、能量大、冲击力强、迅速成灾等特点，并伴有崩塌、滑坡及洪水破坏等双重作用，其危害程度往往比单一的滑坡、崩塌和洪水的危害更为广泛，更为严重。

（3）其对人类健康的威胁常常有如下几个方面：

①直接冲击居民的房屋等建筑物，给人体造成各种创伤、挤压伤、骨折等损伤，可形成感染性伤口，容易引起破伤风等特殊的感染性疾病；还可使人因被埋压或吸入泥浆水而发生呼吸道梗阻，出现气促、胸闷、咽喉部不适、呼吸困难等症状，严重者如不及时抢救，会导致死亡。

②破坏人类生存环境，将公路、铁路、桥梁等建筑物摧毁，使当地居民与外界的联系中断，运输中断，灾民从外界获取生活物资援助的困难增大；而当地饮水困难和摄食困难，抵抗力下降，容易使灾民发生各种急性传染病。

③破坏耕地，使农作物减产或绝收，造成灾民日后生存艰难；如不及时解决温饱问题，灾民的生存能力下降，容易出现饥饿或营养不良等症状，各种疾病的患病率会明显地升高。

### （四）景区泥石流的预测与预报

我国山地景区沟壑众多，在自然条件有利于泥石流发生的景区，泥石流的预测、预报、预防工作很重要，这是防灾和减灾的重要步骤和措施。目前我国对泥石流的预测预报研究常采取以下方法：

（1）在典型的泥石流沟进行定点观测研究，力求解决泥石流的形成与运动参数问题。如对云南省昆明市东川区小江流域蒋家沟、大桥沟等泥石流的观测试验研究；对四川省汉源县沙河泥石流的观测研究等。

（2）调查潜在泥石流沟的有关参数和特征。

（3）加强水文、气象的预报工作，特别是对小范围的局部暴雨的预报。因为暴雨是形成泥石流的激发因素。例如，当月降雨量超过 350 毫米时，日降雨量超过 150 毫米时，就应发出泥石流警报。

（4）建立泥石流技术档案，特别是大型泥石流沟的流域要素、形成条件、灾害情况及整治措施等资料应逐个详细记录，并解决信息接收和传递等问题。

（5）划分泥石流的危险区、潜在危险区或进行泥石流灾害敏感度分区。

（6）开展泥石流防灾警报器的研究及室内泥石流模型试验研究。

### （五）景区泥石流灾害的旅游安全管理

（1）发现有泥石流迹象，应立即观察地形，向沟谷两侧山坡或高地跑。

（2）逃生时，要抛弃一切影响奔跑速度的物品。

（3）不要躲在有滚石和大量堆积物的陡峭山坡下面。

（4）不要停留在地势低洼的地方，也不要攀爬到树上躲避。

（5）根据泥石流性质，选择性建设各种拦坝，减缓泥石流推进速度，拦截部分泥石流物等。九寨沟景区为了防止泥石流影响游客的安全，建设了多处拦坝，起到较好效果。

（6）如果条件允许，建设泥石流疏导槽，避开游客可能经过的路段。

（7）从长远看，景区开发和管理过程中，应该建立泥石流应急方案和安全管理措施，合理规划旅游线路。

**【阅读材料：拓展阅读】**

#### 桂林景区落石事故致7死25伤　专家称系自然灾害

2015年3月19日9时25分左右，桂林叠彩山景区发生一起山石坠落事件，导致4名游客当场身亡，3人送医院全力救治无效后去世，25人不同程度受伤。目前，事故原因及遇难者身份相关部门正在调查核实，相关善后工作正在进行中。

记者在事故现场看到，事发地点位于叠彩山景区木龙洞附近。在洞口下延至漓江边台阶处，有一块直径约3米的巨石坠落在台阶中间，周围还散落着大量碎石，台阶周边的石头护栏也被坠落的巨石砸烂。

前述新华网报道，“当时我听到轰隆隆的滚石声音，持续了约4秒，顿时感觉不对劲，本能促使我拔腿就往安全的地方跑，只见一块巨石从约10米高的山上滚下来，在我面前约2米的地方砸下来，随后沿着山脚的台阶滚了下去，整个过程也就不到10秒钟”。退休职工柯加宁目击事件发生过程。

事发地附近有“小心落石”字样的提示牌。常年生活在景区附近的居民介绍，此前在同一景区内也曾发生过类似事件。专家已初步得出结论：这是一起自然突发性崩塌地质灾害。崩塌位于叠彩山木龙洞北侧出口处，崩塌所在位置高程约176米，相对地面高差为30米，崩塌岩石体积约60立方米。岩体崩落后撞击下方的过道，破碎形成多块碎石，直接砸向下方游客。

叠彩山景区属于典型的喀斯特岩溶地貌，容易发生落石事件。据调查，崩塌区域为岩溶孤峰平原地貌，山体坡度陡，岩溶发育，岩体结构破碎，属崩塌地质灾害易发区，崩塌岩体位于叠彩山东北侧的陡壁上，受构造、风化影响与母岩分离，在降雨等影响下自重加大脱离山体发生本次崩塌，属自然突发性崩塌地质灾害。

## 三、气象灾害

### （一）概念

气象灾害是指大气对人类的生命财产和国民经济建设及国防建设等造成的直接或间接的损害。它是自然灾害中的原生灾害之一。一般包括天气、气候灾害和气象次生、衍生灾害。气象灾害是自然灾害中最为频繁而又严重的灾害。中国是世界上自然灾害发生十分频繁、灾害种类甚多，造成损失十分严重的少数国家之一。回顾中国历史上出现的比较严重的气象灾害，干旱、暴雨洪涝以及热带气旋导致的台风是中国最为常见、危害程度最为严重的灾害种类。

### （二）特点

大气对人类的生命财产和国民经济建设及国防建设等造成的直接或间接的损害，被称为气象灾害。它是自然灾害中的原生灾害之一。气象灾害的特点是：

**1. 种类多**

主要有暴雨洪涝、干旱、热带气旋、霜冻低温等冷冻害、风雹、连阴雨和浓雾及沙尘暴等其他灾害共 7 大类 20 余种。如果细分，可达数十种甚至上百种。

**2. 范围广**

一年四季都会出现气象灾害；无论在高山、平原、高原、海岛，还是在江、河、湖、海以及空中，处处都有气象灾害。

**3. 频率高**

中国 1950~1988 年的 38 年内每年都出现旱、涝和台风等多种灾害，平均每年出现旱灾 7.5 次，涝灾 5.8 次，登陆中国的热带气旋 6.9 个。

**4. 持续时间长**

同一种灾害常常连季、连年出现。例如，1951~1980 年华北地区出现春夏连旱或伏秋连旱的年份有 14 年。

**5. 群发性突出**

某些灾害往往在同一时段内发生在许多地区如雷雨、冰雹、大风、龙卷风等强对流性天气在每年 3~5 月常有群发现象。1972 年 4 月 15 日 ~22 日，从辽宁到广东共有 16 个省、自治区的 350 多个县、市先后出现冰雹，部分地区出现 10 级以上大风以及龙卷风等灾害天气。

**6. 连锁反应显著**

天气气候条件往往能形成或引发、加重洪水、泥石流和植物病虫害等自然灾害，产生连锁反应。

**7. 灾情重**

大气突害发生多是大面积的，因此，一旦发生，灾情总量较大。

联合国公布的 1947~1980 年全球因自然灾害造成人员死亡达 121.3 万人，其中 61% 是由气象灾害造成的。

### （三）我国主要的气象灾害

气象灾害是自然灾害中最为频繁而又严重的灾害。中国是世界上自然灾害发生十分频繁、灾害种类甚多，造成损失十分严重的少数国家之一。每年由于干旱、洪涝、台风、暴雨、冰雹等灾害危及人民生命和财产的安全，国民经济也受到了极大的损失，而且，随着经济的高速发展，自然灾害造成的损失也呈上升发展趋势，直接影响着社会和经济的发展。影响中国的主要气象灾害：

1. 干旱

干旱是指在足够长的时期内，降水量严重不足，致使土壤因蒸发而水分亏损，河川流量减少，破坏了正常的作物生长和人类活动的灾害性天气现象。其结果造成农作物、果树减产、饮水困难以及产业用水缺乏等灾害。干旱是影响中国农业最为严重的气象灾害，造成的损失相当严重。据统计，中国农作物平均每年受旱面积达 3 亿多亩，成灾面积达 1.2 亿亩，平均每年因旱导致减产达 50 亿 ~100 亿公斤，每年由于缺水造成的经济损失达 2000 亿元。目前，中国 420 多个城市存在干旱缺水问题，缺水比较严重的城市有 110 个，全国每年因城市缺水影响产值达 2000 亿 ~3000 亿元。

2. 暴雨

暴雨是短时内或连续的一次强降水过程，在地势低洼、地形闭塞的地区，雨水不能迅速排泄造成农田积水和土壤水分过度饱和给农业带来灾害；暴雨甚至会引起山洪暴发、江河泛滥、堤坝决口给人民和国家造成重大经济损失。中国气象部门规定，24 小时降水量为 50 毫米或以上的雨称为“暴雨”。长江流域是暴雨、洪涝灾害的多发地区，其中两湖盆地和长江三角洲地区受灾尤为频繁。1983 年、1988 年、1991 年、1998 年和 1999 年等都发生过严重的暴雨洪涝灾害。

3. 热带气旋

热带气旋是在热带海洋大气中形成的中心温度高、气压低的强烈涡旋的统称。造成狂风、暴雨、巨浪和风暴潮等恶劣天气，是破坏力很强的天气现象。近年来，因其造成的损失年平均在百亿元人民币以上，像 2004 年在浙江登陆的“云娜”，一次造成的损失就超过百亿元人民币。

4. 风雹

风雹灾害是指在对流性天气控制下，积雨云中凝结生成的冰块从空中降落而造成的灾害。风雹常常砸毁大片农作物、果园，损坏建筑物，威胁人类安全，是一种严重的自然灾害，通常发生在夏、秋季节里。中国风雹灾害发生的地域很广，据统计，农业因风雹受灾的重灾年达 9900 多万亩（1993 年），轻灾年也有 5600 多万亩（1994 年）。

5. 低温冷冻

低温冷冻灾害主要是冷空气及寒潮侵入造成的连续多日气温下降，致使作物损伤及减产的农业气象灾害。严重冻害年如 1968 年、1975 年、1982 年因冻害死苗毁种面积达 20% 以上。1977 年 10 月 25~29 日强寒潮使内蒙古、新疆积雪深 0.5 米，草场被掩埋，牲畜大量死亡。

6. 雪灾

长时间大量降雪造成大范围积雪成灾的自然现象。危害有：严重影响甚至破坏交通、通信、输电线路等生命线工程，对人民生产、生活影响巨大。2005 年 12 月山东威海、烟台遭遇 40 年来最大暴风雪，此次暴风雪造成直接经济损失达 3.7143 亿元。

回顾中国历史上出现的比较严重的气象灾害，干旱、暴雨洪涝以及热带气旋导致的台风是中国最为常见、危害程度最为严重的灾害种类。在气象灾害中，干旱也是中国影响面最大、最为严重的灾害。旱灾的特点是范围广、时间长、影响远。因此，旱灾也是中国气象灾害中损失最为严重的一类灾害。在中国，暴雨洪涝灾害是仅次于旱灾的气象灾害。此外，雷击、沙尘暴、霜冻、冰雹、雾灾等在中国也是经常发生的危害较大的气象灾害。

### （四）分布

1. 时间分布

一月：寒潮、冻害、大雪、暴风雪等。

四月：华北、西北春旱，华北暴雨、洪涝、冰雹。

七月：梅雨，长江流域的伏旱、洪涝、台风。

2. 空间分布

东北地区：暴雨、洪涝、低温冻害等。

西北地区：干旱、冰雹等。

华北地区：干旱、暴雨、洪涝等。

长江中下游地区：暴雨、洪涝、伏旱、台风等。

西南地区：暴雨、干旱、低温冻害、冰雹、台风等。

华南地区：暴雨、干旱、低温冻害、冰雹、台风等。

### （五）常规的预防与应急处理

1. 台风

（1）在家里。

①断电。

②尽量避免使用电话。

③未收到台风离开的报告前，即使出现短暂的平息仍须保持警惕。

④如果无法撤离至安全场所，可就近选择在空间较小的室内（如壁橱、厕所等）躲避，或者躺在桌子等坚固物体下。

⑤在高层建筑的人员应撤至底层。

（2）在街上。

切勿随意外出。

（3）在海岸附近或海上。

①不要在河、湖、海堤或桥上行走。

②海上船舶必须与海岸电台取得联系，确定船只与台风中心的相对位置，立即开船

远离台风。

③船上自测台风中心大致位置与距离：背风而立，台风中心位于船的左边；船上测得气压低于正常值500帕，则台风中心距船一般不超过300公里；若测得风力已达8级，则台风中心距船一般在150公里左右。

**2. 龙卷风**

（1）在家里。

①切断电源。

②远离门、窗和房屋的外围墙壁，躲到与龙卷风方向相反的墙壁或小房间内抱头蹲下，尽量避免使用电话。

③用床垫或毯子罩在身上以免被砸伤。

④最安全的躲藏地点是地下室或半地下室。

（2）在街上。

①就近进入混凝土建筑底层。

②远离大树、电线杆或简易房屋等。

（3）在旷野。

①朝与龙卷风前进线路垂直的方向快跑。

②来不及逃离的，要迅速找到低洼地趴下，姿势：脸朝下，闭嘴、闭眼，用双手、双臂保护住头部。

**3. 雷电**

（1）在路上避雨时不要靠近孤立的高楼、电杆、烟囱、房角房檐，更不能站在空旷的高地上或到大树下躲雨。

（2）远离开阔地带的金属物品（拖拉机、农具、摩托车、自行车、高尔夫球车及高尔夫球棒等）。

（3）不要去山顶、开阔地、海滩或船只上。

（4）不要待在开阔地单独的屋棚或其他小建筑内。

（5）有条件的家庭最好安装家用电器过电压保护器（又名避雷器）。

**4. 冰雹**

（1）关好门窗。

（2）妥善安置易受冰雹大风影响的室外物品。

（3）户外作业人员暂停作业，到安全地方暂避。

（4）暂停户外活动，勿随意出行。

**5. 沙尘暴**

（1）特别注意收听天气预报。

（2）出门戴口罩、纱巾等。

（3）关好门窗，屋外搭建物要紧固。

（4）多喝水，吃清淡食物。

（5）身处危险地带或危房里的居民应转移到安全地方。

（6）幼儿园、学校、单位应采取暂避措施，必要时须停课、停业。

（7）受影响的机场、高速公路、轮渡码头要注意交通安全，必要时暂时封闭或停航。

（8）不要购买露天食品。

（9）尽量减少外出，暂停户外活动，尽可能停留在安全的地方。

（10）骑车、开车要减速慢行，远离树木和广告牌。

**6. 高温**

（1）尽量留在室内，并避免阳光直射；必须外出时要打遮阳伞、穿浅色衣服、戴宽檐帽。

（2）暂停户外或室内大型集会。

（3）室内空调温度不要过低；空调无法使用时，选择其他降温方法，比如向地面洒些水等。

（4）浑身大汗时不宜立即用冷水洗澡；应先擦干汗水，稍事休息再用温水洗澡。

（5）注意作息时间，保证睡眠；暂停大量消耗体力的工作。

（6）宜吃咸食，多饮凉白开水、冷盐水、白菊花水、绿豆汤等；不要过度饮用冷饮或含酒精饮料。

**7. 雪灾**

（1）汽车减速慢行，路人当心滑倒；必要时封闭道路交通。

（2）老、幼、病、弱人群不要外出，注意防寒保暖。

（3）关好门窗，紧固室外搭建物。

（4）船舶进港避风。

（5）高空、水上等户外人员停止作业。

**8. 寒潮**

（1）注意收听天气预报及紧急状况警报。

（2）多穿几层轻、宽、舒适并暖和的衣服；尽量留在室内。

（3）注意饮食规律，多喝水，少喝含咖啡因或酒精的饮料。

（4）避免过度劳累。

（5）警惕冻伤信号：手指、脚趾、耳垂及鼻头失去知觉或出现泛苍白色。如出现类似症状，立即采取急救措施或就医。

（6）可使用暖水袋或热宝取暖，但小心被灼伤。

（7）尽量不开车外出。

**9. 大雾**

（1）注意收听天气预报。

（2）尽量不要外出；必须外出时要戴口罩。

（3）骑自行车要减速慢行，听从交警指挥。

（4）司机小心驾驶，须打开防雾灯，与前车保持足够的制动距离，并减速慢行；需停车时要注意先驶到外道再停车。

（5）机场、高速公路、轮渡码头注意交通安全，必要时暂时封闭或停航。

## （六）旅游地的主要气象灾害与安全管理

我国幅员辽阔，存在气象灾害的景区较多。但是不同地区，气象灾害呈现出形态不同。因此，不同景区针对气象灾害的管理措施就不同。归纳起来，景区的气象灾害主要有暴雨及其连锁发生的洪灾、崩塌滑坡等；冰雪天气及其导致的道路问题；由于天气突变发生的雷电、冰雹气象灾害；炎热天气等。

### 1. 暴雨与次生灾害的安全管理

暴雨是强降水过程，更容易引起山洪暴发，泥石流爆发，崩塌滑坡发生等。但是暴雨又是可以预测的，因此景区的安全管理应该具有预见性。2009 年 7 月，重庆潭獐峡，尚未开发开放的景区，但是一群驴友在开始下雨的情况下冒险穿越，而且不听当地人劝住，结果下去后 1 小时发生山洪，导致惨案，失去数条人命。

（1）注意天气预报，根据天气的具体情况灵活调控游客规模和开放时间。

（2）山地沟谷型景区，应该在景区沟谷段游路沿线设置一定数量的安全应急躲避场所，以应对不测洪灾等。

（3）山区河流型景区，特别是漂流型景区，应该根据雨量情况，严格管控，条件不可者，严禁漂流或乘船。2016 年 5 月，凤凰峡漂流，雨很大，但是经营方仍然允许漂流，结果洪流导致多人遇难。

（4）建立预报预警机制，一旦有可能发生气象灾害发生，景区提前做出应对管理办法。

### 2. 冰雪灾害与道路安全

暴雪结冰可能导致交通、通信、输电线路等生命线破坏，景区道路结冰直接影响到游客的出行安全，特别是南方山地景区，很容易导致公路等安全事故。

（1）建立预报预警机制，防患于未然。

（2）在灾害多发季节前，应该准备好相关救灾物资和设施设备。

（3）完善景区安全基础设施，包括道路、防护栏、安全标示等。

（4）加强游客的现场管理和安全教育，增强安全防范意识。

### 3. 雷电冰雹的安全管理

雷电冰雹天气主要发生在夏季，但它具有一定的可预见性。因此，景区一是应该根据天气预报，提前告知游客注意事项；二是在容易发生灾害的景点设置安全提醒，安排安全工作人员，一旦可能发生，提前对景点游客进行疏散管理；三是建设一定的避灾设施。

### 4. 高温安全管理

主要发生是南方地区，特别是长江流域一带，由于伏旱天气原因，夏季较炎热，容易导致游客中暑等现象发生。

（1）强化天气预报作用，景区提前做好预警工作。

（2）建立高温安全应急机制和应急方案。

（3）建设降温设施设备。例如，2010 上海世博会，在一定路段设置了水雾等降温设备，效果理想。

（4）设置医疗点，以备游客和工作人员不时之需。

（5）建设一定的避高温场所，例如，空调房屋等。

## 四、滑坡崩塌灾害

### （一）基本概念

滑坡是指由岩石、土体或碎屑堆积物构成的山坡体在重力作用下沿软弱面发生整体滑落的过程。滑坡只有在由重力引起的下滑力超过软弱面的抗滑力时才能发生，是水—重力作用中最主要的形式。与崩落和塌陷相比，滑坡体运动的速度一般缓慢，但运动的速度并非均匀的，时快时慢，有时还有很长的平静期，但在快速运动时也会造成强烈的破坏。

滑坡是广泛发育于斜坡上的岩体移动，参与滑坡的有土体中夹杂的巨大岩石块、不太坚硬的层状沉积岩、崩塌堆积物和松散的坡积物等。滑坡的发生必须具备一定的内在因素和诱发因素。内在因素包括地层岩性、地质构造、坡体结构和有效临空面等。坡体存在软弱面、地质构造有利于水的聚积、松软岩层被水浸湿后进一步软化，岩石上部透水下部不透水，从而成为含水层等，都有利于滑坡形成。诱发因素包括降水强度、地下水、地震、地表径流对坡麓的冲淘、破面加积作用以及人为地在坡地上蓄水灌溉、建房筑路时破坏坡地稳定性等。

### （二）滑坡分类

**1. 按地貌形态划分**

（1）滑坡裂缝

多分布于滑坡体两侧及前缘隆起处，因张力和剪切力而形成，偶尔出现挤压裂缝。对于土质滑坡，张性裂缝走向常与斜坡走向平行，弧形特征明显；剪切裂缝走向常与斜坡走向直交，多数情况下较平直。对于岩质滑坡，裂缝产状和性质主要受结构面控制。

（2）滑坡阶地

滑坡阶地是滑坡体分级下滑的产物，是指河谷两侧或坡麓地带堆积的形态很像阶地的滑坡体，滑坡阶地的物质来自谷坡上的岩石。

（3）滑坡垄丘

由于滑坡体的推挤，在滑坡体的前缘常形成小型隆起形态，称为滑坡垄丘。

（4）滑坡洼地

滑坡洼地指滑坡后部，滑体与滑坡壁之间或由次一级滑块沉陷而形成的四周高、中间低的封闭行洼地。有时，滑坡洼地可积水成湖，称为滑坡湖。

**2. 按滑坡体的体积划分**

国内外暂无统一划分标准，常用的等级标准一般参照中国地质调查局资料。

（1）小型滑坡：滑坡体积小于 $10\times10^4$ 立方米。

（2）中型滑坡：坡体积为 $10\times10^4$~$100\times10^4$ 立方米。

（3）大型滑坡：滑坡体积为 $100\times10^4$~$1000\times10^4$ 立方米。

（4）特大型滑坡：滑坡体体积 $1000\times10^4$~$10000\times10^4$ 立方米。

（5）巨型滑坡：大于 $10000 \times 10^4$ 立方米。

3. 按滑坡的速度划分

（1）蠕动型滑坡：人们凭肉眼难以看见其运动，只能通过仪器观测才能发现的滑坡。

（2）慢速滑坡：每天滑动数厘米至数十厘米，人们凭肉眼可直接观察到滑坡的活动。

（3）中速滑坡：每小时滑动数十厘米至数米的滑坡。

（4）高速滑坡：每秒滑动数米至数十米的滑坡。

## （三）分布规律

滑坡的发生主要与地质因素和气候等因素有关。通常下列地带是滑坡的易发和多发地区。

（1）江、河、湖（水库）、海、沟的岸坡地带，地形高差大的峡谷地区，山区、铁路、公路、工程建筑物的边坡地段等。这些地带为滑坡形成提供了有利的地形地貌条件。

（2）地质构造带之中，如断裂带、地震带等。通常、地震烈度大于 7 度的地区，坡度大于 25° 的坡体，在地震中极易发生滑坡；断裂带中的岩体破碎、裂隙发育，则非常有利于滑坡的形成。

（3）易滑（坡）的岩、土分布区。如松散覆盖层、黄土、泥岩、页岩、煤系地层、凝灰岩、片岩、板岩、千枚岩等岩、土的存在，为滑坡的形成提供了良好的物质基础。

（4）暴雨多发区或异常的强降雨地区。在这些地区，异常的降雨为滑坡发生提供了有利的诱发因素。

上述地带的叠加区域，就形成了滑坡的密集发育区。如中国从太行山到秦岭、经鄂西、四川、云南到藏东一带就是这种典型地区，滑坡发生密度极大，危害非常严重。

## （四）识别方法

1. 老滑坡体

我们在野外旅游时，在缺乏专业设备的条件下，从宏观角度观察滑坡体，可以根据一些外表迹象和特征，可粗略的判断它的稳定性。已稳定的老滑坡体有以下特征：

（1）后壁较高，长满了树木，找不到擦痕，且十分稳定。

（2）滑坡平台宽大且已夷平，土体密实，有沉陷现象。

（3）滑坡前缘的斜坡较陡，土体密实，长满树木，无松散崩塌现象。前缘迎河部分有被河水冲刷过的现象。

（4）目前的河水远离滑坡的舌部，甚至在舌部外已有漫滩、阶地分布。

（5）滑坡体两侧的自然冲刷沟切割很深，甚至已达基岩。

（6）滑坡体舌部的坡脚有清晰的泉水流出等。

2. 不稳定滑坡体

（1）滑坡体表面总体坡度较陡，而且延伸很长，坡面高低不平。

（2）有滑坡平台、面积不大，且有向下缓倾和未夷平现象。

（3）滑坡表面有泉水、湿地，且有新生冲沟。

（4）滑坡表面有不均匀沉陷的局部平台，参差不齐。

（5）滑坡前缘土石松散，小型坍塌时有发生，并面临河水冲刷的危险。

（6）滑坡体上无巨大直立树木。

## （五）多发地带与安全防治措施

我国的西部山区旅游资源富集，旅游景区众多，但又是著名的滑坡频发区，一次暴雨常常诱发成千上万次滑坡。20 世纪 90 年代长江三峡地区曾发生滑坡影响航道、阻塞河道的事例。甘肃舟曲境内也曾发生滑坡阻断白龙江致使水位上升淹没县城一事。1983 年甘肃东乡、1993 年云南邵通、1994 年重庆武隆等都发生过滑坡体淹没村庄的惨剧。

滑坡的防治要贯彻“及早发现，预防为主；查明情况，综合治理；力求根治，不留后患”的原则结合边坡失稳的因素和滑坡形成的内外部条件，治理滑坡可以从以下两个大的方面着手：

### 1. 消除和减轻地表水和地下水的危害

滑坡的发生常和水的作用有密切的关系，水的作用，往往是引起滑坡的主要因素，因此，消除和减轻水对边坡的危害尤其重要。具体做法有：防止外围地表水进入滑坡区，可在滑坡边界修截水沟；在滑坡区内，可在坡面修筑排水沟。在覆盖层上可用浆砌片石或人造植被铺盖，防止地表水下渗。对于岩质边坡还可用喷混凝土护面或挂钢筋网喷混凝土。排除地下水常用的方法有：水平钻孔疏干、垂直孔排水、竖井抽水、隧洞疏干、支撑盲沟。

### 2. 改善边坡岩土体的力学强度

通过一定的工程技术措施，改善边坡岩土体的力学强度，提高其抗滑力，减小滑动力。常用的措施有：削坡减载，用降低坡高或放缓坡角来改善边坡的稳定性，此法并不总是最经济、最有效的措施，要在施工前作经济技术比较；边坡人工加固，常用的方法有：修筑挡护墙等支挡不稳定岩体、钢筋混凝土抗滑桩或钢筋桩作为阻滑支撑工程、预应力锚杆或锚索、固结灌浆或电化学加固法加强边坡岩体或土体的强度。

当遇滑坡发生时，至少应当做到如下几点：

（1）当处在滑坡体上时，首先应保持冷静，不能慌乱。要迅速环顾四周，向较安全的地段撤离。一般除高速滑坡外，只要行动迅速，都有可能逃离危险区段。跑离时，向两侧跑为最佳方向。当遇无法跑离的高速滑坡时，更不能慌乱，在一定条件下，如滑坡呈整体滑动时，原地不动，或抱住大树等物，不失为一种有效的自救措施。如 1983 年 3 月 7 日发生在甘肃省东乡县的著名的高速黄土滑坡——洒勒山滑坡中的幸存者就是在滑坡发生时，紧抱住滑坡体上的一棵大树而得以生还。

（2）当处于非滑坡区，而发现可疑的滑坡活动时，应立即报告邻近的村、乡、县等有关政府或单位。如群测群防站或县、市、地区及省政府。相关机构应责无旁贷地担当此项责任，组织有关政府、单位、部队、专家及当地群众参加抢险救灾活动。

（3）政府部门应立即实施应急措施（或计划），迅速组织群众撤离危险区及可能的影响区。并通知邻近的河谷、山沟中的人们做好撤离准备，密切注视灾情的漫延和转化。如滑坡常在暴雨、洪水中转化为泥石流灾害（即次生灾害）。注意因滑坡可能危害到的某些生命线工程（如水库、干线铁路、干线公路、发电厂、通信设备、干线渠道等）所引发的次生灾害或第三次灾害的发生，如火灾、洪水等。注意调查滑坡是否有间歇性活动特点，尽可能确定其再次活动的可能性和时间。

### （六）旅游景区的崩塌防治与安全管理

#### 1. 崩塌的定义

崩塌是指陡峻山坡上岩块、土体在重力作用下，发生突然的急剧的倾落运动。多发生在大于 60° 的斜坡上。崩塌的物质，称为崩塌体。崩塌体为土质者，称为土崩；崩塌体为岩质者，称为岩崩；大规模的岩崩，称为山崩。崩塌可以发生在任何地带。

我国的西部山区的峡谷类旅游景区较多，除前面提到的自然灾害可能导致的安全隐患外，崩塌同样是极易导致景区安全事故的自然灾害，而且崩塌发生较难预测，偶发性强，诱发因素多。因此，峡谷、山地等景区应该投入大量精力进行安全管理。四川九寨沟、重庆金刀峡等景区在这方面的安全管理投入较大，起到了较好效果。

#### 2. 崩塌的分类

根据崩塌发生的移动形式和速度，大致可以分为以下几类。

（1）散落型崩塌：在节理或断层发育的陡坡，或是软硬岩层相间的陡坡，或是由松散沉积物组成的陡坡，常形成散落型崩塌。

（2）滑动型崩塌：沿某一滑动面发生崩塌，有时崩塌体保持了整体形态，和滑坡很相似，但垂直移动距离往往大于水平移动距离。

（3）流动型崩塌：松散岩屑、砂、黏土，受水浸湿后产生流动崩塌。这种类型的崩塌和泥石流很相似，称为崩塌型泥石流。

景区最难预测的是散落型崩塌，偶发性强，最容易发生安全事故。

#### 3. 崩塌防治与安全管理

一般情况下，崩塌防治方法较多，但是需要结合实际情况实施具体防治工程。大致包括排水、锚固、拦截、支挡、打桩、护墙护坡、刷坡削坡、镶补勾缝等。

针对旅游景区，防治方法没有不同之处，只是还有考虑旅游活动与游客安全问题，其防治也是系统性工程。

（1）在景区规划建设过程中，旅游线路尽量避开可能出现崩塌等灾害的路段，规避旅游安全。

（2）有崩塌现象的旅游景区，对有涉及危岩的旅游线路路段，应该及时清理，同时定期检查危岩，特别是雨季期间。

（3）对容易发生崩塌、滚石的危岩区，应该建设安全防护设施，如采取防护网、固坡工程等，为游客建设安全通道。九寨沟在危岩治理方面是杰出的景区代表，受到游客的赞誉。

（4）为了治疗可能的临时安全事故伤害，旅游景区应该在危险路段附近设置医疗点，以便能够进行临时救护处理。

（5）景区应该在危险路段设置安全提醒标志，警示游客。

## 第三节 设施安全管理

旅游景区的设施安全涉及面非常广。例如，面向游客的有公路交通道路、景区游步道、特殊交通方式、休闲桌椅、路面、梯坎、护栏、水电设施、消防设施、安全标识等。任何细节问题都有可能导致安全事故，因此设施安全管理是无微不至的。以下对部分设施安全进行阐述。

**【阅读材料：拓展阅读】**

**圣堂山景区加固安全设施**

金秀瑶族自治县旅游管理局因安全维护需要，4 月 30 日前圣堂山景区暂停对外开放营业，但不会影响旅客“五一”假期的游览。

为深刻吸取桂林“3·19”危岩崩落地质灾害事故的教训，金秀有关部门联合对圣堂山景区进行全面安全排查，发现圣堂山景区圣堂栈道上方石壁及步道沿线有 16 处明显的新旧裂痕，其中多处石壁有随时坠落的可能，偶尔还会出现小石块滚落的情况。同时，为加强景区安全建设，景区正在更新安全护栏设施，观景游览线路沿线大部分旧的安全护栏已经拆除，新的安全护栏还未安置。为确保游客的人身及财产安全，在排除安全隐患及建好护栏之前，金秀旅游管理局要求圣堂山景区于 4 月 3 日起暂停对外开放营业。

金秀旅游管理局表示，除圣堂山景区外，金秀其他景区正常对外开放。广大游客比较关心的自然景观杜鹃花目前还处在花苞期，金秀旅游管理局称杜鹃花花期一般在 5 月份，“五一”假期景区开放后，游客可以尽情欣赏。

### 一、景区道路的安全管理

#### （一）景区道路的作用

道路交通设施是保证游客在景区正常合理流动的前提条件，在景区中起到贯穿全局的作用，是景区游客使用最普遍、最基本的设施。

景区道路交通设施主要包括车行道、步行游道、停车场和特殊交通通道，如索道、缆车、踏步电梯、马帮、水面交通工具、空中交通工具等。

#### （二）景区道路设计原则

有些景区道路设计时缺乏安全因素的考虑，埋下了安全隐患，为后续经营管理带来很大麻烦。景区安全管理的开始是始于规划设计的。

1. 安全性原则

在景区道路设计中，首要原则为安全第一。景区道路系统安全性主要考虑人车分流、线路布局、路面材质等。

2. 景观性原则

景区道路是旅游者旅游过程中的主要道路，必须强调景观的营造，特别是步游道的景观设计很重要。

3. 休闲性原则

在突出交通与安全功能的同时，还应该兼顾旅游者的游憩需求，将景区道路（特别是步道）规划建设成为气氛轻松、游憩设施完备、景观视线优美的休闲、观光、游憩场所。

4. 特色性原则

要突出景区自身的个性特征，在道路设计时应充分考虑景区内的自然和文化环境，尽量采用本地特有的材质铺装路面，或按照本地独特的社会文化风情设计沿线景观。

5. 规则性原则

特别是峡谷、山地型景区，步道布局和建设是较困难的，在建设工程中，尽量注意道路取线、路面材料、梯坎等的规范性、规则性，尽量避免奇异设计。

## 二、景区水电的安全管理

旅游者在景区内开展的旅游活动离不开水和电。因此，景区内必须具备足够的水源或蓄水、提水工程设施，并且有完善的供排水管道系统设施。同时，为保证对环境的影响降至最低，还必须有污水处理设施与污物处理排放的系统。这些设施应该注意可能的安全隐患。

电力设施是景区其他设施的动力源泉和夜间照明的光源；通信设施是景区内游客和管理者与外界联系的基本保证。因此，景区内拥有能保质、保量、安全可靠的供电、输电网以及方便、快捷的通信设施，才能保证整个景区为游客提供服务。景区的电力设施主要包括电力系统设备、移动信号基站、宽带信息网络、电话服务点、邮政等。景区要尽量避免这些电力设施给游客带来伤害，最好远离游客区。同时应定期检查。

## 三、景区设施设备的安全管理

### （一）景区安全设施设备的维护与检查

旅游景区安全设施设备的维护与保养是景区正常运营的前提。安全设施设备的维护与保养需要有明确的日常维护和定期检查的制度，保证景区安全设施设备始终处于良好运行的状态。

1. 景区安全设施设备的维护制度

旅游景区安全设施设备的维护制度是景区安全管理的重点，应做好几方面的工作：

（1）加强景区配套公共设施的日常维护管理。

建立日常维护管理工作机制，发现设施损坏或者被盗的，要及时维修和恢复，消除隐患，保持景区配套公共设施有效、安全，避免因维护管理缺位而引起负面影响。以九寨沟景区为例，部分步道铺设了木板 + 铁网，目的是为了生态和防滑，但可能出现木板断裂、铁网上翘等情况，因此景区安排了专门的维护人员负责检查维护。

（2）采取多样措施，加强景区公共设施的长效管理。

一是制定并落实维护管理人员的值班巡查制度及责任，强化巡查管理；二是不断改进和加强防范措施，采取人防与技防相结合措施，注重技术防范手段在公共设施中的运用。要结合公共设施的分布现状和价值大小情况，因地制宜做好技术防范管理。

（3）加强景区的治安管理工作。

加强对治安管理人员的管理、教育，增强治安管理人员的责任心。日常治安巡逻和日常维护管理中，治安管理部门与物业管理部门要加强信息沟通，互通情况，及时掌握动态信息情况，一旦发现景区公共设施毁坏、被盗等情况，要及时通报，及时做好维护、维修管理工作。特别是无门票景区、开发式景区，旅游者与当地居民生活是交差在一起的，难免有不良情况出现，景区应该加强治安管理。

**2. 设施设备的定期检查制度**

为了保障景区游客的游览安全，景区需制定定期检查制度，尤其是游乐性质的主题公园，检查更需常态化。景区设施设备的检查一般分为五类，如图 7-1 所示。

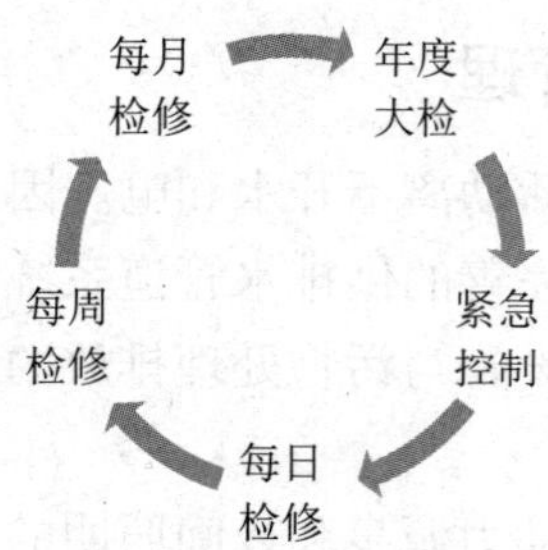


**图 7-1　景区设施设备检查**

（1）每日检修。

每天早、中、晚，轮流对设施设备进行检修，并针对每个游乐项目的特点和性质设计“每日检查与保养记录表”，通过检查到位和责任到人，以确保景区游乐类设施设备处于良好状态，保证游客的游玩安全。

（2）每周检修。

每周对设施设备进行监测性检修，通过检测大型重点设施设备的劣化程度和性能状况，为制定设施设备改进方案提供依据。

（3）每月检修。

月检规模大于周检，使用特定仪器有针对性地对特定项目进行设备检查，目的是将各种设施设备的综合效能发挥到最大，以获得设施设备周期寿命里最高的安全保障。

（4）年度大检。

每年对大型设施设备进行年度检修，根据设备的周期寿命情况，及时更换零部件或改进设备技术，以使设备满足不断变化的游客需求。例如，景区索道、缆车一般要求有年检制度。

（5）紧急控制。

紧急控制也是对设施设备的应急管理，这是在设施设备运行正常的情况下就要充分考虑的。景区对关键性设施设备准备充足的备品备件，以便出现突发情况时能及时抢修；另外，也需制定完善的应急预案，保证各职能部门可以从容应对紧急情况。

## （二）景区安全设施设备的更新与改造

景区安全设施更新是指以结构更加优质先进、技术更加完备、效率更高的景区新设施去代替物理上不能继续使用，或经济上不宜继续使用的景区设施。景区安全设施改造是指改变现有景区安全设施的技术性能，改善其安全、环保特性，使之达到先进水平所采取的重大技术措施。

### 1. 景区安全设施设备的更新改造程度

（1）全面更新改造。

在使用一定年限后，有些安全设施设备已经达到使用年限，不能再承担正常运营工作，有些安全设备技术已经落后，不能满足旅游者不断变化的需求。此时，需要对安全设施设备进行全面更新改造，在基本保留原有项目的基础上，对主要的大型安全设施设备进行更新改造。

（2）系统更新改造。

针对景区内某一具有特色功能的系统设施设备，出现性能下降、效率低下或耗能严重、环保性差的问题，采取技术措施的更新改造。

（3）单机更新改造。

针对某一单机安全设施设备采取更新改造。

### 2. 设施设备更新改造的程序

（1）申请。

（2）调研审查。

（3）计划筹备。

（4）现场管理。

（5）竣工验收。

（6）总结。

### 3. 设施设备的寿命

设备的寿命周期费用是指设备一生（经济寿命）的费用。它包括设备从计划、设计、制造、安装运行、维修到报废为止的一生中，各个阶段发生的费用的总和。设备的经济寿命是一段相当长的时期，即使在技术革新很快的今天，一般设备的经济寿命也有几年到十几年的时间。如前所述，设备寿命周期费用可以划分为设备费用（或称原始费用）和使用费用两部分。原始费用是用户为取得设备而集中支付的高额费用。使用费用又称为维持费用或经营费用，是用户在取得设备后，为保证设备的正常运行直到更新时为止而需经常支出的各种费用（如操作费用、能源消耗费用、保养维修费用、保险费等），有时也把设备发生故障停工造成的损失计算进去。

4. 设施设备的折旧

在其使用年限内将不断地产生损耗，其价值将逐渐转移到安全成本中，而安全设备或设施的原始价值因损耗而转移到安全成本中的那部分价值，称为安全设备或设施的折旧。

景区的设施设备在使用过程中会产生损耗运动和补偿运动两种互补性运动。损耗运动包括有形损耗和无形损耗，补偿运动包括物质补偿和价值补偿。有形损耗是指安全设备或设施由于使用和自然力的作用，而逐渐失去安全效能，后者是指由于劳动生产率的提高和安全科学技术的进步所引起的损耗。

## 四、景区消防的管理

旅游景区的消防管理无小事，一旦发生，破坏和影响是巨大的，无论是对旅游资源的安全还是旅游者生命安全，损失是无法弥补的。特别是自然资源型景区（例如森林公园、自然保护区等）、古镇古村古寨景区的消防安全，不能有任何大意和侥幸心理。

### （一）消防安全教育、培训制度

（1）每年以创办消防知识宣传栏、开展知识竞赛等多种形式，提高全体员工的消防安全意识。

（2）定期组织员工学习消防法规和各项规章制度，做到依法治火。

（3）景区应针对岗位特点进行消防安全教育培训。

（4）对消防设施维护保养和使用人员应进行实地演示和培训。

（5）对新员工进行岗前消防培训，经考试合格后方可上岗。

（6）因工作需要员工换岗前必须进行再教育培训。

（7）消控中心等特殊岗位要进行专业培训，经考试合格，持证上岗。

### （二）防火巡查、检查制度

（1）落实逐级消防安全责任制和岗位消防安全责任制，落实巡查检查制度。

（2）消防工作归口管理职能部门每日对公司进行防火巡查。每月对单位进行一次防火检查并复查追踪。

（3）检查人员应填写防火检查记录，并按照规定，要求有关人员在记录上签名。

（4）检查部门应将检查情况及时通知受检部门，各部门负责人应每日消防安全检查情况通知，若发现景区存在火灾隐患，应及时整改。

（5）对检查中发现的火灾隐患未按规定时间及时整改的，根据奖惩制度给予处罚。

### （三）安全疏散设施管理制度

（1）景区应保持疏散通道、安全出口畅通，严禁占用疏散通道，严禁在安全出口或疏散通道上安装栅栏等影响疏散的障碍物。

（2）应按规范设置符合国家规定的消防安全疏散指示标志和应急照明设施。

（3）应保持防火门、消防安全疏散指示标志、应急照明、机械排烟送风、火灾事故广播等设施处于正常状态，并定期组织检查、测试、维护和保养。

（4）严禁在营业或工作期间将安全出口上锁。

（5）严禁在营业或工作期间将安全疏散指示标志关闭、遮挡或覆盖。

### （四）消防控制中心管理制度

（1）熟悉并掌握各类消防设施的使用性能，保证扑救火灾过程中操作有序、准确迅速。

（2）做好消防值班记录和交接班记录，处理消防报警电话。

（3）按时交接班，做好值班记录、设备情况、事故处理等情况的交接手续。无交接班手续，值班人员不得擅自离岗。

（4）发现设备故障时，应及时报告，并通知有关部门及时修复。

（5）非工作所需，不得使用消控中心内线电话，非消防控制中心值班人员禁止进入值班室。

（6）上班时间不准在消控中心抽烟、睡觉、看书报等，离岗应做好交接班手续。

（7）发现火灾时，迅速按灭火作战预案紧急处理，并拨打119电话通知公安消防部门并报告部门主管。

### （五）消防设施、器材维护管理制度

（1）消防设施日常使用管理由专职管理员负责，专职管理员每日检查消防设施的使用状况，保持设施整洁、卫生、完好。

（2）消防设施及消防设备的技术性能的维修保养和定期技术检测由消防工作归口管理部门负责，设专职管理员每日按时检查了解消防设备的运行情况。查看运行记录，听取值班人员意见，发现异常及时安排维修，使设备保持完好的技术状态。

（3）消防设施和消防设备定期测试。

①烟、温感报警系统的测试由消防工作归口管理部门负责组织实施，保安部参加，每个烟、温感探头至少每年轮测一次。

②消防水泵、喷淋水泵、水幕水泵每月试开泵一次，检查其是否完整好用。

③正压送风、防排烟系统每半年检测一次。

④室内消火栓、喷淋泄水测试每季度一次。

⑤其他消防设备的测试，根据不同情况决定测试时间。

（4）消防器材管理。

①每年在冬防、夏防期间定期两次对灭火器进行普查换药。

②派专人管理，定期巡查消防器材，保证处于完好状态。

③对消防器材应经常检查，发现丢失、损坏应立即补充并上报领导。

④各部门的消防器材由本部门管理，并指定专人负责。

### （六）火灾隐患整改制度

（1）各部门对存在的火灾隐患应当及时予以消除。

（2）在防火安全检查中，应对所发现的火灾隐患进行逐项登记，并将隐患情况书面下发各部门限期整改，同时要做好隐患整改情况记录。

（3）在火灾隐患未消除前，各部门应当落实防范措施，确保隐患整改期间的消防安全，对确无能力解决的重大火灾隐患应当提出解决方案，及时向单位消防安全责任人报告，并由单位上级主管部门或当地政府报告。

（4）对公安消防机构责令限期改正的火灾隐患，应当在规定的期限内改正并写出隐患整改的复函，报送公安消防机构。

### （七）义务消防队组织管理制度

（1）义务消防员应在消防工作归口管理部门领导下开展业务学习和灭火技能训练，各项技术考核应达到规定的指标。

（2）要结合对消防设施、设备、器材维护检查，有计划地对每个义务消防员进行轮训，使每个人都具有实际操作技能。

（3）按照灭火和应急疏散预案每半年进行一次演练，并结合实际不断完善预案。

（4）每年举行一次防火、灭火知识考核，考核优秀给予表彰。

（5）不断总结经验，提高防火灭火自救能力。

### （八）灭火和应急疏散预案演练制度

（1）制定符合本单位实际情况的灭火和应急疏散预案。

（2）组织全员学习和熟悉灭火和应急疏散预案。

（3）每次组织预案演练前应精心开会部署，明确分工。

（4）应按制定的预案，至少每半年进行一次演练。

（5）演练结束后应召开讲评会，认真总结预案演练的情况，发现不足之处应及时修改和完善预案。

## 五、景区安全警示标识管理

旅游景区的安全警示标识是为了提醒游客、增强安全意识的具体办法，是预防性管理办法。设立安全警示标识，正确引导和约束景区内游客的游览行为，防止游客因不安全行为导致事故。设立景区安全标识牌的作用主要表现在以下几个方面。

### （一）信息功能

旅游景区安全标识系统主要是通过视觉形式来表现其功能的，其本质功能是向游客传递“安全”信息，帮助游客安全顺利地完成旅游活动和促使景区可持续发展。

### （二）导引功能

安全标识系统的作用主要表现在具有危害的事件发生之前。因此，在游客进入危险性的区域之前要提醒游客小心，或者在游客到达正在维护景区设施、资源等区域前告诉游客请其绕行或返回等。

### （三）警示功能

游客在具有危险性的景区中旅游时，需要时刻提醒游客注意周围的环境，如“小心落石”“当心自己物品被猴子抢去”；对于具有历史意义或易遭破坏且不易恢复的景区资源、环境而设置的安全标识应用警告性的语言来告诫游客。

### （四）服务功能

从安全标识系统的概念上来看，旅游景区安全标识系统本质上就是景区公共服务系统的一个重要子系统，提示游客应注意周围的植物、动物、沟坎、落石凳可能对其造成伤害，从而使得游客能够非常顺利地完成旅游活动并且达到预期旅游目的。

### （五）形象功能

一是有助于改善景区的服务形象；二是传承景区的文化，丰富景区的文化呈现方式。此外，还有其他附属性功能。

安全标识系统是景区景观设计中不可或缺的组成部分，也是营造景区氛围的一个非常重要的元素，在景区景观表达中起到画龙点睛的作用。安全标识牌通过本身的造型、质地、肌理、色彩向游客展示其形象特征，表达某些情感或情趣，同时也隐含反映了一个景区的地域特性。

另外，一个标识反映景区的固有文化特征，它在游客面前呈现着景区的深刻文化内涵和精神品质。在标识系统设计中建议使用多语标识，将景区的文化和精神传递给游客，游客更深入了解景区的人文景观。这些景区文化在标识中的表现是通过标识的子系统表现出来的，安全标识系统与游客的关系最密切，因此最能有效展现景区文化特性。景区安全标识系统作为一种特定的视觉符号，它是形象、地域文化的综合与浓缩。

旅游安全标识牌可以使游客在游览的同时得到知识扩充，承担着发挥景区教育功能的任务，如环保忠告、注意事项等都能使游客在旅游过程中得到启发，在文物古迹保护基地、科学教育基地、自然保护区、野生动植物栖息地等具有教育功能。另外安全标识系统还具有保护景区知识产权的功能，“请勿拍照”的标识以防景区具有创意的作品被模仿，从而失去景区内独特性的景观。从安全标识系统的从属性来看，还具有丰富和补充旅游景区标识系统的功能。从安全标识牌本身添加的附属装饰，安全标识除发挥传达信息功能之外还具有其他功能，如安全标识牌增加照明装置，不仅满足了安全标识设施本身夜间的可识别性，而且满足了夜间其周围环境的照明要求。

## 第四节　节事活动与安全管理组织

一般情况下，旅游景区都要开展一定的节事性活动，其目的是扩大旅游景区的影响，推广旅游景区形象，推销旅游景区产品。但是，景区举办节事等活动会存在一定的安全风险，如果前期准备不足，现场管理不到位，容易引起安全事故。因此，要求景区严格安全管理，建立安保系统，规范现场安全设施，做好现场应急预案等。

## 一、建立周密的安保工作系统

为确保实现“安全、秩序、质量、效益”四统一的目标，各涉及节事活动的部门（单位）要充分认识当前做好旅游安全和服务保障工作的重大意义，进一步增强做好旅游安全和服务保障工作的责任感和紧迫感，坚持“安全第一、预防为主”的方针，全面落实旅游安全生产责任，深入扎实地做好旅游安全工作。要切实做到加强领导、认识到位，明确任务、责任到位，加大力度、措施到位，部门协调、协调到位，严格纪律、问责到位，确保安全、督查到位，确保当前和全年我市旅游安全和服务保障各项工作取得扎实成效。

景区安全保障是一项复杂的系统工程，涉及的范围广、内容杂、层次多，其中最为重要的有三个方面，即游客的人身安全、财产安全和景区生态安全。而景区安全的产生原因既有人为原因，也有自然原因。具体来说，威胁景区安全的因素包括意外伤害、环境影响（温度过高或者过低、湿度过大或者过小等）、火灾、生物影响（病原微生物及其代谢产物、微生物和有毒植物、爬行动物、昆虫和动物等引起的传染性疾病、动物伤害、食物中毒等）、辐射危害、化学危害（有毒、有刺激性的化学物质的影响）、生理心理压力、环境污染等。但无论是在正常情况下，还是在紧急情况（自然灾害、火灾等）下，都必须把游客的生命和健康控制在安全水平以内。

景区安全保障体系的构建需要从宏观、中观和微观等多个层面做大量深入细致的工作。

### （一）成立景区安全管理机构

景区发展必须把安全放在首位，应充分认识安全与发展的共生关系，高度重视景区安全。应该成立景区安全领导机构，实施安全管理责任制。首先，要设立安全管理机构，并配备安全管理人员，及时制定出景区安全规章制度并组织实施。其次，要建立完善的安全管理责任制，每个部门、每个岗位、每个职工都应该有其对应的安全责任范围。另外，需要对景区安全管理人员进行定期的培训，开展景区安全管理宣传、教育工作。定期不定期地对安全设施设备、安全管理机构、安全规章制度进行检查。

### （二）建立景区安全标准

为了使安全管理工作稳定开展，需要结合景区实际情况制定景区安全标准，使景区各项安全工作的开展有据可依。景区安全标准要符合公安、交通、劳动、质量监督、旅游等有关部门安全法规，并能适用于景区各方面旅游安全管理工作，保证安全工作全面落实。景区安全标准要确保景区各景点、饭店、购物商店、娱乐场所的消防、防盗、救护等安全设备应保持齐全、完好、有效，交通、机电、游览、娱乐设备应运行正常，无安全隐患。另外，标准中要规范景区应急制度，强调景区应设有突发事件处理预案，促进景区安全部门应急处理能力提高，事故处理及时、妥当，档案记录准确、齐全。

### （三）制定好景区安全规划

景区完备的安全系统需要通过科学的规划来实现，以保证景区内的旅游安全全面有序。景区安全规划包括防火安全保障规划、防洪防涝规划、工程安全规划、游客安全规划、应急安全保障规划等。防火安全保障规划与防洪防涝规划是景区安全规划重点，要完善监测瞭望系统、景区林火阻隔系统、林火扑救系统等，并完善防洪工程体系，加强对河流监控，要特别注意在雨雪天的泥石流、山洪、滑坡、塌方的预警。对于景区道路旁植被覆盖率较低的路段，由于其水土保持性能差，在降雨量较大或持续时间较长时，容易发生泥石流。因而要做好工程加固防护措施，栽植防护林带和种植草藤本植物，并特别注意在有可能发生泥石流或滑坡的地段应竖路牌警示。景区投入运营后务必要确保游客人身和财产安全，要加强对风景区社会治安综合治理，净化旅游治安环境，在游客参与体验景区旅游活动时，应组织工作人员提醒游客注意事项，并依法严厉打击风景区的各种违法活动，保障正常的旅游活动。

### （四）加强景区安全宣传

景区旅游管理部门人员往往缺乏景区安全管理的相关知识，对景区安全问题的预判能力不足，且认知度不够，因而首先要加强对景区内部管理人员及工作人员的安全知识培训与宣传。定期组织景区工作人员进行景区安全工作培训，在培训中掌握景区相关安全工作要求，结合景区实际分析相关安全事故，突发事件的重要信息与处理情况，提高景区工作人员应对突发事件的能力与危机意识。另外，向游客做好广泛的安全宣传，通过张贴宣传告示、分发景区安全宣传册等方式介绍景区安全的相关知识，加强防火、防意外伤害等方面的宣传教育，以此提醒旅游者避免发生安全事故。

### （五）重视景区安全预警系统建设

景区安全预警系统担负着旅游安全信息的搜集、分析、对策制定和发布等功能。它在警示旅游者和旅游企业、增加旅游者和旅游企业的旅游安全意识、提高安全防范与控制能力，使旅游者和旅游企业预见问题并采取积极的防范措施等方面有着极大作用。景区安全预警管理应该规范化，并能成立一个景区安全预警部门，由专人负责信息收集、分析、对策制定及传播。工作人员应该提前 3~5 天掌握当地天气情况，分析雨量及风力大小对相关旅游活动的影响等。

除此之外，景区景点应设立医务室，配备专职或兼职医务人员，备齐游客常用药品。搞好安全、医护常识培训工作，使员工能够在突发事件面前反应敏捷、训练有素、判断正确，处理及时、妥当，档案记录准确完整。与附近医院建立合作关系，进行资格认证，指定定点医院，形成救护一条龙服务，逐步建立紧急救援体系。

## 二、建立规范的预警机制和安全标识系统

### （一）预警机制

应急预案的核心要素如图 7–2 所示。

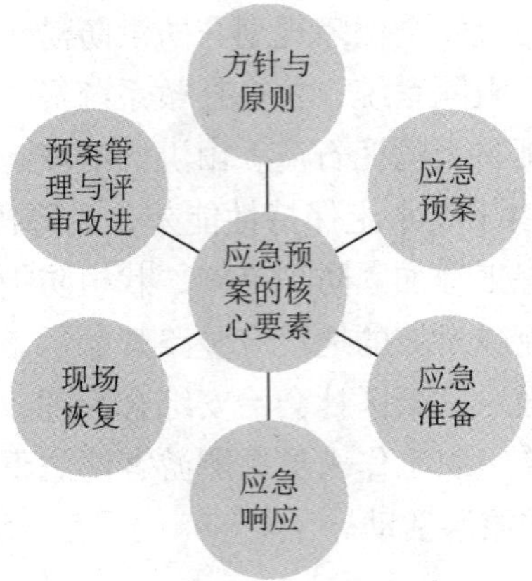


**图 7–2　应急预案的核心要素**

以我国的旅游黄金周节假日为例，一般是我国旅游景区最繁忙的时期，最不能大意，它的管理可以借鉴我国高温预警机制，通过一定的平台发布客流信息。旅游景区搞节事活动或假日期间，旅游部门可以监控区域内重点景区的游客人数，并根据最大游客量设定若干标准，如果游客人数达到了某个标准，就主动发出预警信号。预警信号可以在某一个行政区域内发出，也可以针对某一个景区。当然，作为景区管理方，很难获得这些全面的数据进行预警发布。而且，难得一个长假，各地景区都期望挣个盆满钵满，要它积极预警，劝说游客不前来，可能较难。所以，这样的预警最好建立于国家层面，由国家旅游管理机构牵头，交通、统计等多部门参与，在长假开始前一周，就开始统计并发布全国主要景区的预估客流数据，这样的数据，应当做到一日一发布，根据最新情况，及时调整，给游客最及时、最准确的出行参考。为了更有效控制景区客流量，各个景区售票，最好实行网络预售，即景区根据最大游客容量，设定一个可售门票数，并将其中大部分，在网上进行预售。长假期间，景区所在地旅行社，也不能来客就接，最好也实行网络预约。这种预售预约，通过网购平台，就可以做到。以 2018 年的五一小假为例，重庆市洪崖洞等景区无意间成为"网红"，导致第一天游客爆满，排队数小时方能进入，其实这种情况完全可以考虑用预警预报来解决这个问题。

做好景区内的道路交通设施、各种车辆以及停车场的安全管理工作，这在旅游旺季、高峰期显得尤为重要。例如，做好台风、洪水，以及山体塌方或泥石流等自然灾害的预报或防范措施，尽可能减少对景区和游客的伤害。

建立必要的应急机制，采取一系列必要设施，保障公众生命财产。做好景区内的治安保卫工作，防止偷盗、抢劫等犯罪行为的发生，避免造成游客的人身伤害或财产损失，及时查禁"黄、赌、毒"等社会不良现象，依法打击强买强卖、敲诈勒索、殴打辱

骂游客等各类违法犯罪行为。

## （二）安全标识系统

### 1. 依据功能与内容划分

（1）导引性安全标识。

游客在旅游活动中需要借助必要的指引导向才能完成，指向性的安全标识主要应用在景区的出入口、景区各级道路上。入口处的安全标识主要是为了避免游客将不符合景区规定的物品带到景区内，造成对景区资源的危害等，一般是通过游客须知牌、游玩安全手册和景区管理人员告知等形式来告知游客；出口处的安全标识主要是提醒游客查看自己的随身物品或者领取之前寄放的物品或宠物请往这边走等，一般标记在欢迎再次游玩的标牌的左下、右下的小角落。这类的安全标识在保护性区出入口设置非常有必要，如自然保护区、森林公园、动植物的栖息地等，在游客须知中应提醒或警告游客不能将宠物、火源带进景区，并给出宠物的寄存处。

景区各级道路上的安全标识主要是为游客提供道路、线路指引；对于道路陡坡、湿滑等给予提示；由于景区设施的维护可能造成的旅游线路的中断给予指引等。如行动不便的游客请走这边、坡陡路滑老年人和儿童请绕行、前方桥梁维修请选择其他线路等。另外在有车辆通行的景区道路还包括限速、限载、弯道、连续弯道等安全标识，这类安全应使用标准符号。

（2）警示性安全标识。

依据警告性安全标识的内容可以分为：友情提示性安全标识、明确禁止性安全标识。

友情安全标识主要体现景区对游客的人文关怀，以亲切、温馨的语言与图形提醒游客在游览过程中如何更好地融于景区的环境中，获得满意的旅游体验。比如对于旅游景区中具有游客体验的旅游活动项目，通过标牌对游乐项目进行解说，提示哪些人群适合参与哪些游乐活动，哪些人群不宜参与以免发生危险。如在攀岩、漂流、飞车等具有挑战性的旅游活动项目处，应将体验须知描述清楚，提醒老年人、小孩等人群尽量不要去体验。在自然保护区应该设置野生动物通道、珍贵物种繁衍提示、游客走失提示、海拔高度、温度提醒等温馨安全标识。

明确禁止性安全标识的作用是告知游客各种安全注意事项，禁止游客不良行为。景区应制定明确的森林防火、卫生、环保等相关行为规范，并以防火警示、安全提示、友情提示的方式提醒游客遵守。如在一些自然保护区及森林保护区内设置“严禁携带火源”“严禁烟火”“严禁吸烟”“禁止攀爬”“请勿大声喧哗”等禁止类安全标识，警示标识的设计与摆放要醒目，警示内容应具体明确。

景区设置的卫生、环保等相关行为规范，是用友情提示的语言来表达禁止的安全标识，这样既可以从距离上拉近游客与自然之间的距离，同时又起到提醒游客应注意生态环保，增加环保意识的作用。如“请勿乱扔垃圾”“请爱护植物保护环境”“不要在名胜古迹上乱涂乱画”等。

（3）信息性安全标识。

信息综合性安全标识是指将各种信息都集中在同一个标识牌上，可以让游客同时接收到多种信息。主要包括两大类：一是各种各样的安全提示；二是安全提示与其他标识。这类标识的优点是信息量大，游客可以将各种信息综合考虑以便更好地完成旅游；缺点是没有针对性，信息综合类安全标识牌一般体量比较大，不宜设置太多，导致游客可能会忘记，从而可能引起危害性事件发生。

（4）祝愿性安全标识。

这类安全标识对人没有任何警告性能，是景区对游客给出的祝愿，体现景区的人文关怀，一般设置在景区出入口和主要干道上。

**2. 依据保护对象划分**

（1）以游客作为对象的安全标识。

以人为本是景区的原则，景区建设的目的是为人们服务，游客进行旅游活动时最需要的就是人身安全。以游客作为保护对象的安全标识主要是对游客人身安全和随带物品而设置的标识牌，运用提示、引导或禁止等方式让游客注意各种危险。

这类安全标识一般设置在危险地段，并且摆放在醒目的地点，内容应明确易懂，同时还用考虑到一些特殊人群的需要，将文字与图形图案相结合。危险地段经常用的安全标识有“小心”“请勿前行”“注意毒蛇”等。

（2）以景区资源设施为对象的安全标识。

可持续发展是景区的长期目标。可持续发展是注重长远发展的经济增长模式，最初于1972年提出，指既满足现代人的需求，又不损害后代人满足其需求的能力，是科学发展观的基本要求之一。这一发展需要对景区资源环境进行合理开发和利用，因此将景区资源环境作为保护对象而设置安全标识具有非常重要的意义。这类安全标识包括：为保护景区设施而设置的标识，为保护景区资源而设置的标识，为保护景区环境而设置的标识。

景区设施是指景区人工建造的公共服务设施，包括通信设施、休息餐饮设施、厕所、垃圾桶等，是防止一些游客故意破坏。保护景区资源的标识是指针对景区的自然资源和人文资源设置的保护标识，如“古树领地，轻步慢行”“芳草依人，足下留情”等。保护好景区环境是景区可持续发展的根本保证，为景区环境设置的保护标识主要是将景区的环境作为保护对象，“请不要乱写乱画”“请不要随意丢垃圾”等就是这一类标识。

（3）两者兼有的安全标识。

两者兼顾的安全标识牌同时传达两种信息：游客需要注意自身安全，景区资源需要得到保护。这类安全标识一般在动物园、植物园、自然保护区应用较多，例如针对具有攻击性的动物、有毒有刺的植物需要设置安全标识。另外，一些旅游游乐设施需要设置这类安全标识，以防游客过份使用造成对自身伤害，同时破坏景区资源。

（4）补充性安全标识。

这类安全标识不涉及具体的保护对象，而是在危险性事件已经发生后，给游客或景区管理人员提供一种解救途径，此类安全标识经常设置在景区入口处、人流集散处、人流特别稀少处、易发生危险事件区域等。如景区中的报警电话类的标识就属于这类安全标识，在标识牌上并没有指明此处有什么危险，需要注意什么事项，就是一个或多个电话号码。另外，还包括对景区一些创意和技术类设置的安全标识。

**3. 根据标牌的形态划分**

（1）平面形态。

平面形态是指旅游景区安全标识依附于建筑或其他依附物表面上，传统的标识就是典型的平面形，这种标识可视性强，点、线、面组合变化丰富，可以充分考虑图形、文字自身的形象特征。另外，还有条幅状的安全标识牌。

（2）立体形态。

立体形态标识牌通常存在于特定的环境中，占有一定的空间体积，形态变化较为丰富，在设计时应考虑空间方位性，以满足各个方位的视觉需求。立体形态标识包括自然形态、规则形态、自由形态和复合形态。自然形态安全标识往往采用人们在生产和生活中较为熟悉的形象构成的标识，如人物、动植物或他们中的一部分；规则形态指以规则的几何形态作为主体造型的安全标识，这类标识在景区中最为常见；自由形态安全标识是指以不规则的形体作为整体造型的标识；复合形态安全标识是指由几种形态组合构成的安全标识。

**4. 依据标牌安装形式划分**

依据安全标识牌与依附物之间的链接关系来划分，安全标识牌分为：装嵌式、悬挂式和落地式三种。装嵌式主要应用于平面形态的安全标识，一般是通过装订、胶粘等方式将安全标识与依附物表面直接连在一起，这种类型的安全标识通常设置在景区内建筑墙面、景墙、护栏等处。悬挂式是指安全标识牌上部与依附物相连，本身呈悬挂的状态。落地式是指安全标识牌直接固定在地面上或者放置在地面上。

**5. 依据标识牌材料划分**

（1）天然材料。

天然材料是指自然界原来就有、未经加工或基本不加工就可直接使用的材料，如砂、石、木材等。安全标识设计中常用的天然材料以木材、石材为主。

木材一般取自于树木，不同木材的纹理结构不相同，根据所要表达信息的程度选择与之相适应的木材。木质安全标识牌的缺点是防腐性不好，需要进行防腐处理，防腐处理不精时会破坏木材的天然纹理。

天然石材有自然的质感和美丽的色彩，它包括大理石、花岗岩、砾石、卵石、太湖石、黄石、斧劈石、石笋等材料，天然石材的优点是它所表现出来的肌理效果十分好，风格独特，文化意味浓郁，是其他材料不能代替的，其缺点是材料本身太重，不利于加工，结构方面需考虑的问题也比较多。景区若有条件，最好用当地石材。

这类安全标识能很好地与景区风格相适应，特别是在自然式或传统文化浓厚的景区中此类安全标识牌更能表现出景区的特有风格。

（2）人工材料。

人工材料是相对于天然材料而言，自然界以化合物形式存在的、不能直接使用的，或者自然界不存在的，需要经过人为加工或合成后才能使用的材料。在安全标识设计中常用的人工材料主要有金属材料、构筑材料、复合材料、玻璃和电子材料。

金属材料是一种具有光泽（即对可见光强烈反射）、富有延展性、容易导电、导热等性质的物质团。由于金属的延展性，容易将金属塑造成各种各样的形状，且廉价耐用，因此，金属在安全标识牌设计中运用最为广泛，如不锈钢、铝制板、铜制牌、铁制牌等。

构筑材料包括混凝土、砖、沙子、水泥等材料，它是制作安全标识的一种很有潜力的材料，主要是因为混凝土在未干时有一定的流动性，可以制成各种各样的形状，可做任何形式的表面。

复合材料是由两种或两种以上不同性质的材料，通过物理或化学的方法，组成具有新性能的材料。由于复合材料的特性比较稳定，且制作起来方便简单，因此，在安全标识设计中应用也相当广泛。

玻璃在安全标识中的应用比较多，大都经过钢化处理，分为有色与无色两种。

电子材料是一种新兴的具有科技含量的材料，在安全标识设计中运用科学技术将静态与动态相结合，可以实现“人—机”对话的效果。

**6. 依据标牌使用时间长短划分**

（1）临时性的安全标识。

临时即短期的、暂时的意思。临时性的安全标识包括可移动的标牌、条幅，具有可移动性、可重复利用性。景区内经常由于施工维护、天气的原因或者某些活动的举行，需要临时设置一些安全标识牌，等活动结束后将标牌收放起来，既不影响景区景观美感，又能在关键时刻发挥作用。如福州西湖公园每年的菊花展、赛龙舟，三坊七巷的中秋赏月、元宵灯展等节日期间会吸引大量游客，此时有必要设置安全标识牌以保证游客与景区资源的安全；紧急突发的自然或人为灾害，导致景区暂时性无法正常运行时也需要设置临时性的安全标识牌。

（2）永久性的安全标识。

永久性的安全标识牌在景区标识系统的建设中必不可少，是游客安全和景区可持续发展的基本保证，一般设置在景区中出入口、景区各级道路上、人流集散地、危险区域等。这类安全标识在设计时应注意标牌与周围环境相协调统一、注意定期维护等。

## 三、事故处理

旅游专业人员，在他们的职权范围内应当与政府合作，关注那些寻求他们服务的人们的安全保护、事故预防、健康保护和食品安全；同样，他们应当保证有适宜的保险和援助系统；他们应当接受国家法律中阐明的报告义务，在不能履行合同义务时应当做出适当的赔偿。

——世界旅游组织《全球旅游伦理规范》

### （一）景区安全事故处理的原则

**1. “谁主管、谁负责”原则**

景区应实行安全工作总负责制，对安全工作和经营服务统筹安排，把安全管理工作的优劣与领导及职工的经济来源挂钩。违反安全法规造成旅游者伤亡事故的，由旅游行政管理部门会同有关部门分别给予直接责任单位警告、罚款、限期整改、停业整顿、吊销营业执照等处罚。

**2.“四不放过”原则**

①事故原因未查清不放过；②事故责任人未受到处理不放过；③事故责任人和周围群众没有受到教育不放过；④事故后整改措施没有落实不放过。

**3. 教育与处罚相结合的原则**

对事故情节轻微、损失与影响较小，或难以预料的突发事故和一般事故，可采取批评教育的方法，辅之以经济或行政处罚，使其得到教育并接受教训。

**4. 依法办事原则**

旅游安全事故皆应以事实为依据，以国家有关安全法律为准绳进行处理。

### （二）景区安全事故处理的步骤

**1. 组织紧急救援**

现场管理人员应冷静、沉着地协同有关部门紧急抢救重伤员和遏止事态的继续发展。

**2. 立即报告**

景区应立即向有关消防、公安、交通部门报告；若涉及团队游客，应该及时报告旅行社，旅行社应当及时报告当地旅游行政管理部门，同时报告组团旅行社。当地旅游行政管理部门在接到一般、重大、特大旅游安全事故报告后，要尽快向当地人民政府报告。对重大、特大旅游安全事故，要同时向国家旅游行政管理部门报告（即在 24 小时内书面报告）。

**3. 保护事故现场**

旅游安全事故发生后，公安部门人员尚未进入事故现场前，如因抢救工作需移动物证时，应做好标记，尽量保护好事故现场。

**4. 做好善后工作**

（1）确认伤亡人员。

事故报告单位在组织救援的同时，应检查游客伤亡情况和统计，人员国籍、姓名、性别、年龄、护照号码及国内外保险情况，作书面记录。

（2）通知外国使、领馆及伤亡者家属、海外组团社。

如发生死亡事故发生，伤亡者中有来自海外的旅游者，有关单位应迅速通过外事部门通知伤亡者所在国驻华使、领馆和死难者家属；同时通过国内组团社通知有关海外组团社。

（3）慰问伤者及接待伤亡者家属。

事故发生后，接待社、组团社及有关部门应派人前往医院慰问伤员；海外伤亡者家属抵达后，有关部门、接待社或组团社要向其提供必要的食宿和交通条件，并前往住地表示慰问。

（4）向伤残者或伤亡家属提供必要的证明文件。

责任方及主管部门负责联系有关部门向伤残者或伤亡者家属提供以下证明文件：由县级或县级以上医院向伤残人员出具“伤残证明”；由县级或县级以上医院向伤亡者家属出具“死亡证明书”、抢救经过“诊断书”或“病历摘要”，若死者家属或其所有国驻华使、领馆提出解剖要求，则应向其出具“解剖结果证明书”；对于非正常死亡，由公安机关或司法机关的法医出具“死亡鉴定书”。须注意的是以上证明必须与死因相符。

（5）尸体处理。

对死因尚未明确的伤亡者的尸体要做好防腐、冷冻处理，妥善保存。对死因明确的伤亡者尸体的处理，应尊重其家属的意见，可在当地火化，也可同意将尸体运送出境。但对严重腐败的尸体或因患检疫传染病而死亡的尸体，必须就近火化。若尸体在当地火化，应由死者家属或所在国驻华使、领馆提出书面请求并签字，再由医院出具“死亡证明书”或由公安机关、司法机关的法医出具“死亡鉴定书”，到民政部门开具“火化证明书”后进行，骨灰盒交签字者带回或运送出境。若遗体遣返回国，则除了具备“死亡证明书”或“死亡鉴定书”外，还必须由医院出具“尸体防腐证明书”，及防疫部门检疫后出具的“棺柩出境许可证”。

（6）死者遗物的清理。

对死者的遗物，应由死者同行人员及其所属国在华使、领馆人员和我方人员共同清点。若无同行人员及使、领馆人员在场，可请公证人员到场。清点完毕，列出清单，由清点人员逐一签字，并办理公证手续，一式数份。遗物移交时，请接受遗物者出具收据，并注明接受地点、时间、在场人员等。若死者有遗嘱，应将遗嘱拍照或复印留存，原件交死者家属或所有国驻华使、领馆。

**5. 事故的调查**

事故调查的内容应包括：事故发生的原因，人员伤亡及财产损失情况；事故的性质和责任等内容。

**6. 写出书面总结报告**

书面总结报告应包括：事故调查结果；事故处理经过；善后工作的进行及伤者、死者家属和有关人员的反映；提出防止类似事故再次发生的建议；提出对事故有关责任人的处理建议；检查事故的应急措施的落实情况等内容。

**7. 理赔**

依据有关法律、保险和管理办法商议理赔，《旅游安全管理办法》自 2016 年 12 月 1 日起施行。

# 第五节　景区治安管理

## 一、治安管理的定义

治安管理是治安行政管理的简称，是指公安机关依照国家法律法规，依靠群众，运用行政手段，维护社会治安秩序，保障社会生活正常进行的行政管理活动。

旅游景区的社会治安问题相对较单纯，主要原因是我国大部分景区是封闭的区域，区域内以游客为主，兼有商业从业者和景区管理人员，人员组成较简单，社会治安主要是一些偷盗、政治事件、滋事现象等情况。但是，类似于古镇、主题街区等旅游景区则相对较复杂。

## 二、治安管理的特征

（1）管理措施的特殊强制性。针对具体治安对象，为了能够尽快平息事件，一般会采取强制性措施，以还游客一个安全的环境。

（2）管理主体的武装性。负责管理实施的主体一般是警察、武警，个别景区还会安排特勤等特殊人员，管理主体具有强的武装性和执行力。

（3）管理内容的广泛性和复杂性。治安事件涉及广，例如扰乱景区的秩序，致使工作不能正常进行；扰乱交通、市场、经营、游乐等公共秩序；结伙斗殴，寻衅滋事，侮辱游客或者进行其他流氓活动的；捏造或者歪曲事实、故意散布谣言或者以其他方法煽动扰乱社会秩序的；谎报险情，制造混乱的；拒绝、阻碍工作人员依法执行职务，未使用暴力、威胁方法的。景区的治安相对单纯一些。

（4）管理活动的社会性。景区如同一个小的社会区域，其管理具有社会性，管理过程中应该根据事情的具体情况灵活管理。

## 三、景区治安防治与管理

### （一）景区偷盗的防治与管理

景区内发生重大盗窃事故，应查明发现经过，了解情况，采取切实有效措施保护现场。同时向警方报案，划定勘察范围，确定勘察顺序。

盗窃案现场勘察的重点如下：

（1）现场进出口的勘察。现场进出口是犯罪分子的必经之地，容易发现可疑之人。

（2）被盗财物场所勘察。被盗财物场所是犯罪分子活动的中心部位，往往会留下犯罪痕迹。

（3）现场周围的勘察。这主要是为了发现犯罪分子去现场的线路和作案前后有无留下现场痕迹与遗物及交通运输工具痕迹等。

（4）分析判断案情，确定嫌疑人。经过勘察分析，判断案情，如果不是外部来人作案，即可在划定范围内，通过调查访问，发现嫌疑人。

### （二）景区政治安全的防治与管理

景区内部如果出现政治意识、政治需要、政治内容、政治活动等方面迹象时，景区应该及时清理类似传单等的政治宣传品，同时报告主管部门，开展调查，保障景区内外不受各种因素侵害和威胁。

因爆炸、暗杀、凶杀、抢劫、绑架等暴力造成人身伤害的案件发生后，安全人员应急速赶赴现场，组织人员对伤员进行抢救护理；保护现场，注意收集整理遗留物和可疑物品，保管好受害者财物，组织力量协助警方破案。

### （三）景区非法活动的防治与管理

旅游景区要在上级政法、公安、城建部门的指导下，会同当地公安机关、城管部门严厉打击各类侵害游客利益的违法犯罪活动，加强游览场所的巡逻监控，组织安防、联防队伍，增强巡逻力量，更新巡逻设备、加大巡逻密度，各景区根据实际情况将游览区划分为若干个责任区，每个责任区以主要路段、村寨、码头、岛屿为中心设岗布控，并安装报警装置，建立巡逻登记制。

# 第六节　景区健康与文化及游客管理

## 一、景区公平的文化环境管理

文化公平（culture-fair）指景区的各类文化表达内容对每一个来自不同文化的游客，都是适当且公平的。民主、法治、公平、正义是我国社会主义核心价值观的核心，安全环境是人们生存的最基本保障。民主是法治、公平、正义的基础。公平的文化环境是任何社会区域都需要的。

景区作为特殊的经济与社会区域，主体是游客，游客的结构非常复杂，特别是文化背景非常丰富，之间存在民族差异、风俗差异、信仰差异、城乡差异等多种情况，景区必须保证内部的文化平等性和公平性，特别是在基础设施、标示语言、营销宣传用语、特殊符号等方面，不能有歧视之类的语言文字和符号出现，保障景区文化环境的公平性。

同时，旅游景区还应该为少数民族、特殊文化的人群提供相应文化服务，尽量给予他们文化的尊重，例如消费习惯、文化习惯、饮食习惯等。

景区游客的流动强，景区任何事情的信息传播快。因此，做好景区文化环境工作，也是在帮助推广和营销景区。

## 二、景区健康的生活环境管理

生活环境是指与人类生活密切相关的各种自然条件和社会条件的总体，它由自然环境和社会环境中的物质环境所组成。生活环境按是否经过人工改造来划分，可分为自然环境和人工环境。

人类生命始终处于一定的自然环境、社会环境及人为环境中，经常在物质和精神心理的双重因素影响之下。

景区虽然是游客短暂停留的地方，但在此期间，游客仍然有生活方面消费需要。因此，景区应该为游客提供必要的生活设施和生活环境。一是保证景区旅游环境的卫生性，特别是厕所、餐饮、休闲点的卫生尤其重要；二是保证景区设施与环境的健康性，有利于游客的身心，不应有任何安全隐患；三是保证旅游基础、服务设施的人性化，在恰当地方布设游客需要的服务设施，而且设施应该考虑老年、儿童等特殊游客的需要。

【阅读材料：拓展阅读】

**中国游客在泰国形象调查：80% 受访者非常不满**

五一假期刚结束不久，有关国人出行的各类新闻不断“刷屏”。在中国人出境游的主要目的地泰国，五一假期因中国游客数量增加又上演了诸多故事。过去半年，中国游客在泰国仿佛成了众矢之的——“中国游客大闹机舱”“中国游客在洗手池里洗脚”“中国游客脚踢寺庙古钟”“中国游客在机场打牌”……在泰国生活的《环球时报》记者，几乎每周都能听到各种版本的中国游客不文明行为“事迹”。泰国国家旅游局称，相比以前，中国游客正在变得更加成熟和有经验，从初次出境游客到团体游客，从更多女性游客到年轻游客，中国游客的构成日趋多元化，而且许多人能说一口流利的英语。科布坎恩部长对《环球时报》记者坦言，中国游客出现不文明行为，主要是因为数量庞大，尤其是第一次出国旅游者较多，“由于对泰国文化知之不多，这些游客不了解如何在佛教国家规范自己的行为”。

（资料来源：人民网，中国游客在泰国形象调查：80% 受访者非常不满，2015）

## 三、游客类型

### （一）根据旅游者在生活中的表现来划分

根据旅游者在生活中的表现或与他人之间的关系，可以划分为以下几种类型。

**1. 神经质的旅游者**

神经质一词更多地用在变态心理学中，指的是具有敏感、易变等不完善人格的人。神经质的旅游者的特点：厌倦的、脾气乖戾的；急躁的、大惊小怪的；兴奋的、易激动的；无礼的、事必挑剔的；敏感的、难以预测的。

神经质类旅游者最难管理，对服务及管理人员是最大的挑战。通常情况下这类客人比例较小，但随着社会的发展，生活节奏日益加快，外在压力的增大，人们体验到的失败感越来越多，导致神经质的旅游者有增加的趋势。从旅游业的角度来说，没有选择客人的权利，只能给客人以舒适、抚慰、尊严。

**2. 依赖性的旅游者**

具有依赖性的旅游者的特点是：羞怯的、易受感动的、拿不定主意的。

这类客人包括人格不健全的幼稚性人格者、初次出门的旅游者、年老和年幼难以自理者以及不熟悉情况的外国客人。

这类客人需要更多的关注和同情，他们需要详细掌握旅游业所提供的服务项目、收费情况等。对这类客人如果不能给予充分关注，他们便难以充分享受和消费旅游业所能提供的各种产品，从旅游业角度看也就失去了商机。

**3. 使人难堪的旅游者**

使人难堪的旅游者的特点是：爱批评的、漠不关心的、沉默寡言的。

这类客人的心中好像有许多不平事，属于原则对外的那类人。他们只是对别人提要求，而很少理解和关心别人。他们也从不由己推人，进行心理换位。因此，对这类客人要谨慎、周到、注意细节，在服务过程中要给予更多的关注。

**4. 正常的旅游者**

除了以上三种类型的旅游者以外，绝大多数的旅游者是属于有礼貌、有理智的正常的客人。对于这些正常的旅游者，服务人员可以充分发挥自己的聪明才智，把各种服务充分有效地提供给他们。

## （二）根据旅游者的性格倾向来划分

与内倾、外倾的分类方法相近的这种分类方法，是把人分为心理中心的和他人中心的两大类。心理中心的人计较小事，考虑自己，一般忧心忡忡，心情有些压抑，不爱冒险。他人中心的人喜欢冒险、自信、好奇、外向、急于与外界接触、喜欢在生活中做新的尝试。

研究发现，心理中心的人和他人中心的人在旅游行为的许多重要方面存在着明显的差别，心理中心的人显然要求他的生活具有可测性，他最强烈的旅游动机是休息和松弛一下，而他人中心的人则希望生活中有一些估计不到的东西。他一般去那些比较偏远的、不太为人所知的景点去旅游。他办事灵活。如能去一些没有听说过的地方，体验一些新的经历，避免千篇一律，他会感到十分满意。两种心理类型旅游者的特点如表 7–5 所示。

**表 7–5　两种心理类型旅游者的特点**

| 心理中心人格 | 他人中心人格 |
|---|---|
| 选择熟悉的旅游目的地 | 选择非旅游地区 |
| 喜欢旅游目的地的一般活动 | 喜欢在别人来到该地区前享受新鲜经验和发现的喜悦 |
| 选择晒日光浴和游乐场所，包括相当程度无拘无束的休息 | 喜欢新奇的，不寻常的旅游场所 |
| 活动量小 | 活动量大 |
| 喜欢能驱车前往的旅游点 | 喜欢坐飞机去目的地 |
| 喜欢正规的旅游设备，如设备齐全的旅馆、家庭式的饭店以及旅游商店 | 旅游设备只要包括一般或较好的旅馆和伙食，不一定要现代化的大型旅馆，不喜欢逛吸引旅游者的商店 |
| 喜欢家庭的气氛，熟悉的娱乐活动，不喜欢外国的气氛 | 愿意会见和接触具有他们所不熟悉的文化和外国文化的居民 |
| 要准备好齐全的旅行行装，全部日程都要事先安排 | 旅游的安排只包括最基本的项目（交通工具和旅馆），留有较大的余地和灵活性 |

## （三）根据生活方式来划分

生活方式是指社会生活的形式，它作为一种综合性的人格特征，与人的日常生活中的各种行为关系密切。按照生活方式来划分，旅游者的类型大致有以下几种：

**1. 喜欢安静生活的旅游者**

这类旅游者重视家庭，关心孩子，维护传统，爱好整洁，而且对身体健康异常注意。尽管他们也有足够的钱用来旅游，但他们更愿意将较多的钱用来购置家具，花更多的时间维修和粉刷房屋等。这种人喜欢平静的生活，不愿意冒任何风险，而且对广告从来都抱怀疑态度——尤其是报纸和杂志上面的广告。当然，他们对于一次幽静的度假也会十分欣赏。一般情况下，他们选择的旅游景点大多是环境宜人的湖滨、海岛、山庄等旅游区。他们喜欢这里清新的空气、明媚的阳光，喜欢去狩猎、钓鱼、与家人野餐。

**2. 喜欢交际的旅游者**

这类旅游者活跃、外向、自信、易于接受新鲜事物，他们喜欢参加各种社会活动，认为旅游度假的含义不能局限于休息和放松，而应该把它看成是结交新朋友、联络老朋友、扩大交往范围的良好时机。他们还喜欢到遥远的有异国情调的旅游景点去旅游。总之他们是敢作敢为的、活跃的、对新经历充满兴趣的。

**3. 对历史感兴趣的旅游者**

对历史感兴趣的旅游者认为旅游应该过得有教育意义，能够增长见识，而娱乐只是一个次要的动机。他们认为旅游度假是了解他人、了解他们的习俗和文化的良机，是丰富自己对形成今天这个世界产生过影响的历史人物和事件了解的良机。

对历史感兴趣的旅游者之所以对受教育和增长见识如此重视，这是因为他们把自己的家庭和孩子看成是生活中最重要的部分，认为帮助，教育孩子是做家长的主要责任。因此他们认为假期应该是为孩子安排的，并且认为全家能在一起度假的家庭是幸福的家庭。

## 四、游客不文明行为产生的原因

了解游客不文明行为产生的原因是正确引导游客行为的必要条件。游客的不文明行为产生的原因比较复杂，具体有如下几种。

### （一）游客的环保意识不强、生态道德素质低

文化素养低、环保意识差的游客很少会考虑自己行为的环境影响，因而最容易在不知不觉中产生不文明行为。但值得注意的是，大量游客有着相当高的文化素养，在日常生活中也有明确的环保意识，能约束自己的行为，然而一到景区游览时便会产生种种与其日常行为迥然不同的不文明行为。对这类游客而言，用环保意识差来概括其不文明旅游行为产生的原因显然是不合适的。

### （二）游客在旅游过程中的“道德感弱化”现象

旅游活动是对日常生活的超越和背叛，因而旅游者在旅游过程中不同程度地存在着随意、懒散、放任、无约束的心理倾向。当一个人以旅游者的身份在异地游览时，往往想摆脱日常生活中的“清规戒律”，道德的约束力量远不及在他日常生活圈子中那样强大，所以，人性中潜在的恶的东西总是不自觉地流露出来。旅游者摆脱了日常生活圈子中众多熟人的目光的监督，对自己的行为举止便少了许多顾忌与约束。那种解脱的感觉，使人们感到轻松，导致旅游者有“无姓名 = 无责任”的想法，特别是在缺乏集体

主义心理起作用的情况下，那种倾向增强，是容易产生所谓“抛弃旅游耻辱”行动。这一点在我国游客中表现得极为明显。这可能也跟我国文化传统中“他律”文化强于“自律”文化的特征有一定的关系。

### （三）游客在游览活动中难以形成保护环境的愿望

就理论层面而言，旅游活动应该有利于提高游客的生态意识和环境伦理素质，但事实上，旅游活动本身的某些特性又不利于游客形成保护环境的愿望。就旅游活动而言，游客不文明行为对环境、景观的消极影响往往是潜移默化的，它所造成的严重后果往往是长期累积所形成的，而游客的游览活动是暂时性、动态性、异地性的，所以，游客并不能看到自己的不文明旅游行为的严重后果。这就致使游客一方面对旅游景区环境问题的严重性缺乏认知；另一方面对自己的不文明旅游行为造成的环境污染问题的责任归属感缺乏认知。由于众多游客的不文明旅游行为的同时存在，也使游客个体对解决环境的有效性缺乏认知，自己也不愿付出努力，多种因素决定了游客在游览活动过程中不易形成保护环境的愿望，因而也不易产生保护环境的行为。

### （四）很多游客缺乏责任意识

张维亚等（2015）依据利益相关者理论和企业社会责任的划分将旅游者社会责任分为经济责任、文化责任和环境责任。游客社会责任即是游客应该承担的对环境、其他游客、当地居民以及社会公众等的责任。游客对环境的责任是指游客应该保护景区生态环境、自然资源、管理设施以及营造干净的卫生环境；对其他游客的责任是指游客应该遵守规章制度和社会公德，尽量不影响到其他游客；对当地居民的责任指游客在进行游憩活动时应尽量不给当地居民造成困扰；对社会的责任主要是指游客应该遵守法律法规，不做破坏社会公共秩序的事，并应积极为社会及景区的进步发展做出贡献，给其他游客做出表率。

要提高游客的责任意识，可以从以下几点入手。丰富游客环境知识，营造良好的游览氛围，增强游客的荣誉感和主人翁意识，加强景区与游客的互动，建立有效的机制，刺激游客的保护行为，加强宣传教育。

### （五）文化差异

（1）深层文化差异：价值观念、思维方式存在较大不同。

（2）中层文化差异：旅游过程中的行为喜好存在差异，如说话、照相、肢体动作等。

（3）表层文化差异：对具体消费品爱好取向有差异，如饮食、服饰、交通、礼品、烟酒、药品等。

**【阅读材料：拓展阅读】**

**《游客不文明行为记录管理暂行办法》（节选）**

第二条　本办法所称“游客不文明行为”是指游客在旅游活动中，因违反法律、法规及公序良俗等受到行政处罚、法院判决承担法律责任，或造成严重社会不良影响的行为。

第三条　县、地（市）、省级旅游主管部门负责本区域内的“游客不文明行为”采集报送等工作。国务院旅游主管部门负责全国“游客不文明行为”管理工作。

第四条　省级旅游主管部门建立本行政区域的“游客不文明行为记录”。国务院旅游主管部门建立全国“游客不文明行为记录”。

第五条　游客在旅游活动中因下列行为受到行政处罚、法院判决承担责任的，或造成严重社会不良影响的，应当纳入旅游部门的“游客不文明行为记录”：

（一）扰乱公共汽车、电车、火车、船舶、航空器或者其他公共交通工具秩序；

（二）破坏公共环境卫生、公共设施；

（三）违反旅游目的地社会风俗、民族生活习惯；

（四）损毁、破坏旅游目的地文物古迹；

（五）参与赌博、色情活动等；

（六）严重扰乱旅游秩序的其他情形。

（资料来源：光明网，游客不文明行为记录管理暂行办法，2015）

## 五、正确引导游客行为的意义

在实际旅游过程中，很多游客存在不文明行为，这些不文明旅游行为可能导致旅游景区环境污染，景观质量下降甚至寿命缩短，最终结果是造成旅游景区整体吸引力下降、旅游价值降低。它影响和威胁着旅游景区的可持续发展。更有甚者，还可能给景区带来灾难性影响，如违章抽烟、燃放爆竹、违章野炊等行为很容易引起火灾，一旦发生，后果将不堪设想。

从最直接的影响来看，首先，游客的不文明旅游行为给旅游景区的环境管理、景观管理带来极大的困难；其次，游客的不文明旅游行为本身往往成为其他游客游览活动中的视觉污染，影响游兴，破坏环境气氛，影响其他游客的游览质量；最后，游客的不文明旅游行为往往会给自己的人身安全带来隐患。例如，到一些未开放的景区游览、违章露营、随意给动物喂食、袭击动物、不按规定操作游艺器械等行为都可能给游客自身带来意外伤害。近年来，已有不少景区出现类似的安全事故，可惜很多游客意识不到这一点。

因此，正确引导游客行为是景区管理工作的一部分，这有利于营造良好的旅游环境和氛围，达成文明景区。

## 六、控制性管理办法

旅游景区不仅仅是简单的服务游客，为了保护旅游资源和旅游环境，为让其他游客的旅游活动不被打扰，景区针对个别游客的特殊行为，应该采取强制性管理办法，对犯错游客产生威慑力。

必要的控制性管理方法有助于管理更好地实施。一是制定必要的景区管理规则及惩罚措施，并配备必要的人员保证实施；二是严格实施，控制性的管理方法的一个特点是严格，游客必须遵守管理规则，而不是既可以遵守也可以不遵守；这个要求必须明确，对规则只能有一种理解，而不是既可以这样理解也可以那样理解；管理人员在操作过程中，必须坚持对就是对，错就是错，而不能盲目迎合游客；严格按照管理规则来办事，不能规定的是这样，操作起来又是那样；三是制定管理规则时应做充分的调查和实证，并根据实践的变化做出必要的修改，一旦该管理规则被确定，必须加以严格贯彻，并对所有的人都一视同仁，以体现规则的公正性；四是分析游客的不文明行为产生的原因，目的是理解这种行为，但理解不能代替管理，如了解到游客对景区资源的破坏行为是出于对旅游过程中的种种不满情绪的发泄，管理者可以对游客的行为表示理解，提供弥补性的措施，帮助其消除不满情绪，但对于已经造成的不良后果，游客还是应该承担责任，并按照管理规则受到惩罚。

控制性管理方法和服务性管理方法是景区必不可少的，而且两种方法在管理过程中应互相交叉使用、灵活实施。

## 七、正确引导游客行为的方法

### （一）组织引导方法

#### 1. 发挥导游的引导作用

带队导游可对游客的行为起到直接的引导、监督、制约作用。在旅游过程中，导游不仅要完成组织协调、解说等传统职责，同时还应负有“资源管理”的职责。在帮助游客了解、欣赏环境和景观的同时，应鼓励游客表现出对景区环境、景观负责的行为，预防和制止其不文明行为。旅游管理部门在导游考评、导游词设计等方面可适当增加有关环境特性和景观保护常识等内容，引导和鼓励导游负责任地行使好管理资源和保护环境的职责。浙江省淳安县旅游局的做法颇有借鉴意义，淳安县是著名的千岛湖风景区所在地，为保护千岛湖的良好生态环境，该县旅游局明确要求导游员要成为千岛湖的“环保大使”，该局经常为导游员举办环保知识专题讲座，把《千岛湖环境》作为导游上岗、年审培训的必修课，强化导游员的环保意识，强调每个导游员有责任向游客宣传千岛湖环境保护意识，还在导游队伍中发起“保护千岛湖，从我做起”的倡议。这些做法取得了很好的效果。

#### 2. 建立沟通渠道

建立方便的反映问题的渠道，便于游客反映意见，及时消除不满情绪，预防破坏行为的发生。

沟通渠道，一般可分为正式或非正式的沟通渠道、向下沟通渠道、向上沟通渠道、水平沟通渠道，是人与人之间、人与群体之间思想与感情的传递和反馈的过程，以求思想达成一致和感情的通畅。正式沟通渠道是指在组织系统内，依据一定的组织原则所进行的信息传递与交流。例如，传达文件、召开会议、上下级之间的定期的情报交换等。在景区服务中一般用到的是非正式渠道，它不受组织监督，自由选择沟通渠道，能更灵活迅速地适应事态的变化，省略许多烦琐的程序；并且常常能提供大量的通过正式沟通渠道难以获得的信息，真实地反映旅游者的思想、态度和动机。因此，这种动机往往能够对管理决策起重要作用。

### （二）示范引导方法

景区员工在履行其正常职责的过程中，可以随时与旅游者交流聊天，提供游客所需要的信息，并听取他们的反映，向游客阐明注意事项。同时，要以自己的实际行动示范游客、教育游客尊重环境，遵守规章。

国内不少景区组织工作人员与青年志愿者一起开展环保活动，这既可强化工作人员的环保意识，又能起到对公众的宣传作用。黄山之所以卫生保洁好，除了到处都是石砌的垃圾箱外，还能看到清洁人员不辞劳累、默默无闻地捡拾游客留下的垃圾，还有哪个人会忍心乱扔乱倒垃圾给他们添麻烦呢？此外，带队导游也要注意自己的一言一行，为游客树立好榜样。

### （三）强制引导方法

#### 1. 根据景区自身的资源特点编制游客规则

例如，美国旅行商协会（ASTA）制定了游客游览生态旅游地的几条戒律。

（1）只留下脚印，只带走照片；不折树枝，不乱扔杂物。

（2）充分了解你所参观的地方的地理、习俗、礼仪和文化。

（3）尊重别人的隐私和自尊，拍照时要征得别人的同意。

（4）不要购买使用濒危动植物制成的产品。

（5）要沿着划定的线路走，不打扰动物，不侵犯其自然栖息地，不破坏植物。

（6）了解并支持环境保护规划。

（7）只要可能，就步行或使用对环境无害的交通工具，机动车在停车时尽量关闭发动机。

（8）以实际行动支持景区内那些致力于节约能源和环境保护的企业。

（9）熟读有关旅行指南。

此外，制定比较完备的规章制度对可能出现的各种不文明行为，尤其是对故意破坏行为较大制约力度，并通过管理人员约束游客的不文明行为，包括加强巡查、长期雇用看护员、对违规行为实施罚款、使用闭路电视或摄影机监视等。

#### 2. 要尊重自然环境的脆弱性

让游客意识到如果不保护环境，后代可能不会再看到独特而美丽的旅游景区。

#### 3. 分区管理

例如，关闭某些地域的活动场所，禁止在某些区域或某些时间段内从事某些具体旅游活动。

#### 4. 限制利用量

结合旅游容量管理要求，有效控制进入景区的游客量，如限制停留时间、限制团体规模、限制游客数量、禁止野营等。

5. 限制活动

结合景区的实际情况，禁止超出道路和游径的旅行，禁止营火晚会，禁止乱扔废物，禁止居民和游客纵容马匹啃食植物等。

## （四）教育引导方法

1. 加强环保宣传

政府环境部门、社会环保组织、旅游管理部门应加强环境保护问题重要性的宣传，提高公众的环保意识；要大力宣传旅游与生态环境保护之间的互惠互利的关系，使公众认识保护生态环境是旅游业可持续发展的前提；要大力宣传旅游活动可能会给环境造成的损害，尤其应让公众认识到不文明旅游行为对旅游环境、景观的污染和破坏；政府部门应经常向旅游者、旅游地居民公布环境质量信息及污染对健康、经济、环境的损害。通过种种措施使社会大众对旅游与环境的关系问题有正确的认识。这是一项最为基础性的工作，需要长期不懈地进行，旅游行政管理部门、旅游景区应负起重要责任。

2. 增加环保旅游项目

旅游景区在旅游活动项目的安排中应有意识地增加与环境、景观保护有关的内容。使游客在生动有趣的活动中获得相关知识。国外许多生态旅游地在游客进入景区中心部位之前，总是先通过种种形象生动的手段如展览、讲解培训等，对游客进行生态知识、游览规范等的教育和引导，旨在唤醒游客的生态责任意识。通过种种措施和手段在旅游景区内造就一种保护景观及周边环境、遵守游览规范的良好氛围，使游客时时意识到旅游景区对其文明行为的期待，从而能够约束自己的不文明旅游行为。

3. 对游客进行事前教育

向游客介绍活动类型、开放时间、场所。对于“盲目”的游客而言，有必要让他了解其责任。对于那些来自不同文化背景的游客，更有必要让他少犯错误，以减少投诉和对立。比如，向他介绍景区内应注意的事项（特别是不准做的事情），环保政策；当地的习俗，社会行为规范，宗教场所的行为规范，当地的小费习惯，在景区商店是否可以讨价还价，摄影时应遵守的礼貌及其他与当地社会习俗和价值观等有关的问题。景区管理者要将这些信息及时传递给旅游者。事前教育可采用情况介绍、报告宣传材料、利用交通工具上的视听设备等方法进行。

4. 加强对旅游景区内居民的环保教育

引导居民积极参加景区环保活动，充分发挥其示范与监督作用。武夷山风景区成立了由大量景区居民参加的“风景旅游资源保护协会”，在保护资源环境、发挥示范作用方面取得了很好的成效。张家界国家森林公园附近的居民在这一点上也表现得很出色。他们总会在游客进入森林公园前提醒游客不要抽烟、用火，以防止森林火灾，景区内居民在环境、景观保护方面所发挥的示范作用和监督作用，可有效地预防一些游客不文明旅游行为的发生，很有利于景区环境、景观的保护。

5. 加强旅游者的旅游法规教育

以团队游客为例，围绕旅游合同开展各种宣传教育活动，让旅游合同成为投诉和处理旅游投诉的共同标准。每年在固定的时间，在公共场合宣传介绍旅游质量监督管理的职能。公布投诉电话，定期向媒体公布质检所处理投诉的信息，着重宣传旅游者消费者投诉处理的流程，增加投诉处理的透明度。

**6. 建立旅游信息中心（信息平台）**

游客中心（信息平台）不但可以展示景区景观，提供相关的旅游信息，出售导游手册和相关书籍，而且能够成为游客教育中心，成为游人获得景区相关知识的中心。

**7. 编制旅游指南或手册**

手册要色彩鲜艳，夺人眼目，生动有趣，有吸引力。景区要通过各种途径免费发放给游人，在游客购票时效果最好，虽然景区增加了管理成本，但可以达到较好的宣传效果，更让游客感觉到景区管理者对他们的关怀。

# 第七节　安全管理制度

## 一、旅游景区安全管理及其意义

### （一）旅游景区安全管理的定义

旅游景区安全管理是指根据国家旅游安全工作的有关方针政策，为降低旅游景区安全事故的发生，确保景区和旅游者的人身及财物安全，在旅游企业接待服务过程中所采取的一系列制度、措施、方法等管理活动的总称。它是维护景区声誉，提高服务质量，保证接待服务活动正常开展的重要条件。

### （二）旅游景区安全管理的作用

旅游景区必须保障旅游者人身财物及景区财产安全，这是旅游景区经营服务的基础，没有安全，一切服务和生产就无从谈起。从这个意义上说，没有安全就没有旅游业。犯罪活动的暴力化，犯罪分子的智能化，危害事故的复杂化，使安全管理工作在旅游风景区中越来越重要。具体来说，旅游景区安全管理的重要性表现在以下几个方面。

**1. 旅游景区安全是提高游客满意度的重要保证**

根据马斯洛需求层次理论，安全需要是仅次于生理需求的基本需求。在对一般美国人的调查中发现，安全需要占到 70%，与其他较高层次的需求比较，占了相当大的比例。而出外旅游属于较高层次的享受需求和发展需求，要想使高层次的旅游活动行为得到满足，提高游客的满意度，就需要有较好的旅游安全保障措施作为基石和先行条件。

**2. 旅游景区安全是旅游经营者获取经济效益的保障**

对于旅游经营者来说，旅游景区安全是保证旅游活动顺利进行，并获取良好经济效益的前提。旅游事故的发生，无疑会给旅游经营者带来不同程度的影响，如直接的经济损失，较长时间内游客量的大幅度减少，信誉和形象的破坏，甚至导致景区旅游毁于一旦。

**3. 旅游景区安全是旅游业可持续发展的基础**

根据经济学家的"木桶原理"，即木桶容量的大小并不取决于最长的木条，也不取决于评价长度，而是取决于最短的木条。如果旅游景区的某一要素极端恶劣，其副作用足以抵消其余要素的全部正效应，就会出现景区服务"100-1=0"的效果。旅游安全需要作为游客的基本需求，不管哪个方面出现安全问题，都会对景区的整个旅游产生影响。旅游安全不仅影响到景区和旅游地的旅游形象和信誉，还关系到当地旅游业的生存和发展。

总而言之，旅游景区安全管理是维护旅游景区声誉，提高服务质量，保证旅游景区接待服务活动正常开展的重要条件。

## 二、旅游景区安全管理制度

景区安全管理制度是指在国家相关法规条例指导下，为保证景区员工和旅游者人身及财产安全而制定的符合景区安全管理实际情况的章程、程序和措施的总称，它是景区工作人员做好安全工作所必须遵守的规范和准则。景区安全管理制度包括以下五个方面。

**1. 安全岗位责任制**

安全岗位责任制规定了景区员工在工作岗位上所担负的安全工作范围、内容、任务和责任，把安全工作的具体任务和责任明确到每个人身上，以达到全员安全管理的目的。

**2. 领导责任制**

安全管理实行"谁主管，谁负责"的总原则。领导的责任制规定了领导的安全管理具体职责和标准，便于对领导的考核，以及发生重大安全问题时的法律责任追究。

**3. 重要岗位安全责任制**

对于容易发生安全问题、或者安全问题一旦发生影响巨大的部门，应该为安全管理的岗位配备专门的安全管理人员，制定重要岗位安全责任制。

**4. 安全管理工作制**

按照景区安全管理的客观要求，规定安全管理的范围、内容、程序和方法，是整个景区安全管理的制度，也是指导景区开展各项安全活动的准则和规范。具体又可以分为安全设施管理制度、危险物品使用管理制度、消防安全管理制度、隐患排查和治理制度、交通安全管理制度、预报预警管理制度、事故调查报告处理制度、应急管理制度、安全奖惩制度等。各景区应该根据各自的实际情况制定相关旅游安全管理制度，成体系化建设。

**5. 经济责任制**

按照责、权、利对等的原则，将工作成效与员工经济利益挂钩，从而调动全体员工做好安全工作的积极性，保证各项安全制度的贯彻落实。

## 【小结】

旅游景区安全服务与管理是景区管理中非常重要的环节，如何有效地进行旅游安全预防管理、现场管理、事后管理，需要我们景区高度重视。在景区安全管理中，大多数自然灾害导致的安全是不可抗拒的，但可以做好预防预警工作，将安全损失降到最低；景区设施设备的安全管理、活动事件的安全管理需要我们景区高度重视，大量安全事故可能会由于人为原因导致发生。

## 【复习思考题】

1. 你如何理解景区的安全管理就是服务？
2. 如何管理景区的设施设备安全？
3. 治安管理的参与者应该有哪些？
4. 旅游景区应该有哪些安全预防举措？
5. 如何做到旅游景区的人性化管理？

# 第八章

# 旅游景区运营与危机管理

## 【章节导读】

旅游景区运营与危机管理是景区的日常活动，其功能涵盖了经济、社会、文化和环境等多个方面。旅游景区治理模式作为景区运营管理的重要内容，是实现景区目标的助推器。不同景区由于发展历程和资源特性等方面的差异在治理模式的选择上也不尽相同，但是其中也有共性可循，根据景区自身条件选择合适的治理模式才能实现景区的可持续发展。本部分主要介绍了几种不同的旅游景区治理模式，通过对不同的治理模式的介绍，凸显出合适的治理模式对于景区日常运营活动管理的重要性。

## 【学习目标】

◆ 了解旅游景区运营的基本概念以及旅游景区运营的各项功能。

◆ 熟悉旅游景区运营的多维目标并理解目标之间的矛盾关系，能够提出达成景区运营目标的方法和途径以及解决目标之间矛盾的手段。

◆ 掌握我国现有的几种主要旅游景区治理模式的产生过程、治理结构和特点以及治理模式之间的差异。

## 【学习重点】

◆旅游景区管理模式。

旅游业的繁荣发展与其巨大的经济、社会、文化和环境功能息息相关，旅游景区作为旅游业中必不可少的一环，是这些功能的直接发挥者。旅游景区运营既关系着景区自身的效益，也关系着旅游者能否在景区享受到舒适的旅游体验，因此旅游景区高效有序的运营是实现这种双赢的必然途径。而景区的高效有序运营又有赖于合理的治理模式，所以从景区自身特点出发选择合理的治理模式成为可持续发展的关键。

## 第一节　旅游景区运营概述

运营管理是“为满足顾客需要对组织资源进行的相匹配的系统的设计、运营与控制”（Rogers and Slinn，1993）。在这个系统中，投入（组织的资源）通过一个增值的过程被转化为产出（向顾客提供的服务）。这一定义同样适用于旅游景区的运营管理。从更根本的层面上说，旅游景区的运营管理就是景区的日常管理活动，即调配景区的资源，主要指员工和机器等物资设备，为游客提供满意的服务，并获取可接受的投资回报率。

### 一、旅游景区运营功能

旅游景区的运营是一个针对自然资源、基础设施等多种要素的综合管理过程，调配的资源也是多种多样的，既有天然的环境资源，又有人工创造的景点，还有人力、机器等，因此其功能就必然就会涉及多个方面。一般来说，旅游景区的运营功能主要体现在经济、社会、文化和环境四个方面。

#### （一）经济功能：助力经济发展，实现旅游扶贫

“经济因素是旅游业的心理、社会、地理和技术诸方面的公分母”（克里普夫，1963）。根据世界旅游理事会的报告，2013 年旅游业产生了 9.5% 的国内生产总值（GDP）以及超过 2 亿个工作岗位，旅游投资额达到 7500 多亿元，在总投资额中的比重超过 4%（WTTC，2014）。改革开放以来由于经济建设被放到了第一位，政府对旅游业的看法发生了根本的变化，从之前的认为旅游是资本主义社会的产物到肯定旅游在促进经济发展的作用，鼓励民众出游，旅游业在我国的快速发展正是借助于其经济属性。同时相当长的一段时间内，包括政府以及相关学者对旅游业的关注都聚焦在其经济属性上，直到现在旅游业的经济功能仍成为许多地方政府大力发展当地旅游业的动力之一。在此大环境下，旅游景区运营的经济功能不容忽视。

旅游景区运营之好坏直接体现在景区对游客的吸引力上，而这种吸引力又可量化为到该旅游景区的游览人数上。前来游览的游客越多，相应的景区收入就越多，能够上交给地方政府的税收也越多，地方政府有了更多的财政可以用于改善民生等其他用途。另外，由于旅游业具有乘数效应，能够带动一系列相关产业的发展，旅游景区运营的经济功能就可以得到更好的发挥。

旅游扶贫又称为消除贫困的可持续旅游（Sustainable Tourism-Eliminating Poverty，ST-EP）或面向贫困人口的旅游（Pro-Poor Tourism，PPT）。旅游扶贫被广泛认为是一种有效消除乡村贫困的方式，救济式旅游扶贫可以帮助贫困人口初步转变谋生方式，而开发式旅游扶贫则可以使贫困人口真正参与到现代经济体系中来，其原理正是旅游业具有强大的经济属性。虽然在谈及旅游扶贫时往往更多强调的是社区参与，但是其核心

是使贫困人口获得更多的发展机会和净利益，这些都是依赖于旅游业经济功能的实现。2000 年 8 月，在宁夏回族自治区固原行署建立了我国第一个国家级旅游扶贫实验区——六盘山旅游扶贫试验区，财政部将其作为旅游扶贫点。该扶贫点集旅游、生态保护、扶贫开发为一体，大力发展生态环境游、高原风光窑洞游、峡谷探险游等多种特色旅游有力地推动了当地的扶贫事业。所以，贫困地区旅游扶贫的运营和推广可以有力地推动当地的扶贫事业，实现旅游扶贫。

### （二）社会功能：完善基础设施，提升审美趣味

旅游业是综合性的产业，一个目的地的旅游景区必须依托当地的基础设施才能承载更大的客流量。游客通过旅游通道进入景区需要借助交通，可进入性成为评价景区旅游资源游憩价值的重要度量因素，也是游客在进行旅游决策时的考虑因素之一。另外，游客的食宿问题要靠景区所在地的餐饮业和酒店业解决，购物则需要当地发达的商业系统等。所以，旅游景区的运营会刺激当地不断完善交通运输网，规范餐饮业和住宿业，合理布局购物中心，以期在增加旅游地承载量的同时增强游客体验，为旅游者留下良好的旅游地形象。正是旅游景区与旅游地这样的关系才使得旅游景区的运营会带来旅游地基础设施的完善。例如，安徽省境内的合铜黄高速公路，连接了省会合肥和旅游热门城市黄山市，沿线分别辐射了铜陵、池州、九华山风景区、太平湖风景区、黄山风景区等地市及旅游风景胜地，可以说是一条名副其实的“旅游专线”。随着安徽省“两点一线”（合肥、黄山两起点，皖江一线）经济发展战略的实施，以及以“两山一湖”（黄山、九华山、太平湖）为龙头的旅游业的发展，合铜黄高速对安徽省旅游业的发展而言具有重要的战略意义。

另外，旅游者在旅游景区欣赏旅游资源的体验实际上也是一种审美体验，旅游者对旅游目的地和旅游景点的选择反映出旅游者对美的不同偏好和追求。旅游景区的有序运营可以深入挖掘景区旅游资源的内涵，实现资源的最佳组合，不仅使得旅游资源更具欣赏价值，还可以增加旅游资源的美感。旅游者对美的感受在具有美感的旅游资源的熏陶下会有一个慢慢提升的过程，特别是当旅游者这种感受积累到一定程度时会发生质变，旅游者的审美趣味将达到更高的层次。

### （三）文化功能：强化文化交流，塑造良好形象

从旅游文化的角度看，旅游的本质是跨文化的交流，旅游者在目的地都有意或无意地参与了与当地的文化交流，旅游业日益成为一个国家文化输出的工具，越来越多地被用于展示软实力。迪士尼主题公园就是一个成功的例子。作为一个销售梦想的品牌，迪士尼乐园每年都吸引了数以万计的旅游者前来游览。旅游者在游览的同时浸染在迪士尼乐园所体现出的美国梦等文化氛围中。同时迪士尼注重本地化，像东京迪士尼在一开始就进行本地化的改变，按照本地习俗为青少年庆祝成年礼等。极具亲和力的品牌形象使得迪士尼为美国与其他国家的文化交流做出了巨大的贡献。当然，我们也不能否认由

于“示范效应”[1]的存在，类似的文化交流也会产生负面影响。但凭借景区的合理和有序的运营，以及在运营过程中注重旅游者与社区居民的正向交流，这种“示范效应”的影响是可以大大降低的，我们不能因为它的存在而否认景区运营在强化文化交流上的重要作用。

旅游者对目的地形象的感知从进行旅游决策时开始形成，但这一感知形象不是一成不变的。传播媒介的丰富使得游客了解目的地和景区的渠道异常多样。随着对目的地了解和游览的深入，旅游者目的地形象感知不断发生变化，特别是当游客体验超出预期时，旅游者对目的地的感知就会达到更高的水平。旅游景区的运营不仅能够为游客提供良好的体验，更重要的良好的体验能够在游客心中为目的地塑造良好的形象，这样通过游客口碑的传播会带来更多的旅游者前来游览。

### (四)环境功能：优化景区环境，推动绿色旅游

旅游景区特别是以自然资源为主要吸引物的景区往往以景取胜，或奇，或雄，或秀，或怪，或险，若想保持景区对游客持续的吸引力，那么景区在运营管理时就必须重视景区以及目的地的环境保护。随着越来越多的旅游者追求最原始和自然的景观，环境对于景区发展的重要性日益凸显。通过对景区原始环境的保留或改善，合理地规划景区，可以优化景区环境，增强景区的吸引力。近几年乡村旅游、生态旅游和低碳旅游的兴起充分说明了环境对旅游者、对景区的重要性。

绿色旅游是以认识自然、保护自然、不破坏自然生态平衡为基础的，是经济发展、社会进步、环境价值的综合体现，它需要经营者和旅游者共同提高环保意识。从绿色旅游的概念中可以认识到“自然”是其核心，而对于旅游景区，“自然”主要体现在景区的环境上。良好的运营可以帮助景区通过ISO 14000环境管理体系和“绿色环球21”环境可持续管理体系认证，景区在贯彻绿色旅游理念的同时，不仅能够引导开发出符合环保要求的旅游产品的，也能够引导旅游消费者致力于环境保护，形成统一的环保意识，推动绿色旅游的发展。

## 二、旅游景区运营目标

旅游景区运营目标是旅游景区在运营时所制定的在一段时间里希望或能够达到的目标和目的。和旅游景区运营功能类似，旅游景区的运营目标由于运营过程的综合性和复杂性而具有多重性。

### (一)减少财务成本，增加利润收入

旅游景区的运营归根结底是一种经济行为(公益性景区除外)，作为一种经济行为其必然以营利为目的，即获取更多的利润。这个目标可以用一个简单的等式来概括：

利润最大化 = 增加创收 + 成本控制与降低成本。

---

① 示范效应：旅游者以其自身的意识形态和生活方式介入旅游地社会之中，引起旅游地居民的思想变化，产生各种影响，这种作用成为示范效应。示范效应是旅游对社会发生影响的主要途径。赵荣、王恩涌等，人文地理学(第二版)，2006.

也就是说，利润的获得需要从增加收入与降低成本两个方面考虑。

**1. 增加创收**

要达到增加收入的目的，可以采取以下办法：

（1）通过营销吸引更多的游客。

游客是景区收入的直接也是最重要的来源，所以，景区在运营时会通过各种营销手段吸引更多的游客。比如，在微博上通过抽奖的方式促进游客对景区的了解，鼓励他们前来游览；景区通过发放年票或套票，促使现有游客再次游览景区。另外，越来越多的景区通过举办特殊主题的活动或各种节日来吸引原本不打算来景区游览的人，节事旅游（Event Tourism）就是这类营销活动的代表。

（2）合理定价。

价格策略一直是旅游景区运营时采取的重要策略之一。旅游景区常见的价格策略有淡季低票价，凭学生享受折扣价，成人陪同儿童免票，凭门票免费停车等，这些价格策略通常都能吸引游客前来游览。

景区定价还有一个重要的策略就是通票制。以北京圆明园景区为例，其售票窗口出售两种票，一种仅仅是门票；另一种是包含大水法和沙盘等热门景点的通票，持通票的游客可以游览大水法和沙盘等景点，而持前者的游客只能游览园区内的免费景点。

关于定价值得一提的是定价的目的通常不是增加总体游客数量，而是在淡季时刺激需求或针对某一细分市场，如家庭市场，因为他们有“二次消费”的倾向，所以对景区来说很有吸引力。

（3）增加游客消费。

大多数景区的门票收入仅占总收入的一小部分，更多的收入来自景区内游客的其他消费，如餐饮、导游服务、缆车等，景区若想增加游客消费就必须在景区内完善相关服务，修建足够的餐饮店，提供精于业务的专业导游等为游客提供讲解服务。同时景区还可以通过增加景点或游览项目使原本不打算过夜的游客留宿，增加游客消费。

（4）通过其他渠道获得收入。

景区还有一些其他的渠道获得收入，主要有来自租用景区场地的商家的房屋租金，游乐场来自游乐设施和景区餐饮店特许经营权和租地经营权的收入，政府有关部门的拨款和专项资金以及企业赞助等，这些都为景区收入的增加提供了多元的可能。

**2. 成本控制与削减**

景区利润的增加单靠收入的增加是不可能实现的，与此同时还必须努力控制与削减成本。

从人员配备的角度看，要达到成本控制与削减就必须在增加生产力的同时尽可能减少员工人数进而减少在员工方面的支出。提高生产力可以通过员工“能力多元化”来实现，即培训员工使其能够胜任多种工作而不仅仅是单一的工作，这样员工能够被派往景区的其他岗位工作，或者从比较清闲的岗位调往比较忙的岗位，平衡各岗点和淡旺季的忙碌程度，不至于员工忙碌的非常忙碌，而清闲的非常清闲，最大化地利用景区的人力资本。

尽可能减少员工人数最直接措施就是雇用较少的员工，但这必须以保证景区的正常运营为前提。另外，景区比较通行的做法是雇用临时工而不用正式工，这样在淡季时就可以让他们休息，更为极端的做法就是降低员工工资。但是这些措施可能会带来负面影响，如影响员工士气和工作积极性，甚至导致服务质量下降。

近几年一些景区采取在旺季招募志愿者的做法来控制人员支出。这些志愿者在上岗前会进行相关培训，薪酬方面由于是志愿者所以要求并不是很高，大大低于正式员工的工资，同时志愿者群体以在校大学生为主，人员素质较高，他们都希望能够在社会上得到锻炼，故工作很积极。合格的志愿者不仅能有效减少景区支出，还能大大提高景区的服务质量。

### （二）提高运营技能，降低运营风险

景区运营管理是一个复杂的过程，需要多种技能和品质，其中既包括对景区，也包括对员工和旅游者。从景区层面上看，景区运营管理需要的技能有：既能从宏观上看待景区又能注意景区细节的能力；掌握景区和员工以及游客使用景区情况的能力；管理与控制景区财务的能力；合理规划景区发展前景并适时灵活变通的能力等。从旅游者层面上看，景区运营管理需要的技能有：了解旅游者需求，为旅游者提供满意服务的能力；预测可能的客流量和及时疏导的能力；应对游客投诉从容不迫的能力等。从员工层面上看，景区运营管理需要的技能有：员工之间良好的沟通能力；合理安排员工岗位，提高工作效率的能力；上下级之间、部门之间和员工之间信息的有效传达能力等。这些都是景区希望通过持续的运营能够提高的技能。

运营风险是景区在管理过程中可能出现的错误以及由此可能产生的后果。如环境风险，由于景区安全设施不到位而对游客人身产生的威胁，景区对游客量估计不足而导致游客滞留等，都属于景区在运营过程中存在的风险。景区运营的目标之一就是将这些风险可能发生的概率降到最低。风险是不能完全消除的，但是景区必须增强风险意识，加强风险管理，预见到景区在运营过程中可能存在的各种问题并尽早采取措施化解。为此景区可以建立及时有效的预警机制，加强同公安、消防、林业等有关部门的合作，做到风险尽早发现，及时排除。

### （三）提供舒畅的游客体验

体验经济是派恩二世和吉摩尔（Pine & Gilmore）1988 年提出的概念，他们指出企业应以服务为舞台，创造具有吸引力的消费情景，使消费者沉浸于消费体验中[98]。

体验经济时代下游客追求的已不是简单的视觉满足，获取满意的体验才是游客旅游的目的。传统的观光游览已经开始无法满足旅游者的需求，游客开始追求更深层次的旅游体验。体验不仅对游客产生情感和行为上的影响，还会内化为游客心中对景区资源或服务好坏的评估。所以景区在运营过程中必须以为游客提供舒畅的游客体验为目标之一。

奇克森特米哈伊的畅爽体验论认为客体的最佳体验为“畅爽（Flow Experience）”，这也是景区运营所追求的目标。要达到这一目标不仅要求景区在开发旅游资源时需要融合旅游者的行动与意识，在为游客提供挑战的同时让游客自主掌控旅游活动，同时也要

求旅游者自身必须具备克服挑战的技巧。主题公园的成功之处就在于它很容易使得旅游者达到“畅爽”体验，游客不再是传统的被动式观赏，而是主动参与到旅游项目中去。

### (四)延长旅游景区生命周期，实现旅游景区可持续发展

旅游地生命周期概念最早是由德国学者克里斯泰勒（Christaller W）最先提出，目前公认的旅游地生命周期理论是加拿大学者巴特勒（Butler）于1980年提出。他认为旅游地的演化要经过六个阶段，即探查阶段（Exploration）、参与阶段（Involvement）、发展阶段（Development）、巩固阶段（Consolidation）、停滞阶段（Stagnation）、衰落或复苏（Decline or Rejuvenation）阶段，六个阶段的演化过程如图8-1所示。

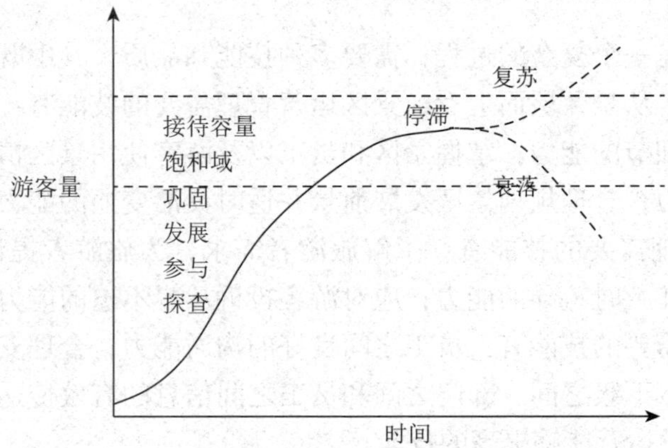


**图8-1　旅游地生命周期**

（资料来源：保继刚、楚义芳，2008）

处于探查阶段的旅游目的地只有零散的游客，自然和社会经济环境未因旅游而有所改变。参与阶段旅游者的人数逐渐增多，有组织的旅游开始出现，吸引当地居民开始专为旅游者提供一些简易设施。发展阶段，一个庞大而又完善的旅游市场已经形成，吸引了大量的外来投资，旅游者人数继续上涨。巩固阶段，游客增长率已经下降，景区需要扩大市场范围，延长旅游季节，吸引更多的远距离游客。停滞阶段，旅游环境容量已达到或超过最大限度，导致许多经济、社会或环境问题的产生。停滞阶段之后，旅游景区的走向有两种：一种是景区无法再吸引旅游者，旅游景区面临无论从空间上或数量上都缩小的旅游市场因而走向衰落；另一种是景区创造一系列的人造景观或积极开展促销活动吸引原有的和未来的游客因而走向复苏。旅游景区运营的目标之一就是通过一系列管理和营销活动防止景区过早进入停滞和衰落阶段，或让已经处于停滞阶段的旅游景区转向复苏，避免衰落，从而延长景区生命周期。不同阶段的旅游景区需要采取的措施和营销手段是截然不同的。这就要求旅游景区尽早识别并确定自身所处的阶段并对症下药，针对景区所面临的不同情况采取对应的措施。

延长旅游景区生命周期固然重要，但这只是一种被动的应对手段。改变传统的旅游发展观，让景区走可持续发展的道路，才是景区发展的良策。由于旅游业长期以来被认为是投资少、见效快的“无烟产业”，助长了传统发展观在旅游业中的流行，并直

接导致了我国旅游景区的可持续发展出现了一系列严峻的现实问题，主要有旅游景区的粗放开发和盲目利用；旅游景区生态环境系统失调；旅游景区内环境污染严重；旅游景区及其周围地区社会文化受到严重冲击；旅游景区人力资源管理问题严重等。要实现景区的可持续发展，就必须采取强有力的措施解决上述问题，实现景区的可持续发展。

### 三、旅游景区运营目标矛盾论

旅游景区运营的目标是多维的，但是需要认识到这些目标之间并不是孤立存在的，相反，它们是相互联系甚至是对立的，例如，景区要达到为游客提供舒畅的体验的目的就可能需要加大投入，营造舒适的游览环境和提供令游客满意的服务，这与景区减少财务成本的目标相矛盾；延长景区生命周期需要开发新的具有吸引力的旅游产品，但是这有可能会由于未能正确识别市场需求而失败，这与景区力图实现可持续发展的目标对立等，而且开发新的旅游产品也需要成本，这与减少成本以及增加利润收入的目标也是相矛盾的，类似的矛盾在景区运营目标之间随处可见。

旅游景区运营的目标之间的矛盾关系是伴随着景区整个运营过程的，只要景区开始运营，运营目标之间的矛盾关系就不可避免，这种内生矛盾无疑增加了景区运营的难度，使得景区经常处于顾此失彼，二者不能兼得的境况。但是，我们也不能因为这些矛盾的存在，而消极地认为，旅游景区运营会由于不能摆脱这些矛盾的困扰，而无法达成运营目标。实际上，虽然矛盾不能消除，但是景区可以运用各种手段尽量降低各种矛盾所造成的不良影响。因此，如何平衡这些矛盾，将这些矛盾对景区运营造成的影响降低到最小成为景区不可逃避的命题。

## 第二节　旅游景区管理模式

### 一、旅游景区管理模式概述

我国地域辽阔、山川秀美、历史悠久、文化灿烂，旅游资源极其丰富。我国的旅游景区长期由国家直接经营管理，国家集所有权与经营权于一身，并通过景区管委会对景区进行经营管理。景区的管理、保护和开发费用全部由国家财政承担，景区的门票及其他旅游项目由国家定价，收入上缴国家。自 1978 年我国实行经济体制改革以来，所有权与经营权分离的现代企业制度取代了原有的所有权与经营权合一的企业制度，旅游景区的经营管理也出现了新的模式。

旅游景区管理模式（Governance Model of Tourism Management）是指一套有关旅游景区的制度安排，用来支配相关主体，包括政府监督部门、景区投资者、景区管理人员、社区居民甚至后代的关系，并从该模式中实现经济、社会和生态效益或其中某方面的效益。旅游景区管理模式是旅游景区运营与危机管理的重要内容，不同的景区由于自然、历史等原因所遵循的管理模式也不尽相同，我国许多学者也进行了相关研究。目前我国对于旅游景区管理问题的研究内容主要集中在对旅游景区管理体制的研究，旅游景区的产权和经营权问题以及旅游景区的融资体制问题三个方面。在认识这些管理模式之前，有必要先了解我国旅游景区管理中存在的问题。

### （一）旅游景区管理中存在的问题

**1. 体制混乱，缺乏独立统一的管理机构**

计划经济时代的后遗症使得我国旅游景区在宏观管理上呈现出“政出多门、体制混乱”的格局。具体而言，旅游景区归国家所有，地方政府代表国家管理，各级主管部门负责相关业务的制度安排，使得同一景区的一些产权同时委托给旅游、建设、环保、林业等多个平级职能部门，且各部门对景区的处置权不具有排他性，造成景区产权重叠设置。这种混乱的管理体制使得旅游景区缺乏统一的管理机构，很多措施制定或执行不到位，缺乏强有力的后盾，给景区资源环境的保护、开发和景区的经营管理带来了极大的隐患。

**2. 条块分割，政府职能错位**

我国公共资源类旅游景区所有权名义上归国家所有，但各级政府及相关部门都可以行使相应的景区管理权，从而造成旅游、文物、林业、建设、环保等多个平级部门同时管理的局面。这种条块分割、各据一方的格局使得景区各管理部门及利益主体为实现其各自利益而产生矛盾摩擦，有法不依、执法不严、违法不究现象时有发生，景区管理职能缺位、失位、错位顽疾难除，在各个层面影响着景区的健康发展。

**3. 产权结构残缺，所有者缺位**

我国公共资源类旅游景区所有权归国家，地方政府为所有权代表行使景区管理职责，这种产权制度造成真正的旅游景区所有者虚位。现行政府通过各种方式将旅游景区的经营权委托给企业的有偿使用制度并没有国家统一的政策或制度保障，企业对景区经营权的合法性未得到国家最后定论，无法做到依法而行。这种残缺的产权结构容易造成经营企业为实现短期利益而对景区资源环境造成破坏。

**4. 资源破坏，环境污染**

一些素质不高的旅游景区经营企业在对资源进行开发时，只重视自身的经济利益或短期利益，而不重视景区的可持续发展，使得景区的建设庸俗化、功利化、同质化现象泛滥，过度开发景区的自然资源，旅游景区超载严重，建筑风格突兀造成“视觉污染”等，对景区资源造成了极大的破坏。此外，景区开发建设时为了节省成本不注重环保、景区经营中生活垃圾处理不当等现象普遍存在，使得景区环境污染成为一个非常严重的问题。

### （二）旅游景区管理模式分类结构

根据彭德成（2003）的研究，旅游景区管理模式分类结构可以按照企业型管理和非企业型管理划分为两大类，再对二者进行细分，如图 8–2 所示。

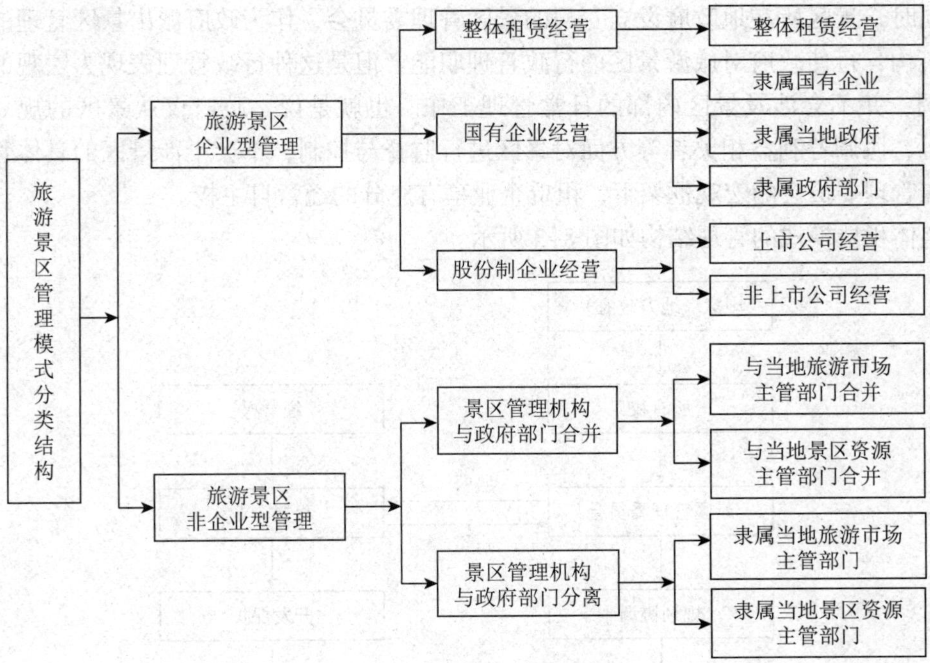


**图 8-2 旅游景区管理模式分类结构**

（资料来源：彭德成，2003）

## 二、整体租赁经营模式

### （一）整体租赁经营模式概述

整体租赁模式最初产生于四川省雅安市碧峰峡景区，并取得了巨大的成功，因此又被称为“碧峰峡模式”。碧峰峡景区所在地雅安市政府为发展当地旅游业与成都万贯集团签订了整体开发碧峰峡风景区的协议，由万贯集团对碧峰峡景区进行整体租赁经营，从而创造了旅游景区开发经营的全新模式，即整体租赁模式。

整体租赁模式实质上就是在坚持资源国有、严格保护、永续利用的前提下，政府对景区统一规划后，将经营开发权剥离出来，通过与投资企业签订协议，授权一家企业较长时间地（一般为 30~50 年）对景区进行垄断性的建设、经营、管理，并按约定比例由景区所有者与投资经营者共享经营收益。

### （二）整体租赁经营模式管理结构分析

碧峰峡属于省级风景区，所有权归国家所有，地方政府代表国家行使所有权。碧峰峡景区由万贯碧峰峡有限公司经营，具有独立的法人地位，类似于一般工商业股份公司。所有权与经营权的分离是碧峰峡模式的最大特征。地方政府行使所有权，并协同当地有关部门具体管理，万贯碧峰峡有限公司则拥有景区的长期经营权，在一定时间内，独家开发，整体规划，市场化经营。

同时，景区所在地政府设立专门的景区管理委员会，作为政府派出景区管理的监督控制机构，行使政府对旅游景区的行政管理职能。但是这种行政管理表现为宏观的管理和协调，并不会涉及景区内部的日常管理工作。也就是说，政府仅从景区的规划、项目审批、协调各利益相关者等方面对景区进行监督与控制，不会干涉景区的具体管理事项，在管理委员会的宏观框架下，租赁企业享有充分的经营自主权。

整体租赁模式的管理结构如图 8–3 所示。

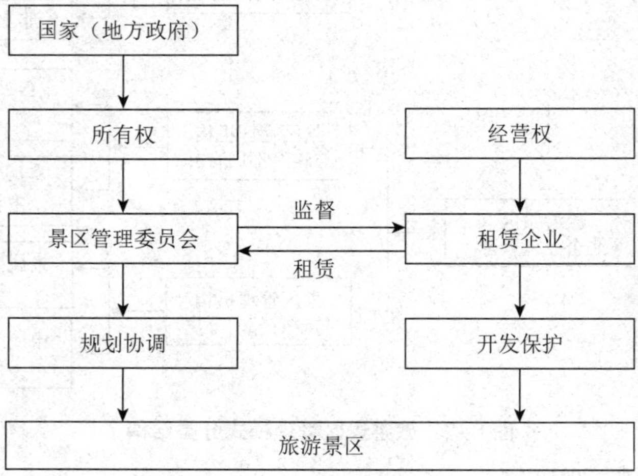


**图 8–3　整体租赁模式的管理结构**

（资料来源：根据彭德成，2003；郭亚军，2006 整理）

该模式中，由雅安市政府和万贯集团共同组建万贯碧峰峡有限公司，政府以景区旅游资源使用权及其配套设施入股（不占最大股份），而万贯集团则以资金入股并控股。政企双方成立董事会，董事长由万贯集团方担任。董事会是景区开发经营最高决策机构，决定景区的重大经营活动，但董事会决策的开发建设项目必须经管理委员会的批准才能实施。作为“承包人”的万贯碧峰峡有限公司向雅安市政府缴纳一定数额的租赁费。旅游景区的经理人员由董事会聘任并向董事会负责。

### （三）整体租赁经营模式特点分析

#### 1. 成功突破所有权与经营权不可分离的禁区

该特点是这一模式的核心内涵。事实上，碧峰峡并不是国内第一家采取整体租赁经营的旅游景区，早在 1996 年山西三佳煤化有限公司与介休市政府就签订了转让绵山景区 50 年经营权和开发权的合同，但它是西部第一个取得成功的旅游景区。《四川省风景名胜区管理条例》第十三条的规定是阻碍碧峰峡模式的最大地方性法规，其中规定：风景名胜区及其外围保护地带的重要地段，不得设立开发区、度假区，不得出让土地，严禁出租转让风景名胜资源。而该模式的核心就是“政府出资源，企业出资金”，前者就是出租转让行为。1985 年 6 月，国务院发布的《风景名胜区管理暂行条例》第八条也有相关的规定。所以，政策法规风险是万贯集团投资碧峰峡的最大风险，如果被认定为违法经营，不仅无法获得收益，而且连前期的巨额投资都无法收回，如用于农民搬迁和基础设施建设的投资。万贯集团以实际行动成功突破了景区所有权与经营权不可分离的禁区，为景区带来了发展与繁荣。

**2. 独家投资、独家长期租赁经营**

这是碧峰峡模式成功的必要保障。彭德成认为，旅游景区的开发，是旅游资源与投资主体的结合。根据投资主体的多寡，旅游景区开发模式存在“1+ 多”和“1+1”两种方式。前者是指一个景区与多家投资主体的同时结合，国家、集体、部门、个体等一起共同投入该旅游景区的开发经营；后者则是指一个旅游景区仅与某一家投资主体相结合，由该投资主体独家控制，并且垄断性经营。

碧峰峡模式采取的就是“1+1”模式，在一定时间内由万贯集团独家投资、独家长期经营。这一模式适应了目前的社会、经济环境。从投资方万贯集团的角度来看，在信用缺失的经济环境下，由于资本意愿多元化，众多的利益相关者使得“1+ 多”模式很容易导致矛盾丛生、掣肘不断的现象，这完全不利于旅游景区的持续经营。从资源所有者即政府的角度来看，旅游资源的保护是头等大事，而资源保护的人为威胁就是经营企业的“杀鸡取卵”的短期经营行为。政府赋予企业长期的经营权，就是在引导企业的经营行为由短期利益向长期利益转换，长期利益的实现要求一面注重合理的开发，一面注重保护旅游资源和生态环境，实现可持续发展。这样，旅游资源的所有者和市场化行为的企业的目标就合二为一，实现了双赢。因此独家投资、独家长期租赁时碧峰峡模式成功的必要保障。

**3. 对旅游资源的有力保护**

对旅游资源的有力保护是该模式存在的基本前提。雅安市转让碧峰峡经营权之所以遭到方方面面的反对，主要原因就是担心转让经营权会导致旅游资源因企业“杀鸡取卵”的短期经营行为而遭到破坏，因而碧峰峡模式能否成功的关键就在于旅游资源能否得到良好的保护。旅游资源是连接政府和企业的纽带，政府监督，企业经营，旅游资源的保护与否直接关系到二者合作能否顺利的保持并进行下去。事实证明，碧峰峡模式能够促进企业加强对旅游资源的保护，这也使得该模式能够一直持续下去。

**4. 良好的监督协作机制**

良好的监督协作机制是这一模式顺利运行的机制保证。对于一个企业来说，政府的力量处于优势，尤其是在目前的经济转轨时期更是如此。如果缺少当地政府的总体协调，碧峰峡模式也就无法生存。政府的有效监督能够避免企业在经营过程当中的一系列不利于景区可持续发展的行为，并且及时纠正，保证景区不会因为经营策略的问题而遭到破坏。

## 三、股份制企业经营模式

### （一）股份制企业经营模式概述

股份制企业经营模式是指对景区企业按照现代企业制度进行改造，并由政府委托股份制企业独家经营旅游景区。成立于 1993 年 12 月 8 日的浙江富春江旅游股份有限公司，是全国首家以风景旅游资源为主要资金投入的规范化的股份制企业。这种模式在浙江产生之后，发展到我国的一些风景名胜区、国家级重点文物保护单位乃至世界遗产景区的管理结构之中，因此该管理模式也被称为浙江富春江模式。

1993年8月，桐庐旅游总公司向县体改委提出改制申请，并经浙江省股份制试点协调领导小组批准，于1993年12月18日正式成立浙江富春江旅游股份有限公司。公司总股本6000万元，由国家股、发起人法人股、社会定向法人股、个人股组成，是全国首家以风景旅游资源为主要投入的股份有限公司。公司吸收了300多个股东参股，共吸引资金近4000万元，开创了国内股份制企业开发旅游景区的先河。

1996年浙江富春江旅游股份有限公司正式与桐庐县旅游局脱离，谋求公开上市发行。2000年，浙江富春江旅游有限公司以部分经营性资产入股，进入上市公司“国旅联合”。后者于2000年9月22日上市，总股本14000万股，流通A股占5000万股。浙江富春江旅游股份有限公司占“国旅联合”12.23%的股份。

从成立旅游股份公司到“借壳上市”，作为一个县级旅游景区，完成了以“景”建“景”的筹资方式，建成了一套旅游资源的管理新模式，被称为富春江模式。

### （二）股份制企业经营模式管理结构分析

由于浙江富春江旅游股份有限公司具有独立的法人地位，故其管理结构有一般工商企业股份公司管理结构的基本框架。虽然如此，与碧峰峡模式类似，该模式的主力主体仍是地方政府。不同的是，前者雅安市政府在1998年1月8日即促成万贯集团整体租赁碧峰峡后退出碧峰峡内部管理主体，只起到外部宏观监督管理的作用。而桐庐县地方政府通过“一股独大”的国有股一直扮演着管理主体的角色，这种制度安排杜绝了“出卖旅游资源”的嫌疑，也是富春江模式诞生之初没有遭遇舆论批评的原因之一。

股份制经营模式的管理结构如图8-4所示。

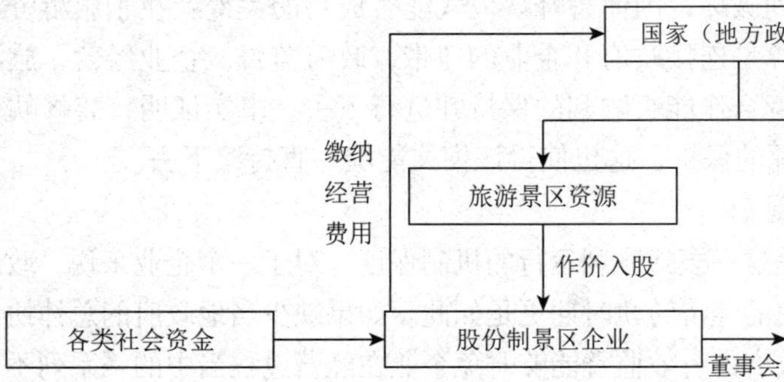


**图8-4　股份制经营模式的管理结构**

（资料来源：郭亚军，2004）

表面上看，富春江模式的所有权与经营权完全分离。事实上，在富春江旅游股份有限公司中，最大股东仍是国有股，政府（国有资产管理局）仍然是所有权的主要拥有者。可以认为，富春江模式的所有权和经营权是部分分离的。

富春江模式在监督机制上与碧峰峡模式也有很大的不同。富春江模式有两套监督与控制机制：一套是所在地政府设立专门的景区管理机构（委员会或管理局），进行景区建设的宏观监督控制；另一套是股份公司内部的股东、董事会、监事会组成的监督机制及由于信息公开披露所产生的社会舆论监督。前者与碧峰峡模式类似，以宏观监督与控制为主；后者则涉及具体的景区运营，更加强调投资收益。

### （三）股份制企业经营模式特点分析

**1. 最早以旅游资源入股，以股份制公司进行管理的旅游景区**

这是富春江模式的核心内涵。1993 年产生的浙江富春江模式是迄今为止最早将旅游景区资源作价入股，建立现代企业制度性质的股份公司。股份制公司在 20 世纪 90 年代的中国本来就属于新鲜事物，而以旅游资源入股成立股份制公司就更属于前所未有的事情。这种治理模式在国家、股东、董事会和相关利益者之间选择了一种均衡的制度安排。

开发权与保护权部分分离。在管理职能上，代表政府的管理机构对景区的开发经营行使监督管理权，负责景区的规划控制和项目审批，使景区旅游资源不被破坏或被不合理地利用。开发权形式上属于股份制企业所有，但实质上，由于最大的股份是国有股，绝大部分开发权还掌握在国家的手中。这种治理模式与我国通过股份制改造国有企业的制度安排类似，只是国有资源的性质不同。

**2. 多渠道融资、独家长期经营获得了大量的建设资金和发展动力**

建设资金和发展动力是该模式成功的关键因素。富春江模式吸收了 300 多个股东参股，包括国有股、发起人法人股、社会定向法人股、个人股等，短期内筹集了大量的景区建设资金。由政府筹划成立的景区股份公司独家长期经营在保证了资本的安全的同时，又反过来促使更多的资金投入景区，甚至通过上市的方式募集资金。

**3. 良好的市场条件是催生富春江模式的客观基础**

就地理位置而言，浙江桐庐的富春江及与之治理模式相同的青岛琅琊台和浙江绍兴的柯岩都位于东部沿海。与我国的中、西部不同，这些地区拥有良好的市场条件，其中包括客源市场条件和地区经济水平。客源市场条件方面，我国国内旅游的主要客源地是环渤海地区、长江三角洲地区和珠江三角洲地区，桐庐、琅琊台和柯岩位于前两个客源区域内。另外，三者所在地区东南沿海是我国公认的经济发达地区，资本市场发达、社会游资量大，投资风险低、回报高的旅游景区理所当然地成为资本追逐的对象。大规模的有效旅游需求加上资本的力量，富春江的模式的产生就成为一种必然现象。

**4. 社会环境开放**

开放的社会环境是富春江模式成功的外在因素。富春江模式的产生早于碧峰峡模式产生的 5 年时间，但是，富春江模式并没有遇到碧峰峡模式诞生之初的种种阻力与责难，而是相对顺利，个中原因除了该模式本身的特点外，还应该归功于东部沿海开放的社会环境。东南沿海是我国改革开放的前沿地区，思想开放、意识超前的人文环境创造了一个市场化程度较高的社会环境。加之 1993 年是邓小平南行讲话的第二年，思想解放达到了一个新的高潮。富春江模式的产生就赶上了这一浪潮。

## 四、上市公司经营模式

### （一）上市公司经营模式概述

上市公司经营模式是指旅游景区企业经过股份制改造上市后，受景区管理机构的委托，代理经营包括门票在内的一切旅游业务，成为景区内唯一负责旅游经营的机构，对旅游景区实行垄断经营。其最典型的代表便是黄山风景名胜区，因此该模式又被称为黄山模式。

黄山是我国首批的国家级风景名胜区，也是我国为数不多的世界自然与文化双重遗产之一。1987 年以前，黄山景区的开发建设、经营管理由安徽省政府直接负责。黄山市政府为加快黄山旅游资源的开发利用，经安徽省体制改革委员会批准，1996 年 11 月 18 日，由黄山旅游发展总公司以其所属景区中的十余家旅游单位的经营性资产作为出资独家发起，并向境外投资者募集股份。1996 年 11 月 22 日，黄山旅游 8000 万 B 股成功上市；1997 年 4 月 17 日，黄山旅游 4000 万 A 股上网发行；5 月 6 日在上海证券交易所挂牌上市。黄山成为我国第一个真正意义上的以旅游资源为依托上市的旅游景区。

### （二）上市公司经营模式管理结构分析

由于是上市公司经营，因此黄山模式具有上市公司管理结构的一般特点同时兼有旅游景区的管理特征。

就治理主体而言，首先，黄山模式成立景区管理委员会作为地方政府的代表行使景区的所有权与经营权。其次，成立国有独资旅游发展总公司（或旅游集团），受景区管理委员会委托经营景区，负责景区的经营开发。再次，旅游发展总公司作为独家、控股发起人，吸收有关的优质资本，成立旅游股份有限公司，建立股份公司必需的监督机制。最后，旅游股份公司上市。景区管理委员会主任、景区旅游发展总公司董事长和景区上市公司董事长由一人兼任，权利相对集中。黄山模式的治理主体从管委会的厅级建制到被授权的相对独立地管理景区，都拥有较高的行政级别。

从上述治理结构来看，黄山模式的所有权和经营权实现了形式上的完全分离，即所有权归景区管理委员会，经营权委托给景区上市公司。但实质上，由于景区上市公司最大的股东是国有独资旅游发展总公司，其分离程度的大小取决于国有股权比例的大小。

上市公司经营模式的管理结构如图 8-5 所示。

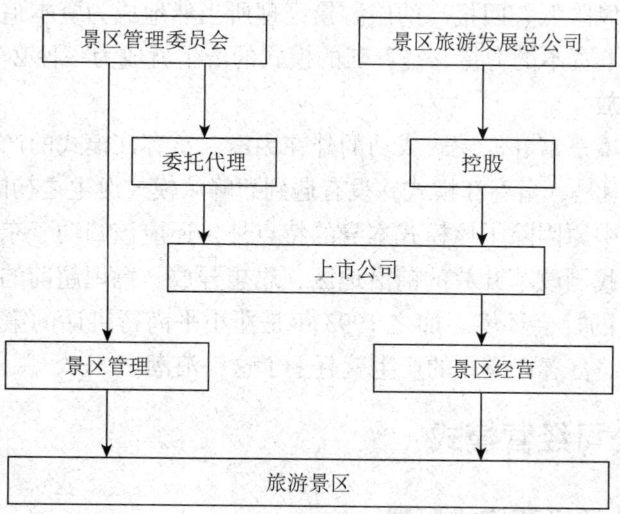


**图 8-5　上市公司经营模式的管理结构**

（资料来源：杨静，2008）

与富春江模式相比，黄山模式有三套监管机制。除了来自政府的监管外，由于其是上市公司，故还受中国证监会依据《证券法》等相关法律对景区上市公司的监督，同时还有来自景区上市公司的董事会、监事会、独立董事、股东对其运营状况的监督。值得一提的是，来自证监会的监督是其他模式所不具有的，但却是非常有效的。以法律条款来监督旅游上市公司，规定其必须进行持续的信息公开和披露，这种监督具有强制性，非常有利于促进旅游上市公司治理的改进。

黄山模式中，景区管理委员会主任、旅游发展总公司董事长、景区上市公司董事长甚至监事会主席一般由一人兼任，形成了强有力且高度集权的管理主体，杜绝了旅游景区建设中非常普遍的“互相为政，各自扯皮”的现象，景区管理委员会借助上市公司的平台自主经营，上市公司获取的营业税后利润以国有资源专营权的方式上缴国家（地方政府）。

### （三）上市公司经营模式特点分析

#### 1. 黄山模式实现了我国最早的真正意义上的旅游景区公司上市

1996 年和 1997 年黄山旅游 B 股和 A 股成功上市，开创了我国旅游景区通过上市融资谋求发展的先河，上市公司第一次成为景区公共资源和经营性资产的独家经营主体，对景区实行垄断经营，而且这一垄断经营没有时间的限制。可以说，黄山模式在我国旅游景区治理模式的探索过程中具有里程碑的作用，其后的峨眉山、桂林的治理模式都是在沿袭黄山模式的发展思路。

#### 2. 强有力的、高度集权的管理主体

从 1949 年设立黄山管理处，到 1988 年设立正厅级的黄山风景区管理委员会，再到 1989 年授权管委会代表黄山市政府管理黄山，这一过程促成了强有力的管理主体的形成。

黄山旅游发展股份公司成立之后，按照现代企业制度的要求，建立了以公司股东大会、董事会、监事会为主要特征的法人治理结构。黄山风景区管理委员会是景区所有权的代表，负责景区资源的保护。景区经营开发权委托给上市公司。从形式上看，景区管理权与经营权、开发权与保护权“四权”相分离，似乎削弱了管理主体的权力。事实上，黄山风景区管理委员会主任、黄山旅游集团公司董事长和景区上市公司董事长三个最为重要的职位由一人兼任，而且往往是黄山市政府的重要领导，故由此产生的管理主体不但没有削弱，反而更加高度集权。景区的管理体制和经营机制，名义上是政企分开，实质上政企不完全分开，景区管理委员会与上市公司之间名义上是委托代理的关系，实际上却是自己委托、自己代理。

## 五、整体开发经营模式

### （一）整体开发经营模式概述

整体开发模式是一些文物资源大省如陕西省在寻求文物旅游资源保护、旅游产业发展的新突破中产生的，通常又被称为陕西旅游集团模式。陕西省为文物大省，拥有极为

丰富的文物古迹，在20世纪80年代中期以前，其海外游客接待量和旅游外汇收入一直处于全国第五、六位。但进入20世纪90年代以后，陕西旅游业发展速度减慢。为改变旅游业发展现状，解决由于旅游业下滑而造成的文物资源保护资金紧张、文物资源破坏严重的问题，陕西省委、省政府对全省主要文物旅游景区的行政职能、事业发展职能、市场经营职能进行剥离。剥离后，旅游景区文物管理的职能由省文物局负责，旅游管理行政职能由省旅游局负责，事业部分按事业规律管理，景区经营由组建的经营开发实体负责。1998年12月21日，通过国有资产无偿划转的方式，组建陕西旅游集团公司，国有独资经营、直属省政府。因此整体开发模式实质上是在确保文物资源国家所有和有效保护的前提下，由政府统一安排，对文物旅游景区的文物类公共性资产和非文物类经营性资产进行统一整合，将文物景区的文物事业发展职能和旅游市场经营职能分开，事业部分由文物部门按事业规律管理，企业部分由政府直属国有独资旅游集团公司统一经营。

### （二）整体开发经营模式管理结构分析

从陕西旅游集团管理模式的产生过程来看，该模式有着非常浓厚的政府色彩，因此其治理结构与其他模式下的管理结构有很大的差别，如图8–6所示。

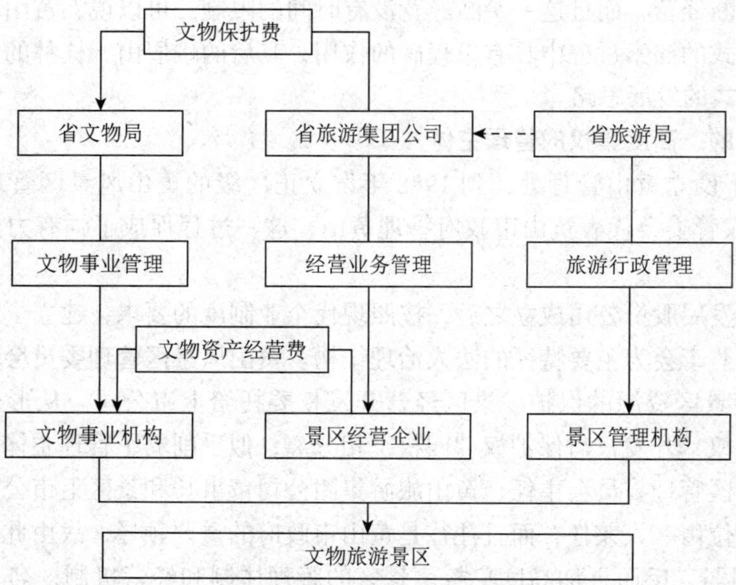


**图8–6 整体开发经营模式的管理结构**

（资料来源：杨静，2008）

该模式的管理主体除了国有独资的省旅游集团公司（其下属的、设在各景区的全资子公司是各景区治理主体的代表）外，省旅游局也是一个非正式的“管理”主体，省旅游局从文物开发和保护的角度出发，行使一部分管理职能

旅游资源所有权与经营权方面，该模式实现了二者的分离。由于陕西省以文物旅游资源为主，而该类型旅游资源按照法律归国家所有，国家文物部门代表国家行使所有

权，经营权则由国有独资的陕西旅游集团行使。

经营机制上，整体开发经营模式是由省政府组建国有独资的旅游集团公司，再在各景区设立全资子公司，在省旅游集团公司的统一领导下，负责景区的旅游经营和市场开发。文物部门负责文物资源的挖掘、整理和保护，省旅游局负责旅游市场管理。各景区的营业税按属地原则缴纳，统一上缴省财政，由省财政按所属企业效益专项返还地方和部门，以保护地方和部门（主要是文物部门）的既得利益。

### （三）整体开发经营模式特点分析

**1. 省级政府部门自上而下地推动**

虽然在其他模式的产生过程中也有政府的身影，但一般都是县级或地级市委、市政府的推动而且往往还有民间资本的参与（如碧峰峡模式）。而陕西旅游集团公司模式是在陕西省委、省政府的直接推动下产生的，不仅政府级别高，而且主体单一。陕西省政府通过陕政发〔1998〕16号和陕发〔1998〕69号文件的发布，以政府行政力的方式宣布了陕西旅游业治理（主要涉及旅游景区的治理）的方式与方法，是一种自上而下的改革方法。

**2. 从制度上建立了一套事企分开，所有权与经营权分开，涉及各利益集团和管理主体的治理机制**

事企分开，整合各旅游景区的经营性资产和经营实体，组建政府直属的国有独资旅游集团统一经营。将原来属于陕西省旅游局、文物部门等相关事业的经营性资产一次性、无偿划归省旅游集团公司。省旅游局行使旅游行业管理的行政职能，省文物局及下属单位行使文物管理和保护的行政职能；所有权与经营权分开。在保证国家完全拥有文物所有权和有效保护的前提下，实行文物资产的所有权与经营权主体的分离。景区文物资产的所有权属于国家（省政府为代表），经营权由国有的省旅游集团公司形式。利益分配上，省旅游集团上缴省财政的利润，按省政府规定分配，以1998年旅游集团公司所属企业（含景区企业）上缴的营业税、所得税为基数，营业税新增部分3年内全额返还，所得税新增部分5年内全额返还。以1998年上缴财政的净收入为基数，核定景区所在地方政府合理的既得利益基数，在保护地方利益和积极性的前提下，由省政府分配。

由此形成的旅游景区的经营格局是：国家（省政府）是旅游景区所有权的主体，省文物局从行业的角度（挖掘、研究、保护等）统一管理旅游景区中的文物资源，省旅游局对旅游景区市场经营实行行业管理，省旅游集团公司按照市场原则同意经营旅游景区。该模式中的省文物局、省旅游局和省集团公司曾被喻为拉动陕西旅游业发展的“三驾马车”。

**3. 管理对象集中在文物类旅游景区上**

这是该模式区别于其他模式的显著特点。这一特点与当地旅游资源的天然属性密不可分。陕西是中华民族和中华文化的主要发祥地，历史悠久。仰韶文化、龙山文化遗址非常丰富。举世公认的中华民族的始祖炎帝、黄帝的族居地和陵寝都在陕西，而黄帝陵更是中华民族敬仰的圣地。历史上先后有15个王朝和国家在此建都，为陕西留下了丰富的文物古迹，帝王陵墓，宫殿遗址随处可见，形成了天然历史博物馆。所以，陕西省的旅游资源以文物类为主，对旅游景区的管理自然而然也就集中在这一类景区上。

**4. 采取由上至下、由面至点的方式管理旅游景区**

该特点是陕西旅游集团模式独特路径选择。具体而言，首先从宏观层面上由政府理顺景区的管理体制、转换经营机制，然后逐层向下直到景区所在的地方政府，建立景区的管理主体，包括文物管理主体和经营主体。从面上看，各景区是统一治理模式运行的组成部分，又保持各自的日常经营特点。这与其他管理模式的由点到面的方式都有所不同。

## 六、网络复合管理模式

### （一）网络复合管理模式概述

网络复合管理模式是指一个旅游景区设立拥有政府管理权限的景区管理机构，同时行使同级旅游行政管理部门的职权（即合并同级旅游行政管理部门），对旅游景区实施一体化、封闭式管理。由于该模式在长春净月潭取得成功，故又称为长春净月潭模式。

为建设长春市水源水库，当地人开始在这里人工造林、筑坝蓄水，逐渐形成净月潭景区。然而，在景区发展的过程中，政出多门、相互掣肘、条块分割等问题困扰着景区的发展。景区内部的部门有归林业部门管理的北方绿化中心、归水利部门管理的净月潭水库管理处以及归旅游部门管理的森林旅游城管理委员会。此外，景区所在的两个乡镇管理着景区内部及周边两万多农户。各部门各自为政、互不沟通，为争夺资源产生的破坏生态环境的现象此起彼伏，景区的经营开发呈现极度混乱状态，净月潭景区亟须一种全新的管理模式来改变现状。

1995 年，长春市委、市政府对净月潭景区的管理体制和经营模式进行了全方位的改革。改革分两阶段进行，第一阶段，首先，撤销净月潭森林城管理委员会，成立以净月潭风景名胜区为核心的净月潭旅游经济开发区，对开发区内的自然资源、经济社会与行政事务实行统一领导、封闭管理、统一规划、统一开发。同时开发区享受省级开发区的各项优惠政策。其次，收回北方绿化公司、净月潭水库管理等事业单位的行政管理权，划归净月潭旅游经济开发区管理。再次，将北方绿化公司、水库管理处等单位的有关经营资产进行重组，于 1996 年 12 月成立净月潭旅游发展集团公司，下辖 4 个全资子公司，2 个控股公司。其中包括按照现代企业制度建立的有完善的法人治理结构的净月潭旅游发展股份有限公司。作为开发区的大型旅游骨干企业，公司全面承担着开发区旅游景点的开发建设任务。最后，将景区所在的两个乡镇（净月镇和月潭镇）划归开发区管理，使开发区具有一级政府的行政职权。

第一阶段后的 1998 年和 2000 年，长春市政府将长春电影城和长春伪满皇宫两个景点整体划归净月潭旅游经济开发区经营管理。2000 年初，将长春市旅游局与净月潭旅游经济开发区管理委员会合并，实行“一套机构、两块牌子”。至此在政府比较彻底的改革措施的推动下，通过一个强有力的管理委员会，依托一个净月潭旅游景区，利用经济开发区的政策优势，净月潭取得了区域旅游业治理的成功，被誉为“长春净月潭模式”。

### （二）网络复合模式管理结构分析

和其他模式类似，净月潭模式的管理主体依然是地方政府——长春市政府，但稍有区别的是，长春市政府通过成立净月潭旅游经济开发区管理委员会产生了一个新的、常设的管理主体，代表市人民政府全权负责景区的经营管理。

净月潭旅游经济开发区管理委员会拥有净月潭景区的所有权，管委会则将其属下的净月潭国家森林公园的经营权交给国有的净月潭旅游发展集团，再由净月潭旅游发展股份有限公司具体负责经营。而净月潭国家风景名胜区和净月潭旅游度假区则由开发区管委会直接管理经营。因此净月潭模式实行的是所有权和经营权部分分离的方式。

网络复合管理模式治理结构如图 8-7 所示。

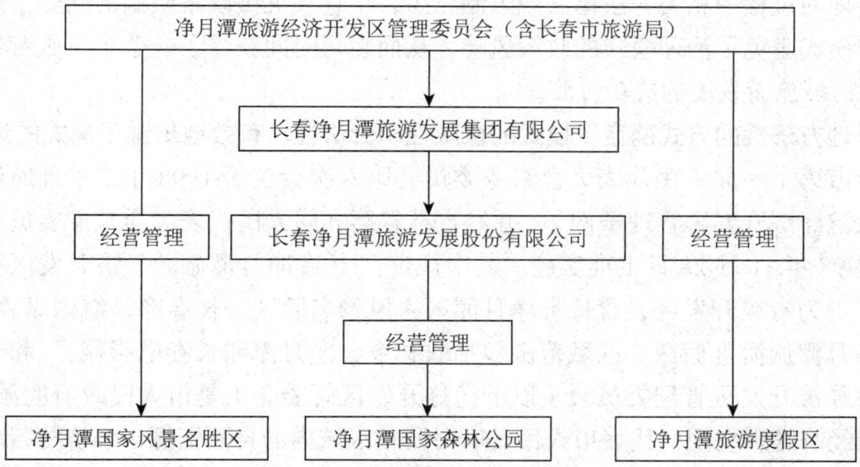


**图 8-7 网络复合模式管理结构**

（资料来源：彭德成，2003）

净月潭的监控主体和管理主体合二为一，原来分散在林业、建设、环保、水利、财政、税务等部门的管理和监督权利统一由划归管委会来行使，长春市旅游局也归并到管委会，管委会主任兼任旅游局局长。开发区的总体规划由开发区管委会组织编制，经长春市人民政府审查同意后，按照规定的程序报批。开发区管委会根据批准后的总体规划组织编制详细规划，按照规定的程序上报批准后组织实施。

经营机制方面，净月潭模式相对比较简单。旅游经济开发区管委会代表一级政府负责景区的“国有国营”，除了国有企业旅游发展集团负责净月潭国家森林公园的经营外，其他旅游资源依据《长春净月潭旅游经济开发区管理条例》赋予管委会的具体权力开展经营活动。

## （三）网络复合管理模式特点分析

### 1. 彻底打破原有管理体制，建立强有力的景区管理委员会

地方政府采取裁、撤、并、转的方式解决了“政出多门，相互掣肘、条块分割管理”的景区管理通病，以“一时之痛”取得景区治理的“长治久安”。成立的净月潭旅游开发区管理委员会拥有政府赋予的很高的行政权力，拥有统一了的净月潭景区的所有权和经营权，收回了有关各部门的管理权，然后又将部分经营权转让给旅游发展集团公司。凭借强有力的管理主体，可以快速、有效地解决围绕景区发展的诸多问题。这一特

点和黄山模式相似。

**2. 景区所有权、经营权部分分离**

净月潭景区的所有权由开发区管理委员会代表国家所有，部分经营权委托给国旅游发展集团公司经营（主要负责净月潭国家森林公园的经营），净月潭国家风景名胜区和净月潭旅游度假区则有开发区管理委员会直接管理经营。

**3. 治理政策环境相对宽松**

长春净月潭景区是人们在修水库的过程中逐渐形成的，不涉及文物旅游资源问题。因而在治理的过程中相关的法律法规限制较少，不存在突破政策限制的问题。这一特点使净月潭模式避免了治理模式的政策风险，从而在短时间获得了一个单点旅游景区治理的成功向区域旅游发展的成功过渡。

**4. 以地方法规的方式确定了模式的权威性和合法性，有效地规避了模式的运营风险**

长春市第十一届人民代表大会常务委员会第六次会议于 1998 年 1 月日通过《长春净月潭旅游经济开发区管理条例》，并经吉林省第九届人民代表大会常务委员会第六次会议于 1998 年 11 月 28 日批准实施。其中规定："长春净月潭旅游经济开发区（以下简称开发区）为省级开发区，含长春净月潭国家风景名胜区、长春净月潭国家森林公园、吉林省净月潭旅游度假区。区域范围包括农林乡、净月潭和长春电影城。"和"长春净月潭旅游经济开发区管理委员会（以下简称开发区管委会）是市人民政府的派出机构，享有市级经济管理权限，代表市人民政府对所辖区域内的自然资源、经济与行政事务实行统一管理。"还规定了管理模式中的其他相关制度安排。

## 七、我国旅游景区管理模式特点

总结以上五种旅游景区管理模式并进行分析比较（见表 8-1），可以总结出我国旅游景区管理模式表现出以下 5 个特征。

**表 8-1　五种旅游景区管理模式比较分析**

| 模式类别 | 所在省市 | 产生时间 | 治理主体 | 所有权与经营权 | 类似景区 |
|---|---|---|---|---|---|
| 黄山模式 | 安徽<br>黄山 | 1997.4 | 宏观：黄山市政府<br>微观：黄山旅游集团 | 部分分离 | 四川峨眉山、广西桂林等 |
| 碧峰峡模式 | 四川<br>雅安 | 1998.1 | 宏观：雅安市政府<br>微观：万贯碧峰峡公司 | 完全分离 | 四川海螺沟、山西绵山等 |
| 旅游集团模式 | 陕西 | 1998.12 | 宏观：陕西省政府<br>微观：陕西旅游集团 | 分离 | 河南、广州等 |
| 净月潭模式 | 吉林<br>长春 | 2000.1 | 宏观：长春市政府<br>微观：净月潭旅游经济开发区 | 部分分离 | 无 |
| 富春江模式 | 浙江<br>桐庐 | 2000.9 | 宏观：桐庐县政府<br>微观：桐庐县旅游总公司 | 部分分离 | 青岛琅琊台、浙江绍兴柯岩等 |

（资料来源：郭亚军，2004）

### （一）产生地域：除陕西以外，各模式均都处于传统的旅游冷（温）点地区

我国旅游业发展初期产生的旅游热点地区包括北京、陕西西安、广西桂林、上海等地区。这些地区是在我国优先发展入境旅游的政策下产生的，是我国传统观光产品的代表。而五大治理模式中，除陕西旅游集团模式产生于旅游热点地区外，其他模式都产生于我国旅游业发展的冷点（黄山景区是旅游温点）地区，这一特征也正好符合“蛋壳理论”，即一种新管理模式的产生总是要冲破重重阻力（蛋壳），阻力最小、蛋壳最薄的地方才能够产生新的管理模式。正是由于这些景区当时是我国旅游的冷（温）点地区，受关注度比较小，来自各方面的阻力也不大，才可以放开手脚打破各种束缚尝试新的管理模式并获得成功。

### （二）产生时间：处于我国国内旅游迅猛发展的 20 世纪 90 年代末期，也就是 1998 年 11 月党中央做出了把旅游业列为国民经济新的增长点的决策时期

从 1978 年至 20 世纪 80 年代末，由于各种原因我国的国内旅游市场一直处于冰冻状态，一方面与国家的旅游政策有关；另一方面更与居民的人均收入水平偏低有关。20 世纪 90 年代后，国内旅游市场需求开始萌动，继而出现“井喷”现象。以 1994 年国内旅游收入突破 1000 亿元大关为标志，国内旅游市场需求全面启动，旅游收入以年均 19.1% 的速度增长，旅游人数以年均 10.7% 速度增长，其增长幅度远远高于入境旅游。因而在中央政府政策与市场需求的推动下，催生了各景区治理模式。现在，我国已经开始逐渐放宽对与旅游有关的国有资源的管理，如国务院办公厅 2015 年 1 月发布的《〈国务院关于促进旅游业改革发展的若干意见〉任务分解表》中第 39 条“鼓励农村集体经济组织依法以集体经营性建设用地使用权入股、联营等形式与其他单位、个人共同开办旅游企业，修建旅游设施涉及改变土地用途的，依法办理用地审批手续”[①]。这无疑给旅游市场释放出政府支持多样化的资源用于旅游业的发展的信号，给旅游业的发展注入了一针强心剂。

### （三）管理主体：都由“地方政府 + 旅游公司”构成

各模式之间有所不同的是，宏观治理主体和微观治理主体之间界限的清晰程度不同。有的模式两个主体之间的界限比较清楚，表现为两个管理主体两套机构，例如，碧峰峡模式和陕西旅游集团模式；有的模式两个主体之间界限模糊，表现为宏观治理主体实质性的介入微观管理主体，甚至两者实行“两块牌子，一套人马”，如净月潭模式和黄山模式。

### （四）基本类型：表现为两种，即点式管理和面式管理

上述五类管理模式，其中碧峰峡模式、黄山模式、富春江模式和净月潭模式都是针

① 国务院. 国务院办公厅关于印发《国务院关于促进旅游业改革发展的若干意见》任务分解表的通知［EB/OL］. http：//www.gov.cn/zhengce/content/2015-01/21/content_9405.htm.

对某一具体旅游景区进行管理，表现为点式管理的思路（净月潭模式表现为由点及面的治理特征）。而陕西旅游集团模式是针对某行政区域中多个旅游景区的进行统一管理，表现为面式管理的思路。从实践运行效果来看，前者要优于后者。旅游景区的管理不同于一般公司的治理，旅游景区经营的核心对象是具有公共资源性质的旅游资源，具有稀缺性、独特性和不可再生性等公地性质，因而对多个旅游景区采取同一个管理方法是不恰当的。而陕西省是在以省为单位的大中尺度范围内统一管理，类似“一刀切”的管理模式并不是每一个景区的最优经营策略，所以在实际经营过程中，陕西旅游集团模式也确实出现了不少问题。

#### （五）分权状况：除碧峰峡模式外，其他管理模式下旅游资源的所有权和经营权均没有实现实质性的分离

所有权与经营权实质性分离的判断标准是现代公司理论的占有权、处分权和使用权、收益权的分离。碧峰峡实现了真正意义上的两权分离，也是管理效果最好的景区。其他景区两权都没有实现完全分离，由于景区资源具有公共物品属性，所有者代表——地方政府背后操纵的痕迹明显，景区运营方往往只具有经营权，这一特征是在有中国特色的市场经济条件的产生的。

## 第三节　旅游景区危机管理

随着我国国民生活水平的提高，人们的生活中不再仅仅有衣食住行这几样最基础的需求，人们对于旅游日渐浓厚的需求以及生活水平的提高，使得我国旅游业得到了蓬勃发展。旅游景区的开发管理作为整个旅游业的重要组成部分，是旅游业赖以生存和发展的基础，也是推动经济全面、协调发展的关键标志。但一直以来，危机事件频频发生，又加之旅游景区的危机管理意识与预警机制严重匮乏与不足，给旅游景区乃至旅游业带来了巨大的冲击和严重的危害。

旅游景区的良性发展不仅需要策划、规划和开发出高质量的旅游产品，以获取广阔的旅游市场，还需要科学高效的管理，以能获取较高的市场利润。在一个企业中，危机总与稳定相伴，而对于市场风险较大的旅游业和旅游景区来说，危机更是无处不在，研究旅游景区的危机和危机管理意义重大。景区危机的影响如此之大，要求我们要深入研究旅游景区的危机管理，从而完善景区危机管理模式，以有效地应对对旅游者、景区等造成威胁的各种危机，使得旅游景区能够实现可持续发展，使旅游业也能够健康有序地成长。

### 一、旅游景区危机管理概述

#### （一）旅游景区危机的概念

通常把那些事关组织或者个人生死存亡的突发性事件称作危机，世界旅游组织把旅

游景区危机阐述为“影响旅游者对一个目的地的信心并扰乱继续正常经营的非预期事件”。比如，旅游事故、水灾、地震、游客群体食物中毒等，这些事件不仅会直接给旅游者带来人财物的极大伤害，还给景区的各种资源、设施、形象等带来损害，使景区陷入极大的危机之中，甚至关乎景区的生死存亡。

旅游景区危机随时有可能降临到某个景区头上，往往令景区措手不及，产生危害，因此只有采取积极措施，消除或减轻危机的消极影响，才能使景区各方面利益协调平衡发展。

### （二）旅游景区危机的类型

分类角度不同，景区危机的类型则不同，针对旅游景区自身的特点，本文根据危机的来源，将旅游景区危机分为以下几类，见表 8–2。

**表 8–2　旅游景区危机的类型**

<table>
<tr><td rowspan="7">旅游景区外部不可控危机</td><td rowspan="4">安全性危机</td><td>自然灾害</td><td>如2008年汶川地震、泥石流等</td></tr>
<tr><td>疾病疫情</td><td>影响面大，易危及游客姓名，如禽流感、“非典”</td></tr>
<tr><td>军事冲突</td><td>如伊拉克战争</td></tr>
<tr><td>恐怖活动</td><td>易对游客造成身心双重影响</td></tr>
<tr><td>经济性危机</td><td></td><td>如亚洲金融危机</td></tr>
<tr><td>社会文化性危机</td><td></td><td>地域文化冲突，包括风俗、习惯、宗教的冲突</td></tr>
<tr><td>政治性危机</td><td></td><td>重大政治事件，包括重要人物的安全、政策的调整</td></tr>
<tr><td rowspan="6">旅游景区内部可控危机</td><td rowspan="3">景区经营管理不善带来的危机</td><td>景区经营财务危机</td><td>景区的经济收入降低</td></tr>
<tr><td>景区形象危机</td><td>景区的美誉度、知名度等受到影响，破坏了在公众心目中的形象</td></tr>
<tr><td>景区内部生态危机</td><td>景区内部的生态环境遭到破坏，如张家界武陵源景区建造观光电梯</td></tr>
<tr><td rowspan="2">旅游者带来的危机</td><td>旅游者数量危机</td><td>旅游者数量超出景区承载力，给景区带来压力</td></tr>
<tr><td>旅游者素质危机</td><td>如旅游者乱扔垃圾造成景区环境污染、破坏</td></tr>
<tr><td>景区安全事故</td><td>重大安全事故</td><td>包括景区设施故障、食物中毒、景区内犯罪、交通意外等</td></tr>
</table>

从表 8–2 可见，旅游景区的外部不可控危机，指来自景区外部的宏观政治、经济、文化环境和自然环境的变化而对景区的发展产生危害的一系列不可控危机，比如山洪、地震等自然灾害，国内外政治经济危机的变动都是不可控因素，当这些危机到来的时候，对于整个国家来说都会造成巨大的损失和影响，那么对于景区，无疑更是巨大的灾难，往往令景区防不胜防，因此对于这类景区危机要积极做好防范工作，并且能够在发生危机时及时采取危及应急措施，将危害降到最低，危机过后，做好景区恢复工作，尽早使景区从危机中恢复过来。

旅游景区的内部可控危机，不仅包含来自景区内部可能引发危机的景区管理因素在经营管理、财务管理等问题上引发危机，导致景区生态平衡的破坏、景区美誉度下降，与外部公共关系失衡等危机；而且包含随着经济水平的上升旅游者的激增给景区带来的种种危机，如甘肃省敦煌莫高窟壁画的氧化、景区污染等，这些危机初期可以控制，但若对其重视不足，没有进行有效管理，日积月累，最终也可以演变到不可收拾的地步。

依据本表中列举的旅游景区外部不可控危机和旅游景区内部可控危机，结合景区管理的实际，我们通常所研究的危机主要指旅游景区外部不可控危机中的自然危机和经济危机，景区内部可控危机中的景区经营管理不善引发的危机，旅游者带来的危机，景区安全事故危机等几类危机。

### （三）旅游景区危机的特点

#### 1. 突发性

量变的积累不易被人察觉，当发生质变时，景区的发展现状突然被打破，给景区带来防不胜防的突发性影响。

#### 2. 破坏性

危机无疑会给景区带来破坏，这种破坏既包括有形的也包括无形的，如地震给景区的服务设施、设备的破坏是有形的，金融危机对旅游景区经济收入的影响则是难以估量的。

#### 3. 不确定性

人们很难预测危机是否会发生，什么是潜在危机以及危机发生的时间概率，只能根据以往经验、检测手段进行预测判断。

#### 4. 紧迫性

对景区而言，危机一旦爆发，会迅速释放出巨大的破坏性能量并快速蔓延，如果不能及时控制，危机会急剧恶化，使景区遭受更大的损失。由于危机的连锁反应以及传播速度快，如果漠视公众利益，势必会失去公众的同情、理解和支持，损害景区的美誉度和忠诚度。因此对于景区危机的处理，可供做出正确决策的时间极其有限，只有对景区危机的反应越快，积极采取正确的措施，才能将危机的损害降到最低。

#### 5. 多样性

旅游景区对外部环境的变化式十分敏感脆弱，政治、经济、文化等多会对景区产生影响，因此旅游景区危机具有多样性的特点，在应对危机时，应综合考虑，制定出系统的、全面的防范管理措施。

## 二、我国旅游景区产生危机的主要原因

### （一）我国景区的经营管理不善，引发景区的生态、形象和财务危机

我国旅游业相对发达国家虽然发展较晚，但作为朝阳产业也承担着经济发展的重要责任。而作为旅游业的客体和核心，旅游景区承受着经济创收的巨大压力，景区的开发管理在经济利益的驱逐下，其管理经营体制出现不足与混乱也是在所难免的。

#### 1. 经济利益摆在第一位，资源保护意识淡薄

大部分景区以发展经济为主要目的，在景区的开发、管理、经营的过程中把经济利益放在第一位，往往忽略了资源的保护，对景区资源的保护力度不够，更甚者，有些景

区主管部门在景区内任意建造违章项目，如张家界武陵源风景名胜区建造的观光电梯，极大地破坏了景区的生态环境和原真性；黑龙江五大连池是我国最完整、最典型的“火山博物馆”，被确认为我国第一座火山岩溶地质保护区，遗憾的是，在20世纪80年代末，五大连池市把国家财政拨给的少量资金用于建造亭廊，却不注意保护生态资源、增加森林覆盖率率、制止乱砍滥伐森林。又由于市政府管辖的只有640平方公里，只是整个自然保护区1060平方公里的一部分，也给管理工作带来相当大的困难。有“国宝”之称的喷气锥被人拿去做建筑材料，火山石被大量开采出卖，旅游污染物使地下水和矿泉水受到严重污染。

**2. 多头管理，管理力度不平衡，效率低下**

景区中聚集着国家保护的文物古迹、名山大川、森林湖泊等，在现有的景区经营管理体制下这些资源分属于不同部门管理，据统计，我国旅游景区归属部门多达12个：林业局、文物局、旅游局等，这样就造成景区多头管理的局面，又加之各管理部门管理力度不平衡，各部门各级政府之间争夺利益归属以及争利避责的场所，各个部门都想争夺景区这样一块肥肉叼在嘴里，严重破坏了景区经营的一致性、有效性、整体性，使得景区资源的管理力度不均，有的资源无人问津，而有的却开发过度。

**3. 景区产权不明，政府管理混乱**

在现有的管理体制下，景区的相关权利归属不明确，根据《风景名胜区管理条例》（2006）规定，景区管理权归地方政府，监督权归国家建设部和相关部门。但实际上，地方政府的行为要接受上级指导，即同一景区的管理权可由不同级别政府监管行使，同时，景区监督主体也不明确，各部门各自为战，公说公有理，婆说婆有理，使景区的管理监督支离破碎。

**4. 相关法律制度不完善，无法可依**

法律的强制性、硬性规定可以约束、制约景区的经营管理，可实际上我国还没有一部景区管理的详尽的国家级法律，法律制度的缺乏是造成景区管理混乱、责任不明、约束不强的直接原因，一套完善的法律体系可以使景区的方方面面有章可循。

**5. 我国旅游景区的市场定位泛化，引发景区形象危机**

市场定位即树立旅游景区的形象，吸引目标旅游者，取得竞争优势，将本旅游景区与其他旅游景区区别开来，树立鲜明的市场形象，旅游景区作为激发旅游者旅游的主要因素，其定位是否准确有效，关系到我国景区的健康发展，旅游市场的开发主要迎合的是大众市场，但对目标市场的分类、分层研究做得不够，市场的定位严重泛化，影响了旅游景区的发展，随着旅游市场的进一步扩大，市场的定位就显得尤为重要了。而我国部分旅游景区市场定位泛化，盲目跟风，没有鲜明的旅游形象，缺乏独特性，在旅游资源的开发的过程中，跟风开发过多，而对特性明显的资源开发不够，只限于表面，个性深度开发较小，这种大锅饭的形式只会浪费资源，既浪费了资源，也丢掉了游客，还毁了自己的形象。

上述原因所引发的危机逐渐成为我国旅游景区发展的痼疾，但在耀眼的高速发展的旅游景区所带来的收益下，这些已被熟视无睹，见怪不怪。

## （二）我国景区的经营管理不善，引发景区的生态、形象和财务危机

长期以来我国旅游景区管理都以资源管理、经济管理为主，近几年，游客的管理才引起景区管理者的重视。大部分景区缺乏具备游客管理专业素质的管理人才，不仅如此还缺乏完善的游客管理系统，由此造成管理人员对游客管理的乏力。许多旅游景区的游客管理意识还不成熟，其所实施的游客管理大多只针对游客的不良行为，而成熟的游客管理意识应该是除此之外，还要去研究如何使游客真正地意识到环境的重要性。此外，虽然部分景区会在旅游高峰期实施一些简单的游客管理，但在旅游淡季就放任不管，然而游客管理应该是随时进行着的。景区的管理者即使有游客管理的概念，也由于种种原因，缺乏有效的措施和手段。总的来说，游客管理并没有从游客的角度出发，费力不讨好。

国内旅游者数量急速上升，规模不断壮大，但目前我国旅游者整体环境保护意识淡薄，不文明行为比较普遍，导致景区生态平衡遭到破坏，游客自身成了景区的又一污染源。游客乱扔垃圾、随地吐痰、在建筑墙体上随意刻字等这些现象一直在强调，一直在说，虽然整体有所改善，也还是能随处可见，对旅游资源造成极大的不良影响。例如，我国甘肃敦煌莫高窟壁画，由于日久年深、风沙侵蚀、氧化等原因已出现皲裂剥落现象，受损严重，虽然壁画周围已经设置了护栏，设立了禁止抚摸的告示，部分游客还是会伸手抚摸壁画，使壁画受损更加严重。

## （三）我国旅游景区存在安全隐患，引发景区的安全危机

旅游景区的安全问隐患各种各样，主要有交通事故、火灾、水灾、设施事故等，这些安全隐患都会带来重大的伤害。究其原因，主要体现在以下几个方面：

### 1. 对旅游景区安全的重要性认识不够

一方面，景区的管理、从业人员对景区的安全事故认识不到位，缺乏敬业精神，为旅游景区的安全埋下安全隐患；另一方面，游客自身的安全意识不够，旅游之前没有做好预防工作，旅游过程中，在景区内对一些危险标志不重视，如在景区禁烟区抽烟等。

### 2. 设施检查、修复、更换不及时

一些旅游景区服务、娱乐设施严重老化，景区不进行及时的检查更换，这种现象在一些规模较小、经济利益较差的景区比较常见，景区管理者得过且过，为景区安全埋下一颗定时炸弹，时刻威胁着游客的安全、旅游资源的保护。例如，2003 年初，河北的赵州桥景区曾因为电线老化的问题，引起展览室的火灾。

### 3. 景区安全管理机构不健全

目前，有的旅游景区仍没有设置专门的安全管理机构，安全管理人员专业技能低，专业素质低。为了应付上级主管部门的检查，准备工作不仔细、不认真，存在严重的应付心理，一旦检查结束，队伍便自行解散，并不能采取有效的整治和防治措施，导致景区安全存在较大隐患。

下面就是近几年我国景区的发生的安全事故的案例：2011 年 8 月 14 日，江苏宜兴竹海滑道事故致 4 死 24 伤；2012 年 6 月 8 日武汉欢乐谷娱乐设施过山车出现故障，34 位游客在空中倒立悬挂长达 12 小时；2012 年 9 月 13 日 13 时，武汉市东湖生态旅游风

景区东湖园景发生一起坠机事件，造成 19 人死亡……这些事故不胜枚举，在社会上引起强烈的反响，给游客心理上造成一定的恐慌，严重威胁到游客的安全、景区的形象。

### （四）景区的危机意识不强，危机监测手段落后

景区管理部门没有强烈的危机意识，不能够居安思危，对景区危机的预防工作不重视，以至于危机突然降临时，景区措手不及，汶川地震突如其来，对四川的旅游业、旅游景区造成莫大损害，地震来临前的种种迹象都被忽略，错过了提前准备的最好时机。

危机意识不强，不能够建立完善的危机监测体系，监测手段还是采用落后的人工检测，不能及时更新学习，缺乏先进的监测手段，未能为危机的管理提供可靠的分析数据、资料。

危机预警系统是指对预警对象、预警范围、预警指标和预警的信息进行分析和研究，及时发现和识别潜在的或现实的危机因素，以便采取预防措施，减少危机发生的突发性和意外性。旅游景区危机预警系统作为旅游景区危机管理系统中的子系统，是对预警对象、预警范围中的预警指标这一关键因素进行分析，从而获取预警信息，以便评估信息，评价危机严重程度，决定是否发出危机警报，警示景区管理者进行危机预处理。

我国许多旅游景区受危机困扰，使其经营管理举步维艰甚至破产，其主要原因之一是旅游景区缺乏一套完善的危机预警系统，在景区出现危机信号时，未能及时做出科学准确的预测判断，未能采取应对措施排除隐患，久而久之，达到不可收拾的地步。

在激烈的市场竞争中，景区面临的内外部环境的急速变化都可能对景区的发展产生威胁，建立景区危机预警系统能够对景区的经营管理现状进行实时监测，及时发现危险信息、征兆，并立刻发出警报，提醒景区经营管理者及时采取有效措施进行防范。总之，一套完善的危机预警系统对景区的发展至关重要。

## 三、我国旅游景区危机的应对策略

### （一）景区不可控危机的管理

这类危机的发生基本不受景区控制，四川大地震就是一个很好的例子，百年不遇的大地震科学界都难以预测，对景区来说更是难上加难，所以，对于不可控危机应充分发挥危机预警机制，积极做好防范工作，未雨绸缪，并且做好危机的应急管理和恢复期管理，采取积极主动的方式，做好危机事前、事中、事后的各项工作，如向受到伤害的游客做出弥补，把公众利益放在第一位，有利益维护景区形象，及时公布信息减弱公共心理恐慌，赢得大众的理解和支持，做好景区的恢复促销工作，为景区的恢复打下基础。

#### 1. 自然灾害的管理措施

自然灾害对景区造成极大的破坏，严重威胁到旅游者的安全，在自然灾害频频发生的严峻形势下，应充分利用危机预警机制，发布准确预报，避免游客伤亡，将自然灾害所带来的损失降到最低，是景区应对此类危机的工作重点。

（1）自然灾害的事前预警工作。

旅游景区应与灾害发布机构合作，比如说地震局、气象局、防汛办等相关灾害发布

机构，随时获取当地的天气变化情况和灾害情况。

景区的安全管理部门应设置专职联络人员，能够及时与相关灾害发布组织、机构联系，并核对、确认信息发布渠道和时间，建立与各相关机构的合作机制。

在景区内设置灾害防范设施：设置 24 小时开通的求助和报警热线、灾害警铃、广播等警示系统；景区安全管理部门的人员应配备景区专用的移动通信设备，如对讲机、小灵通等；景区在各个公共建筑、娱乐场所和人流量大的地段设有安全通道、紧急出口，并保证通道畅通；景区设置医疗救护室，能够对受灾的游客及工作人员进行及时的救护。

景区应向旅游者做出真实、准确的警示，提醒旅游者在旅行游览的过程中的各种注意事项以及各种自然灾害的应对措施，比如可以向旅游者分发灾害应对的小册子。

（2）自然灾害的事中救援。

景区安全管理部门工作人员应立即赶赴灾害现场，指挥救援工作，合理安排、协调医疗、消防、公安、通信等的工作。

安排、指挥医疗救护人员及时对受灾害人群进行救护，并对可能引起疫情的灾害，景区的医疗救护室派专门人员对景区进行消毒、清理等防疫工作。

（3）自然灾害的事后恢复工作。

对受到破坏的景观进行修复还原工作，尤其是人文景观、自然文化遗产等景观的修复。

通过媒体等公开说明灾害发生的前后经过和景区的应对工作，向受到伤害的旅游者公开道歉，并做出一定的赔偿，安抚旅游者及其家属的情绪，消除旅游者的心理恐慌，积极挽回景区在大众心目中的形象。

通过合理的宣传促销，消除危机的负面影响，树立景区的新形象，以替代在危机中受到破坏的原有的形象，重新激活旅游市场。

**2. 经济危机的管理措施**

（1）建立危机预警系统。

旅游景区应时刻监测、搜集旅游市场上潜在的危机，及时掌握经济危机变化的第一手材料，并对得到的信息进行鉴别、分类和分析，使其更突出地反映出经济危机的变化，再对未来可能发生的经济危机危害程度做出估计，并在必要时发出危机警报，并对有可能发生的危机采取应对措施，制定各种危机预案，以有效地避免景区危机的发生，或尽可能地使旅游景区危机的损失减少到最小。

（2）制定旅游景区经济危机处理制度。

制定旅游景区危机处理制度，将有利于旅游景区在经济危机发生时能够沉着冷静，能够有条理地处理各类不利于本旅游景区的危机事件。旅游景区平时应对自己的所有产品和相关信息有全面的了解，洞悉经济危机发生的潜在因素，然后列出经济危机评估表，将可能发生的各类不利于本旅游景区的危机事件按轻重缓急做好排列，制定好相应对策。

（3）加强员工旅游景区危机管理理念的教育。

危机管理理念就是居安思危，能够未雨绸缪，旅游景区进行危机管理首先应树立一种“危机”理念，营造一种“危机”氛围。危机管理理念教育可以使景区员工建立共同的危机预防，增强旅游景区的凝聚力，避免在危机发生时，把时间浪费在企业内部的危机沟通上。通过危机管理理念的教育，让员工深切了解到员工的前途和旅游景区的命运息息相关。

（4）引导旅游者改变行为方式。

人们的生活方式与旅游行为方式在不同程度上会受到经济危机的影响。经济危机对旅游者的影响会保持一段相当长的时间。研究经济危机下旅游者行为方式的变化，有利于及时、合理地设计和推出新的旅游产品，刺激并满足消费者的需求。旅游景区应该根据经济危机下旅游者可能的行为模式，引导旅游者行为模式的变化，有利于促进旅游者的旅游愿望、旅游信心的恢复和旅游目的的实现。引导旅游者行为方式的改变包括：引导旅游者出游方式的多元化；引导旅游者改变不良的日常行为模式，推广文明的日常行为和旅游行为模式；加强宣传，引导旅游者的需求；引导旅游者逐步提高旅游目的的层次。

## （二）景区可控人为危机的管理

### 1. 由于景区经营管理不善带来的危机的应对措施

对于这类危机，只有从根本处着手才能解决问题，即景区的经营管理模式。对于我国现有的景区经营管理模式是在我国的基本国情、市场经济的大背景下应运而生的，因此景区管理模式、体制的调整将是一条缓慢的、艰难的道路，需要从国家政策、法律到景区管理部门这样一个自上而下的改良：一方面，景区经营管理体制是隶属于国家行政管理基础之上的，地方政府对景区的经营管理不可避免地带有行政色彩，而且将景区的经济利益放在很高的位置，一时很难改变，任重而道远；另一方面，我国各地区经济发展极不平衡，那么景区的管理模式也必然有所不同，调整起来也是艰难重重。

（1）健全法律体系，做到有法可依，明确权责。

笔者认为，国家应建立一个专门的旅游景区规划管理局，负责全国景区的管理、立法工作，出台一部统一管理全国景区的经营管理的法律，在此基础上，制定相关不同类型、级别景区的例行法律，把各部门对旅游景区管理权限确定下来，清晰地界定各部门的管理权限，以避免出现由于权责不明导致的交叉管理、重复管理的现象，指导监督景区的经营管理。

（2）调整我国景区的经营目标，由经济效益向社会、生态效益转移。

旅游景区的公益性决定了景区不仅仅是经济资源，更是保护性资源、社会公共事业单位。处理好旅游景区的经济与社会、生态效益的关系，加强资源的保护。一方面，各大旅游景区应本着通过展示祖国大好河山，弘扬中华文化、展示民族风采、增强民族自豪感等社会效应的目的，对景区进行经营管理；另一方面，以旅游景区的可持续发展为原则，在景区日常经营管理中体现“绿色经营、生态管理”理念。例如，在景区管理规划建设中，实行生活污水处理、环境监测、客流量动态反映等，实现景区从经济效益向社会、生态效益转化，最终达到经济效益、社会效益和生态效益的协调统一。

（3）加大对景区经营管理的资金投入。

景区所带来的经济收入和投入景区经营管理的资金不成正比，部分景区的基础设施的建设不合格，以致发生一些安全事故，景区的资源遭到破坏，威胁游客的安全及景区形象。国家应把景区带来的收入又投入到景区的规划建设中，景区所承载的资源是无价的，游客的生命安全是无价的，如果只为一时利益，那么代价也许比既得利益要惨重得多。

**2. 由旅游者带来的危机的应对措施**

（1）旅游者的数量危机。

旅游者的数量危机指前往景区旅游的游客数量超出景区的环境承载力，景区承载力是指在一定时期内，在某种状态和条件下，不会对旅游景区的环境、社会、经济以及旅游者的旅游心理满足度等带来不利影响的游客数量的最高限度。景区承载力是一个不断变化的动态系统，它随着游客消费行为的变化、旅游景区的发展级旅游时间的延伸而不断变化。

有的景区以控制游客数量为由任意抬高景区门票价格。应对旅游者数量危机有多种渠道：利用现代化、先进的科技手段，随时监测、计量景区的可进入游客数量，把景区的日门票数量严格控制在景区承载数量内，销售完当日规定门票数量便停止售票，游客也可通过电话、上网进行景区门票预订，在网上即时公布景区门票信息；在景区内安装游客数量监测设备，当景区内的景点游客流量不均，热门景点过于拥挤时，应立即通过电子公告牌向游客发出预警信息，引导客流的合理改向；如果景点拥挤现象经常发生，可以考虑设立新景点，延长景区开放时间。“五一”“十一”等这些假期人流扎堆，景区人满为患，应加强淡季的促销，分流一部分旅游旺季时的游客。

（2）旅游者的素质危机。

游客的不文明行为屡见不鲜，倡导文明行为早已成为社会共鸣。大部分景区内商品价格高出市面很多，两倍、三倍地翻价，许多游客自带食品饮料，随处休息食用，再加之有的景区垃圾箱的设置结构不合理，游客素质偏低，垃圾乱扔乱弃；有的商贩只管卖商品，不管垃圾处理，有的摊位周围成了垃圾场；游客在游览过程中不遵守景区有关游览规定的违章活动行为，如乱攀、乱爬、乱刻、乱画、违章拍照等。

那么应该怎样才能缓解并逐渐杜绝上述行为？

从旅游景区管理者角度：加强游客管理，旅游目的地的管理者应重视游客管理，将其纳入旅游目的地的日常管理当中，针对游客管理存在问题，寻找相应对策，合理科学规划景区，完善配套设施，加强对工作人员的培训与管理等；进行人性化管理，可以通过游客的民意调查工作，询问游客希望得到怎样的服务，关于对景区建设等的意见等，建立健全符合的服务设施。

从引导游客行为的角度：组织引导，发挥导游的引导作用和建立有效的沟通渠道大多数的游客对于该地的历史、文化、环境、发展等不了解；行为示范，景区的员工应该通过自己的言行为旅游者起到示范作用，文明礼貌、不乱扔垃圾，不破坏景区的文物及自然旅游资源，为旅游者起到一定的表率作用；强制约束，根据景区自身的资源特点编制游客规则制定规章；目的地居民参与到旅游活动中，在景区的日常管理、经营中，使当地居民能够在旅游交往中积极传承和发扬当地优秀的文化传统，使之能够体会地区荣誉感并保持民族自豪感，目的地居民对旅游活动的参与，对于实现可持续发展目标极其有益；让游客参与到景区的日常管理经营中，具有较高教育水平和较强生态意识的游客往往很愿意参与管理，并且游客的管理似乎比“管理者”的管理更有教育和说服力。

各个景区应该根据自身的特点，选择合适的游客管理方式，多种方式结合，并且坚持在实践中探索和创新，为我国景区游客管理开辟出一条切实可行的新方法。

**3. 旅游景区安全事故的应对措施**

（1）景区内建立完善的安全标志。

景区内，不仅要建设医疗机构、消防设施外，还应该有一些危机标志设施，危机标志适用于表达特定危机信息的标志，由图形、符号、安全色、几何形状或文字组成，大体分为四大类：

①禁止标志。

用于禁止游客不安全行为的图形标志。包括禁止吸烟、禁止烟火、禁止放易燃物、禁止攀登、禁止触摸、禁止通行、禁止靠近等 23 种标志，基本图形为带斜杠的圆边框。

②警告标志。

用于人们提醒游客注意周围环境，避免发生危险的标志。包括注意安全、当心火灾、当心爆炸、当心电缆、当心坠物、当心车辆、当心滑跌等 28 种标志。基本图形为正三角形边框、边框内由不同内涵的象形图形。

③指令标志。

用于强制游客必须做出某种动作或采取防范措施的图形标志，包括必须戴防护眼镜、必须戴安全帽、必须穿救生衣等 12 种标志类型。基本图形为圆形边框。

④提示标志。

向游客提供某种信息，如标有安全设施或场所的图形标志，包括紧急出口、避险处、可动火区等 4 种类型。基本图正方形边框。

（2）定期排查，加强安全监控。

首先，对于旅游景区内的险要道路、险峻路段，应定期检查，及时排除不安全因素；检查景区的建筑安全，增加消防器材、避雷针等安全设施；定期检验高空索道、蹦极、山地车等危险系数高的娱乐设备，做好这类项目的安全管理工作，并及时更换老化的设施。其次，要加强景区安全监控，加强各种设备的维修和检查，确保设备始终处于良好的运行状态，有效防止安全事故的发生。可在偏僻地段建立电子监控装置，增加景区安全保障设施。另外，可建立旅游景区安全监测网络，来提高景区安全监测的技术含量。

## 【小结】

旅游景区运营与危机管理是景区决策层应该高度重视的环节，景区采取哪种经营模式，管理者应该有清晰的认识。基于我国多元的管理模式，都应该在有利于旅游可持续的前提下进行。

## 【复习思考题】

1. 你认为不同类型的景区环境如何选择自己的模式？
2. 举例分析景区模式的优缺点。

# 第九章

# 旅游景区智慧化服务与管理

## 【章节导读】

随着互联网技术的快速发展，景区智能化已成为旅游景区发展的一大趋势。智慧景区并不只是门禁系统、售票方式的智能化，它还包括景区游览、流量控制、解说系统以及景区安全隐患等的智慧化。本部分主要分析了在当前国家政策背景、时代背景和市场背景下智慧旅游景区发展的状况，在此基础上提出智慧旅游景区的内涵，并通过对九寨沟、颐和园景区和武夷山旅游景区智慧化的解析，展现出旅游景区智慧化在景区服务管理中的重要性。

## 【学习目标】

◆ 了解智慧旅游和智慧景区产生的背景条件和当前中国景区智能化的基本情况。

◆ 理解旅游和景区智能化的基本含义以及智慧旅游的特点和功能。

◆ 熟悉物联网技术、云计算、多种移动终端在旅游景区内的应用。

◆ 掌握智慧景区内部游客流量控制、景区网上售票、景区服务管理、安全隐患防护措施等的管理与运用。

## 【学习重点】

◆ 智慧景区的信息化建设。

◆ 智慧旅游主要功能的认知与运用。

古往今来，旅游景区都是旅游业发展的核心要素。传统的旅游景区仅仅是满足游客基本需求，而伴随社会现代化的不断发展，景区传统的经营模式已不能适应社会需求的变化，景区必须为适应游客多样化的需求必须做出改变。智慧景区是在经过传统景区、数字景区的基础上提出的新的、更高层次的概念，是符合当今社会发展的，也是旅游业得以延续的必然选择。

# 第一节　智慧旅游概述

## 一、智慧旅游产生的背景

### （一）国家政策背景

自改革开放以来，我国经济发展取得了突飞猛进的进步，旅游业进入了爆发性增长阶段。我国旅游业的快速发展，产业规模的不断扩大，产业模式日益多样化以及旅游消费者需求的不断变化，都将促使旅游业的转型。2009 年 11 月 1 日，国务院出台的《关于加快发展旅游业的意见》中提出："各地区、各有关部门要提高对加快发展旅游业重要意义的认识，强化大旅游和综合性产业观念，把旅游业作为新兴产业和新的经济增长点加以培育、重点扶持，切实抓好本意见的贯彻落实。"还提出："积极开展旅游在线服务、网络营销、网络预订和网上支付，充分利用社会资源构建旅游数据中心、呼叫中心，全面提升旅游企业、景区和重点旅游城市的旅游信息化服务水平。"这一意见的颁布确定了我国旅游业将成为国民经济的战略性支柱产业，同时也为我国智慧旅游的发展奠定了基础。

国家旅游局发布的《"十三五"全国旅游信息化规划》专门提出："信息化已成为经济社会发展的显著特征。信息化代表了新的生产力和发展方向，没有信息化就没有现代化。"特别是在"十三五"规划中提出："近年来，特别是旅游'515'战略实施以来，我国旅游信息化取得长足进展，旅游信息化管理初见成效，旅游公共信息服务设施建设取得阶段性成果，旅游在线市场初具规模，全覆盖式旅游宣传营销格局基本形成，旅游电子政务稳步推进，旅游信息化对旅游业支撑保障作用明显增强，为'十三五'时期旅游信息化加快发展奠定了良好的基础。"由此可见，智慧旅游被正式列为我国旅游业"十三五"期间的重要工作内容。

2010 年 3 月"两会"期间，原国家旅游局局长邵琪伟在听取了镇江市委书记许津荣等一行人关于镇江市近年来旅游发展情况后，提到希望镇江要推进产业转型，包括建设"智慧旅游"，这也是"智慧旅游"概念第一次被正式提出来。之后，镇江率先在全国范围内启动对智慧旅游的研究。2011 年 7 月，在兰州举办的全国旅游局长研讨班上，邵琪伟提出我国将争取在 10 年内初步实现基于信息技术的"智慧旅游"，为我国各省市开展智慧旅游提供了大致的目标与方向。2014 年，国家旅游局将这一年确定为"慧智旅游年"，旨在充分发挥智慧旅游在全国旅游市场中的引领作用，并且围绕这一主题，我国将加快旅游在线服务、网络营销、网上预订、网上支付等智慧旅游服务，这一举措将会将智慧旅游推向更高处。

到 2020 年，努力实现以下具体化和量化指标：

——4A 级以上旅游景区实现免费 Wi–Fi、智能导游、电子讲解、在线预订、信息推送等全覆盖；

——旅游大巴、旅游船和 4A 级以上旅游景区的人流集中区、环境敏感区、旅游危险区，实现视频监控、人流监控、位置监控、环境监测等设施的合理设置；

——在线旅游投资占全国旅游直接投资的 15%以上，在线旅游消费支出占旅游消费支出的 20%以上。

### （二）时代背景

智慧旅游是旅游信息化的最新发展，它是在智能城市的基础上发展起来的。从 2009 年 2 月 IBM 总裁彭明盛在上海召开的“2009 年 CIO 领导力交流大会”上正式提出“智慧地球”的概念，到由此概念衍生出来的“智慧城市”，从此“智慧”开始在全球掀起了建设浪潮。智慧旅游发展具有其独特的时代背景：一是随着经济全球化进程的不断加快，国际旅游活动人口规模和范围逐渐扩大，旅游者需求多样化特征日益明显，只有发展智慧旅游才能满足游客对个性化旅游信息的需求；二是全球信息化浪潮促进产业升级，物联网、云计算、下一代通信技术等新信息技术的应用为智慧旅游提供技术上的可能，但是智慧旅游并不是简单地采用新技术，而是将新技术与旅游业发展紧密结合，实现旅游服务、旅游管理和旅游营销的差异性，为智慧旅游提供强有力的技术支撑。

### （三）市场背景

20 世纪 90 年代，互联网的迅猛发展极大地带动旅游网站的兴起。旅游企业纷纷开始运用互联网建立属于自己的网站。一大批旅游网站如雨后春笋般冒出来，从各级门户旅游网站到政府主导的旅游资讯网站，旅游信息的数量通过各种形式传播，能够敏锐地抓住互联网时代的发展机遇，是新兴旅游网站的优势所在。这些旅游网站将新技术与传统的商业运营模式进行融合，将我国旅游业推向更高层次。各种旅游资讯网站、旅游搜索网站、在线旅游社区、旅游点评网站等不断出现，由网络媒体产生的价值不言而喻。所以，旅游和互联网相互交融给我国旅游业带来了巨大的变化。近几年来，我国在线网民直线上升，对于网上购物、网上预订都已轻车熟路。携程旅游、途牛旅游等几大旅游网站的出现，为我国民众在线旅游预订提供了一个基础平台，旅游电子商务市场已粗具规模。

## 二、智慧旅游与相关概念

### （一）智慧旅游的概念

智慧旅游是一个全新的概念，这个概念并不是凭空提出的，它是基于一定的市场基础和技术基础上产生的，但是关于智慧旅游的概念至今尚未取得统一的界定。

百度百科这样定义智慧旅游：“智慧旅游，也被称为智能旅游，就是运用云计算、物联网等新技术，通过互联网 / 移动互联网，借助便携的终端上网设备，主动感知旅游资源、旅游经济、旅游活动、旅游者等方面的信息，及时发布，让人们能够及时了解这些信息，及时安排和调整工作与旅游计划，从而达到对各类旅游信息的智能感知、方便利用的效果。”

王玲对智慧旅游的定义是：“智慧旅游就是基于云技术、物联网、智能终端等新一代信息技术，借助于智能手机、智能终端等设备进行旅游信息的收集、传输和感应，从而满足旅游者个性化需求，最终实现旅游体验的个性化、旅游服务的智能化和旅游管理的数字化的旅游产业发展的新模式。”

综合各方面对智慧旅游的理解，本书对智慧旅游的定义为：

智慧旅游就是运用物联网、云计算、智能终端等新一代信息技术，通过将旅游服务、旅游管理和旅游营销与现代信息技术融合，使得旅游信息和旅游资源得到深度开发应用，从而潜在的改变旅游者的消费体验模式，最终满足旅游者个性化需求和实现旅游业利益最大化。

智慧旅游其实质是将智慧的理念融入整个旅游行业中。智慧旅游随着旅游管理的智能化、旅游服务的个性化、旅游产业创新以及旅游业从传统服务业向现代服务业升级转型的要求而逐渐发展起来的。它是旅游与科技的完美结合，也将是未来旅游业发展的主流。

### （二）内涵与外延

#### 1. 智慧旅游的内涵

智慧旅游归根结底就是将旅游智慧化，也就是说，通过一定的信息技术的应用使得旅游管理工作更加系统有序、旅游经营活动更加准确高效、旅游体验行为更加舒适便捷。传统旅游是旅游业发展的初级阶段，它主要是通过传统的媒体进行营销；数字旅游是旅游业发展的过渡阶段，主要是旅游活动过程中的数字化和网络化；而智慧旅游是旅游业发展过程中的高级形式，主要是实现旅游者的个性化。传统旅游、数字旅游以及智慧旅游就好比分别代表直线、树枝、网格，虽然这三者最终的目的都是满足旅游者的旅游需求，但可以了解到的是智慧旅游覆盖的面更广，所能产生的经济效益更多，更能满足现实社会的需要。所以，智慧旅游是在基于现实社会的基础上，运用一定的现代信息技术，将旅游与科技进行融合，使旅游者、旅游企业和社会等都获得最大的利益，实现多赢的局面。

#### 2. 智慧旅游的外延

智慧旅游与生态旅游是密不可分的。从宏观层面上来讲，智慧旅游为生态旅游提供技术上的支撑，而生态旅游又为智慧旅游提供良好的环境。比如，景区日游览人数，通过智慧旅游控制中心进行实时监控，可以很好地实现景区人流量的控制，以保证在景区环境承载量以内。从微观层面上讲，智慧旅游讲究人、物、自然环境之间的相互感知与和谐，这与生态旅游的核心思想是一致的。智慧旅游，除却它关于技术方面的应用，仅仅是从在旅游活动过程来看，也是在追求自我身心的愉悦。生态旅游，就是在旅游活动中对自然环境的保护的同时，也是满足自我的愉悦的一种旅游模式。从根本上来看，智慧旅游和生态旅游具有同一本质，只是表现形式不同。

### （三）大数据与景区管理

大数据的应用几乎覆盖了所有行业，企业、娱乐、电商、政府、医疗等，这些大数据往往只是基于互联网，但我们不应摒弃传统数据，那些基于数据统计、问卷调查、用户访谈、人工统计、遥感影像、地图测绘等渠道获得的传统数据同样具有价值，要将传统数据与大数据相结合。

旅游行业有行业广、规模大、移动性强的特点，因此更加依赖大数据。当前，旅游业也在新常态下迎来了升级的挑战和变革的机遇，新常态对于一般的经济部门是经济速度放慢、人均 GDP 增速减小，很多传统行业在调整结构，但新常态对旅游行业却是速度加快的。

对大数据来讲，和旅游业产业的密切配合主要体现在以下几个方面。

评估新型旅游项目：这个景区数量、旅游项目同质化、买方市场、卖方市场的变化、门票经济，应对这些危机、困难的局面，需要大数据来帮助判断。

识别游客需求：随着旅游散客时代的到来，对于旅游需要更加要求个性化，旅游细分市场多元化，旅游方式由观光转向休闲度假。大数据可以帮助识别游客需求，细分旅游市场。

瞄准目标客源市场：游客在哪里？你的潜在客户在哪几个城市？他们需要什么样的旅游景区？你的目标市场在哪个城市、哪个区域？大数据都可以告诉你。

提升景区管理水平：景区票务系统可统计游客量数据，通过与互联网、运营商等第三方大数据整合，可对未来几天人流量、车流量进行预测；智慧景区监控系统可对突发事件如踩踏、拥挤进行实时监测，及时预警；通过监控系统及数据分析，对景区人力、物力资源进行科学分配，并加强市场违规行为管理 通过景区一卡通系统，可以对游客的属性、行为偏好进行分析，同时整合互联网大数据，可以针对全国市场范围进行客源地与目标消费者的精准定位；检测景区网络口碑：游客在微博、微信、天涯等这些网络社区去表扬、发牢骚，在网络监控舆情监控方面，大数据可以通过内容进行锁定。

## 三、智慧旅游的智慧表现

### （一）实现旅游服务的智慧

旅游业是随着社会经济的不断发展而发展的，从技术层面上来讲，旅游业的发展经历了从传统旅游到数字旅游，再到现在的智慧旅游，这个过程是从低级到高级的不断演变过程。但是旅游业无论怎样发展，向什么样的方向发展，它的本质还是以游客体验为中心。如果说传统旅游主要注重游客的旅游经历，数字旅游主要注重游客旅游过程中的连贯性，那么智慧旅游则是这两者的综合。智慧旅游就好比一张巨大不比的网络，将与旅游行业有关的一切人和事全连接起来，实现游客的体验最大化。所以与前两者相比，智慧旅游更加人性化，更加注重游客在整个旅行中的体验。

### （二）实现旅游管理的智慧

一直以来，旅游相关部门都在促使旅游管理信息化，大多数的旅游主管部门、旅游机构、旅游景区等都有自己的一套或者多套业务管理系统。这些管理系统之间大多数没有联系，由于数据资源得不到共享与交流，管理数据库的信息较为陈旧，有碍于旅游业整体水平的发展。旅游管理需要智慧，在快速发展的信息化社会中，旅游业对信息的依赖越来越强，旅游业的发展需要依托信息技术，积极主动的获取游客信息，形成游客信息数据库，全面了解游客的需求变化，帮助旅游管理者对旅游市场进行全面分析与预测，从而有针对性地制定相应方针和政策。智慧的旅游管理能够有效地利用信息技术及时掌握游客的旅游活动信息，实现由传统旅游管理模式向现代管理模式的转变。那么如何体现旅游管理的智慧，主要表现在以下几个方面。

**1. 数据采集及时化**

随着近几十年社会经济的快速发展，旅游市场蓬勃发展，游客数量和旅游企业的数量急剧上升，加上旅游企业发展的多元化，使得旅游行业管理难度加大。与此同时，随着生活水平的日益提高，游客越来越注重旅游的精神感受，也更加关注旅游从业人员的服务质量。然而，在现实生活中常常有强制购物、旅行社乱收费等旅游乱象发生，严重地影响了旅游服务质量。但是，当这一现象发生后，不少的地方仍然是靠人工进行追踪，这种方式不仅费时费力，而且效率低下，也不能达到及时、准确的要求。在此背景下，实现数据采集的自动化，继而根据采集到的结果进行分析是当代有关部门的迫切希望。特别是“五一”“十一”等旅游黄金期间，运用有关系统，能精确地统计到每日游客数量，这些数据通过有效的端口直接反映到国家旅游局的系统中，国家旅游局可以通过开放这些数据，让广大游客能及时有效地了解相关信息，为后面更好地安排自己的旅游行程和计划提供一个良好的支撑。

**2. 管理系统化**

传统的旅游行业管理相对滞后，一般有突发事件发生后，各个部门对协调处理事件总是比较缓慢，这正是因为各个部门之间缺乏良好的沟通与交流造成的。智慧旅游的管理就是要自上而下或自下而上将旅游行业的各个部门连接起来，形成一个巨大的整体，从而实现对旅游业的宏观调控和微观管理。

例如，当国家出台一个新的旅游政策时，需要考察游客对这一新政策的反应，那么就需要发动各级地方政府，再由政府发动当地旅行社、旅游景区等相关部门对游客的情况进行收集，最后再将这些资料反馈给相关部门，这就形成了一个完整的闭合系统，极大地发挥了智慧旅游的管理作用。

**3. 信息公开便捷化**

在高速发展的信息化世界里，信息的公开化已经成为一种发展趋势。旅游管理的目的就是为了能够更好地服务游客和旅游企业，主要是让游客和企业能够在第一时间掌握相关的旅游信息，以便为个人和企业提供信息支撑，最后做出正确的决策。所以，智慧旅游要想得以实现与发展必须要实现旅游信息的公开便捷。

### （三）实现旅游营销的智慧

在互联网时代的大背景下，人们获取信息的渠道不断增加。与传统单一的营销模式不同的是，智慧旅游通过对技术、渠道、方法等进行创新，全面提升旅游营销的效率和效果，从而更好地推动旅游产品的销售。

**1. 运用新技术，实现旅游营销创新化**

智慧的旅游营销也应该重视对新技术的研究，以通信与信息技术为基础，加大对旅游营销的创新化，提高旅游营销效果。传统的营销模式主要是人与人进行面对面，而现在随着科学的不断发展，游客和运营商可以完全不见面，直接通过电话交流、在线预订等方式实现买卖。在网上，游客能比较容易地获取自己所需要的信息，完成相应的预订或咨询服务。针对一些散客而言，也可以通过互联网自行解决住宿、交通等问题，现在我国国内旅游网站做得较好的有途牛、携程、艺龙等旅游网站。

**2. 扩宽旅游营销渠道，实现旅游营销多元化**

创造多渠道的旅游营销链，有助于提高旅游企业的经济效益，有助于拉动社会经济的发展。过去常常采用的是游客—旅行社—旅游景区单一的营销模式，游客想出去旅行主要是通过旅行社购买旅游产品。而现在随着社会科技的发展，人们消费观念的改变，传统的以旅行社为核心的营销方式已不再适应社会发展的需要，反而不少自助游游客会选择游客—旅游景区的营销模式，这一模式减少了旅行社的作用，游客直接与旅游景区对接，极大地体现了游客的个性需求。不过仍然有不少的游客会选择跟团旅行，与以往不同的是，有需求的人往往会直接采用游客—旅游网站—旅行社—旅游景区的营销模式，这一模式大大节省了时间，有利于多方利益最大化。

营销链条拉得越长，涉及的企业也就越多，运用的员工也就越多，也就意味着牵连的经济个体越多，有利于社会经济的发展。

**3. 获取新方法，打破旅游营销的被动性**

传统的营销方式，主要是靠消费者的口碑传播或者观看旅游广告，旅游广告一般是在人群集中的地方不停地播放，不管你感不感兴趣，广告就在那里，所以，消费者是被动接受广告的。新的营销方法就是要突破这种消费者被动地接受广告，让消费者主动去发现了解广告，与广告进行互动。

现在普遍提倡的一种新的方法就是 O2O（Online to Offline），这是一种线上线下相互交互的模式，它能够充分地调动用户的积极性。例如，不少旅游地区的酒店在网上做团购活动，游客可以在网上参加团购并支付款项后会收到一条团购短信码，凭此短信就可以去当地的酒店换取房间。这种新兴的购买方式无论是对消费者，还是对企业都是有好处的。对于消费者而言，在线上购买可以节省很多的时间，而且相对于直接去酒店购买还有一定的优惠；对于企业来说，开通线上购买这一营销模式，可以大大增加企业收益，可谓是双赢的营销方式。

# 第二节　智慧景区建设与管理

## 一、智慧景区的概念

“智慧景区”是在“智慧地球”和“智慧城市”的基础上，结合当地特有的景观资源，联合物联网、计算机终端、云计算和人工智能等新信息技术，以满足游客的个性化需求，促进景区的社会经济可持续发展，实现景区的旅游资源的有效利用。

王露瑶等人曾在文章中指出，智慧景区就是指景区在全面数字化基础之上建立可视化的智能管理和运营，包括建设景区的信息、数据基础设施以及在此基础上建立的智能化管理平台与决策支撑平台。张振国也曾指出，智慧景区就是指景区能够通过智能网络对景区地理事物、自然资源、旅游者行为、景区工作人员行迹、景区基础设施和服务设施进行全面、透彻、及时感知，对游客、景区工作人员实现可视化管理。

综合各方面的定义，智慧景区可以分为广义的定义和狭义的定义。广义的智慧景区是指将最新信息技术与科学管理集成一体，实现人与自然和谐发展的智能化景区。这样的智能化景区能更有效的保护景区内的资源环境，为游客提供更优质的服务。狭义的智慧景区是在数字景区基础上的升级，指在原有的设施设备上加入新的信息技术，实现对景区的可视化管理和智能化运营，同时也能对景区环境、经济、社会进行更深入的感知。所以，智慧景区的本质就是新一代的信息技术在景区中的应用，以满足日益增长的游客的需要，丰富游客体验，从而提高景区整体的综合实力和竞争力。

## 二、智慧旅游的基本功能

智慧景区主要是从提供优美的旅游资源出发，以服务旅游者为导向，最终实现市场效益最大化。其中智慧旅游景区在整个旅游运营过程中提供几个功能，包括营销、查询、导航、购买、管理和预报等，它主要是通过新兴的信息技术提升旅游体验和旅游品质，让游客能够感受到智慧旅游带来的全新体验。

### （一）营销功能

作为营销平台，比如说其中的旅游局，政府可以发布招商引资的消息，旅行社的广告营销，商铺合作和导游推荐等，商家的广告营销、资讯发布、智能优惠券等，导游的预约、智能付费导游等。最后通过以上列举这些及各个景点的对应关联（宾馆酒店、餐厅、休闲娱乐、交通），利用平台信息便利宣传便利获得收益，这样就形成了旅游营销平台。

### （二）咨询功能

旅游咨询系统通过文字、图片、声音、视频等多种形式，生动翔实地向游人展示风景区秀丽的自然风光、人文景观，丰富的动植物资源，完善的旅游服务设施、项目以及多姿多彩的民俗民风，方便快捷地向游人提供旅游实时信息及食、住、行、游、购、娱六方面信息的即时查询服务，同时具备投诉申告、旅游调查等旅游信息反馈功能。

旅游咨询系统采用多种技术手段，把分布在不同地点的服务终端——触摸屏等接入到数据中心，在风景区的游客集中地每天 24 小时为游客提供双向资讯信息、消费和各种娱乐服务，成为游客了解风景区各种旅游信息的好助手。同时提供便携式电子导游，游客可在旅游咨询服务中心借用各景区的电子导游工具，当游客进入特定区域，系统将自动进行播报。

旅游咨询系统和旅游咨询服务中心建议建设在各旅游集散中心以及风景区内的各大

售票大厅、宾馆、酒店大厅等。

## （三）导航功能

### 1. 预览功能

点击（触摸）感兴趣的对象（景点、酒店、餐馆、娱乐、车站、活动等），可以获得关于兴趣点的位置、文字、图片、视频、使用者的评价等信息，深入了解兴趣点的详细情况，供旅游者决定是否需要它。

导览功能还将建设一个虚拟旅行模块，只要提交起点和终点的位置，即可获得最佳线路建议（也可以自己选择线路），推荐景点和酒店，提供沿途主要的景点、酒店、餐馆、娱乐、车站、活动等资料。如果认可某条线路，则可以将资料打印出来，或储存在系统里随时调用。

### 2. 导航功能

随着网络的普及，越来越多的人开始上网，特别是近几年来，我国手机网民急速上升。为了迎合大量手机网民的需求，不少的手机软件也出现在了市场上。智慧旅游正是基于现有的电子地图结合手机定位技术发明出新的手机旅游导航系统，为游客提供旅途中的帮助。现有的手机旅游导航功能仅仅局限于景区景点，但是游客往往还希望能够获取景区内部或周边的餐饮、娱乐、购物等相关的旅游信息。不同于传统的网站上大而全的形式，手机旅游导航软件中的旅游信息一般是经过精挑细选的。但是如果要想获得更全、更新的信息，还需要与网上数据库同步更新。

将位置服务（LBS）加入旅游信息中，让旅游者随时知道自己的位置。传统的导航仪无法做到及时更新，更无法查找大量的最新信息；而互联网则信息量大，但无法导航。高端的智能手机有导航，也可以上互联网，但二者没有结合起来，需要在导航和互联网之间不断地切换，不甚方便。

智慧旅游将导航和互联网整合在一个界面上，地图来源于互联网，而不是存储在终端上，无须经常对地图进行更新。与互联网相结合是导航产业未来的发展趋势。通过内置或外接的 GPS 设备 / 模块，用已经连上互联网的平板电脑，在运动中的汽车上进行导航，位置信息、地图信息和网络信息都很好地显示在一个界面上。随着位置的变化，各种信息也及时更新，并主动显示在网页上和地图上。体现了直接、主动、及时和方便的特征。

### 3. 导游功能

传统的导游模式主要是人直接进行讲解，而现在随着景区游客量的不断增加，景区的讲解员数量已不能满足游客的需求，特别是在旅游旺季的时候，这种情况尤其突出，所以为了能够缓解这种情形，景区一般除了采用人工进行讲解外，还包括运用电子设备进行讲解，这就是电子导游。电子导游主要是通过运用语音、图文、视频等形式将景区的相关信息展示出来，起到了景区介绍和导览作用，充分使游客在观赏景物时可以更好地了解其背后的文化内涵。电子导游的运用在一定程度上减少了噪声污染，也为景区节约了一定的人力成本，为景区的可持续发展做出贡献。

在确定了位置的同时，在网页上和地图上会主动显示周边的旅游信息，包括景点、酒店、餐馆、娱乐、车站、活动（地点）、朋友 / 旅游团友等的位置和大概信息。智慧旅游还支持在非导航状态下查找任意位置的周边信息，拖动地图即可在地图上看到这些信息。周边的范围大小可以随地图窗口的大小自动调节，也可以根据自己的兴趣点（如景点、某个朋友的位置）规划行走线路。

### （四）购买功能

游客经过全面而深入地在线了解和分析，已经知道自己需要什么了，那么可以直接在线预订（客房 / 票务）。只需在网页上自己感兴趣的对象旁点击“预订”按钮，即可进入预订模块，预订不同档次和数量的该对象。

由于是利用移动互联网，游客可以随时随地进行预订。加上安全的网上支付平台，就可以随时随地改变和制订下一步的旅游行程，而不浪费时间和精力，也不会错过一些精彩的景点与活动，甚至能够在某地邂逅特别的人，如久未谋面的老朋友。

### （五）管理功能

国内外旅游信息系统的研究方向主要包括：旅游多媒体信息系统，侧重于多媒体的使用，主要为信息需求者提供感官信息；旅游信息管理系统主要包括旅游景点、景区管理系统以及旅行社、宾馆、酒店等旅游企业管理系统；旅游规划系统，主要是针对当前旅游规划中存在的问题，将旅游各种资源等要素信息进行统计分析、优化配置为旅游规划提供依据；旅游解说系统，运用某种或几种媒体和表达方式，使与旅游相关的特定信息传播并到达信息接受者中间，帮助信息接受者了解相关事物的性质和特点；旅游目的地信息系统，主要提供关于旅游目的地供应商和旅游目的地设施的详细信息以及组织结构和经济结构等信息；旅游预警系统，对旅游目的地的政治、经济、安全信息等影响游客出行的突发事件及时发布警告；旅游专家系统，指应用人工智能中专家系统的理论和方法，构建旅游信息系统的知识库、推理机，通过知识系统给用户一个完整快速的个性化解决方案；虚拟旅游系统，可以通过互联网或其他载体，将旅游景点动态地、多视角、多维度地呈现在人们面前；旅游知识管理系统，主要是为旅游目的地相关企业知识获取、知识共享、知识创新而构建的知识管理系统。

### （六）预报功能

来自旅游预警指标系统的时间、空间、主客数据按照设定的模型公式通过云计算进行实时大数据处理。当运算传输的风险值低于设定的警戒值时，则系统自动运行旅游服务功能，主要为景点介绍、旅行及消费指南、温馨提示、在线预订与支付，以及天气、游客量、床位、停车位等即时的动态信息发布；同时结合旅游大数据的开发，通过以往的消费记录、注册信息、网络访问记录、社交软件等大数据的合成，迅速生成游客特征及个性化偏好，即时广告系统进行产品和消费匹配，对游客发出点对点的个性化旅游信息推送，或其他旅游服务信息。

## 三、智慧景区建设的框架

智慧地球是利用新一代的信息技术来改变人们之间的交互方式，以提高这类交互方式的效率、灵活性；智慧旅游是从游客出发，通过新型的信息技术提升旅游体验和旅游品质，而智慧景区是在智慧地球和智慧旅游这两个大的背景下产生的。在智慧地球和智慧旅游的基础上，智慧景区结合自身景区的特征，运用物联网、云计算、移动终端设备等信息技术，有效地利用景区独特旅游资源，为游客提供更智慧能化的服务，从而促进景区社会经济的可持续发展。

景区的智能化建设是一个复杂的系统工程，它既需要利用现代信息技术，又需要将信息技术同科学的管理结合。智慧景区的建设是对景区硬实力和软实力的全面提升，在建设过程中需要将内部和管理结合、线上和线下结合、员工和游客结合，从而实现景区的管理科学化、营销创新化、团队互助化。景区在全面数字化基础上，通过建设信息网络、数据基础设施以及智能化的管理平台和决策支撑平台，促进景区的可视化管理和运营。所以总的来说，智慧景区的建设可以概括为“一个中心，两个平台，五个系统层”（见图 9–1）。

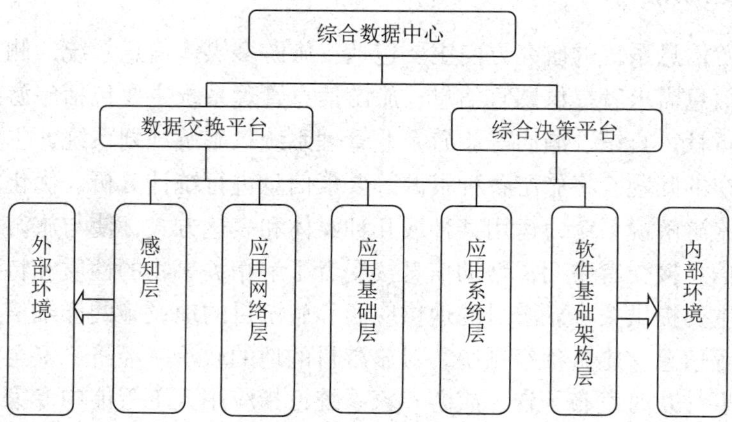


**图 9–1 智慧景区信息化建设框架**

### （一）数据中心

数据中心相当于人的大脑，是用来对景区信息资源进行存储和管理的。数据中心的建立不仅要实现景区各环节间的数据收集，更要景区、社会、政府、大众提供智能服务，使得不同用户能够通过数据中心，获取他们自己所需要的数据。景区信息数据中心对外连接其他景区、旅游企业、政府部门，实现数据信息在同一行业、不同行业之间的交流和共享；对内数据中心连接不同管理系统，实现同一企业之间不同系统部门资源信息共享。数据中心的建立消除了各系统之间信息闭塞的现象，避免了大量信息资源的浪费和流失，为景区的发展提供了重要的支撑。

### （二）数据交换平台

景区的数据交换平台在整个系统链中处于中心环节。一方面景区各部门收集到的总数据需要通过数据交换平台同外部信息进行交流；另一方面景区内部各系统部门之间实现数据之间的共享也需要通过数据交换平台，这个平台在这中间起着至关重要的作用。

简而言之，数据交换平台实现了跨部门、跨系统、跨企业的数据交换，使景区朝着更智能化方向发展。

### （三）综合决策平台

综合决策平台就是为了实现景区管理和服务向更深层次、更人性化的方向发展而搭建的一个系统平台。这个平台需要建立在信息基础设施基础上，它能够通过反馈回来的信息迅速做出决策。该平台还应将物联网和互联网充分整合起来，使景区管理高层可以在指挥中心、办公室或通过 4G 智能手机全面、及时、多维度地掌握景区实时情况，并能及时发号施令，以实现景区可视化、智能化管理。

### （四）感知层

感知层是指接触外部事物，将感知到的一切信息反馈给上级的圈层，就是感知层。感知层主要包括 GPS 终端、摄像机、RFID、智能卡和传感器前端设备。感知层在系统运行过程中就是一个信息收集者和一个命令执行者，当上级发出指令，感知层中的各个子系统就开始按各自接收到的指令井然有序的工作，一旦感知层中任何一个子系统出现问题，就会牵连到其他子系统受到损害，继而会导致整个系统无法工作。

### （五）应用网络层

在 21 世纪的今天，网络无处不在。特别是近几年来，我们网民的数量呈直线上升就可以直接地反映出这一情况。由此可见，网络普及化、网络公共化、网络便捷化、网络快速化等已成为当今社会发展的一大趋势。其中，旅游景区的工作人员就可以直接接入应用网络，对景区的旅游业务进行管理和运营。游客也可以直接利用客户端进入到景区的业务窗口，进行咨询、预订、购买旅游产品。景区的应用网络层的建立就是顺应时代的潮流，也是景区向智能化方向靠拢的一个必备系统，只有这样才能更好地为景区服务、为游客服务。

### （六）应用基础层

应用基础层也就是硬件基础层。主要包括景区内的操作系统、数据库管理系统、移动终端设备，这些基础设施主要是为应用系统能够运行提供强有力的支撑，正因为有了这些应用基础，应用系统才能在这些基础层上能够实现数据的交换、服务管理、数据分析等功能。

### （七）应用系统层

与应用基础层不同的是，应用系统层是统领全局的一个圈层，它能够根据不同的业务进行划分，也可以面向不同的使用群体，形成不同的块状体系，比如，旅游服务体系、景区管理体系、资源保护体系等业务系统。应用系统层中的业务子系统是一个非常大的体系，如果可以将它进行划分的话，子系统又可以分为不同的小小子系统，这就形成一个巨大的树状形分支。系统层是掌控整个景区的核心支撑系统，就像一把保护伞一样，保证着景区内的各个子系统能够顺利地运行。

## 四、智慧景区的发展

### （一）智慧景区的发展成效

#### 1. 智能化水平的增强

智慧景区是在数字景区 3S 技术应用基础之上，通过采用最新技术获取的信息技术成果，在自动化办公的基础上实现移动办公，通过物联网、传感技术等，对游客、服务人员、景区地理环境、景区基础设施、灾害隐患等方面进行更全面、更及时的监控，实现景区全面的可视化管理。

#### 2. 人文关怀突出

智慧景区具有鲜明的时代气息，其建设更加注重科技产物的人文关怀，实现了景区环境保护、业务管理、旅游经营、公共服务、决策支持系统的智能化以及游客体验的深层次感知。归根结底，智慧景区的实质就是通过智能化的科学技术，实现景区资源与游客和谐共赢的局面，从而使得景区的旅游资源得到充分的保护，最后实现景区的持续健康发展。

### （二）智慧景区发展的不足

我国智慧景区的建设，到目前为止已经取得不菲的成绩，为游客在景区的游览，景区科学的管理提供非常多的经验，但是由于智慧景区在建设过程中或多或少会遇到一些阻力，所以，智慧景区在发展中存在不足之处，主要表现在以下几个方面。

#### 1. 受限于信息技术的发展

智慧景区的发展是在信息技术发展的基础上产生的，景区智能化程度的高低直接取决于信息技术发展的高低。智慧景区的智慧化体现在其高标准的信息技术要求，而信息化程度的高低会受到信息技术研究方面的限制。

#### 2. 资金和人才的短缺

景区信息化程度越高就意味着对建设资金和专业技术人才的要求就越高。信息技术的开发和应用需要投入大量的人力、物力、财力，这是一笔巨大的风险投资。现在我国除了少数风景区外，绝大多数的风景区均需要依靠政府、企业的投资，而且随着新技术的兴起，景区现有的技术人员已不能满足景区信息化建设的需要，必须从外面引进专业技术人员对景区智能化建设进行规划、操作。另外，景区智能化建设完成后也需要花大量的资金对景区的系统设施进行定期的维护，这就严重阻碍了景区信息化建设的可持续发展。

#### 3. 景区智慧化特征不突出

智慧景区的建设对信息化技术的要求是很高的，但是现在已有的大多数智慧景区由于缺乏自动识别、反馈和修复等特性，使其距离真正意义上的智能化景区还有一定的差距，严格意义上来讲，现在的智慧景区只不过是更高水平的数字景区。真正意义上的智慧景区是以把握游客为中心，将细致的服务深入地融合到游客活动过程中去，在更多的细节方面不断优化和完善，使更多的游客通过手机体验智慧景区的智能。

**4. 景区智慧化程度不普及**

从目前国内旅游景区发展过程来看，我国大部分旅游景区仍然处于初级化阶段，只有极少数景区信息化程度较高。大部分景区由于受到地域、资源、资金等不同条件的制约，使得景区的建设缓慢，而就现今国内智慧景区发展的较好的景区本身具有独特的旅游资源，带动了景区周边的经济发展，这也为景区的发展起了推动作用。目前我国较为出名的智慧景区有四川九寨沟、青城山、安徽黄山以及北京颐和园等三十多个。

**5. 传统运营体制僵化**

随着九寨智慧景区的建立，在我国掀起了一股建设智慧景区的浪潮。国内不少的重点景区纷纷展开智慧景区的建设，但大多数景区现有的传统管理模式和经营体制都普遍落后于社会发展的需要，特别是景区内管理混乱、方法陈旧、行政低效等问题突出。所以，景区体制僵化将会严重阻碍智慧景区的建设进程。

## 第三节　智慧景区与管理的案例分析

旅游业是国民经济和社会发展的重要组成部分，也是我国可持续发展不可缺少的一方面。国务院出台的《关于加快发展旅游业的意见》和《中国旅游业“十二五”发展规划信息化专项规划》都将旅游业培育成国民经济的战略支柱性产业，努力朝着人民更加满意的服务业发展，为我国旅游业未来的发展确定了大致的方向。

旅游景区是旅游业的核心要素，是旅游产品的主体部分，是旅游产业链中的中心环节，是旅游消费面的吸引中心，是旅游产业面的辐射中心。数字景区是在初级信息化景区上的升级，智慧景区又是在数字景区上的提高，智慧景区的建立是我国旅游业在国际化形式的推动下必经之路，也是我国未来旅游景区发展的主要趋势。

智慧景区的发展是根据景区自身的旅游资源为基础，利用互联网和最新的科学信息技术，实现景区的智能化发展。景区的智能化是集最新研究成果，运用于景区管理，为游客提供优质的服务，实现景区环境、社会、经济的全面协调发展。

### 一、九寨沟景区的“智慧”之路

九寨沟景区是在不断探索中起步，在创新中发展，始终坚持走可持续发展的战略道路，并长期致力于建设低碳高效的旅游。2010 年九寨沟景区管理部门提出“智慧九寨”的建设，成为国内首个“智慧景区”，也是国内首个将 RFID（射频识别技术）应用于管理的景区，并于 2011 年前后两次举办了智慧景区论坛。从数字九寨到智慧九寨，九寨沟景区的发展一直走在中国旅游景区发展的前沿。

**1. 九寨沟的数字化发展**

2004 年，九寨沟管理局承担了“城市数字化示范工程应用研究”课题——数字九寨沟综合示范工程。这一项目的确立给九寨沟景区的旅游带来了极其重大的影响，使得九寨沟风景区从传统的营销模式、管理模式中解放出来，转而进入全新的信息景区。该项目完成后得到了建设部的一致好评，并且被评为国家级示范工程。

“数字九寨”突出特点在于，创新性地建立了“资源保护数字化、运营管理智能化、旅游服务信息化、产业整合网络化”集成应用体系，探索出中国景区数字化管理新理论、新方法及旅游产业营运新模式，建立了景区资源保护与旅游开发协调发展的新机制，数字九寨体系构成了景区数字化建设标准，该项目具有先进性、实用性、创新性，在国内外景区数字化建设和中国旅游产业数字化应用中均居于领先地位，是中国景区资源保护与旅游产业协调发展的解决方案。

“数字九寨”工程建设始于 2001 年。截至目前，九寨沟已开通网上订票、智慧环境监测、客流智能监控等多个数字化工程。旅行社均实现了网上订票，同时多数的景区和酒店也进行网上预订销售。截至 2011 年 7 月，已实现门禁安全通过游客 1549 万人次，网上门票安全交易 35 亿元，创造了较大的经济效益和社会效益，促进数字九寨向智慧景区的转变。

**2. 数字“九寨”向智慧“九寨”的转变**

自我国进入世贸组织以来，我国社会经济飞速发展，国民经济收入大幅提高，外出旅游逐渐成为人们生活中重要的组成部分，所以，旅游业也呈直线式发展。2009 年，国务院下发了《关于加快发展旅游业的意见》，决定将旅游业培育成国民经济的战略性支柱产业和人民群众更加满意的现代服务业，这一意见的颁布更是将旅游业的发展推向了高潮。

目前，我国数字景区主要集中在规模大、实力较强的国家级或省级风景名胜区，一些经济欠发达地区的景区，即使旅游资源丰富，仍不能得到很好的发展。近几十年来，随着科学技术的快速发展，人民的需求朝着多样化的方向发展，传统的旅游景区开始纷纷朝着数字化时代转型。但是由于我国数字景区发展较晚，在景区规划建设过程中还存在系统集成度不高、管理智能化水平不高等问题。

数字九寨的建立是立足于社会发展的需要，是立足于景区内部发展的需要，但随着九黄机场的扩建、途经九寨沟的兰成铁路、九环线公路升级改造以及景区周边灾后旅游基础设施的恢复，据估计，九寨沟风景区在不远的未来，游客规模将远超现在的水平。因此，九寨沟景区可能面临的问题是难以想象的，如景区车辆调度、存在的安全隐患、景点游客流量的控制等，如果任何一个问题得不到很好的解决，都可能影响九寨沟景区在国内外的旅游地位。

面对如此众多的压力，九寨沟景区相关管理部门决定在数字九寨的基础上，结合当今最新的科技成果，加大投入力度，提出构建智慧九寨的构思。智慧九寨的提出是为解决九寨沟现在所面临的问题，也是满足现代服务业的需要，使景区能够更好地为游客服务。

**3. 九寨沟智慧景区管理与服务**

九寨沟风景区是中国旅游行业内最先建立旅游管理智能化的景区之一，建立了一批智能化景区管理信息系统，提升景区的服务水平。智慧九寨就是基于物联网应用云计算、移动互联网等技术实现景区管理的自动化、智能化、科学化。为了应对九寨沟游客人数日益增长的需要，景区可在原来的设施设备上增加传感器，将景区内各类传感器和景区内的网络相互衔接，通过安装信息传感设备，实现智能化识别和管理。

## 二、智慧颐和园建设

颐和园，原名清漪园，始建于清乾隆十五年（1750 年），是我国现存规模最大，保存最完整的皇家园林，为中国四大名园之一。颐和园是我国第一批全国重点文物保护单位，之后先后被评为世界自然文化遗产、国家 5A 级旅游景区。北京颐和园也是首批“全国文明单位”和“全国文明风景旅游区”。在国家“十二五”规划全面启动、北京向中国特色世界城市迈进的重要时期，颐和园更是将公园的科学发展与文明创建工作密切结合，以创建促发展，使其“城市名片和国际交往平台”的作用得到更好发挥。

随着 21 世纪初开始的“数字景区”建设，国内风景名胜区已经在信息基础设施、数据基础设施以及在此基础上建设的风景区信息化建设领域有了一定的进步，并且已经开始了“智慧景区”的初步实践。

智慧颐和园并不是凭空产生的，而是建立在一定的信息基础上。自 20 世纪 90 年代开始就率先以公园为单位建设起局域网，并逐步推进信息化建设，并在景区安全防护、票务管理、绿化管理等方面进行信息化管理探索。虽然已有较好的信息化基础，但是颐和园的管理部门仍然看到颐和园整体信息化应用水平不足，特别是与国内景区高水平信息化建设（如数字黄山、智慧九寨等）之间较大的差距，以及对世界文化遗产可持续发展的强烈需求，决心建设“智慧颐和园”。

围绕颐和园“十二五”发展规划目标和颐和园保护总体规划要求，在建设智慧颐和园时必须以保护景区内文物为重点，以提升景区管理与服务的信息化水平为目标，深入贯彻可持续发展的方针，积极推进“世界文化遗产”与“世界一流名园”的建设，使颐和园景区向全面信息化方向发展。基于颐和园在“十一五”期间信息化建设的现状，实现以物联网、传感网、互联网、空间技术、云计算和移动终端设备等作为支撑，促使景区的管理模式、营销模式、服务模式、低碳发展模式向更契合当今时代主题的方向发展，以保持景区社会、经济、环境的综合平衡发展。

通过对颐和园智慧化建设项目的研究分析，发现颐和园景区在规划建设的过程中存在一些不足，主要表现在两个方面：一是缺乏对管理流程的整合，表现在构建的管理信息系统功能比较单一，基本上是针对某些方面、只能满足景区部分业务部门的工作需求，不能从整体上提升园区的管理效率；二是系统集成性不高，数据比较零散、不成体系，缺乏整体规划与设计，造成资源浪费与信息孤岛，无法进一步深化发展，不能满足信息社会对园区管理与发展的要求。同时，景区内缺乏专业的技术团队，导致景区内虽然引进了智能化系统，但却不能得到很好的利用和维护。

结合九寨沟智慧景区和北京颐和园智慧景区的实际业务需求，以遵循景区精细化管理需求和服务游客为中心目标，结合最新信息技术，加大对景区的智慧化建设，进一步提高景区的智慧化管理水平，使景区社会、经济、环境得到更好的发展。但是，智慧景区的建设是一个漫长而艰巨的过程，需要在制定总体规划的基础上有计划、分阶段地实施。同时，也需要运用系统思想来处理保护与发展的关系、近期建设与长远发展的关系，只有理清楚这里面的复杂关系，才可能使景区更好地为社会服务，为人类服务。

## 三、武夷山旅游景区智慧建设

将大地云游数据库中全国345个地级市（含省直辖县）统计数据、GIS数据与遥感数据进行整合；百度数据的采集时间为2015年1月1日至4月7日，来过武夷山和福建的游客，数据规模为2000万游客数据；微博数据采集时间为2014年9月23日至10月8日（含十一黄金周），10000余条新浪微博记录建立一个分析体系。

这个分析体系可以给景区外部环境分析、客源市场分析、旅客量预测、景区热力图、市场气氛、关联景区分析，也就是这批游客到了武夷山同时还玩了哪几个景区，几个景区就可以一起做区域合作、共同营销，这是有数据基础的。下面分别对武夷山景区进行外部环境分析和客源地及市场洼地探析。

**1. 外部环境分析**

武夷山外部环境分析——旅游发展阶段：以武夷山为中心的周边地区，包括长三角、福建、珠三角等，已经进入观光与休闲旅游多元化阶段。

红色区域（人均GDP达10000美元），进入成熟休闲度假游阶段；粉色区域（人均GDP位于5000~10000美元），观光游与休闲游并存阶段；黄色区域（人均GDP位于3000~5000美元），观光游为主，休闲游开始阶段；绿色区域（人均GDP位于1000~3000美元），观光游阶段。

武夷山外部环境分析——综合旅游投资竞争力：武夷山所在的南平市，综合旅游投资竞争力高，投资潜力大。由风景大地旅游投资管理公司自主研究产品《中国城市旅游投资竞争力报告》报告数据覆盖全国345个地级市，图中颜色越绿代表竞争性越强，可以看出武夷山市最绿的区域，这也说明为什么那么多投资商都去武夷山投资。其中武夷山所在的南平市综合旅游投资竞争力在全国排第46位，位居前列。这是由于武夷山景区有较适宜的外部环境。

美丽山岳：武夷山旅游景区可进入较好，地貌类型丰富，对游客吸引力大。福建省处于第三阶梯的东南丘陵地区，海拔高度在200~600米，旅游景区可进入性好，武夷山山脉位于闽西大山带，地貌发育明显，其中以天游峰、九曲溪为代表的山川、峡谷、丹霞地貌等丰富的地貌类型吸引了全世界的游客前往。

舒适的气候：武夷山适游期长，气候条件舒适。福建省属于亚热带季风气候，气候条件优越，在全国345个地区中，武夷山景区所在的南平市综合气候条件排第55位，良好的气候条件为当地发展休闲度假、养生、养老旅游提供了较好的基础。武夷山所在的南平市在4月、5月、9月、10月、11月气候较为舒适，适游期长达5个月，同时适游期具有连续性，对于发展休闲度假、养老养生产业尤为重要。

水环境丰度高：武夷山降雨量多，水环境丰度高，在全国345个城市中，武夷山景区所在南平市水环境丰度排第21位，为武夷山发展漂流、划船等亲水型旅游项目提供了便利。

天然大氧吧：武夷山植被指数高，生态环境好，是天然的大氧吧。植被指数（NDVI）反映了植被生长和植被覆盖的综合状况，植被指数越高，植被条件越好，南平市在全国345个地级市中居第97位，良好的植被状况使得武夷山成为天然的大氧吧，负氧离子含量高，成为养生、休闲、生态旅游的度假胜地。

公路、高铁：武夷山当地的高速公路、高铁等交通方式较为发达。福建省整体高速路网密度在全国范围内相对较高，有利于旅游者的进入。2015年6月，京福高铁即将开通运行，北京、天津、河北、山东、江苏等地区的游客可直达武夷山，为武夷山景区带来客流量。京福高铁开通之后，从福州到武夷山，将从如今4小时以上的车程，缩短到1小时以内，使武夷山成为名副其实的福州“后花园”。

航空交通：武夷山航空交通相对较为滞后，影响旅游业发展。南平市航空交通密度相对较低，武夷山机场等级较低、航线较少、运力不足，2014年武夷山机场旅客吞吐量为78万人次，在全国机场中排第71位，航空交通的不足制约了武夷山旅游业的发展。

**2. 客源地及市场洼地探析**

从客源市场角度来讲，通过大数据对武夷山客源地分析，根据百度地图LBS定位，2015年1月1日至4月7日到达武夷山的游客数据总量70万人次的记录量。可以判断客源地的来源，客源地以福建本省居民居多，其次是上海、浙江、江西等较近旅游市场。客源城市排名依次为：南平、福州、厦门、北京、上海、泉州、杭州、上饶、温州、三明、广州、苏州、漳州、深圳、金华、宁德、沈阳、郑州、无锡、莆田。通过这些客观的数据可以有针对性地进行区域宣传。

通过百度可以统计出过去三个月中全国人民哪些区域搜索武夷山的关键词，南平市、福州市、厦门市、北京市、泉州市、上海市、杭州市、广州市等对武夷山搜索量较高。但搜索量高却没有到武夷山来，这就是客源漏损指数，客源漏损指数是通过游客实际到访量与搜索量计算得来。漏损指数较高城市依次是南通、成都、合肥、临沂、扬州、揭阳、天津、石家庄。对漏损原因进行深度分析作为重点突破。

省内竞争指数：某一城市到访武夷山游客量与到访福建省游客量之比。省内竞争指数较低城市：南宁、赣州、重庆、深圳、揭阳、惠州、珠海、合肥、东莞、广州、海口（这些地区来福建游客到武夷山之外的福建旅游城市较多）。省内竞争指数较高城市：衢州、丽水、上饶、承德、张家口、牡丹江、金华、鞍山、邯郸、东营（这些地区来福建的游客到武夷山的人数较去其他福建省内的城市人数多）。

## 【小结】

智慧旅游景区是我们景区发展的必需，它代表旅游景区服务手段、服务时空的拓展。随着时代的发展，智慧景区应该成为常态化。

## 【复习思考题】

1. 智慧技术带来哪些服务的革命？
2. 如何构建智慧景区？

# 附录一 《中华人民共和国旅游法》

## 第一章 总 则

**第一条** 为保障旅游者和旅游经营者的合法权益，规范旅游市场秩序，保护和合理利用旅游资源，促进旅游业持续健康发展，制定本法。

**第二条** 在中华人民共和国境内的和在中华人民共和国境内组织到境外的游览、度假、休闲等形式的旅游活动以及为旅游活动提供相关服务的经营活动，适用本法。

**第三条** 国家发展旅游事业，完善旅游公共服务，依法保护旅游者在旅游活动中的权利。

**第四条** 旅游业发展应当遵循社会效益、经济效益和生态效益相统一的原则。国家鼓励各类市场主体在有效保护旅游资源的前提下，依法合理利用旅游资源。利用公共资源建设的游览场所应当体现公益性质。

**第五条** 国家倡导健康、文明、环保的旅游方式，支持和鼓励各类社会机构开展旅游公益宣传，对促进旅游业发展做出突出贡献的单位和个人给予奖励。

**第六条** 国家建立健全旅游服务标准和市场规则，禁止行业垄断和地区垄断。旅游经营者应当诚信经营，公平竞争，承担社会责任，为旅游者提供安全、健康、卫生、方便的旅游服务。

**第七条** 国务院建立健全旅游综合协调机制，对旅游业发展进行综合协调。

县级以上地方人民政府应当加强对旅游工作的组织和领导，明确相关部门或者机构，对本行政区域的旅游业发展和监督管理进行统筹协调。

**第八条** 依法成立的旅游行业组织，实行自律管理。

## 第二章 旅游者

**第九条** 旅游者有权自主选择旅游产品和服务，有权拒绝旅游经营者的强制交易行为。

旅游者有权知悉其购买的旅游产品和服务的真实情况。

旅游者有权要求旅游经营者按照约定提供产品和服务。

**第十条** 旅游者的人格尊严、民族风俗习惯和宗教信仰应当得到尊重。

**第十一条** 残疾人、老年人、未成年人等旅游者在旅游活动中依照法律、法规和有关规定享受便利和优惠。

**第十二条** 旅游者在人身、财产安全遇有危险时，有请求救助和保护的权利。

旅游者人身、财产受到侵害的，有依法获得赔偿的权利。

**第十三条** 旅游者在旅游活动中应当遵守社会公共秩序和社会公德，尊重当地的风俗习惯、文化传统和宗教信仰，爱护旅游资源，保护生态环境，遵守旅游文明行为规范。

**第十四条** 旅游者在旅游活动中或者在解决纠纷时，不得损害当地居民的合法权益，不得干扰他人的旅游活动，不得损害旅游经营者和旅游从业人员的合法权益。

**第十五条** 旅游者购买、接受旅游服务时，应当向旅游经营者如实告知与旅游活动相关的个人健康信息，遵守旅游活动中的安全警示规定。

旅游者对国家应对重大突发事件暂时限制旅游活动的措施以及有关部门、机构或者旅游经营者采取的安全防范和应急处置措施，应当予以配合。

旅游者违反安全警示规定，或者对国家应对重大突发事件暂时限制旅游活动的措施、安全防范和应急处置措施不予配合的，依法承担相应责任。

**第十六条** 出境旅游者不得在境外非法滞留，随团出境的旅游者不得擅自分团、脱团。

入境旅游者不得在境内非法滞留，随团入境的旅游者不得擅自分团、脱团。

## 第三章　旅游规划和促进

**第十七条** 国务院和县级以上地方人民政府应当将旅游业发展纳入国民经济和社会发展规划。

国务院和省、自治区、直辖市人民政府以及旅游资源丰富的设区的市和县级人民政府，应当按照国民经济和社会发展规划的要求，组织编制旅游发展规划。对跨行政区域且适宜进行整体利用的旅游资源进行利用时，应当由上级人民政府组织编制或者由相关地方人民政府协商编制统一的旅游发展规划。

**第十八条** 旅游发展规划应当包括旅游业发展的总体要求和发展目标，旅游资源保护和利用的要求和措施，以及旅游产品开发、旅游服务质量提升、旅游文化建设、旅游形象推广、旅游基础设施和公共服务设施建设的要求和促进措施等内容。

根据旅游发展规划，县级以上地方人民政府可以编制重点旅游资源开发利用的专项规划，对特定区域内的旅游项目、设施和服务功能配套提出专门要求。

**第十九条** 旅游发展规划应当与土地利用总体规划、城乡规划、环境保护规划以及其他自然资源和文物等人文资源的保护和利用规划相衔接。

**第二十条** 各级人民政府编制土地利用总体规划、城乡规划，应当充分考虑相关旅游项目、设施的空间布局和建设用地要求。规划和建设交通、通信、供水、供电、环保等基础设施和公共服务设施，应当兼顾旅游业发展的需要。

**第二十一条** 对自然资源和文物等人文资源进行旅游利用，必须严格遵守有关法律、法规的规定，符合资源、生态保护和文物安全的要求，尊重和维护当地传统文化和习俗，维护资源的区域整体性、文化代表性和地域特殊性，并考虑军事设施保护的需要。有关主管部门应当加强对资源保护和旅游利用状况的监督检查。

**第二十二条** 各级人民政府应当组织对本级政府编制的旅游发展规划的执行情况进行评估，并向社会公布。

**第二十三条** 国务院和县级以上地方人民政府应当制定并组织实施有利于旅游业持续健康发展的产业政策，推进旅游休闲体系建设，采取措施推动区域旅游合作，鼓励跨区域旅游线路和产品开发，促进旅游与工业、农业、商业、文化、卫生、体育、科教等领域的融合，扶持少数民族地区、革命老区、边远地区和贫困地区旅游业发展。

**第二十四条** 国务院和县级以上地方人民政府应当根据实际情况安排资金，加强旅游基础设施建设、旅游公共服务和旅游形象推广。

**第二十五条** 国家制定并实施旅游形象推广战略。国务院旅游主管部门统筹组织国家旅游形象的境外推广工作，建立旅游形象推广机构和网络，开展旅游国际合作与交流。

县级以上地方人民政府统筹组织本地的旅游形象推广工作。

**第二十六条** 国务院旅游主管部门和县级以上地方人民政府应当根据需要建立旅游公共信息和咨询平台，无偿向旅游者提供旅游景区、线路、交通、气象、住宿、安全、医疗急救等必要信息和咨询服务。设区的市和县级人民政府有关部门应当根据需要在交通枢纽、商业中心和旅游者集中场所设置旅游咨询中心，在景区和通往主要景区的道路设置旅游指示标识。

旅游资源丰富的设区的市和县级人民政府可以根据本地的实际情况，建立旅游客运专线或者游客中转站，为旅游者在城市及周边旅游提供服务。

**第二十七条** 国家鼓励和支持发展旅游职业教育和培训，提高旅游从业人员素质。

## 第四章 旅游经营

**第二十八条** 设立旅行社，招徕、组织、接待旅游者，为其提供旅游服务，应当具备下列条件，取得旅游主管部门的许可，依法办理工商登记：

（一）有固定的经营场所；

（二）有必要的营业设施；

（三）有符合规定的注册资本；

（四）有必要的经营管理人员和导游；

（五）法律、行政法规规定的其他条件。

**第二十九条** 旅行社可以经营下列业务：

（一）境内旅游；

（二）出境旅游；

（三）边境旅游；

（四）入境旅游；

（五）其他旅游业务。

旅行社经营前款第二项和第三项业务，应当取得相应的业务经营许可，具体条件由国务院规定。

**第三十条** 旅行社不得出租、出借旅行社业务经营许可证，或者以其他形式非法转让旅行社业务经营许可。

**第三十一条** 旅行社应当按照规定交纳旅游服务质量保证金，用于旅游者权益损害赔偿和垫付旅游者人身安全遇有危险时紧急救助的费用。

**第三十二条** 旅行社为招徕、组织旅游者发布信息，必须真实、准确，不得进行虚假宣传，误导旅游者。

**第三十三条** 旅行社及其从业人员组织、接待旅游者，不得安排参观或者参与违反我国法律、法规和社会公德的项目或者活动。

**第三十四条** 旅行社组织旅游活动应当向合格的供应商订购产品和服务。

**第三十五条** 旅行社不得以不合理的低价组织旅游活动，诱骗旅游者，并通过安排购物或者另行付费旅游项目获取回扣等不正当利益。

旅行社组织、接待旅游者，不得指定具体购物场所，不得安排另行付费旅游项目。但是，经双方协商一致或者旅游者要求，且不影响其他旅游者行程安排的除外。

发生违反前两款规定情形的，旅游者有权在旅游行程结束后三十日内，要求旅行社为其办理退货并先行垫付退货货款，或者退还另行付费旅游项目的费用。

**第三十六条** 旅行社组织团队出境旅游或者组织、接待团队入境旅游，应当按照规定安排领队或者导游全程陪同。

**第三十七条** 参加导游资格考试成绩合格，与旅行社订立劳动合同或者在相关旅游行业组织注册的人员，可以申请取得导游证。

**第三十八条** 旅行社应当与其聘用的导游依法订立劳动合同，支付劳动报酬，缴纳社会保险费用。

旅行社临时聘用导游为旅游者提供服务的，应当全额向导游支付本法第六十条第三款规定的导游服务费用。

旅行社安排导游为团队旅游提供服务的，不得要求导游垫付或者向导游收取任何费用。

**第三十九条** 从事领队业务，应当取得导游证，具有相应的学历、语言能力和旅游从业经历，并与委派其从事领队业务的取得出境旅游业务经营许可的旅行社订立劳动合同。

**第四十条** 导游和领队为旅游者提供服务必须接受旅行社委派，不得私自承揽导游和领队业务。

**第四十一条** 导游和领队从事业务活动，应当佩戴导游证，遵守职业道德，尊重旅游者的风俗习惯和宗教信仰，应当向旅游者告知和解释旅游文明行为规范，引导旅游者健康、文明旅游，劝阻旅游者违反社会公德的行为。

导游和领队应当严格执行旅游行程安排，不得擅自变更旅游行程或者中止服务活动，不得向旅游者索取小费，不得诱导、欺骗、强迫或者变相强迫旅游者购物或者参加另行付费旅游项目。

**第四十二条** 景区开放应当具备下列条件，并听取旅游主管部门的意见：

（一）有必要的旅游配套服务和辅助设施；

（二）有必要的安全设施及制度，经过安全风险评估，满足安全条件；

（三）有必要的环境保护设施和生态保护措施；

（四）法律、行政法规规定的其他条件。

**第四十三条** 利用公共资源建设的景区的门票以及景区内的游览场所、交通工具等另行收费项目，实行政府定价或者政府指导价，严格控制价格上涨。拟收费或者提高价格的，应当举行听证会，征求旅游者、经营者和有关方面的意见，论证其必要性、可行性。

利用公共资源建设的景区，不得通过增加另行收费项目等方式变相涨价；另行收费项目已收回投资成本的，应当相应降低价格或者取消收费。

公益性的城市公园、博物馆、纪念馆等，除重点文物保护单位和珍贵文物收藏单位外，应当逐步免费开放。

**第四十四条** 景区应当在醒目位置公示门票价格、另行收费项目的价格及团体收费价格。景区提高门票价格应当提前六个月公布。

将不同景区的门票或者同一景区内不同游览场所的门票合并出售的，合并后的价格不得高于各单项门票的价格之和，且旅游者有权选择购买其中的单项票。

景区内的核心游览项目因故暂停向旅游者开放或者停止提供服务的，应当公示并相应减少收费。

**第四十五条** 景区接待旅游者不得超过景区主管部门核定的最大承载量。景区应当公布景区主管部门核定的最大承载量，制定和实施旅游者流量控制方案，并可以采取门票预约等方式，对景区接待旅游者的数量进行控制。

旅游者数量可能达到最大承载量时，景区应当提前公告并同时向当地人民政府报告，景区和当地人民政府应当及时采取疏导、分流等措施。

**第四十六条** 城镇和乡村居民利用自有住宅或者其他条件依法从事旅游经营，其管理办法由省、自治区、直辖市制定。

**第四十七条** 经营高空、高速、水上、潜水、探险等高风险旅游项目，应当按照国家有关规定取得经营许可。

**第四十八条** 通过网络经营旅行社业务的，应当依法取得旅行社业务经营许可，并在其网站主页的显著位置标明其业务经营许可证信息。

发布旅游经营信息的网站，应当保证其信息真实、准确。

**第四十九条** 为旅游者提供交通、住宿、餐饮、娱乐等服务的经营者，应当符合法律、法规规定的要求，按照合同约定履行义务。

**第五十条** 旅游经营者应当保证其提供的商品和服务符合保障人身、财产安全的要求。

旅游经营者取得相关质量标准等级的，其设施和服务不得低于相应标准；未取得质量标准等级的，不得使用相关质量等级的称谓和标识。

**第五十一条** 旅游经营者销售、购买商品或者服务，不得给予或者收受贿赂。

**第五十二条** 旅游经营者对其在经营活动中知悉的旅游者个人信息，应当予以保密。

**第五十三条** 从事道路旅游客运的经营者应当遵守道路客运安全管理的各项制度，并在车辆显著位置明示道路旅游客运专用标识，在车厢内显著位置公示经营者和驾驶人信息、道路运输管理机构监督电话等事项。

**第五十四条** 景区、住宿经营者将其部分经营项目或者场地交由他人从事住宿、餐饮、购物、游览、娱乐、旅游交通等经营的，应当对实际经营者的经营行为给旅游者造成的损害承担连带责任。

**第五十五条** 旅游经营者组织、接待出入境旅游，发现旅游者从事违法活动或者有违反本法第十六条规定情形的，应当及时向公安机关、旅游主管部门或者我国驻外机构报告。

**第五十六条** 国家根据旅游活动的风险程度，对旅行社、住宿、旅游交通以及本法第四十七条规定的高风险旅游项目等经营者实施责任保险制度。

## 第五章　旅游服务合同

**第五十七条** 旅行社组织和安排旅游活动，应当与旅游者订立合同。

**第五十八条** 包价旅游合同应当采用书面形式，包括下列内容：

（一）旅行社、旅游者的基本信息；

（二）旅游行程安排；

（三）旅游团成团的最低人数；

（四）交通、住宿、餐饮等旅游服务安排和标准；

（五）游览、娱乐等项目的具体内容和时间；

（六）自由活动时间安排；

（七）旅游费用及其交纳的期限和方式；

（八）违约责任和解决纠纷的方式；

（九）法律、法规规定和双方约定的其他事项。

订立包价旅游合同时，旅行社应当向旅游者详细说明前款第二项至第八项所载内容。

**第五十九条** 旅行社应当在旅游行程开始前向旅游者提供旅游行程单。旅游行程单是包价旅游合同的组成部分。

**第六十条** 旅行社委托其他旅行社代理销售包价旅游产品并与旅游者订立包价旅游合同的，应当在包价旅游合同中载明委托社和代理社的基本信息。

旅行社依照本法规定将包价旅游合同中的接待业务委托给地接社履行的，应当在包价旅游合同中载明地接社的基本信息。

安排导游为旅游者提供服务的，应当在包价旅游合同中载明导游服务费用。

**第六十一条** 旅行社应当提示参加团队旅游的旅游者按照规定投保人身意外伤害保险。

**第六十二条** 订立包价旅游合同时，旅行社应当向旅游者告知下列事项：

（一）旅游者不适合参加旅游活动的情形；

（二）旅游活动中的安全注意事项；

（三）旅行社依法可以减免责任的信息；

（四）旅游者应当注意的旅游目的地相关法律、法规和风俗习惯、宗教禁忌，依照中国法律不宜参加的活动等；

（五）法律、法规规定的其他应当告知的事项。

在包价旅游合同履行中，遇有前款规定事项的，旅行社也应当告知旅游者。

**第六十三条** 旅行社招徕旅游者组团旅游，因未达到约定人数不能出团的，组团社可以解除合同。但是，境内旅游应当至少提前七日通知旅游者，出境旅游应当至少提前三十日通知旅游者。

因未达到约定人数不能出团的，组团社经征得旅游者书面同意，可以委托其他旅行社履行合同。组团社对旅游者承担责任，受委托的旅行社对组团社承担责任。旅游者不同意的，可以解除合同。

因未达到约定的成团人数解除合同的，组团社应当向旅游者退还已收取的全部费用。

**第六十四条** 旅游行程开始前，旅游者可以将包价旅游合同中自身的权利义务转让给第三人，旅行社没有正当理由的不得拒绝，因此增加的费用由旅游者和第三人承担。

**第六十五条** 旅游行程结束前，旅游者解除合同的，组团社应当在扣除必要的费用后，将余款退还旅游者。

**第六十六条** 旅游者有下列情形之一的，旅行社可以解除合同：

（一）患有传染病等疾病，可能危害其他旅游者健康和安全的；

（二）携带危害公共安全的物品且不同意交有关部门处理的；

（三）从事违法或者违反社会公德的活动的；

（四）从事严重影响其他旅游者权益的活动，且不听劝阻、不能制止的；

（五）法律规定的其他情形。

因前款规定情形解除合同的，组团社应当在扣除必要的费用后，将余款退还旅游者；给旅行社造成损失的，旅游者应当依法承担赔偿责任。

**第六十七条** 因不可抗力或者旅行社、履行辅助人已尽合理注意义务仍不能避免的事件，影响旅游行程的，按照下列情形处理：

（一）合同不能继续履行的，旅行社和旅游者均可以解除合同。合同不能完全履行的，旅行社经向旅游者做出说明，可以在合理范围内变更合同；旅游者不同意变更的，可以解除合同。

（二）合同解除的，组团社应当在扣除已向地接社或者履行辅助人支付且不可退还的费用后，将余款退还旅游者；合同变更的，因此增加的费用由旅游者承担，减少的费用退还旅游者。

（三）危及旅游者人身、财产安全的，旅行社应当采取相应的安全措施，因此支出的费用，由旅行社与旅游者分担。

（四）造成旅游者滞留的，旅行社应当采取相应的安置措施。因此增加的食宿费用，由旅游者承担；增加的返程费用，由旅行社与旅游者分担。

**第六十八条** 旅游行程中解除合同的，旅行社应当协助旅游者返回出发地或者旅游者指定的合理地点。由于旅行社或者履行辅助人的原因导致合同解除的，返程费用由旅行社承担。

**第六十九条** 旅行社应当按照包价旅游合同的约定履行义务，不得擅自变更旅游行程安排。

经旅游者同意，旅行社将包价旅游合同中的接待业务委托给其他具有相应资质的地接社履行的，应当与地接社订立书面委托合同，约定双方的权利和义务，向地接社提供与旅游者订立的包价旅游合同的副本，并向地接社支付不低于接待和服务成本的费用。地接社应当按照包价旅游合同和委托合同提供服务。

**第七十条** 旅行社不履行包价旅游合同义务或者履行合同义务不符合约定的，应当依法承担继续履行、采取补救措施或者赔偿损失等违约责任；造成旅游者人身损害、财产损失的，应当依法承担赔偿责任。旅行社具备履行条件，经旅游者要求仍拒绝履行合同，造成旅游者人身损害、滞留等严重后果的，旅游者还可以要求旅行社支付旅游费用一倍以上三倍以下的赔偿金。

由于旅游者自身原因导致包价旅游合同不能履行或者不能按照约定履行，或者造成旅游者人身损害、财产损失的，旅行社不承担责任。

在旅游者自行安排活动期间，旅行社未尽到安全提示、救助义务的，应当对旅游者的人身损害、财产损失承担相应责任。

**第七十一条** 由于地接社、履行辅助人的原因导致违约的，由组团社承担责任；组团社承担责任后可以向地接社、履行辅助人追偿。

由于地接社、履行辅助人的原因造成旅游者人身损害、财产损失的，旅游者可以要求地接社、履行辅助人承担赔偿责任，也可以要求组团社承担赔偿责任；组团社承担责任后可以向地接社、履行辅助人追偿。但是，由于公共交通经营者的原因造成旅游者人身损害、财产损失的，由公共交通经营者依法承担赔偿责任，旅行社应当协助旅游者向公共交通经营者索赔。

**第七十二条** 旅游者在旅游活动中或者在解决纠纷时，损害旅行社、履行辅助人、旅游从业人员或者其他旅游者的合法权益的，依法承担赔偿责任。

**第七十三条** 旅行社根据旅游者的具体要求安排旅游行程，与旅游者订立包价旅游合同的，旅游者请求变更旅游行程安排，因此增加的费用由旅游者承担，减少的费用退还旅游者。

**第七十四条** 旅行社接受旅游者的委托，为其代订交通、住宿、餐饮、游览、娱乐等旅游服务，收取代办费用的，应当亲自处理委托事务。因旅行社的过错给旅游者造成损失的，旅行社应当承担赔偿责任。

旅行社接受旅游者的委托，为其提供旅游行程设计、旅游信息咨询等服务的，应当保证设计合理、可行，信息及时、准确。

**第七十五条** 住宿经营者应当按照旅游服务合同的约定为团队旅游者提供住宿服

务。住宿经营者未能按照旅游服务合同提供服务的，应当为旅游者提供不低于原定标准的住宿服务，因此增加的费用由住宿经营者承担；但由于不可抗力、政府因公共利益需要采取措施造成不能提供服务的，住宿经营者应当协助安排旅游者住宿。

## 第六章　旅游安全

**第七十六条**　县级以上人民政府统一负责旅游安全工作。县级以上人民政府有关部门依照法律、法规履行旅游安全监管职责。

**第七十七条**　国家建立旅游目的地安全风险提示制度。旅游目的地安全风险提示的级别划分和实施程序，由国务院旅游主管部门会同有关部门制定。

县级以上人民政府及其有关部门应当将旅游安全作为突发事件监测和评估的重要内容。

**第七十八条**　县级以上人民政府应当依法将旅游应急管理纳入政府应急管理体系，制定应急预案，建立旅游突发事件应对机制。

突发事件发生后，当地人民政府及其有关部门和机构应当采取措施开展救援，并协助旅游者返回出发地或者旅游者指定的合理地点。

**第七十九条**　旅游经营者应当严格执行安全生产管理和消防安全管理的法律、法规和国家标准、行业标准，具备相应的安全生产条件，制定旅游者安全保护制度和应急预案。

旅游经营者应当对直接为旅游者提供服务的从业人员开展经常性应急救助技能培训，对提供的产品和服务进行安全检验、监测和评估，采取必要措施防止危害发生。

旅游经营者组织、接待老年人、未成年人、残疾人等旅游者，应当采取相应的安全保障措施。

**第八十条**　旅游经营者应当就旅游活动中的下列事项，以明示的方式事先向旅游者做出说明或者警示：

（一）正确使用相关设施、设备的方法；

（二）必要的安全防范和应急措施；

（三）未向旅游者开放的经营、服务场所和设施、设备；

（四）不适宜参加相关活动的群体；

（五）可能危及旅游者人身、财产安全的其他情形。

**第八十一条**　突发事件或者旅游安全事故发生后，旅游经营者应当立即采取必要的救助和处置措施，依法履行报告义务，并对旅游者做出妥善安排。

**第八十二条**　旅游者在人身、财产安全遇有危险时，有权请求旅游经营者、当地政府和相关机构进行及时救助。

中国出境旅游者在境外陷于困境时，有权请求我国驻当地机构在其职责范围内给予协助和保护。

旅游者接受相关组织或者机构的救助后，应当支付应由个人承担的费用。

## 第七章　旅游监督管理

**第八十三条**　县级以上人民政府旅游主管部门和有关部门依照本法和有关法律、法规的规定，在各自职责范围内对旅游市场实施监督管理。

县级以上人民政府应当组织旅游主管部门、有关主管部门和工商行政管理、产品质量监督、交通等执法部门对相关旅游经营行为实施监督检查。

**第八十四条**　旅游主管部门履行监督管理职责，不得违反法律、行政法规的规定向监督管理对象收取费用。

旅游主管部门及其工作人员不得参与任何形式的旅游经营活动。

**第八十五条**　县级以上人民政府旅游主管部门有权对下列事项实施监督检查：

（一）经营旅行社业务以及从事导游、领队服务是否取得经营、执业许可；

（二）旅行社的经营行为；

（三）导游和领队等旅游从业人员的服务行为；

（四）法律、法规规定的其他事项。

旅游主管部门依照前款规定实施监督检查，可以对涉嫌违法的合同、票据、账簿以及其他资料进行查阅、复制。

**第八十六条**　旅游主管部门和有关部门依法实施监督检查，其监督检查人员不得少于二人，并应当出示合法证件。监督检查人员少于二人或者未出示合法证件的，被检查单位和个人有权拒绝。

监督检查人员对在监督检查中知悉的被检查单位的商业秘密和个人信息应当依法保密。

**第八十七条**　对依法实施的监督检查，有关单位和个人应当配合，如实说明情况并提供文件、资料，不得拒绝、阻碍和隐瞒。

**第八十八条**　县级以上人民政府旅游主管部门和有关部门，在履行监督检查职责中或者在处理举报、投诉时，发现违反本法规定行为的，应当依法及时做出处理；对不属于本部门职责范围的事项，应当及时书面通知并移交有关部门查处。

**第八十九条**　县级以上地方人民政府建立旅游违法行为查处信息的共享机制，对需要跨部门、跨地区联合查处的违法行为，应当进行督办。

旅游主管部门和有关部门应当按照各自职责，及时向社会公布监督检查的情况。

**第九十条**　依法成立的旅游行业组织依照法律、行政法规和章程的规定，制定行业经营规范和服务标准，对其会员的经营行为和服务质量进行自律管理，组织开展职业道德教育和业务培训，提高从业人员素质。

## 第八章　旅游纠纷处理

**第九十一条**　县级以上人民政府应当指定或者设立统一的旅游投诉受理机构。受理机构接到投诉，应当及时进行处理或者移交有关部门处理，并告知投诉者。

**第九十二条**　旅游者与旅游经营者发生纠纷，可以通过下列途径解决：

（一）双方协商；

（二）向消费者协会、旅游投诉受理机构或者有关调解组织申请调解；

（三）根据与旅游经营者达成的仲裁协议提请仲裁机构仲裁；

（四）向人民法院提起诉讼。

**第九十三条** 消费者协会、旅游投诉受理机构和有关调解组织在双方自愿的基础上，依法对旅游者与旅游经营者之间的纠纷进行调解。

**第九十四条** 旅游者与旅游经营者发生纠纷，旅游者一方人数众多并有共同请求的，可以推选代表人参加协商、调解、仲裁、诉讼活动。

## 第九章　法律责任

**第九十五条** 违反本法规定，未经许可经营旅行社业务的，由旅游主管部门或者工商行政管理部门责令改正，没收违法所得，并处1万元以上10万元以下罚款；违法所得10万元以上的，并处违法所得一倍以上五倍以下罚款；对有关责任人员，处2000元以上2万元以下罚款。

旅行社违反本法规定，未经许可经营本法第二十九条第一款第二项、第三项业务，或者出租、出借旅行社业务经营许可证，或者以其他方式非法转让旅行社业务经营许可的，除依照前款规定处罚外，并责令停业整顿；情节严重的，吊销旅行社业务经营许可证；对直接负责的主管人员，处2000元以上2万元以下罚款。

**第九十六条** 旅行社违反本法规定，有下列行为之一的，由旅游主管部门责令改正，没收违法所得，并处5000元以上5万元以下罚款；情节严重的，责令停业整顿或者吊销旅行社业务经营许可证；对直接负责的主管人员和其他直接责任人员，处2000元以上2万元以下罚款：

（一）未按照规定为出境或者入境团队旅游安排领队或者导游全程陪同的；

（二）安排未取得导游证的人员提供导游服务或者安排不具备领队条件的人员提供领队服务的；

（三）未向临时聘用的导游支付导游服务费用的；

（四）要求导游垫付或者向导游收取费用的。

**第九十七条** 旅行社违反本法规定，有下列行为之一的，由旅游主管部门或者有关部门责令改正，没收违法所得，并处5000元以上5万元以下罚款；违法所得5万元以上的，并处违法所得一倍以上五倍以下罚款；情节严重的，责令停业整顿或者吊销旅行社业务经营许可证；对直接负责的主管人员和其他直接责任人员，处2000元以上2万元以下罚款：

（一）进行虚假宣传，误导旅游者的；

（二）向不合格的供应商订购产品和服务的；

（三）未按照规定投保旅行社责任保险的。

**第九十八条** 旅行社违反本法第三十五条规定的，由旅游主管部门责令改正，没收违法所得，责令停业整顿，并处3万元以上30万元以下罚款；违法所得30万元以上的，并处违法所得一倍以上五倍以下罚款；情节严重的，吊销旅行社业务经营许可证；对直接负责的主管人员和其他直接责任人员，没收违法所得，处2000元以上2万元以下罚款，并暂扣或者吊销导游证。

**第九十九条** 旅行社未履行本法第五十五条规定的报告义务的，由旅游主管部门处5000元以上5万元以下罚款；情节严重的，责令停业整顿或者吊销旅行社业务经营许可证；对直接负责的主管人员和其他直接责任人员，处2000元以上2万元以下罚款，并暂扣或者吊销导游证。

**第一百条** 旅行社违反本法规定，有下列行为之一的，由旅游主管部门责令改正，处3万元以上30万元以下罚款，并责令停业整顿；造成旅游者滞留等严重后果的，吊销旅行社业务经营许可证；对直接负责的主管人员和其他直接责任人员，处2000元以上2万元以下罚款，并暂扣或者吊销导游证：

（一）在旅游行程中擅自变更旅游行程安排，严重损害旅游者权益的；

（二）拒绝履行合同的；

（三）未征得旅游者书面同意，委托其他旅行社履行包价旅游合同的。

**第一百〇一条** 旅行社违反本法规定，安排旅游者参观或者参与违反我国法律、法规和社会公德的项目或者活动的，由旅游主管部门责令改正，没收违法所得，责令停业整顿，并处2万元以上20万元以下罚款；情节严重的，吊销旅行社业务经营许可证；对直接负责的主管人员和其他直接责任人员，处2000元以上2万元以下罚款，并暂扣或者吊销导游证。

**第一百〇二条** 违反本法规定，未取得导游证或者不具备领队条件而从事导游、领队活动的，由旅游主管部门责令改正，没收违法所得，并处1000元以上1万元以下罚款，予以公告。

导游、领队违反本法规定，私自承揽业务的，由旅游主管部门责令改正，没收违法所得，处1000元以上1万元以下罚款，并暂扣或者吊销导游证。

导游、领队违反本法规定，向旅游者索取小费的，由旅游主管部门责令退还，处1000元以上1万元以下罚款；情节严重的，并暂扣或者吊销导游证。

**第一百〇三条** 违反本法规定被吊销导游证的导游、领队和受到吊销旅行社业务经营许可证处罚的旅行社的有关管理人员，自处罚之日起未逾三年的，不得重新申请导游证或者从事旅行社业务。

**第一百〇四条** 旅游经营者违反本法规定，给予或者收受贿赂的，由工商行政管理部门依照有关法律、法规的规定处罚；情节严重的，并由旅游主管部门吊销旅行社业务经营许可证。

**第一百〇五条** 景区不符合本法规定的开放条件而接待旅游者的，由景区主管部门责令停业整顿直至符合开放条件，并处2万元以上20万元以下罚款。

景区在旅游者数量可能达到最大承载量时，未依照本法规定公告或者未向当地人民政府报告，未及时采取疏导、分流等措施，或者超过最大承载量接待旅游者的，由景区主管部门责令改正，情节严重的，责令停业整顿一个月至六个月。

**第一百〇六条** 景区违反本法规定，擅自提高门票或者另行收费项目的价格，或者有其他价格违法行为的，由有关主管部门依照有关法律、法规的规定处罚。

**第一百〇七条** 旅游经营者违反有关安全生产管理和消防安全管理的法律、法规或者国家标准、行业标准的，由有关主管部门依照有关法律、法规的规定处罚。

**第一百〇八条** 对违反本法规定的旅游经营者及其从业人员，旅游主管部门和有关部门应当记入信用档案，向社会公布。

**第一百〇九条** 旅游主管部门和有关部门的工作人员在履行监督管理职责中，滥用职权、玩忽职守、徇私舞弊，尚不构成犯罪的，依法给予处分。

**第一百一十条** 违反本法规定，构成犯罪的，依法追究刑事责任。

## 第十章 附 则

**第一百一十一条** 本法下列用语的含义：

（一）旅游经营者，是指旅行社、景区以及为旅游者提供交通、住宿、餐饮、购物、娱乐等服务的经营者。

（二）景区，是指为旅游者提供游览服务、有明确的管理界限的场所或者区域。

（三）包价旅游合同，是指旅行社预先安排行程，提供或者通过履行辅助人提供交通、住宿、餐饮、游览、导游或者领队等两项以上旅游服务，旅游者以总价支付旅游费用的合同。

（四）组团社，是指与旅游者订立包价旅游合同的旅行社。

（五）地接社，是指接受组团社委托，在目的地接待旅游者的旅行社。

（六）履行辅助人，是指与旅行社存在合同关系，协助其履行包价旅游合同义务，实际提供相关服务的法人或者自然人。

**第一百一十二条** 本法自2013年10月1日起施行。

# 附录二 《风景名胜区管理条例》

## 第一章 总 则

**第一条** 为了加强对风景名胜区的管理，有效保护和合理利用风景名胜资源，制定本条例。

**第二条** 风景名胜区的设立、规划、保护、利用和管理，适用本条例。

本条例所称风景名胜区，是指具有观赏、文化或者科学价值，自然景观、人文景观比较集中，环境优美，可供人们游览或者进行科学、文化活动的区域。

**第三条** 国家对风景名胜区实行科学规划、统一管理、严格保护、永续利用的原则。

**第四条** 风景名胜区所在地县级以上地方人民政府设置的风景名胜区管理机构，负责风景名胜区的保护、利用和统一管理工作。

**第五条** 国务院建设主管部门负责全国风景名胜区的监督管理工作。国务院其他有关部门按照国务院规定的职责分工，负责风景名胜区的有关监督管理工作。

省、自治区人民政府建设主管部门和直辖市人民政府风景名胜区主管部门，负责本行政区域内风景名胜区的监督管理工作。省、自治区、直辖市人民政府其他有关部门按照规定的职责分工，负责风景名胜区的有关监督管理工作。

**第六条** 任何单位和个人都有保护风景名胜资源的义务，并有权制止、检举破坏风景名胜资源的行为。

## 第二章 设 立

**第七条** 设立风景名胜区，应当有利于保护和合理利用风景名胜资源。

新设立的风景名胜区与自然保护区不得重合或者交叉；已设立的风景名胜区与自然保护区重合或者交叉的，风景名胜区规划与自然保护区规划应当相协调。

**第八条** 风景名胜区划分为国家级风景名胜区和省级风景名胜区。

自然景观和人文景观能够反映重要自然变化过程和重大历史文化发展过程，基本处于自然状态或者保持历史原貌，具有国家代表性的，可以申请设立国家级风景名胜区；具有区域代表性的，可以申请设立省级风景名胜区。

**第九条** 申请设立风景名胜区应当提交包含下列内容的有关材料：

（一）风景名胜资源的基本状况；

（二）拟设立风景名胜区的范围以及核心景区的范围；

（三）拟设立风景名胜区的性质和保护目标；

（四）拟设立风景名胜区的游览条件；

（五）与拟设立风景名胜区内的土地、森林等自然资源和房屋等财产的所有权人、使用权人协商的内容和结果。

**第十条** 设立国家级风景名胜区，由省、自治区、直辖市人民政府提出申请，国务院建设主管部门会同国务院环境保护主管部门、林业主管部门、文物主管部门等有关部门组织论证，提出审查意见，报国务院批准公布。

设立省级风景名胜区，由县级人民政府提出申请，省、自治区人民政府建设主管部门或者直辖市人民政府风景名胜区主管部门，会同其他有关部门组织论证，提出审查意见，报省、自治区、直辖市人民政府批准公布。

**第十一条** 风景名胜区内的土地、森林等自然资源和房屋等财产的所有权人、使用权人的合法权益受法律保护。

申请设立风景名胜区的人民政府应当在报请审批前，与风景名胜区内的土地、森林等自然资源和房屋等财产的所有权人、使用权人充分协商。

因设立风景名胜区对风景名胜区内的土地、森林等自然资源和房屋等财产的所有权人、使用权人造成损失的，应当依法给予补偿。

## 第三章 规 划

**第十二条** 风景名胜区规划分为总体规划和详细规划。

**第十三条** 风景名胜区总体规划的编制，应当体现人与自然和谐相处、区域协调发展和经济社会全面进步的要求，坚持保护优先、开发服从保护的原则，突出风景名胜资源的自然特性、文化内涵和地方特色。

风景名胜区总体规划应当包括下列内容：

（一）风景资源评价；

（二）生态资源保护措施、重大建设项目布局、开发利用强度；

（三）风景名胜区的功能结构和空间布局；

（四）禁止开发和限制开发的范围；

（五）风景名胜区的游客容量；

（六）有关专项规划。

**第十四条** 风景名胜区应当自设立之日起 2 年内编制完成总体规划。总体规划的规划期一般为 20 年。

**第十五条** 风景名胜区详细规划应当根据核心景区和其他景区的不同要求编制，确定基础设施、旅游设施、文化设施等建设项目的选址、布局与规模，并明确建设用地范围和规划设计条件。

风景名胜区详细规划，应当符合风景名胜区总体规划。

**第十六条** 国家级风景名胜区规划由省、自治区人民政府建设主管部门或者直辖市人民政府风景名胜区主管部门组织编制。

省级风景名胜区规划由县级人民政府组织编制。

**第十七条** 编制风景名胜区规划，应当采用招标等公平竞争的方式选择具有相应资质等级的单位承担。

风景名胜区规划应当按照经审定的风景名胜区范围、性质和保护目标，依照国家有关法律、法规和技术规范编制。

**第十八条** 编制风景名胜区规划，应当广泛征求有关部门、公众和专家的意见；必要时，应当进行听证。

风景名胜区规划报送审批的材料应当包括社会各界的意见以及意见采纳的情况和未予采纳的理由。

**第十九条** 国家级风景名胜区的总体规划，由省、自治区、直辖市人民政府审查后，报国务院审批。

国家级风景名胜区的详细规划，由省、自治区人民政府建设主管部门或者直辖市人民政府风景名胜区主管部门报国务院建设主管部门审批。

**第二十条** 省级风景名胜区的总体规划，由省、自治区、直辖市人民政府审批，报国务院建设主管部门备案。

省级风景名胜区的详细规划，由省、自治区人民政府建设主管部门或者直辖市人民政府风景名胜区主管部门审批。

**第二十一条** 风景名胜区规划经批准后，应当向社会公布，任何组织和个人有权查阅。

风景名胜区内的单位和个人应当遵守经批准的风景名胜区规划，服从规划管理。

风景名胜区规划未经批准的，不得在风景名胜区内进行各类建设活动。

**第二十二条** 经批准的风景名胜区规划不得擅自修改。确需对风景名胜区总体规划中的风景名胜区范围、性质、保护目标、生态资源保护措施、重大建设项目布局、开发利用强度以及风景名胜区的功能结构、空间布局、游客容量进行修改的，应当报原审批机关批准；对其他内容进行修改的，应当报原审批机关备案。

风景名胜区详细规划确需修改的，应当报原审批机关批准。

政府或者政府部门修改风景名胜区规划对公民、法人或者其他组织造成财产损失的，应当依法给予补偿。

**第二十三条** 风景名胜区总体规划的规划期届满前 2 年，规划的组织编制机关应当组织专家对规划进行评估，做出是否重新编制规划的决定。在新规划批准前，原规划继续有效。

## 第四章 保 护

**第二十四条** 风景名胜区内的景观和自然环境，应当根据可持续发展的原则，严格保护，不得破坏或者随意改变。

风景名胜区管理机构应当建立健全风景名胜资源保护的各项管理制度。

风景名胜区内的居民和游览者应当保护风景名胜区的景物、水体、林草植被、野生动物和各项设施。

**第二十五条** 风景名胜区管理机构应当对风景名胜区内的重要景观进行调查、鉴定，并制定相应的保护措施。

**第二十六条** 在风景名胜区内禁止进行下列活动：

（一）开山、采石、开矿、开荒、修坟立碑等破坏景观、植被和地形地貌的活动；

（二）修建储存爆炸性、易燃性、放射性、毒害性、腐蚀性物品的设施；

（三）在景物或者设施上刻画、涂污；

（四）乱扔垃圾。

**第二十七条** 禁止违反风景名胜区规划，在风景名胜区内设立各类开发区和在核心景区内建设宾馆、招待所、培训中心、疗养院以及与风景名胜资源保护无关的其他建筑物；已经建设的，应当按照风景名胜区规划，逐步迁出。

**第二十八条** 在风景名胜区内从事本条例第二十六条、第二十七条禁止范围以外的建设活动，应当经风景名胜区管理机构审核后，依照有关法律、法规的规定办理审批手续。

在国家级风景名胜区内修建缆车、索道等重大建设工程，项目的选址方案应当报国务院建设主管部门核准。

**第二十九条** 在风景名胜区内进行下列活动，应当经风景名胜区管理机构审核后，依照有关法律、法规的规定报有关主管部门批准：

（一）设置、张贴商业广告；

（二）举办大型游乐等活动；

（三）改变水资源、水环境自然状态的活动；

（四）其他影响生态和景观的活动。

**第三十条** 风景名胜区内的建设项目应当符合风景名胜区规划，并与景观相协调，不得破坏景观、污染环境、妨碍游览。

在风景名胜区内进行建设活动的，建设单位、施工单位应当制定污染防治和水土保持方案，并采取有效措施，保护好周围景物、水体、林草植被、野生动物资源和地形地貌。

**第三十一条** 国家建立风景名胜区管理信息系统，对风景名胜区规划实施和资源保护情况进行动态监测。

国家级风景名胜区所在地的风景名胜区管理机构应当每年向国务院建设主管部门报送风景名胜区规划实施和土地、森林等自然资源保护的情况；国务院建设主管部门应当将土地、森林等自然资源保护的情况，及时抄送国务院有关部门。

## 第五章 利用和管理

**第三十二条** 风景名胜区管理机构应当根据风景名胜区的特点，保护民族民间传统文化，开展健康有益的游览观光和文化娱乐活动，普及历史文化和科学知识。

**第三十三条** 风景名胜区管理机构应当根据风景名胜区规划，合理利用风景名胜资源，改善交通、服务设施和游览条件。

风景名胜区管理机构应当在风景名胜区内设置风景名胜区标志和路标、安全警示等标牌。

**第三十四条** 风景名胜区内宗教活动场所的管理，依照国家有关宗教活动场所管理的规定执行。

风景名胜区内涉及自然资源保护、利用、管理和文物保护以及自然保护区管理的，还应当执行国家有关法律、法规的规定。

**第三十五条** 国务院建设主管部门应当对国家级风景名胜区的规划实施情况、资源保护状况进行监督检查和评估。对发现的问题，应当及时纠正、处理。

**第三十六条** 风景名胜区管理机构应当建立健全安全保障制度，加强安全管理，保障游览安全，并督促风景名胜区内的经营单位接受有关部门依据法律、法规进行的监督检查。

禁止超过允许容量接纳游客和在没有安全保障的区域开展游览活动。

**第三十七条** 进入风景名胜区的门票，由风景名胜区管理机构负责出售。门票价格依照有关价格的法律、法规的规定执行。

风景名胜区内的交通、服务等项目，应当由风景名胜区管理机构依照有关法律、法规和风景名胜区规划，采用招标等公平竞争的方式确定经营者。

风景名胜区管理机构应当与经营者签订合同，依法确定各自的权利义务。经营者应当缴纳风景名胜资源有偿使用费。

**第三十八条** 风景名胜区的门票收入和风景名胜资源有偿使用费，实行收支两条线管理。

风景名胜区的门票收入和风景名胜资源有偿使用费应当专门用于风景名胜资源的保护和管理以及风景名胜区内财产的所有权人、使用权人损失的补偿。具体管理办法，由国务院财政部门、价格主管部门会同国务院建设主管部门等有关部门制定。

**第三十九条** 风景名胜区管理机构不得从事以营利为目的的经营活动，不得将规划、管理和监督等行政管理职能委托给企业或者个人行使。

风景名胜区管理机构的工作人员，不得在风景名胜区内的企业兼职。

## 第六章　法律责任

**第四十条** 违反本条例的规定，有下列行为之一的，由风景名胜区管理机构责令停止违法行为、恢复原状或者限期拆除，没收违法所得，并处50万元以上100万元以下的罚款：

（一）在风景名胜区内进行开山、采石、开矿等破坏景观、植被、地形地貌的活动的；

（二）在风景名胜区内修建储存爆炸性、易燃性、放射性、毒害性、腐蚀性物品的设施的；

（三）在核心景区内建设宾馆、招待所、培训中心、疗养院以及与风景名胜资源保护无关的其他建筑物的。

县级以上地方人民政府及其有关主管部门批准实施本条第一款规定的行为的，对直接负责的主管人员和其他直接责任人员依法给予降级或者撤职的处分；构成犯罪的，依法追究刑事责任。

**第四十一条** 违反本条例的规定，在风景名胜区内从事禁止范围以外的建设活动，未经风景名胜区管理机构审核的，由风景名胜区管理机构责令停止建设、限期拆除，对个人处2万元以上5万元以下的罚款，对单位处20万元以上50万元以下的罚款。

**第四十二条** 违反本条例的规定，在国家级风景名胜区内修建缆车、索道等重大建设工程，项目的选址方案未经国务院建设主管部门核准，县级以上地方人民政府有关部门核发选址意见书的，对直接负责的主管人员和其他直接责任人员依法给予处分；构成犯罪的，依法追究刑事责任。

**第四十三条** 违反本条例的规定，个人在风景名胜区内进行开荒、修坟立碑等破坏景观、植被、地形地貌的活动的，由风景名胜区管理机构责令停止违法行为、限期恢复原状或者采取其他补救措施，没收违法所得，并处1000元以上1万元以下的罚款。

**第四十四条** 违反本条例的规定，在景物、设施上刻画、涂污或者在风景名胜区内乱扔垃圾的，由风景名胜区管理机构责令恢复原状或者采取其他补救措施，处50元的罚款；刻画、涂污或者以其他方式故意损坏国家保护的文物、名胜古迹的，按照治安管理处罚法的有关规定予以处罚；构成犯罪的，依法追究刑事责任。

**第四十五条** 违反本条例的规定，未经风景名胜区管理机构审核，在风景名胜区内进行下列活动的，由风景名胜区管理机构责令停止违法行为、限期恢复原状或者采取其他补救措施，没收违法所得，并处5万元以上10万元以下的罚款；情节严重的，并处10万元以上20万元以下的罚款：

（一）设置、张贴商业广告的；

（二）举办大型游乐等活动的；

（三）改变水资源、水环境自然状态的活动的；

（四）其他影响生态和景观的活动。

**第四十六条** 违反本条例的规定，施工单位在施工过程中，对周围景物、水体、林草植被、野生动物资源和地形地貌造成破坏的，由风景名胜区管理机构责令停止违法行为、限期恢复原状或者采取其他补救措施，并处2万元以上10万元以下的罚款；逾期未恢复原状或者采取有效措施的，由风景名胜区管理机构责令停止施工。

**第四十七条** 违反本条例的规定，国务院建设主管部门、县级以上地方人民政府及其有关主管部门有下列行为之一的，对直接负责的主管人员和其他直接责任人员依法给予处分；构成犯罪的，依法追究刑事责任：

（一）违反风景名胜区规划在风景名胜区内设立各类开发区的；

（二）风景名胜区自设立之日起未在2年内编制完成风景名胜区总体规划的；

（三）选择不具有相应资质等级的单位编制风景名胜区规划的；

（四）风景名胜区规划批准前批准在风景名胜区内进行建设活动的；

（五）擅自修改风景名胜区规划的；

（六）不依法履行监督管理职责的其他行为。

**第四十八条** 违反本条例的规定，风景名胜区管理机构有下列行为之一的，由设立该风景名胜区管理机构的县级以上地方人民政府责令改正；情节严重的，对直接负责的主管人员和其他直接责任人员给予降级或者撤职的处分；构成犯罪的，依法追究刑事责任：

（一）超过允许容量接纳游客或者在没有安全保障的区域开展游览活动的；

（二）未设置风景名胜区标志和路标、安全警示等标牌的；

（三）从事以营利为目的的经营活动的；

（四）将规划、管理和监督等行政管理职能委托给企业或者个人行使的；

（五）允许风景名胜区管理机构的工作人员在风景名胜区内的企业兼职的；

（六）审核同意在风景名胜区内进行不符合风景名胜区规划的建设活动的；

（七）发现违法行为不予查处的。

**第四十九条** 本条例第四十条第一款、第四十一条、第四十三条、第四十四条、第四十五条、第四十六条规定的违法行为，依照有关法律、行政法规的规定，有关部门已经予以处罚的，风景名胜区管理机构不再处罚。

**第五十条** 本条例第四十条第一款、第四十一条、第四十三条、第四十四条、第四十五条、第四十六条规定的违法行为，侵害国家、集体或者个人的财产的，有关单位或者个人应当依法承担民事责任。

**第五十一条** 依照本条例的规定，责令限期拆除在风景名胜区内违法建设的建筑物、构筑物或者其他设施的，有关单位或者个人必须立即停止建设活动，自行拆除；对继续进行建设的，做出责令限期拆除决定的机关有权制止。有关单位或者个人对责令限期拆除决定不服的，可以在接到责令限期拆除决定之日起 15 日内，向人民法院起诉；期满不起诉又不自行拆除的，由做出责令限期拆除决定的机关依法申请人民法院强制执行，费用由违法者承担。

## 第七章 附 则

**第五十二条** 本条例自 2006 年 12 月 1 日起施行。1985 年 6 月 7 日国务院发布的《风景名胜区管理暂行条例》同时废止。

# 附录三 《国家生态旅游示范区管理暂行办法》

## 第一章 总 则

**第一条** 为促进我国旅游业的可持续发展，推动各地经济、社会、环境的协调进步，按照《国务院关于进一步加快旅游业发展的通知》（国发〔2001〕9号文件）要求，制定本办法。

**第二条** 生态旅游是指以吸收自然和文化知识为取向，尽量减少对生态环境的不利影响，确保旅游资源的可持续利用，将生态环境保护与公众教育同促进地方经济社会发展有机结合的旅游活动。

本办法所称国家生态旅游示范区（以下简称示范区）是指经国家旅游局、国家环保总局、国家计委联合批准开展生态旅游活动，并具有明确地域的特定区域。

**第三条** 凡在中华人民共和国领域和中华人民共和国管辖的其他海域内申请建设示范区，应当遵守本办法。

**第四条** 示范区的建设坚持国家引导、地方为主、多方参与，坚持景观保护和生态环境保护优先，资源永续利用与示范区经济协调发展，生态环境保护宣传教育与旅游活动有机结合的原则。

## 第二章 申报、审批与验收

**第五条** 国家旅游局、国家环保总局、国家计委联合负责示范区的组织申报、审批与验收。

**第六条** 申请设立示范区，应当提交如下材料：

1. 示范区设立的申报文件。

示范区设立申请书及省级人民政府批准报告。凡申报示范区，须划定明确区域，经省旅游局、环保局、计委审核，并经省人民政府批准，向国家旅游局、国家环保总局、国家计委提交申办文件。

2. 规划文件。

凡申报示范区，须有省级旅游主管部门主持评审，环保、计委审核通过的示范区规划，包括规划文本和评审意见。

规划要求特色鲜明，建设项目符合现代旅游者的需求，具有浓郁的地方特色，且符合国家有关生态环境自然景观资源、历史文化遗产等保护规定，生态环境质量较好。

在自然保护区开展生态旅游的，生态旅游区建设规划必须符合《中华人民共和国自然保护区管理条例》要求。

3. 项目建设文件。

基础设施建设概况和已批准的项目建设情况；

经营设施建设概况和已批准的项目建设情况；

示范区可行性研究报告及批准文件；

区域环境影响评价和受损生态系统的恢复和重建报告书及审批文件；

其他依法应当提交的有关文件、资料。

4. 管理制度设计。

示范区要具有健全的管理机构，管理人员配备合理；旅游质量、旅游安全、旅游统计、环境保护等各项管理制度完备有效。

**第七条** 国家旅游局、国家环保总局、国家计委对上报的材料进行审定、批准，申报单位即可启动国家生态旅游示范区建设工作。

**第八条** 完成国家生态旅游示范区建设目标的申报单位，经所在地省旅游局、环保局、计委初审同意后，可以向国家旅游局、国家环保总局、国家计委申请国家生态旅游示范区验收。

**第九条** 国家旅游局、国家环保总局、国家计委按《国家生态旅游示范区建设标准》（附后）验收，凡验收合格的，即可授予国家生态旅游示范区称号。

## 第三章 开发与建设

**第十条** 在示范区内开发建设的项目应符合国家有关生态环境保护和建设项目环境保护管理的法规和规定。

**第十一条** 示范区建设项目必须严格执行环境影响评价制度。在国家级自然保护区的实验区、生态功能保护区、森林公园、风景名胜区、国际重要湿地等区域建设示范区，如需要对旅游资源进行开发建设的，其开发建设项目环境影响报告书（表）必须按国家有关建设项目环境管理的法规和规定报批。

**第十二条** 示范建设竣工后，建设单位应当向审批建设项目环境影响报告书（表）或者环境影响登记表的环境保护行政主管部门申请该项目环境保护设施竣工验收。

**第十三条** 各示范区的垃圾处理应当采取定点、隐蔽、封闭、及时清运等措施，积极推行随票进门发放清洁袋并有效回收的制度。

**第十四条** 示范区的住宿设施和其他配套服务设施不应设在脆弱、敏感的生态区域，建筑物以方便简洁和谐为主。并不得造成景观破坏，提倡采用节能设备，使用绿色产品，所用能源及物质不对周围的生态环境带来不良影响和污染。

## 第四章　运营管理

**第十五条**　凡在示范区内开展生态旅游活动的导游人员，必须具备一定的生态环境保护知识，经省级以上环保部门会同统一组织，并获资质认证后，方可持证从事生态旅游活动。

**第十六条**　导游在生态旅游活动中应随时对游客进行生态环境保护的宣传和教育。要向旅游者介绍当地的自然和文化，尊重示范区所在地人民的生活习惯和文化，组织各种有助于社区经济社会发展的公益活动。

**第十七条**　游客有义务保护旅游区的一切生物资源和自然景观，不得采摘花草、攀折树木和追打或捕猎野生动物。维护旅游区的环境卫生，将所有的固体废物放入指定的垃圾箱内或装入清洁袋中有效回收，不得随意倾倒和丢弃。

**第十八条**　示范区不得出售受保护的和濒危的动植物及其制品。生态旅游活动的组织者应当要求参加生态旅游的游客尊重当地居民的宗教、道德、信仰、习俗、文化、传统和禁忌，并努力增进相互交流与了解。

**第十九条**　示范区应当编制生态环境保护基本知识的生态旅游指南，在野外游览路线上设立有关环境保护科普知识讲解标牌。各旅游区要加强生态环境保护知识的宣传与教育，积极开展环境监测和生态监测，及时向环保部门报告环境状况和发展趋势。示范区内的任何单位和个人有权对违反本规定的行为进行检举、控告。

## 第五章　罚则

**第二十条**　凡违反本办法各项规定的，按现有法律、法规，有关规定予以处罚。

## 第六章　附则

**第二十一条**　本管理办法由国务院旅游、环保、计划等行政主管部门负责解释。

**第二十二条**　本管理办法自公布之日起实施。

# 附录四 《国家生态旅游示范区建设标准》

为保护生态环境，推动旅游业的可持续发展，促进各地经济、社会、环境的协调进步，按照《国务院关于进一步加快发展旅游业的通知》（国发〔2001〕9号）要求，制定本标准。

## 第一部分 总则

### 1 主题内容与适用范围

#### 1.1 定义

**1.1.1 旅游资源**

自然界和人类社会中凡能对旅游者产生吸引力，可以为旅游业开发利用，并可产生经济效益、社会效益和环境效益的各种事物和因素。

**1.1.2 生态旅游**

指以吸收自然和文化知识为取向，尽量减少对生态环境的不利影响，确保旅游资源的可持续利用，将生态环境保护与公众教育同促进地方经济社会发展有结合的旅游活动。

**1.1.3 国家生态旅游示范区**

国家生态旅游示范区是指经国家旅游局、国家环保总局、国家计委联合批准开展生态旅游活动，并具明确地域的特定区域。该区域同时也是全国生态示范区的类型或组成部分之一。

#### 1.2 总体目标

国家生态旅游示范区（以下简称示范区）以可持续发展的基本国策为依据，对一定区域内的生态旅游资源进行全面规划，优化配置，实现区域内生态环境和旅游产业的协调发展。

#### 1.3 法律依据与引用标准

**1.3.1 法律依据**

《中华人民共和国环境保护法》《中华人民共和国海洋环境保护法》《中华人民共和国水污染防治法》《中华人民共和国大气污染防治法》《中华人民共和国固体废物污染环境防治法》《中华人民共和国森林法》《中华人民共和国草原法》《中华人民共和国野生动物保护法》《中华人民共和国矿产资源法》《中华人民共和国水土保持法》《中华人

民共和国水法》《中华人民共和国土地管理法》《农业法》以及《自然保护区管理条例》《风景名胜区管理暂行条例》《野生植物保护条例》《导游人员管理条例》《农药管理条例》等。

**1.3.2　引用标准**

下列标准所包含的条文，通过在本标准中引用而构成为本标准的条文，本标准出版时，所示版本均为有效。所有标准都会被修订，使用要标准的各方应探讨使用下列标准最新版本的可能性。

GB 3095—1996　环境空气质量标准

GB 3096—1993　城市区域环境噪声标准

CH ZB1—1999　地表水环境质量标准

GB/T 10001.1—2000　标志用公共住处图形符号　第一部分：通用符号

GB/T 15971—1995　导游服务质量

GB/T—17775—1995　示范区（点）质量等级的划分与评定

**1.3.3　参考文献**

《关于二十一世纪旅游议程》

《全球旅游伦理》

《保护世界文化和自然遗产公约》

《国际古迹保护与修复宪章》

**2　分类**

根据示范区的建设要求与各地的实际情况，将示范区分为八种类型。

**2.1　山地型**

山地型是指以山地环境为主而建设的示范区，包括低山（＜1000 米）和中山（1000~3500 米）。这类区域适于开展科考、登山、探险、攀岩、观光、漂流、滑雪等活动。

**2.2　森林型**

森林型是指以森林植被及其生境为主而建设的示范区，也包括大面积竹林（竹海防等）区域，这类区域适于开展科考、野营、度假、温泉、疗养、科普、徒步等活动。

**2.3　草原型**

草原型是指以草原植被及其生境为主而建设的示范区，也包括草甸类型。这类区域知于开展体育娱乐、民族风情活动等。

**2.4　湿地型**

湿地型是指以水生和陆栖生物及其生境共同形成的湿地为主而建设的示范区，主要指内陆湿地和水域生态系统，也包括江河出海口。这类区域适于开展科考、垂钓、水面活动等。

**2.5　海洋型**

海洋型是指以海洋、海岸生物与其生境为主而建设的示范区，也包括海岛。这类区域适于开展海洋度假、海上运动、潜水观光活动等。

2.6 沙漠戈壁型

沙漠戈壁型是指以沙漠或戈壁生物及其生境为主而建设的示范区，这类区域适于开展观光、探险和科考等活动。

2.7 人文生态型

人文生态型是指以突出的历史文化等特色形成的人文生态与其生境为主建设的示范区。这类区域主要适于历史、文化、社会、人类等学科的综合研究以及适当的特种旅游项目及活动。

2.8 复合型

复合型是指具有良好的生态系统，包括多种类型但缺乏主导类型的示范区。这类示范区适于建设环城市度假旅游带，开展多种多样的旅游活动。

## 第二部分 细则

### 3 示范区规划

示范区建设必须统一规划，并在规划的指导下严格实施。

3.1 规划原则

编制示范区规划应遵循以下原则：整体优化原则、生态优先原则、生境范围原则、市场导向原则、容量控制原则。

3.2 规划制定

要有专门的编制单位和规划成果。

3.3 规划审批

符合相应的审批程序。

3.4 规划实施

### 4 生物多样性

4.1 生物因子

植被良好，动植物资源丰富。

4.2 物种保护

物种的生境类型多。

4.3 珍稀物种和濒危物种

4.4 生态系统完整性

在非生物因子、生态过程和禁止外来物种引进三方面加强生态系统完整性建设。

### 5 景观丰富性

5.1 美学价值高

5.2 科学价值高

5.3 历史文化价值高

5.4 规模与丰度

5.5 完整性强

## 6 分类保护与系统整合

6.1 土地

土地退耕还林还草程度高，建设用地控制严格，土地整治水平高。

6.2 水资源

水资源保护程度高，用途多，利用合理。

6.3 森林

林木覆盖率高，林相丰富。

6.4 岩石与岩洞

地貌景观丰富，溶洞类型多，岸洞有较高文化内涵。

6.5 系统整合

各要素形成统一的生态环境系统，类型丰富，互补生强。

## 7 旅游交通

7.1 区域外部交通

通达性强，有相应绿化。

7.2 停车场

设立生态停车场，在足够的面积，管理到位，与景观环境相协调。

7.3 区内道路

按照交通路、生态路、景观路三个层次分区建设，交通标识正确美观。

7.4 游览步道和线路

设置合理，普遍采用生态性材料，采用多种特色交通工具。

7.5 特色交通方式和工具

## 8 旅游服务设施

8.1 住宿设施

集中布局，结构合理，档次齐全，体量适宜，特色突出。

8.2 餐饮设施与内容

布局合理，达到特色化、多样化、品牌化，全面利用可再生原材料。

8.3 购物设施与管理

布局合理，注重特色，本地产品开发度高，管理力度大。

8.4 可根据当地特点开展适度健康向上的娱乐活动，但不得影响或损害当地生态环境。严格禁止黄赌毒。

## 9 基础设施建设与服务

### 9.1 给排水工程

以地下管道为主，通畅、集中，污水处理率高。

### 9.2 能源

清洁能源采用率高，电力设施不影响景观质量，能源污染处理好。

### 9.3 邮电服务

设施齐全，使用方便，位置合理，与景观和示范区内容相协调。

## 10 旅游安全

### 10.1 安全保护机构与人员

设有专门机构，安全制度健全，人员数量充足。

### 10.2 安全处置

高峰期和特殊时期制度健全，措施有效。

### 10.3 安全设施设备

齐全有效。

### 10.4 安全警告标志

齐全、醒目、规范。

### 10.5 安全宣传

方式多，效果好。

### 10.6 医疗及救护

设立医疗机构或设备，建立定点医院。

## 11 卫生

### 11.1 环境卫生

气味清新。

### 11.2 废弃物管理

污水排放得当，垃圾分类收集，清扫及时。

### 11.3 垃圾箱

外观整洁，布局合理，造型与景观相协调。

### 11.4 吸烟区

区分吸烟区与非吸烟区，且管理到位。

### 11.5 餐饮卫生

食品卫生达标，厨房卫生良好。

### 11.6 旅游厕所

位置合理，数量充足，设备设施齐全完好，管理到位。

## 12 小城镇

### 12.1 示范区内不能有城镇

### 12.2 示范区边缘的小城镇

产业结构以第三产业为主，为旅游生产的第二产业为辅。传统居民特色突出，街区自然化水平高。

## 13 示范区内乡村

### 13.1 庭院经济

因地制宜发展。

### 13.2 乡村内街道

全面改造达标。

### 13.3 特色

建筑外观与环境高度协调。

## 14 自然资源的保护与利用

### 14.1 不可再生资源

禁止利用。

### 14.2 可再生资源

集约化利用程度高。

### 14.3 示范区外围

土特产品生产规模化，工艺品、纪念品生产一条龙。

## 15 传统文化的保护与利用

### 15.1 建筑

实施重点保护。

### 15.2 历史文化

整修历史建筑，陈列文献文物。

### 15.3 自然文化

建设专题博物馆。

### 15.4 民族民俗文化

保留传统节庆和地方戏。

### 15.5 宗教文化

适当表现，禁止大规模香火。

## 16 社区参与公共环境

### 16.1 规划

社区参与编制。

### 16.2 宣传

采用多种方式进行生态旅游宣传，实际效果好。

### 16.3 教育

生态旅游教育纳入社区学校。

### 16.4 社区会议

有制度，有效果。

### 16.5 创造机会

为当地群众创造多种发展机会。

### 16.6 公共环境

社会治安良好，社会秩序稳定，目的地友好程度高。

### 16.7 公共信息图形符号

设置规范、美观。

## 17 市场宣传促销

### 17.1 市场影响

知名度高，美誉度高，吸引力强，可游期长。

### 17.2 市场宣传

宣传资料种类多，通过互联网宣传，内容丰富。

### 17.3 导游讲解服务

生态知识讲解。

## 18 综合管理

### 18.1 机构与制度

机构健全，制度健全，贯彻得力。

### 18.2 示范区形象

标志鲜明，目标明确，服务质量高。

### 18.3 游客中心

位置合理，外观与景观环境相协调，设施齐备，服务项目多。

### 18.4 培训

制度、机构、人员、经营落实，培训全面效果好。

### 18.5 投诉与处理

制度健全，设备完好，记录完善，处理效果好。

### 18.6 特殊人群服务

设施齐全方便，位置醒目。

### 18.7 通过第三方认证

通过 ISO 9000 族和 ISO 14000 认证。

### 18.8 科研

在生态、环境、历史、文化等方面有科研机构，有科研成果，有相应效果。

## 19 资源及环境保护

### 19.1 空气质量

常年达到国家一级标准。

### 19.2 噪声质量

常年达到IP字一级标准。

### 19.3 地表水

水体清澈。

### 19.4 地区地貌景观、文物、古建筑保护

投入资金多，保护措施有力，效果好。

### 19.5 环境氛围

建筑与景观协调，示范区与周边环境协调，氛围良好。

## 20 旅游者行为引导

### 20.1 宣传教育

采用多种方式对旅游者进行生态环境保护的宣传教育。

### 20.2 导游要求熟悉生态知识，强化生态导游

### 20.3 行为

鼓励垃圾主动收集，约束并惩罚破坏环境行为，组织并引导建设环境行为。

# 第三部分 实施

## 21 认定与检查

21.1 本标准为国家生态旅游示范区建设工作标准，由国家旅游局、国家计委、国家环保总局共同制定并联合实施

21.2 各有关地区按照本标准先行开始创建，并按相应程序申请验收

21.3 由上述三部门组织专家组对申报验收的区域进行资料和文件审核，并进行现场考察，所在地区的有关部门参与现场考察工作，之后提交审核报告

21.4 三部门对专家组审核合格的区域进行审批，并颁发“国家生态旅游示范区”称号

21.5 对授予“国家生态旅游示范区”称号的区域实行动态管理，定期组织复查，对放松后续工作，质量下降，不符合标准的区域提出限期整改要求或取消其称号

21.6 作为技术标准的“示范区国家标准”的立项制定工作同步进行，该标准正式颁布之后，即按照新标准实施

# 附录五 《旅游规划通则》实施细则

为了贯彻实施国家旅游局制订的《旅游规划通则》(GB/T 18971—2003)，加强旅游规划编制的技术规范和报批管理，进一步提高旅游规划编制的规范性、科学性和可操作性，特拟订旅游规划通则的有关实施细则。

## 1 旅游规划编制的总体要求

### 1.1 旅游规划的类型

根据我国各地旅游规划编制和实施的实际情况，兼顾旅游规划编制技术群体的优势整合和规划的可操作性，将旅游规划分为旅游发展规划、旅游区规划和其他专项旅游规划三种类型。

#### 1.1.1 旅游发展规划

按规划的范围和政府管理层次分为全国旅游业发展规划、区域旅游业发展规划和地方旅游业发展规划。地方旅游业发展规划又可分为省级旅游业发展规划、地市级旅游业发展规划和县级旅游业发展规划。

#### 1.1.2 旅游区规划

按规划层次分为旅游区总体规划、旅游区控制性详细规划、旅游区修建性详细规划等。

#### 1.1.3 专项旅游规划

根据实际需要，可编制各种类型的专项旅游规划，主要包括旅游项目开发规划、旅游线路规划、旅游投融资规划、旅游地建设规划、旅游营销规划、旅游区保护规划、旅游服务设施规划等。

### 1.2 旅游规划任务的确定

#### 1.2.1 规划项目的认定

所有旅游规划（项目）都须先经过相关旅游主管部门批准后方可立项备案，进入规划程序。各级行政区旅游发展规划（项目）须经过同级人民政府同意，然后由旅游行政管理部门等立项备案，进入规划程序；跨行政区旅游发展规划项目须经过相关人民政府同意，然后由上级旅游行政管理部门等立项备案，进入规划程序；旅游区规划由业主提出项目意向，旅游行政管理部门牵头组织相关部门和专家，对项目必要性和可行性进行初步论证后方可立项备案，进入规划程序；专项旅游规划的立项要求由各级旅游行政管理部门确定。

#### 1.2.2 规划编制单位的确定

全省旅游发展规划、地市级旅游发展规划、县（市、区）级旅游发展规划、跨行政区旅游发展规划和重要旅游区规划、一般旅游区规划、专项旅游规划均可采用公开招标、邀请招标或直接委托等三种形式确定规划编制单位。

公开招标：委托方以招标公告的方式邀请不特定的旅游规划设计单位投标。

邀请招标：委托方以投标邀请书的方式邀请特定的旅游规划设计单位投标。

直接委托：委托方直接委托某一特定规划设计单位进行旅游规划的编制工作。

#### 1.2.3 规划合同的签订

所有旅游规划项目都必须签订合同书。合同书中必须明确项目的性质与任务、成果形式与要求、项目完成时间、项目经费及其支付方式和时间、委托方和承担方的各项权利和义务、违约责任等。合同书中"规划性质与任务""成果形式与要求"等内容应符合《旅游规划通则》的相关要求。

### 1.3 旅游规划编制单位与人员

#### 1.3.1 规划编制单位的资质

根据国家旅游行政管理部门的有关规定，接受委托的规划设计单位应具有相应的规划资质。承担全省旅游发展规划的国内规划设计主持单位应具有甲级规划资质；承担地市级旅游发展规划、跨（县）行政区旅游发展规划和重要旅游区规划的国内规划设计主持单位应具有乙级及以上规划资质；县（市、区）级旅游发展规划、一般旅游区发展规划应具有丙级及以上规划资质；专项旅游规划编制单位的资质要求根据项目性质和影响确定。

#### 1.3.2 规划编制队伍的要求

接受委托的规划设计单位应组成合理的规划编制队伍。主要成员应始终保持稳定，规划编制人员的专业特长应覆盖旅游、经济、资源、生态环境、城市规划、区域规划和建筑等领域。

#### 1.3.3 规划项目主持人的要求

规划项目主持人应来自拥有资质的规划主持单位，具有主持相关规划项目的实际经验，与主要成员有着合作共事的基础。主持人应是规划设计的实际负责者，必须实际参与规划设计的整个过程（包括实地调查、规划文本编制、征求意见、成果评审等环节）。

### 1.4 规划编制程序

#### 1.4.1 规划编制的时序要求

旅游区规划原则上应在所在区域旅游发展规划编制完成后进行并以此为重要依据；重要旅游区应先编制总体规划，然后编制控制性详细规划和修建性详细规划；小型旅游区可直接编制控制性详细规划。

#### 1.4.2 规划编制的阶段与任务

旅游规划编制过程由前期准备、草案编制、征求意见和提交成果四个阶段构成。

前期准备阶段：系统研究国家、本地区和上一级区域的旅游及相关政策法规，全面评估区内外自然生态环境和经济社会状况及其对规划项目的影响；对规划区内的旅游资源进行全面调查与评价；对旅游客源市场进行全面调查分析，研究并预测规划区旅游客源市场未来的总量、结构和水平；对规划区旅游业发展进行竞争性分析，综合分析和评价各种制约因素及机遇。

草案编制阶段：确立规划区旅游主题，包括主要功能、主打产品和主题形象；确立规划分期及各分期目标；提出旅游产品及设施的开发思路和空间布局；确立重点旅游开发项目，确定投资规模，进行经济、社会和环境评价；形成规划区的旅游发展战略，提出规划实施的措施、方案和步骤，包括政策支持、经营管理体制、宣传促销、融资方式、教育培训等。在上述基础上撰写规划文本和附件、编制规划图则，形成规划草案（征求意见稿）。

征求意见阶段：规划草案（征求意见稿）应广泛征求各方意见，并在此基础上对进行修改、充实和完善，形成送审稿。

提交成果阶段：根据相关规定和要求，由旅游行政主管部门会同委托方组织专家组对承担方提交的送审稿进行评审，承担方根据评审意见进行修改并提交最终成果（评审修订稿），经专家组审查同意后完成规划编制任务。

### 1.5 规划成果的总体要求

#### 1.5.1 规划成果的形式

旅游规划成果一般应由规划文本、规划图则和附件（含规划说明及基础资料）三部分构成。

#### 1.5.2 规划成果的数量

规划项目承担方应向委托方提交的成果数量应事先在合同书中明确规定（含征求意见稿、评审稿和最终修订稿）。

## 2 旅游发展规划的编制

### 2.1 规划编制的依据、时限与指标

#### 2.1.1 规划编制的依据

2.1.1.1 法律法规依据

旅游发展规划必须严格遵守已经颁布实施的法律法规，如《中华人民共和国森林法》《中华人民共和国环境保护法》《中华人民共和国城市规划法》《中华人民共和国文物保护法》《中华人民共和国水法》《中华人民共和国土地管理法》《世界文化和自然遗产保护公约》《生物多样性公约》《风景名胜区管理暂行条例》《浙江省旅游管理条例》《浙江省风景名胜区管理条例》《浙江省文物保护管理条例》《浙江省历史文化名城管理条例》等。

2.1.1.2 国家标准依据

编制旅游发展规划时常用的国家标准包括《旅游规划通则》（GB/T 18971—2003）、《旅游景区质量等级的划分与评定》（GB/T 17775—2003）、《旅游资源分类、调查与评价》（GB/T 18972—2003）、环境空气质量标准（GB 3095—1996）、城市区域环境噪声标准（GB 3096—1993）、地面水环境质量标准（GB 3838）、生活饮用水卫生标准（GB 5749）、旅游业卫生标准（GB 9663）、文化娱乐场所卫生标准（GB 9664）、公共浴室卫生标准（GB 9665）、游泳场所卫生标准（GB 9667）等。

2.1.1.3 相关规划依据

包括旅游区所在区域和上级区域的经济社会发展规划、国民经济与社会发展五年计

划及中长期发展规划、旅游业发展规划、城市总体规划、城镇体系规划、土地利用规划及交通、文保、水利、林业等相关行业规划。

#### 2.1.2 规划时限

旅游发展规划包括近期发展规划（3~5年）、中期发展规划（5~10年）或远期发展规划（10~20年）。

#### 2.1.3 规划指标

主要包括经济效益指标、生态环境指标、社会发展指标三个方面。其中，经济效益指标分析是指对不同发展时期的年接待游客量、旅游收入与创汇目标、旅游开发的宏观经济效益进行分析与预测等；生态环境指标包括旅游环境容量和水、大气、噪声等环境质量建设目标；社会发展指标主要包括区内居民人口调控、产业发展引导、服务就业的预测与安排等方面。

### 2.2 规划文本的内容与要求

旅游发展规划文本的内容应包括条件与机遇分析、规划总纲、空间布局与产品规划、专项规划、分期规划与投资分析、规划实施的保障体系六个方面。其中：条件与机遇分析部分包括规划区经济状况与发展态势分析、区位与交通条件分析、旅游资源分析、客源市场分析、旅游业现状和发展阶段分析、区域社会环境与发展机遇分析等内容；规划总纲部分包括规划依据、规划范围、规划时限、规划指导思想、规划区旅游主题形象、产业发展目标与发展战略等内容；空间布局与产品规划部分包括总体布局结构与功能分区、旅游产品开发的思路与方向；专项规划部分包括旅游中心城镇建设、旅游交通建设、旅游服务业（住宿业、旅店业、旅行社业）和商贸餐饮、文化、工农业等相关产业建设、土地利用、经济社会调控、旅游营销等内容；分期规划与投资分析部分包括分期建设规划、重点项目投资估算、经济效益分析；保障体系部分主要包括管理体制、政策法规、人力资源开发、旅游资源保护与生态环境建设等内容。

### 2.3 规划图则的内容与要求

规划图纸应当准确表示规划区的地域范围或空间位置，规划图纸所表达的内容清晰、准确，与规划文本内容相符。

旅游发展规划图纸主要包括：区位分析图、土地利用现状图、旅游资源分析图、旅游客源市场分析图、总体布局图、分区布局图、重要服务设施和基础设施图等。

图纸比例尺根据规划范围等情况、由委托方与承担方商定并在合同书中加以明确。

## 3 旅游区总体规划的编制

### 3.1 规划编制的相关要求

#### 3.1.1 规划编制的依据

3.1.1.1 法律法规

旅游发展规划必须严格遵守已经颁布实施的法律法规，如《中华人民共和国森林法》《中华人民共和国环境保护法》《中华人民共和国城市规划法》《中华人民共和国文物保护法》《中华人民共和国水法》《中华人民共和国土地管理法》《世界文化和自然遗产保护公约》《生物多样性公约》《风景名胜区管理暂行条例》《浙江省旅游管理条例》

《浙江省风景名胜区管理条例》《浙江省文物保护管理条例》《浙江省历史文化名城管理条例》等。

3.1.1.2 国家标准

编制旅游发展规划时常用的国家标准包括《旅游规划通则》（GB/T 18971—2003）、《旅游景区质量等级的划分与评定》（GB/T 17775—2003）、《旅游资源分类、调查与评价》（GB/T 18972—2003）、环境空气质量标准（GB 3095—1996）、城市区域环境噪声标准（GB 3096—1993）、地面水环境质量标准（GB 3838）、生活饮用水卫生标准（GB 5749）、旅游业卫生标准（GB 9663）、文化娱乐场所卫生标准（GB 9664）、公共浴室卫生标准（GB 9665）、游泳场所卫生标准（GB 9667）等。

3.1.1.3 相关规划

包括旅游区所在区域和上级区域的经济社会发展规划、国民经济与社会发展五年计划及中长期发展规划、旅游业发展规划、城市总体规划、城镇体系规划、土地利用规划及交通、文保、水利、林业等相关行业规划。

**3.1.2 规划范围的确定**

确定旅游区规划范围的基本原则包括：旅游资源与生态环境条件的完整性，历史文化与社会要素的连续性，旅游开发方向的关联性与开发目标的协调性，旅游区功能布局的必要性和旅游区管理的便利性。

**3.1.3 规划时限的确定**

旅游区规划时限的确定主要考虑旅游区建设的实际需要，同时应尽量与地方经济社会发展计划的年限相衔接。

旅游区总体规划的期限一般为10~20年，同时可根据需要对旅游区的远景发展做出轮廓性的规划安排。对于旅游区近期的发展布局和主要建设项目，也应做出近期规划，期限一般为3~5年。

**3.1.4 规划技术指标**

旅游区规划的技术指标主要包括建设经济技术指标、经济效益指标、生态环境指标、社会发展指标四个方面。其中，旅游区建设经济技术指标应明确旅游区各项土地利用的面积与比例，旅游区绿化率等；经济效益指标应明确旅游区在不同发展时期的年接待游客量、旅游收入与创汇目标、旅游区开发的经济效益等；旅游区生态环境指标包括旅游区的环境容量，水、大气、噪声等环境质量建设指标；旅游区社会发展指标主要包括区内居民人口控制、产业发展引导、服务就业安排等方面。

**3.2 规划文本的内容与要求**

**3.2.1 规划文本的内容**

旅游区规划文本的内容应包括现状与条件分析、规划总纲、总体布局与项目规划、专项规划、分期规划与投资效益、规划实施的对策与措施六个方面。其中，现状与条件分析部分包括旅游区现状与建设背景分析、旅游资源与开发条件综合评价；规划总纲部分包括规划依据、规划范围、规划时限、规划指导思想、规划目标、旅游区性质与主题形象、市场分析与客源规模预测、环境容量分析；总体布局与项目规划部分包括总体布局结构与功能分区、旅游项目与景点规划、游览路线设计与网络组织；专项规划部分包括旅游服务设施规划、道路交通规划、给排水规划、电力电信规划、资源保护规划、景观与绿地系统规划、防灾与安全规划、土地利用规划、经济社会调控规划、旅游营销规划等；分期规划与投资分析部分包括分期建设规划、建设项目投资估算、经济效益分析；规划实施保障措施与建议部分主要包括资金筹集与运作、产业发展引导、旅游区管理、人员培训、政策保障措施、有关问题的处理建议等。

#### 3.2.2 规划文本的要求

规划文本的格式应规范，符合法规条文的写作惯例；文字力求简练，术语表达准确，符合旅游规划和其他相关规划的技术要求与规范。

### 3.3 规划图则的内容与要求

#### 3.3.1 规划图则的基本要素

规划图以地形图为底图，根据旅游区范围的大小选择适当比例的地形图，其中小型旅游区图纸比例为 1/2000~1/10000，中型旅游区图纸比例为 1/10000~1/25000，大型旅游区图纸比例为 1/25000~1/50000。

规划图纸要标明项目名称、图名、图例、风玫瑰、比例尺、规划期限、规划日期、编制单位等内容。

规划图纸应与规划内容相一致，要素表示必须明确无误。

#### 3.3.2 基本图件

综合现状图、旅游资源评价图、区域位置图、市场分析图、功能分区图、总体布局图、道路交通规划图、旅游项目与景点规划图、近期建设规划图、游览线路组织图、旅游资源保护规划图、基础设施规划图。

#### 3.3.3 备选图件

绿化规划图、景观分析图、景象构思图、环境小品示意图、道路断面选样图、重点项目效果图等。

### 3.4 规划附件的内容与要求

#### 3.4.1 规划说明书的内容与要求

规划说明书的内容主要包括旅游区现状与建设背景、旅游资源与开发条件综合评价，规划范围、依据、性质及指导思想，市场分析与客源规模预测，环境容量；总体布局与功能分区，旅游项目与景点规划，游览路线设计与网络组织；道路交通规划、给排水规划、电力电信规划、资源保护规划、景观与绿地系统规划、防灾与安全规划、土地利用规划、旅游营销规划；分期建设规划，建设项目投资估算，经济效益分析；规划实施保障措施与建议等内容。

规划说明书的体例应与规划文本基本一致，规划内容的阐述应尽量详细，应阐述旅游区的现状条件、资源质量与等级，具体分析客源市场的地域分布及组成、消费潜力与年龄结构等，明确指出旅游区的性质与指导思想，提出旅游区的空间布局和具体项目设计与建设内容，详细阐述各专项规划的具体内容，以及旅游区建设投资估算、经济效益分析和保障措施等。资料分析应依据充分、翔实可靠，规划设计内容必须切合当地实际、有较强的逻辑性。

#### 3.4.2 其他基础资料的内容与要求

其他基础资料主要包括地方社会经济发展情况、文化背景与地方文史资料、民间传说、当地旅游业发展情况分析、地方旅游业管理办法与相关政策、相关重要工程介绍、古树名木名录、植物名录、环境质量资料等。

基础资料的编写可根据旅游区的实际情况进行适当筛选，但所引用资料必须翔实可靠，能反映地方社会、经济、文化、自然环境的真实面貌。

## 4 旅游区控制性详细规划的编制

### 4.1 规划编制的依据、范围与技术指标

#### 4.1.1 规划编制的依据

在旅游区总体规划或分区规划的指导下，参照旅游区总体规划的相关规划技术依据。

#### 4.1.2 规划范围的确定

根据旅游区实际情况，确定旅游设施与建筑重点布置的区块作为控制性详细规划的编制范围。

#### 4.1.3 规划技术指标

旅游区控制性详细规划的技术指标主要包括土地使用性质控制、土地使用强度控制、旅游综合环境质量控制三个方面。

土地使用性质控制须明确旅游区内各地块的利用功能、规模与具体位置，必须做到定性、定量、定位；定性即明确地块的使用方向，定量即确定旅游项目与设施的用地面积和建筑量，定位即确定建设项目的具体位置和界线。

土地使用强度控制即限定建设地块的建筑规模与容量，以减少对旅游区内良好自然环境的破坏，使旅游区开发的经济效益、环境效益和社会效益相协调。

旅游综合环境质量控制，主要包括内外道路关系控制、环境景观控制、工程管线控制。

主要控制指标包括：用地性质、用地面积、建筑密度、建筑限高、容积率、绿地率、建筑后退红线、建筑间距、建筑体量、尺度、色彩、风格、交通出入口方位、停车泊位、各级道路的红线位置、控制点坐标和标高等。

### 4.2 规划文本的表达

旅游区控制性详细规划文本主要以条例化、指标化、图则化的形式反映规划说明的各项控制指标与控制要求。

### 4.3 规划图则的内容与要求

#### 4.3.1 规划图则的基本要素

规划图以地形图为底图，现状地形图比例为1/2000。规划图纸要标明项目名称、图名、图例、风玫瑰、比例尺、规划期限、规划日期、编制单位等内容。

规划图纸应与规划内容相一致，要素表示必须明确无误。

#### 4.3.2 基本图件及要求

规划用地区位图：表示规划用地与周围环境、城市及主要交通干道的关系。

规划用地现状图：展示现状地物要素，比例1:2000。

规划总平面图：标注各类建设项目与设施的空间布局、建设规模等，比例为1:2000~1:5000。

道路交通规划图：表示旅游区内的路网结构，标注道路坐标、标高、道路断面形式，比例为1:2000~1:5000。

绿化规划图：特色景观的展示与培育规划，绿地系统规划，比例为1:2000~1:5000。

工程管线规划图：标注各类工程管线的管径、平面位置、控制点坐标和标高，比例为1:2000~1:5000。

土地利用规划图：标注土地使用性质与使用强度，包括使用密度与容积率，比例为1:2000~1:5000。

局部效果图：形象展示主要建筑与设施的空间关系。

#### 4.3.3 备选图件

旅游资源评价图、市场分析图、功能分区图、游览线路组织图、旅游资源保护规划图、景观分析图、景象构思图、环境小品示意图、建筑方案选样图等。

### 4.4 规划附件的内容与要求

#### 4.4.1 规划说明书的主要内容

旅游区控制性详细规划说明书主要应反映以下内容：

（一）旅游区现状

（二）规划依据、性质、范围

（三）规划构思与空间布局

（四）旅游项目与景点规划

（五）游览路线设计

（六）道路交通控制规划

（七）旅游服务设施规划

（八）竖向规划

（九）工程管线控制规划

（十）绿地系统规划

（十一）土地利用规划

（十二）建筑风貌控制规划

（十三）主要经济技术指标

（十四）建设项目投资匡算

（十五）经济效益分析

（十六）规划实施措施

小型旅游区直接编制控制性详细规划的，应当根据旅游区规划的实际情况，在符合控制性详细规划内容要求的基础上，可适当增加旅游区总体规划的相关内容，如资源分析与评价、客源市场分析、主题定位与形象设计等。

**4.4.2 规划基础资料的要求**

编制控制性详细规划应收集整理以下基础资料与图件：

总体规划或分区规划对本规划地块的规划要求，相邻规划地段已批准的规划资料，土地利用现状资料，准确反映现状的地形图、建筑物现状资料，工程设施与管网现状，当地历史文化传统，当地环境质量资料，其他有关资料。

## 5 旅游区修建性详细规划的编制

### 5.1 规划编制的依据与主要任务

**5.1.1 规划编制的依据**

在旅游区总体规划和控制性详细规划的指导下，参照旅游区总体规划的相关规划技术依据。

**5.1.2 规划的主要任务**

修建性详细规划是控制性详细规划的具体化，在控制性详细规划的基础上对各类设施与建筑做出具体安排，对建筑空间和艺术处理加以明确，核算各地块的技术经济指标，为各项工程设计和工程施工提供技术依据。

### 5.2 规划的主要内容

5.2.1 确定各类建筑、各类用地的具体位置和控制尺度。

5.2.2 确定道路的红线、断面、交叉点坐标、标高、曲线半径、缘石半径、变坡点、路段坡度。

5.2.3 确定建筑物的室外高程、各类场地的标高、并对规划用地做出综合竖向处理，平衡土方。

5.2.4 确定各类工程管线及其相关设施的设置、用地。

5.2.5 主要建筑与主要干道的平、立、剖面规划设计。

### 5.3 规划成果的表达

**5.3.1 主要规划图纸**

综合现状图：利用符合工程测量标准的用地现状地形图，标注现有建筑物、构筑物、道路、绿地、管线工程等在图上的准确位置，比例尺为1∶500~1∶1000。

规划总平面图：标明用地及建筑物的使用性质、标明各类建筑、场地的位置、尺寸，并对新建和改造建筑做出不同的标示，比例尺为1∶500~1∶2000。

竖向规划图：对规划用地的地形做出设计处理，并标明道路的红线、断面、长度、坡度、曲线半径、交叉点和转折点的标高等，比例尺为1∶500~1∶2000。

道路规划图：表示旅游区内的路网结构，标注道路坐标、标高、道路断面形式，比例为1∶500~1∶2000。

绿地系统规划图：特色景观的展示与培育规划，绿地系统规划，比例为1∶500~1∶2000。

工程管线规划图：标明各类管线的位置、标高、坡度、相互之间的关系，比例尺为1∶500~1∶2000。

主要建筑与主要干道的平、立、剖面规划设计图。

鸟瞰或透视等效果图等。

5.3.2 规划设计说明书

主要对规划图纸加以说明，包括各种技术经济分析。内容包括以下方面：

综合现状与建设条件分析。

用地布局。

景观系统规划设计。

道路交通系统规划设计。

绿地系统规划设计。

旅游服务设施及附属设施系统规划设计。

工程管线系统规划设计。

竖向规划设计。

环境保护和环境卫生系统规划设计。

5.3.3 规划设计深度与图纸比例

修建性详细规划的设计深度，应满足各类建筑和各项工程的设计需要，图纸比例为1∶500或1∶1000。

## 6 专项旅游规划的编制

其他各类专项旅游规划，主要包括旅游项目开发规划、旅游线路规划、旅游投融资规划、旅游地建设规划、旅游营销规划、旅游区保护规划、旅游服务设施规划等。

### 6.1 旅游项目开发规划的一般要求

旅游项目开发规划的编制可参照旅游区总体规划和控制性详细规划的基本要求，重点突出项目开发的可行性和必要性分析，加强客源市场的分析与预测，并根据旅游开发项目的建设需要适当强化规划图纸和规划深度。

### 6.2 旅游线路规划的一般要求

旅游线路规划的编制，应对所在地及周边区域的旅游业发展和景点建设情况进行研究分析的基础上，重点加强客源市场结构分析，并结合线路踩点踏勘，提出合理可行的旅游线路开拓策略。

### 6.3 旅游投融资规划的一般要求

旅游投融资规划的编制，应对所在地及周边区域的投资环境进行比较分析的基础上，重点突出项目开发的可行性和必要性分析以及投资效益分析，适当加强客源市场的分析与预测，提出投融资项目的招商方案和配套政策措施等内容。

### 6.4 旅游地建设规划的一般要求

旅游地建设规划的编制可参照旅游区控制性详细规划和修建性详细规划的基本要求，适当增加旅游区总体规划所要求的资源评价、客源市场分析以及效益分析等内容，并根据旅游开发建设的实际需要适当强化规划图纸和规划深度。

### 6.5 旅游营销规划的一般要求

旅游营销规划的编制应重点突出客源市场的分析与预测，根据目标细分市场的发展潜力提出针对性强的市场营销策略和具体营销方案。

### 6.6 旅游区保护规划的一般要求

旅游区保护规划的编制可参照旅游区总体规划的基本内容要求，重点加强对旅游资源开发利用现状的分析和环境容量分析，划分重点保护对象和范围，提出切实可行的保护措施，同时，应加强区内旅游资源单体的保护。

### 6.7 旅游服务设施规划的一般要求

旅游服务设施规划的编制，应对本区域旅游接待服务设施（宾馆饭店、旅游交通、旅游餐馆等）经营现状全面了解和分析的基础上，结合市场需求情况分析，合理确定旅游服务设施的总量、结构、布局和建设时序安排。

## 7 旅游规划评审的技术要求

### 7.1 旅游规划评审依据与评审意见

7.1.1 旅游规划的评审依据：主要包括是否符合和达到《旅游规划通则》的要求、是否符合和达到规划合同书的要求。

7.1.2 旅游规划的评审意见：评审意见应以书面形式表达，并经评审组全体成员签字后方为有效。评审意见应包括是否通过评审的明确结论（分为一致同意通过、原则同意通过、暂缓通过、不予通过四级）、对规划成果的具体评价、修改完善的具体意见等内容。

### 7.2 旅游规划评审重点

旅游规划评审应围绕规划的目标、定位、内容、结构和深度等方面进行重点审议，包括：①旅游产业定位和形象定位的科学性、准确性和客观性；②规划目标体系的科学性、前瞻性和可行性；③旅游产业开发、项目策划的可行性和创新性；④旅游产业要素结构与空间布局的科学性、可行性；⑤旅游设施、交通线路空间布局的科学合理性；⑥旅游开发项目投资的经济合理性；⑦规划项目对环境影响评价的客观可靠性；⑧各项技术指标的合理性；⑨规划文本、附件和图件的规范性；⑩规划实施的操作性和充分性。

### 7.3 旅游规划成果评分标准

旅游规划成果评分标准

| 大项 | 小项 | 分值(分) | 备注 |
|---|---|---|---|
| 规范性 | 文本 | 15 | |
| | 图则 | 15 | |
| | 附件 | 5 | |
| 可行性 | 功能与主题定位 | 10 | |
| | 目标与市场定位 | 5 | |
| | 产业开发与项目策划 | 10 | |
| | 要素结构与空间布局 | 10 | |
| | 服务设施与游线设计 | 5 | |
| | 主要技术指标 | 5 | |

续表

| 大项 | 小项 | 分值(分) | 备注 |
|---|---|---|---|
| | 旅游保障规划 | 5 | |
| | 投资与效益分析 | 5 | |
| 创新性 | 内容、技术与深度 | 10 | |
| 满分 | | 100 | |

## 8 旅游规划优秀成果的评定

## 9 旅游规划队伍建设与人员培训

# 附录六 《旅游景区质量等级的划分与评定》

**中 华 人 民 共 和 国 国 家 标 准**
**GB/T 17775—2003 替 GB/T 17775—1999**

**旅游景区质量等级的划分与评定**
**Standard of rating for quality of tourist attractions**
**2004-10-28 发布 2005-01-01 实施**
**中华人民共和国国家质量监督检验检疫总局发布**

## 前 言

本标准从实施之日起，代替 GB/T 17775—1999《旅游景区质量等级的划分与评定》。本标准与 GB/T 17775—1999 相比，主要修改如下：

——在划分等级中增加了 5A 级旅游景区。新增的 5A 级主要从细节方面、景区的文化性和特色性等方面做更高要求；

——对原 5A 级旅游景区的划分条件均进行了修订，强化以人为本的服务宗旨，4A 级旅游景区增加细节性、文化性和特色性要求；

——细化了关于资源吸引力和市场影响力方面的划分条件。

本标准由国家旅游局提出。

本标准由全国旅游标准化技术委员会归口并负责解释。

本标准起草单位：国家旅游局规划发展与财务司。

本标准主要起草人：魏小安、汪黎明、彭德成、潘肖澎、周梅。

## 引 言

本标准的制定旨在加强对旅游景区的管理，提高旅游景区服务质量，维护旅游景区和旅游者的合法权益，促进我国旅游资源开发、利用和环境保护。

本标准在制定过程中，总结了国内旅游景区的管理经验，借鉴了国内外有关资料和技术规程，并直接引用了部分国家标准或标准条文。同时，根据 GB/T 17775—1999《旅游景区质量等级的划分与评定》自 1999 年至今近三年时间的实施情况，在原标准基础上对一些内容进行了修订，使其更加符合旅游景区的发展实际。

## 旅游景区质量等级的划分与评定

### 1 范围

本标准规定了旅游景区质量等级划分的依据、条件及评定的基本要求。

本标准适用于接待海内外旅游者的各种类型的旅游景区，包括以自然景观及人文景观为主的旅游景区。

### 2 规范性引用文件

下列文件中的条款通过本标准的引用而成为本标准的条款。凡是注日期的引用文件，其随后所有的修改单（不包括勘误的内容）或修订版均不适用于本标准，然而，鼓励根据本标准达成协议的各方研究是否可使用这些文件的最新版本。凡是不注日期的引用文件，其最新版本适用于本标准。

GB 3095—1996 环境空气质量标准

GB 3096—1993 城市区域环境噪声标准

GB 3838 地表水环境质量标准

GB 8978 污水综合排放标准

GB 9664 文化娱乐场所卫生标准

GB 9667 游泳场所卫生标准

GB/T 10001.1 标志用公共信息图形符号第一部分：通用符号 <GB/T 10001.1—2000，neq ISO7001：1990）

GB/T 15971—1995 导游服务质量

GB 16153 饭馆（餐厅）卫生标准

GB/T 16767 游乐园（场）安全和服务质

### 3 术语和定义

下列术语和定义适用于本标准。

3.1 旅游景区 tourist attraction

旅游景区是以旅游及其相关活动为主要功能或主要功能之一的空间或地域。本标准中旅游景区是指具有参观游览、休闲度假、康乐健身等功能，具备相应旅游服务设施并提供相应旅游服务的独立管理区。该管理区应有统一的经营管理机构和明确的地域范围。包括风景区、文博院馆、寺庙观堂、旅游度假区、自然保护区、主题公园、森林公园、地质公园、游乐园、动物园、植物园及工业、农业、经贸、科教、军事、体育、文化艺术等各类旅游景区。

3.2 旅游资源 tourism resources

自然界和人类社会凡能对旅游者产生吸引力，可以为旅游业开发利用，并可产生经济效益、社会效益和环境效益的各种事物和因素。

3.3 游客中心 tourist center

旅游景区设立的为游客提供信息、咨询、游程安排、讲解、教育、休息等旅游设施和服务功能的专门场所。

## 4 旅游景区质量等级及标志

4.1 旅游景区质量等级划分为五级，从高到低依次为5A级、4A级、3A级、2A级、A级旅游景区。

4.2 旅游景区质量等级的标牌、证书由全国旅游景区质量等级评定机构统一规定。

## 5 旅游景区质量等级划分条件

### 5.1 5A级旅游景区

#### 5.1.1 旅游交通

a）可进入性好。交通设施完善，进出便捷。或具有一级公路或高等级航道、航线直达；或具有旅游专线交通工具。

b）有与景观环境相协调的专用停车场或船舶码头。管理完善，布局合理，容量能充分满足游客接待量要求。场地平整坚实、绿化美观或水域畅通、清洁。标志规范、醒目、美观。

c）区内游览（参观）路线或航道布局合理、顺畅，与观赏内容联结度高，兴奋感强。路面特色突出，或航道水体清澈。

d）区内应使用清洁能源的交通工具。

#### 5.1.2 游览

a）游客中心位置合理，规模适度，设施齐全，功能体现充分。咨询服务人员配备齐全，业务熟练，服务热情。

b）各种引导标识（包括导游全景图、导览图、标识牌、景物介绍牌等）造型特色突出，艺术感和文化气息浓厚，能烘托总体环境。标识牌和景物介绍牌设置合理。

c）公众信息资料（如研究论著、科普读物、综合画册、音像制品、导游图和导游材料等）特色突出，品种齐全，内容丰富，文字优美，制作精美，适时更新。

d）导游员（讲解员）持证上岗，人数及语种能满足游客需要。普通话达标率100%。导游员（讲解员）均应具备大专以上文化程度，其中本科以上不少于30%。

e）导游（讲解）词科学、准确、有文采。导游服务具有针对性，强调个性化，服务质量达到GB/T 15971—1995中4.5.3和第5章要求。

f）公共信息图形符号的设置合理，设计精美，特色突出，有艺术感和文化气息，符合GB/T 10001.1的规定。

g）游客公共休息设施布局合理，数量充足，设计精美，特色突出，有艺术感和文化气息。

#### 5.1.3 旅游安全

a）认真执行公安、交通、劳动、质量监督、旅游等有关部门制定和颁的安全法规，建立完善的安全保卫制度，工作全面落实。

b）消防、防盗、救护等设备齐全、完好、有效，交通、机电、游览、娱乐等设备完好，运行正常，无安全隐患。游乐园达到GB/T 16767规定的安全和服务标准。危险地段标志明显，防护设施齐备、有效、特殊地段有专人看守。

c）建立紧急救援机制，设立医务室，并配备专职医务人员。设有突发事件处理预案，应急处理能力强，事故处理及时、妥当，档案记录准确、齐全。

**5.1.4 卫生**

a）环境整洁，无污水、污物，无乱建、乱堆、乱放现象，建筑物及各种设施设备无剥落、无污垢，空气清新、无异味。

b）各类场所全部达到GB 9664规定的要求，餐饮场所达到GB 16153规定的要求，游泳场所达到GB 9667规定的要求。

c）公共厕所布局合理，数量能满足需要，标识醒目美观，建筑造型景观化。所有厕所具备水冲、盥洗、通风设备，并保持完好或使用免水冲生态厕所。厕所设专人服务，洁具洁净、无污垢、无堵塞。室内整洁，有文化气息。

d）垃圾箱布局合理，标识明显，造型美观独特，与环境相协调。垃圾箱分类设置，垃圾清扫及时，日产日清。

e）食品卫生符合国家规定，餐饮服务配备消毒设施，不应使用对环境造成污染的一次性餐具。

**5.1.5 邮电服务**

a）提供邮政及邮政纪念服务。

b）通信设施布局合理。出入口及游人集中场所设有公用电话，具备国际、国内直拨功能。

c）公用电话亭与环境相协调，标志美观醒目。

d）通信方便，线路畅通，服务亲切，收费合理。

e）能接收移动电话信号。

**5.1.6 旅游购物**

a）购物场所布局合理，建筑造型、色彩、材质有特色，与环境协调。

b）对购物场所进行集中管理，环境整洁，秩序良好，无围追兜售、强买强卖现象。

c）对商品从业人员有统一管理措施和手段。

d）旅游商品种类丰富，本地区及本旅游区特色突出。

**5.1.7 经营管理**

a）管理体制健全，经营机制有效。

b）旅游质量、旅游安全、旅游统计等各项经营管理制度健全有效，贯彻措施得力，定期监督检查，有完整的书面记录和总结。

c）管理人员配备合理，中高级以上管理人员均具备大学以上文化程度。

d）具有独特的产品形象、良好的质量形象、鲜明的视觉形象和文明的员工形象，确立自身的品牌标志，并全面、恰当地使用。

e）有正式批准的旅游总体规划，开发建设项目符合规划要求。

f）培训机构、制度明确，人员、经费落实，业务培训全面，效果良好，上岗人员培训合格率达 100%。

g）投诉制度健全，人员落实、设备专用，投诉处理及时、妥善，档案记录完整。

h）为特定人群（老年人、儿童、残疾人等）配备旅游工具、用品，提供特殊服务。

**5.1.8　资源和环境的保护**

a）空气质量达 GB 3095—1996 的一级标准。

b）噪声质量达到 GB 3096—1993 的一类标准。

c）地面水环境质量达到 GB 3838 的规定。

d）污水排放达到 GB 8978 的规定。

e）自然景观和文物古迹保护手段科学，措施先进，能有效预防自然和人为破坏，保持自然景观和文物古迹的真实性和完整性。

f）科学管理游客容量。

g）建筑布局合理，建筑物体量、高度、色彩、造型与景观相协调。出入口主体建筑格调突出，并烘托景观及环境。周边建筑物与景观格调协调，或具有一定的缓冲区域。

h）环境氛围优良。绿化覆盖率高，植物与景观配置得当，景观与环境美化措施多样，效果好。

i）区内各项设施设备符合国家关于环境保护的要求，不造成环境污染和其他公害，不破坏旅游资源和游览气氛。

**5.1.9　旅游资源吸引力**

a）观赏游憩价值极高。

b）同时具有极高历史价值、文化价值、科学价值，或其中一类价值具有世界意义。

c）有大量珍贵物种，或景观异常奇特，或有世界级资源实体。

d）资源实体体量巨大，或资源类型多，或资源实体疏密度极优。

e）资源实体完整无缺，保持原来形态与结构。

**5.1.10　市场吸引力**

a）世界知名。

b）美誉度极高。

c）市场辐射力很强。

d）主题鲜明，特色突出，独创性强。

**5.1.11　年接待海内外旅游者 60 万人次以上，其中海外旅游者 5 万人次以上。**

**5.1.12　游客抽样调查满意率很高。**

### 5.2　4A 级旅游景区

**5.2.1　旅游交通**

a）可进入性良好。交通设施完善，进出便捷。或具有一级公路或高等级航道、航线直达；或具有旅游专线交通工具。

b）有与景观环境相协调的专用停车场或船舶码头。且管理完善，布局合理，容量能满足游客接待量要求。场地平整坚实或水域畅通。标志规范、醒目。

c）区内游览（参观）路线或航道布局合理、顺畅，观赏面大。路面有特色，或航道水质良好。

d）区内使用低排放的交通工具，或鼓励使用清洁能源的交通工具。

**5.2.2　游览**

a）游客中心位置合理，规模适度，设施齐全，功能完善。咨询服务人员配备齐全，业务熟练，服务热情。

b）各种引导标识（包括导游全景图、导览图、标识牌、景物介绍牌等）造型有特色，与景观环境相协调。标识牌和景物介绍牌设置合理。

c）公众信息资料（如研究论著、科普读物、综合画册、音像制品、导游图和导游材料等）特色突出，品种齐全，内容丰富，制作良好，适时更新。

d）导游员（讲解员）持证上岗，人数及语种能满足游客需要。普通话达标率100%。导游员（讲解员）均应具备高中以上文化程度，其中大专以上不少于40%。

e）导游（讲解）词科学、准确、生动。导游服务质量达到GB/T 15971—1995中4.5.3和第5章要求。

f）公共信息图形符号的设置合理，设计精美，有特色，有艺术感，符合GB/T 10001.1的规定。

g）游客公共休息设施布局合理，数量充足，设计精美，有特色，有艺术感。

**5.2.3　旅游安全**

a）认真执行公安、交通、劳动、质量监督、旅游等有关部门制定和颁布的安全法规，建立完善的安全保卫制度，工作全面落实。

b）消防、防盗、救护等设备齐全、完好、有效，交通、机电、游览、娱乐等设备完好，运行正常，无安全隐患。游乐园达到GB/T 16767规定的安全和服务标准。危险地段标志明显，防护设施齐备、有效，高峰期有专人看守。

c）建立紧急救援机制，设立医务室，并配备医务人员。设有突发事件处理预案，应急处理能力强，事故处理及时、妥当，档案记录准确、齐全。

**5.2.4　卫生**

a）环境整洁，无污水、污物，无乱建、乱堆、乱放现象，建筑物及各种设施设备无剥落、无污垢，空气清新、无异味。

b）各类场所全部达到GB 9664规定的要求，餐饮场所达到GB 16153规定的要求，游泳场所达到GB 9667规定的要求。

c）公共厕所布局合理，数量能满足需要，标识醒目美观，建筑造型与景观环境相协调。所有厕所具备水冲、盥洗、通风设备，并保持完好或使用免水冲生态厕所。厕所管理完善，洁具洁净、无污垢、无堵塞。室内整洁。

d）垃圾箱布局合理，标识明显，数量能满足需要，造型美观，与环境相协调。垃圾分类收集，清扫及时，日产日清。

e）食品卫生符合国家规定，餐饮服务配备消毒设施，不使用对环境造成污染的一次性餐具。

**5.2.5 邮电服务**

a）提供邮政及邮政纪念服务。

b）通信设施布局合理。出入口．及游人集中场所设有公用电话，具备国际、国内直拨功能。

c）公用电话亭与环境相协调，标志美观醒目。

d）通信方便，线路畅通，服务亲切，收费合理。

e）能接收移动电话信号。

**5.2.6 旅游购物**

a）购物场所布局合理，建筑造型、色彩、材质有特色，与环境协调。

b）对购物场所进行集中管理，环境整洁，秩序良好，无围追兜售、强买强卖现象。

c）对商品从业人员有统一管理措施和手段。

d）旅游商品种类丰富，具有本地区特色。

**5.2.7 经营管理**

a）管理体制健全，经营机制有效。

b）旅游质量、旅游安全、旅游统计等各项经营管理制度健全有效，贯彻措施得力，定期监督检查，有完整的书面记录和总结。

c）管理人员配备合理，高级管理人员均应具备大学以上文化程度。

d）具有独特的产品形象、良好的质量形象、鲜明的视觉形象和文明的员工形象，确立自身的品牌标志，并全面、恰当地使用。

e）有正式批准的旅游总体规划，开发建设项目符合规划要求。

f）培训机构、制度明确，人员、经费落实，业务培训全面，效果良好，上岗人员培训合格率达 100%。

g）投诉制度健全，人员、设备落实，投诉处理及时、妥善，档案记录完整。

h）为特定人群（老年人、儿童、残疾人等）配备旅游工具、用品，提供特殊服务。

**5.2.8 资源和环境的保护**

a）空气质量达 GB 3095—1996 的一级标准。

b）噪声质量达到 GB 3096—1993 的一类标准。

c）地面水环境质量达到 GB 3838 的规定。

d）污水排放达到 GB 8978 的规定。

e）自然景观和文物古迹保护手段科学，措施先进，能有效预防自然和人为破坏，保持自然景观和文物古迹的真实性和完整性。

f）科学管理游客容量。

g）建筑布局合理，建筑物体量、高度、色彩、造型与景观相协调。出入口主体建筑有格调，与景观环境相协调。周边建筑物与景观格调协调，或具有一定的缓冲区域或隔离带。

h）环境氛围良好。绿化覆盖率高，植物与景观配置得当，景观与环境美化措施多样，效果良好。

i）区内各项设施设备符合国家关于环境保护的要求，不造成环境污染和其他公害，不破坏旅游资源和游览气氛。

**5.2.9　旅游资源吸引力**

a）观赏游憩价值很高。

b）同时具有很高历史价值、文化价值、科学价值，或其中一类价值具有全国意义。

c）有很多珍贵物种，或景观非常奇特，或有国家级资源实体。

d）资源实体体量很大，或资源类型多，或资源实体疏密度优良。

e）资源实体完整，保持原来形态与结构。

**5.2.10　市场吸引力**

a）全国知名。

b）美誉度高。

c）市场辐射力强。

d）形成特色主题，有一定独创性。

**5.2.11　年接待海内外旅游者50万人次以上，其中海外旅游者3万人次以上。**

**5.2.12　游客抽样调查满意率高。**

5.3　3A级旅游景区

**5.3.1　旅游交通**

a）可进入性较好。交通设施完备，进出便捷。或具有至少二级以上公路或高等级航道、航线直达；或具有旅游专线等便捷交通工作。

b）有与景观环境相协调的专用停车场或船舶码头。且布局合理，容量能满足需求。场地平整坚实或水域畅通。标志规范、醒目。

c）区内游览（参观）路线或航道布局合理、顺畅，观赏面大。路面有特色，或航道水质良好。

d）区内使用低排放的交通工作，或鼓励使用清洁能源的交通工具。

**5.3.2　游览**

a）游客中心位置合理，规模适度，设施、功能齐备。游客中心有服务人员，业务熟悉，服务热情。

b）各种引导标识（包括导游全景图、导览图、标识牌、景物介绍牌等）造型有特色，与景观环境相协调。标识牌和景物介绍牌设置合理。

c）公众信息资料（如研究论著、科普读物、综合画册、音像制品、导游图和导游材料等）有特色，品种全，内容丰富，制作良好，适时更新。

d）导游员（讲解员）持证上岗，人数及语种能满足游客需要。普通话达标率100%。导游员（讲解员）均应具备高中以上文化程度，其中大专以上不少于20%。

e）导游（讲解）词科学、准确、生动、导游服务质量达到GB/T 15971—1995中4.5.3和第5章要求。

f）公共信息图形符号的设置合理，设计有特色，符合GB/T 10001.1的规定。

g）游客公共休息设施布局合理，数量满足需要，设计有特色。

**5.3.3　旅游安全**

a）认真执行公安、交通、劳动、质量监督、旅游等有关部门制定和颁布的安全法规，建立完善的安全保卫制度，工作全面落实。

b）消防、防盗、救护等设备齐全、完好、有效，交通、机电、游览、娱乐等设备完好，运行正常，无安全隐患。游乐园达到 GB/T 16767 规定的安全和服务标准。危险地段标志明显，防护设施齐备、有效，高峰期有专人看守。

c）建立紧急救援机制，设立医务室，至少配备兼职医务人员。设有突发事件处理预案，应急处理能力强，事故处理及时、妥当，档案记录准确、齐全。

**5.3.4　卫生**

a）环境整洁，无污水、污物，无乱建、乱堆、乱放现象，建筑物及各种设施设备无剥落、无污垢，空气清新、无异味。

b）各类场所全部达到 GB 9664 规定的要求，餐饮场所达到 GB 16153 规定的要求，游泳场所达到 GB 9667 规定的要求。

c）公共厕所布局合理，数量满足需要，标识醒目，建筑造型与景观环境协调。全部厕所具备水冲、通风设备，并保持完好或使用免水冲生态厕所。厕所整洁，洁具洁净、无污垢、无堵塞。

d）垃圾箱布局合理，标识明显，数量满足需要，造型美观，与环境协调。垃圾清扫及时，日产日清。

e）食品卫生符合国家规定，餐饮服务配备消毒设施，不使用造成污染的一次性餐具。

**5.3.5　邮电服务**

a）提供邮政及邮政纪念服务。

b）通信设施布局合理。游人集中场所设有公用电话，具备国际、国内直拨功能。

c）公用电话亭与环境基本协调，标志醒目。

d）通信方便，线路畅通，服务亲切，收费合理。

e）能接收移动电话信号。

**5.3.6　旅游购物**

a）购物场所布局合理，建筑造型、色彩、材质与环境协调。

b）对购物场所进行集中管理，环境整洁，秩序良好，无围追兜售、强买强卖现象。

c）对商品从业人员有统一管理措施和手段。

d）旅游商品种类丰富，具有本地区特色。

**5.3.7　经营管理**

a）管理体制健全、经营机制有效。

b）旅游质量、旅游安全、旅游统计等各项经营管理制度健全有效，贯彻措施得力，定期监督检查，有完整的书面记录和总结。

c）管理人员配备合理，80% 以上中高级管理人员具备大专以上文化程度。

d）具有独特的产品形象、良好的质量形象、鲜明的视觉形象和文明的员工形象，确立自身的品牌标志，并全面、恰当地使用。

e）有正式批准的总体规划，开发建设项目符合规划要求。

f）培训机构、制度明确，人员、经费落实，业务培训全面，效果良好，上岗人员培训合格率达100%。

g）投诉制度健全，人员、设备落实，投诉处理及时、妥善，档案记录完整。

h）能为特定人群（老年人、儿童、残疾人等）提供特殊服务。

**5.3.8 资源及环境的保护**

a）空气质量达GB 3095—1996的一级标准。

b）噪声质量达到GB 3096—1993的一类标准。

c）地面水环境质量达到GB 3838的规定。

d）污水排放达到GB 8978的规定。

e）自然景观和文物古迹保护手段科学，措施得力，能有效预防自然和人为破坏，保持自然景观和文物古迹的真实性和完整性。

f）科学管理游客容量。

g）建筑布局合理，建筑物体量、高度、色彩、造型与景观相协调。出入口主体建筑有格调，与景观环境相协调。周边建筑物与景观格调协调，或具有一定的缓冲区或隔离带。

h）环境氛围良好。绿化覆盖率较高，植物与景观配置得当，景观与环境美化效果良好。

i）区内各项设施设备符合国家关于环境保护的要求，不造成环境污染和其他公害，不破坏旅游资源和游览气氛。

**5.3.9 旅游资源吸引力**

a）观赏游憩价值较高。

b）同时具有很高历史价值、文化价值、科学价值，或其中一类价值具有省级意义。

c）有较多珍贵物种，或景观奇特，或有省级资源实体。

d）资源实体体量大，或资源类型较多，或资源实体疏密度良好。

e）资源实体完整，基本保持原来形态与结构。

**5.3.10 市场吸引力**

a）周边省市知名。

b）美誉度较高。

c）市场辐射力较强。

d）有一定特色，并初步形成主题。

**5.3.11 年接待海内外旅游者30万人次以上**

**5.3.12 游客抽样调查满意率较高**

5.4 AA级旅游景区

**5.4.1 旅游交通**

a）可进入性较好。进出方便，道路通畅。

b）有专用停车船场所，布局较合理，容量能基本满足需求，场地平整坚实或水域畅通，标志规范、醒目。

c）区内游览（参观）路线或航道布局基本合理、顺畅。

d）区内使用低排放的交通工具，或鼓励使用清洁能源的交通工具。区内无对环境造成污染的交通工具。

**5.4.2 游览**

a）有为游客提供咨询服务的游客中心或相应场所，咨询服务人员业务熟悉，服务热情。

b）各种引导标识（包括导游全景图、导览图、标识牌、景物介绍牌等）清晰美观，与景观环境基本协调。标识牌和景物介绍牌设置合理。

c）公众信息资料（如研究论著、科普读物、综合画册、音像制品、导游图和导游材料等）品种多，内容丰富，制作较好。

d）导游员（讲解员）持证上岗，人数及语种能满足游客需要。普通话达标率100%。导游员（讲解员）均应具备高中以上文化程度。

e）导游（讲解）词科学、准确、生动。导游服务质量达到GB/T 15971—1995中4.5.3和第5章要求。

f）公共信息图形符号的设置合理，规范醒目，符合GB/T 10001.1的规定。

g）游客公共休息设施布局合理，数量基本满足需要，造型与环境基本协调。

**5.4.3 旅游安全**

a）认真执行公安、交通、劳动、质量监督、旅游等有关部门制定和颁布的安全法规，建立完善的安全保卫制度，工作全面落实。

b）消防、防盗、救护等设备齐全、完好、有效，交通、机电、游览、娱乐等设备完好，运行正常，无安全隐患。游乐园达到GB/T 16767规定的安全和服务标准。危险地段标志明显，防护设施齐备、有效。

c）建立紧急救援机制。配备游客常用药品。事故处理及时、妥当，档案记录完整。

**5.4.4 卫生**

a）环境比较整洁，无污水、污物，无乱建、乱堆、乱放现象，建筑物及各种设施设备无剥落、无污垢，空气清新、无异味。

b）各类场所全部达到GB 9664规定的要求，餐饮场所达到GB 16153规定的要求，游泳场所达到GB 9667规定的要求。

c）公共厕所布局合理，数量基本满足需要，标识醒目，建筑造型与景观环境协调。70%以上厕所具备水冲设备，并保持完好或使用免水冲生态厕所。厕所整洁，洁具洁净、无污垢、无堵塞。

d）垃圾箱布局合理，标识明显，数量基本满足需要，造型美观，与环境基本协调。垃圾清扫及时，日产日清。

e）食品卫生符合国家规定，餐饮服务配备消毒设施，不使用对环境造成污染的一次性餐具。

**5.4.5 邮电服务**

a）提供邮政或邮政纪念服务。

b）通信设施布局合理。游人集中场所设有公用电话，具备国内直拨功能。

c）公用电话亭与环境基本协调，标志醒目。

d）通信方便，线路畅通，服务亲切，收费合理。

e）能接收移动电话信号。

**5.4.6 旅游购物**

a）购物场所布局基本合理，建筑造型、色彩、材质与环境基本协调。

b）对购物场所进行集中管理，环境整洁，秩序良好，无围追兜售、强买强卖现象。

c）对商品从业人员有统一管理措施和手段。

d）旅游商品种类较多，具有本地区特色。

**5.4.7 经营管理**

a）管理体制健全，经营机制有效。

b）旅游质量、旅游安全、旅游统计等各项经营管理制度健全有效，贯彻措施得力，定期监督检查，有完整的书面记录和总结。

c）管理人员配备合理，70%以上中高级管理人员具备大专以上文化程度。

d）具有独特的产品形象、良好的质量形象、鲜明的视觉形象和文明的员工形象。

e）有正式批准的总体规划，开发建设项目符合规划要求。

f）培训机构、制度明确，人员、经费落实，业务培训全面，效果良好，上岗人员培训合格率达 100%。

g）投诉制度健全，人员、设备落实，投诉处理及时、妥善，档案记录基本完整。

h）能为特定人群（老年人、儿童、残疾人等）提供特殊服务。

**5.4.8 资源和环境的保护**

a）空气质量达 GB 3095—1996 的一级标准。

b）噪声质量达到 GB 3096—1993 的一类标准。

c）地面水环境质量达到 GB 3838 的规定。

d）污水排放达到 GB 8978 的规定。

e）自然景观和文物古迹保护手段科学，措施得力，能有效预防自然和人为破坏，基本保持自然景观和文物古迹的真实性和完整性。

f）科学管理游客容量。

g）建筑布局基本合理，建筑物体量、高度、色彩、造型与景观基本协调。出入口主体建筑有格调，与景观环境相协调。周边建筑物与景观格调基本协调，或具有一定的缓冲区或隔离带。

h）环境氛围良好。绿化覆盖率较高，植物与景观配置得当，景观与环境美化效果较好。

i）区内各项设施设备符合国家关于环境保护的要求，不造成环境污染和其他公害，不破坏旅游资源和游览气氛。

**5.4.9 旅游资源吸引力**

a）观赏游憩价值一般。

b）同时具有较高历史价值、文化价值、科学价值，或其中一类价值具有地区意义。

c）有少量珍贵物种，或景观突出，或有地区级资源实体。

d）资源实体体量较大，或资源类型较多，或资源实体疏密度较好。

e）资源实体基本完整。

**5.4.10 市场吸引力**

a）全省知名。

b）有一定美誉度。

c）有一定市场辐射力。

d）有一定特色。

**5.4.11 年接待海内外旅游者10万人次以上。**

**5.4.12 游客抽样调查满意率较高。**

5.5 A级旅游景区

**5.5.1 旅游交通**

a）通往旅游景区的交通基本通畅，有较好的可进入性。

b）具有停车（船）场所，容量能基本满足需求，场地较平整坚实或水域较畅通，有相应标志。

c）区内游览（参观）路线或航道布局基本合理、顺畅。

d）区内使用低排放的交通工具，或鼓励使用清洁能源的交通工具。

**5.5.2 游览**

a）有为游客提供咨询服务的场所，服务人员业务熟悉，服务热情。

b）各种公众信息资料（包括导游全景图、标识牌、景物介绍牌等）与景观环境基本协调。标识牌和景物介绍牌设置基本合理。

c）宣传教育材料（如研究论著、科普读物、综合画册、音像制品、导游图和导游材料等）品种多，内容丰富，制作较好。

d）导游员（讲解员）持证上岗，人数及语种能基本满足游客需要。普通话达标率100%。导游员（讲解员）均应具高中以上文化程度。

e）导游（讲解）词科学、准确、生动。导游服务质量达到GB/T 15971—1995中4.5.3和第5章要求。

f）公共信息图形符号的设置基本合理，基本符合GB/T 10001.1的规定。

g）游客公共休息设施布局基本合理，数量基本满足需要。

**5.5.3 旅游安全**

a）认真执行公安、交通、劳动、质量监督、旅游等有关部门制定和颁布的安全法规，安全保卫制度健全，工作落实。

b）消防、防盗、救护等设备齐全、完好、有效，交通、机电、游览、娱乐等设备完好，运行正常，无安全隐患。游乐园达到GB/T 16767规定的安全和服务标准。危险地段标志明显，防护设施齐备、有效。

c）事故处理及时、妥当，档案记录完整，配备游客常用药品。

**5.5.4 卫生**

a）环境比较整洁，无污水、污物，无乱建、乱堆、乱放现象，建筑物及各种设施设备无剥落、无污垢，空气清新、无异味。

b）各类场所全部达到GB 9664规定的要求，餐饮场所达到GB 16153规定的要求，游泳场所达到GB 9667规定的要求。

c）公共厕所布局较合理，数量基本满足需要，建筑造型与景观环境比较协调。50%以上厕所具备水冲设备，并保持完好或使用免水冲生态厕所。厕所较整洁，洁具洁净、无污垢、无堵塞。

d）垃圾箱布局较合理，标识明显，数量基本满足需要，造型与环境比较协调。垃圾清扫及时，日产日清。

e）食品卫生符合国家规定，餐饮服务配备消毒设施，不使用对环境造成污染的一次性餐具。

**5.5.5　邮电服务**

a）提供邮政或邮政纪念服务。

b）通信设施布局较合理。游人集中场所设有公用电话，具备国内直拨功能。

c）通信方便，线路畅通，收费合理。

d）能接收移动电话信号。

**5.5.6　旅游购物**

a）购物场所布局基本合理，建筑造型、色彩、材质与环境较协调。

b）对购物场所进行集中管理，环境整洁，秩序良好，无围追兜售、强买强卖现象。

c）对商品从业人员有统一管理措施和手段。

d）旅游商品有本地区特色。

**5.5.7　经营管理**

a）管理体制健全，经营机制有效。

b）旅游质量、旅游安全、旅游统计等各项经营管理制度健全有效，贯彻措施得力，定期监督检查，有比较完整的书面记录和总结。

c）管理人员配备合理，60%以上中高级管理人员具大专以上文化程度。

d）具有一定的产品形象、质量形象和文明的员工形象。

e）有正式批准的总体规划，开发建设项目符合规划要求。

f）培训机构、制度明确，人员、经费落实，业务培训全面，效果良好，上岗人员培训合格率达 100%。

g）投诉制度健全，人员、设备落实，投诉处理及时，档案记录基本完整。

h）能为特定人群（老年人、儿童、残疾人等）提供特殊服务。

**5.5.8　资源和环境的保护**

a）空气质量达到 GB 3095—1996 的一级标准。

b）噪声质量达到 GB 3096—1993 的一类标准。

c）地面水环境质量达到 GB 3838 的规定。

d）污水排放达到 GB 8978 的规定。

e）自然景观和文物古迹保护手段科学，措施得力，能有效预防自然和人为破坏，基本保持自然景观和文物古迹的真实性和完整性。

f）科学管理游客容量。

g）建筑布局较合理，建筑物造型与景观基本协调。出入口主体建筑与景观环境基本协调。周边建筑物与景观格调较协调，或具有一定的缓冲区或隔离带。

h）环境氛围较好。绿化覆盖率较高，景观与环境美化效果较好。

i）区内各项设施设备符合国家关于环境保护的要求，不造成环境污染和其他公害，不破坏旅游资源和游览气氛。

**5.5.9 旅游资源吸引力**

a）观赏游憩价值较小。

b）同时具有一定历史价值、文化价值、科学价值，或其中一类价值具有地区意义。

c）有个别珍贵物种，或景观比较突出，或有地区级资源实体。

d）资源实体体量中等，或有一定资源类型，或资源实体疏密度一般。

e）资源实体较完整。

**5.5.10 市场吸引力**

a）本地区知名。

b）有一定美誉度。

c）有一定市场辐射力。

d）有一定特色。

**5.5.11 年接待海内外游客3万人次以上**

**5.5.12 游客抽样调查基本满意**

## 6 旅游景区质量等级的划分依据与方法

**6.1 根据旅游景区质量等级划分条件确定旅游景区质量等级，按照《服务质量与环境质量评分细则》《景观质量评分细则》的评价得分，并结合《游客意见评分细则》的得分综合进行**

**6.2 经评定合格的各质量等级旅游景区，由全国旅游景区质量等级评定机构向社会统一公告**

# 附录七 《创建国家5A级旅游景区评比标准》

## 一、细则一：服务质量与环境质量评分细则

**（一）旅游交通**

1. 可进入性
2. 自备停车场
3. 内部交通

**（二）游览**

1. 门票
2. 游客中心
3. 引导标识
4. 宣教资料
5. 导游服务
6. 游客公共休息设施和观景设施
7. 公共信息图形符号
8. 特殊人群服务项目

**（三）旅游安全**

1. 安全保护机构、制度与人员
2. 安全处置
3. 安全设备设施
4. 医疗服务
5. 救护服务

**（四）卫生**

1. 环境卫生
2. 废弃物管理
3. 吸烟区管理
4. 食品卫生
5. 厕所

**（五）邮电服务**

1. 邮政纪念服务
2. 电讯服务

**（六）旅游购物**

1. 购物场所建设
2. 购物场所管理
3. 商品经营从业人员管理
4. 旅游商品

**（七）综合管理**

1. 机构与制度
2. 企业形象
3. 培训
4. 游客投诉及意见处理
5. 征询游客意见
6. 国际互联网宣传
7. 电视宣传
8. 报刊宣传
9. 电子商务
10. 社会效益

**（八）资源和环境的保护**

1. 空气质量
2. 噪声指标
3. 地表水质量
4. 景观、生态、文物、古建筑保护
5. 出入口
6. 区内建筑及设施与景观的协调性
7. 周边环境与景观协调性
8. 绿化或美化
9. 清洁能源的设施、设备
10. 环保型材料

## 二、细则二：景观质量评分细则

**（一）资源吸引力**

1. 观赏游憩价值
2. 历史文化科学价值
3. 珍稀或奇特程度
4. 规模与丰度
5. 完整性

**（二）市场影响力**

1. 知名度
2. 美誉度

3. 市场辐射力
4. 主题强化度

### 三、细则三：游客意见评分细则

1. 旅游景区质量等级对游客意见的评分依据
2. 游客综合满意度的考察
3.《旅游景区游客意见调查表》发放、回收、统计
4. 在质量等级评定过程中，《旅游景区游客意见调查表》发放规模
5.《旅游景区游客意见调查表》采取发放方式
6. 游客综合满意度的计分方法
7. 旅游景区质量等级游客意见综合得分最低要求

## 第一部分　有关景区评比知识点

1. 外部交通
2. 景区交通
3. 停车场
4. 风景区旅游线路
5. 景区内标识牌
6. 景区互联网
7. 导游服务
8. 多功能的游客中心
9. 景区安全
10. 景区内厕所
11. 景区通信
12. 崂山旅游纪念品
13. 景区培训
14. 景区广告语、质量口号、质量方针、景区质量目标
15. 景区总体规划
16. 景区旅游投诉
17. 景区 ISO 9001 质量认证和 14000 环境质量认证
18. 景区主体建筑
19. 景区适合游览时间、客源

## 第二部分　创建国家5A级旅游景区评比标准

### 一、细则一：服务质量与环境质量评分细则

说明：

1. 本细则共计1000分，共分为8个大项，各大项分值为：旅游交通140分；游览210分；旅游安全80分；卫生140分；邮电服务30分；旅游购物50分；综合管理195分；资源和环境的保护155分。

2. 5A级旅游景区需达到950分。

**（一）旅游交通140分**

**1. 可进入性70分**

①抵达依托城市便捷程度，直达机场距依托城市距离在30公里以内。

②依托城市有高速公路进、出口；客运火车站、航运码头。

③依托城市到达景区便捷。

④抵达公路及客运航道等级为一级公路或最高级客运航道。

⑤景区外部交通引导标识，要求在颜色、外形上有别于一般交通标识。

⑥护坡良好。

⑦有旅游专项交通方式。

⑧有直达旅游专线。

⑨公交通达。

**2. 自备停车场30分**

①自备停车场地，要求停车场有绿化停车面或绿化隔离线。

②停车场设停车线、停车分区、回车线、分设出入口、专人值管。

③车场内有方向引导指示标识。停车场或码头要求美观，有特色或文化性，与景观相协调。

**3. 内部交通40分**

①游览线路进出口设置合理，不过分邻近，有利于游客疏散。

②景区特色游步道，要求游步道设计特色突出，体现景区文化，采用生态或仿生态效果。

③游道或线路设置合理，线路设置形成环线，观赏面大，有利于游客游览。

**（二）游览210分**

**1. 门票10分**

①设计制作精美。

②有突出特色。

③背面有游览简图，咨询、投诉、紧急救援电话。

**2. 游客中心65分**

①游客中心位置优越、标识醒目、规模恰当，游客中心外明示免费服务项目。

②在游客中心内部设置计算机触摸屏，介绍各景点设施及服务。

③在游客中心内设置影视介绍系统。

④提供游客休息设施。

⑤提供本旅游景区导览宣传资料。

⑥咨询服务人员配备齐全。

⑦提供游程线路图。

⑧明示景区活动节目预告。

⑨提供导游人员明细公示。

⑩提供饮料及纪念品服务。

⑪ 提供特殊人群服务项目，包括残疾人轮椅、盲道、无障碍设施，老年人使用的拐杖，儿童使用的童车等。

**3. 引导标识 43 分**

①配备导游全景图，全景图要正确标识出主要景点及旅游服务设施的位置，包括各主要景点、游客中心、厕所、出入口、医务室、公用电话、停车场等，并明示咨询、投诉、救援电话。

②大型景区内交叉路口设置导览图，标明现在位置及周边景点和服务设施的图示。

③配备景物介绍牌，标识牌。

④设计制作精美，维护良好，无脱落、无毛刺、无腐蚀等。

⑤中外文对照明确无误，对照最少 3 种，要文图相符。

**4. 提供宣教资料。15 分**

①包括正式出版印刷的导游图、明信片、画册、音像制品、研究论著、科普读物等。

②游客能获取本旅游景区主要的导览和宣传资料，其中至少包括一种免费宣传品，品种多，展示精美。

**5. 导游服务。37 分**

①导游人员数量适当。

②导游语种丰富，设外语导游。

③增加高级导游员或讲解员。

④设便携式可选择播放语音导游。

⑤导游词丰富、有文采。

⑥导游效果清晰、生动、吸引人。

⑦导游服务有针对性，强调个性化。

**6. 提供游客公共休息设施和观景设施。22 分**

①布局合理，数量充足，能满足需要。

②不设置在危险地带、危险场所。造型与景观环境相协调。

**7. 设置公共信息图形符号。18 分**

①标识的内容、位置与范围，参照 GB10001 标准。

②位置与数量。要求在停车场、出入口、售票处、购物场所、医疗点、厕所、餐饮设施等位置，合理设置公共信息图形符号。图形规范，与景观相协调，有文化特色，视

觉效果好。

**8. 特殊人群服务项目 10 分**

包括残疾人轮椅、盲道、无障碍设施，老年人使用的拐杖，儿童使用的童车等。

（三）旅游安全 80 分

**1. 安全保护机构、制度与人员。10 分**

①设置安全保护机构，有健全的安全保护制度。

②有专职安全保护人员，并在游客集中和有安全隐患的地方分布。

景区流动安全保护人员应与旅游区规模及性质相适应。

**2. 安全处置 17 分**

①有高峰期游客安全处置预案，职责明确，程序清晰。

②工作人员到岗到位，分流得力，安全措施有效。

③特殊情况的安全处置，包括恶劣气候、突发灾情、传染病疫情、食物中毒、缆车停电等特殊情况。预案反应迅速，组织得力，替代设施到位，处置效果好。

**3. 安全设备设施 28 分**

①危险地带设置安全防护设施，安全护栏、水上拉网等应齐全和有效。

②防火设施齐备、完好。

③游览游乐服务设施安全，包括交通工具、交通设施、游乐设施、水上游乐设备以及地面防滑处理、无障碍设施等，应符合安全规定、有效。

④特殊旅游项目的安全确认，速降、蹦极、潜水、漂流、游乐等特殊旅游项目，经验收合格。

⑤安全警告标志、标识应齐全、醒目、规范。

⑥安全宣传。安全说明或须知等要求中外文对照，置于醒目位置。有关重点景区（水上项目、滑雪场）需安装安全广播。

⑦完善景区监控系统建设。

**4. 医疗服务。8 分**

①设立医务室。

②有专职医护人员。

③备日常药品。

④备急救箱、急救担架。

**5. 救护服务。4 分**

①有水上旅游景区、山地旅游景区、滑雪场等的救护设备。

②建立紧急救援体系。

③内部救援电话，向游客公布且畅通有效。

④与相关单位有专门运送协议，及时发现，安全运送。

（四）卫生 140 分

**1. 环境卫生 20 分**

①景区内无乱堆、乱放、乱建现象，施工场地维护完好、美观。

②游览场所地面无污水、污物。

③建筑物及各种设施设备无污垢、污脱落。

④气味清新。

**2. 废弃物管理 40 分**

①污水排放不污染地面、河流、湖泊、海滨等。

②排放设施齐全完好。

③垃圾清扫及时，日产日清，流动清扫。

④垃圾清扫器具美观、整洁。

⑤垃圾箱（桶）外观整洁美观、数量充足、布局合理。

⑥垃圾处理场地或垃圾集中场地远离旅游景区，不乱堆放，不就地焚烧或掩埋。

**3. 吸烟区管理 5 分**

①合理划分，划分为吸烟区与非吸烟区。

②管理到位，对非吸烟区吸烟行为，管理措施明确，管理行为到位。

**4. 食品卫生 10 分**

①食品卫生符合国家规定。

②餐饮、饮具、厨具分类存放，消毒处理。

**5. 厕所 65 分**

①要求景区提供厕所布点图。

②位置合理。位置相对隐蔽，但易于寻找，方便到达。

③数量充足。厕所总量达到旺季日均游客接待量的 5‰以上。

④若固定厕位不能满足高峰期需求，设流动厕所。

⑤厕所使用水冲或生态厕所的比例达 100%。

⑥设残疾人厕位。

⑦厕所设备洁具质量较好，要求隔板与门均有。主要游览场所的厕所应具备盥洗设施（水龙头）、挂衣钩、卫生纸、皂液、面镜、干手设备、烟缸等设施且实用有效。

⑧厕所内部有文化氛围，厕所内根据景区特点进行装饰布置。厕所外观、色彩、造型与景观环境协调。

⑨游客集中场所的厕所有专人提供服务。

⑩三星级以上厕所达 100%。厕所无异味，地面无秽物。

（五）景区邮电服务 30 分

**1. 邮政纪念服务。8 分**

提供纪念戳、本地纪念封、明信片、纪念邮票等。

**2. 电讯服务。22 分**

①有公用电话。

②公用电话数量充足。

③在出入口及区内游客集中场所均有设置。

④公用电话有直拨长途功能。

⑤公用电话亭及标志与环境相协调，标志美观、醒目。

⑥能接收移动电话信号。

（六）旅游购物50分

**1. 购物场所建设15分**

①购物场所不破坏主要景观，不妨碍游客游览，不与游客抢占道路和观景空间。

②购物场所建筑造型、色彩、材质与景观环境相协调；布局合理，外部广告标志不过分影响观景效果。

**2. 购物场所管理10分**

对购物场所进行集中管理和环境整洁，秩序良好，无围追兜售、强买强卖现象。

**3. 商品经营从业人员管理10分**

有统一管理措施和手段，包括质量管理、价格管理（需明码标价）、计量管理、位置管理、售后服务管理等。

**4. 旅游商品15分**

具有本旅游景区的特色。

（七）综合管理274分

**1. 机构与制度20分**

①管理机构健全，职责分明。

②规章制度健全。市场营销、质量、导游、卫生、环保、统计等规章制度健全。

③规章制度贯彻得力，有一年以上完整执行记录。

**2. 企业形象26分**

①产品形象。据有独特的产品形象并形成外在的企业标志。

②有明确的质量目标，有鲜明的质量方针或口号，为全体员工所熟知。

③企业标志运用。要求在旅游景区入口、导览系统（如全景图、指示牌、景物介绍牌等）、宣传品、门票、工牌等均带有企业标志。

④企业品牌标志进行商标注册。

⑤员工着岗位服饰，佩带工牌。举止文明，热情大方。

**3. 旅游规划30分**

①有按照本标准及细则制定的相关规划。

②规划审批，经当地政府审批。

③规划实施有效性。规划中的各项建设项目和市场开发方案得到全面实施。

**4. 培训20分**

①培训制度、机构、人员、经费明确，落实。

②年度培训范围。管理人员及服务人员全面培训。

③质量、营销、安全、导游、卫生、环保、统计等业务培训全面。

④培训效果，员工回答流利、正确。

**5. 游客投诉及意见处理20分**

①投诉数量及性质。查询有关行政管理部门和景区自身记录。近两年内发生重大质量投诉（涉及对旅游者人身侵犯和健康损害的旅游投诉，均视为重大质量投诉）的，此项不得分。

②投诉处理制度健全。

③投诉服务设施齐全。有明确的投诉电话、投诉办公室标志、投诉信箱、意见本等。

④投诉处理过程中，受理投诉迅速，服务态度好，记录完整、细致。必要时有法律咨询。

⑤投诉处理效果好。

**6. 征询游客意见 6 分**

①定期征询，一年不少于 3 次。

②征询数量，样本量符合接待规模（总量达到全年接待量的 1/1000）。

③意见处理，征询意见有分析、有通报、有改进措施。

**7. 通过国际互联网宣传 14 分**

①有独立域名且有中文网址。

②依托知名综合网站或权威旅游专业网站。

③内容丰富，全面说明景区情况。

④建成数字虚拟景区，实现网上游览。

⑤支持英文及其他语种。

**8. 通过电视宣传 10 分**

①节目形式，有介绍本景区的电视宣传片。

②播放级别，在中央级电视台播放。

**9. 通过报刊宣传 5 分**

①文章介绍形式，专题介绍。

②报刊级别，中央级报刊。

**10. 电子商务 25 分**

①查询，动态查询未来特定时间段预计游客接待量。

②预订，预订门票、住宿、商品、餐饮娱乐等。

③支付，能提供网上支付功能。

**11. 社会效益 15 分**

①带动当地社会就业，80% 为本地员工。

②对当地经济带动作用显著。

（八）资源和环境保护 155 分

**1. 空气质量，达到国家一级标准。10 分**

**2. 噪声指标，达到国标一类标准。5 分**

**3. 地表水质量达国标规定。10 分**

**4. 景观、生态、文物、古建筑保护 45 分**

①保护费用投入。全年用于景观、文物、古建筑、生态系统、珍稀名贵动植物的保护费用要达到旅游景区全年门票收入的 10%。

②采取适合的保护措施（如防火、防盗、防捕杀、古建筑修缮、古树名木保护等），要求制度具体，设施设备完善，人员职责明确。

③保护效果，全面保持文物古迹和景观的真实性和完整性。

**5. 出入口 15 分**

①出入口主体建筑格调，对区内主体景观有烘托效果。

②出入口有相应的游客集散场地，面积适中，管理良好。

**6. 区内建筑及设施与景观的协调性 37 分**

①选址不破坏景观。

②主体建筑风格有特色，效果突出。

③区内各单体建筑风格一致，相协调。

④区内建筑外观（造型、色调、材料等）与景观相协调。

⑤区内建筑体量适度。

⑥建筑物周边形成相应缓冲区，观景效果良好。

⑦功能性建筑选址要隐蔽或外观美化。

⑧管线设施，区内输电、通信线路等全部采用地下隐蔽方式。

⑨区内标语口号及布置方式，注重文化性、艺术性及与景观的协调性。

⑩不乱贴、乱放、乱摆小广告，商业服务设施招牌不过分突出。

⑪ 各种娱乐设施及项目设置、布局和外观合理。

⑫ 建筑及设施选用材料不得使用玻璃幕墙、马赛克贴面、卷帘门窗、简易铁皮棚屋等。

**7. 周边环境与景观协调性 13 分**

①旅游景区与周边环境设有隔离带或缓冲区。

②旅游景区周边形成优美的天际轮廓线。

**8. 绿化或美化 14 分**

①绿化美化措施多样，效果良好。

②植物种类比较丰富。

③具有珍稀植物。

④绿化覆盖率达 80% 以上。

**9. 采用清洁能源的设施、设备 3 分**

区内禁止使用造成严重破坏环境的设施、设备（包括产生高噪音或有害气体、漏油漏气的车辆、船舶等）。

**10. 采用环保型材料 3 分**

景区内禁用不可降解的一次性餐具，经营摊点禁用一次性塑料袋。

## 二、细则二：景观质量评分细则

说明：

1. 本细则分为资源要素价值与景观市场价值两大评价项目、九项评价因子，总分 100 分。其中资源吸引力为 65 分，市场吸引力为 35 分。各评价因子分四个评价得分档次。

2. 等级评定时，对评价项目和评价因子由评定组成员分别计分，最后进行算术平均求得总分。

3.“规模与丰度”评价因子中的“基本类型”参照《旅游资源分类、调查与评价》（GB/T 18972—2003）第9页附录A。

4. 5A级旅游景区需达到90分。

**（一）资源吸引力65分**

**1. 观赏游憩价值25分**

观赏游憩价值很高

**2. 历史文化科学价值15分**

同时具有极高历史价值、文化价值、科学价值，或其中一类价值具有世界意义。

**3. 珍稀或奇特程度10分**

有大量珍稀物种，或景观异常奇特，或有世界级资源实体

**4. 规模与丰度10分**

资源实体体量巨大，或基本类型数量超过40种，或资源实体疏密度优良

**5. 完整性5分**

资源实体完整无缺，保持原来形态与结构

**（二）市场影响力35分**

**1. 知名度10分**

世界知名

**2. 美誉度10分**

有极好的声誉，受到95%以上游客和绝大多数专业人员的普遍赞美。

**3. 市场辐射力10分**

由洲际远程游客，且占一定比例

**4. 主题强化度5分**

主题鲜明，特色突出，独创性强

### 三、细则三：游客意见评分细则

说明：

1. 旅游景区质量等级对游客意见的评分，以游客对该旅游景区的综合满意度为依据。

2. 游客综合满意度的考察，主要参考《旅游景区游客意见调查表》的得分情况。

3.《旅游景区游客意见调查表》由现场评定检查员在景区员工陪同下，直接向游客发放、回收并统计。

4. 在质量等级评定过程中，《旅游景区游客意见调查表》发放规模，应区分旅游景区的规模、范围和申报等级，一般为30~50份，采取即时发放、即时回收、最后汇总统计的方法。回收率不应低于80%。

5.《旅游景区游客意见调查表》的分发，应采取随机发放方式。原则上，发放对象不能少于三个旅游团体，并注意游客的性别、年龄、职业、消费水平等方面的均衡。

6. 游客综合满意度的计分方法：

（1）游客综合满意度总分为100分。

（2）计分标准：

①总体印象满分为20分。其中很满意为20分，满意为15分，一般为10分，不满意为0分。

②其他16项每项满分为5分，总计80分。各项中，很满意为5分，满意为3分，一般为2分，不满意为0分。

（3）计分办法：

先计算出所有《旅游景区游客意见调查表》各单项的算术平均值，再对这17个单项的算术平均值加总，作为本次游客意见评定的综合得分。如存在某一单项在所有调查表中均未填写的情况，则该项以其他各项（除总体印象项外）的平均值计入总分。

7. 旅游景区质量等级游客意见综合得分最低要求为5A级旅游景区：90分。

# 参考文献


[1] 章小平，邓贵平．“智慧景区”建设浅探［N］．中国旅游报，2010-01-25（007）．

[2] 周晓梅．旅游景区服务与管理［M］．天津：天津大学出版社，2011.

[3] 姜若愚．旅游景区服务与管理［M］．大连：东北财经大学出版社，2011.

[4] 任春涛.AAAAA级旅游景区结构与区域要素相关性分析[D].重庆: 重庆师范大学，2014.

[5] 王昕，韦杰，胡传东．中国世界遗产的空间分布特征[J].地理研究，2010，29(11).

[6] 朱竑，陈晓亮．中国A级旅游景区空间分布结构研究[J].地理科学，2008，28(05).

[7] 孔石，曾頔，杨宇博，马建章．中国国家级自然保护区与森林公园空间分布差异比较［J］．东北农业大学学报，2013，44（11）：56-61.

[8] 环境保护部全国自然保护区名录 http：//sts.mep.gov.cn/zrbhq/zrbhq/

[9] 2013年森林公园建设管理状况．中国林业网

[10] http：//www.forestry.gov.cn/portal/slgy/s/2452/content-694283.html

[11] 王昆欣．旅游景区服务与管理［M］．北京：清华大学出版社，2009.

[12] 万剑敏．旅游景区服务与管理［M］．北京：高等教育出版社，2012.

[13] 彭淑清．景区服务与管理［M］．北京：电子工业出版社，2010.

[14] 房振宏．景区联网票务管理系统的设计与实施［D］．西安：西安电子科技大学，2012.

[15] 梁晓，俞立，洪榛．基于J2EE的旅游票务分销管理系统［J］．计算机系统应用，2014，23（2）：52.

[16] 宋丽芳．京西爨底下村开展旅游电子商务的对策及建议［J］．北京农业职业学院学报，2013，27（4）：70-74.

[17] 王瑜．旅游景区服务与管理［M］．大连：东北财经大学出版社，2012.

[18] 颜冬．浅谈旅游门票设计中存在的问题［J］．美术大观——艺术与设计，2011：126-127.

[19] 张文菊，杨晓霞．我国门票研究综述［J］．人文地理，2007（02）：59.

[20] 张文菊，张念萍．基于散客角度的我国旅游景点门票管理探究［J］．柳州师专学报，2013，28（01）：62-65.

[21] 郭磊，史凯楠．十堰“旅游一卡通”发行的影响［J］．山东工商学院学报，2013，27（06）：74-78.

[22] 海米提·依米提，普拉提·莫合塔尔，热沙来提·谢依提．旅游景区联票最优定

价的经济学研究［J］. 新疆师范大学学报（哲学社会科学版），2013，34（03）：72–81.

［23］周晓梅 . 电子门票在旅游景区的应用与管理［J］. 武汉职业技术学院学报，2012，11（01）：107–110.

［24］刘晓冰，陈佳会 . 基于 RFID 的电子门票管理系统研究［J］. 中国管理信息化，2012，15（17）：62–66.

［25］刁志波 . 旅游景区电子门票系统应用研究［J］. 商业经济，2012（06）：56–58.

［26］李华丰 . 景区电子门票系统的设计与实现［D］. 成都：西南交通大学，2005.

［27］高宇琦 . 五台山景区电子票务及门禁系统的设计与实现［J］. 机械工程与自动化，2011（06）：135–138.

［28］高晓波，方献梅 . 宜州市电子票务系统设计［J］. 河池学院学报，2010，30（05）：71–74.

［29］朱晔，叶民强 . 区域可持续发展预警系统研究［J］. 华侨大学学报: 哲学社会科学版，2002（3）.

［30］邵冬梅，苗维亚 . 旅游景区自然灾害防治管理的研究［J］. 桂林旅游高等专科学校学报，2006，17（02）：154–156.

［31］吴翔，付邦道 . 景区开发与管理［M］. 北京：国防工业出版社，2013.

［32］汪秋菊，刘宇 . 基于网络关注度的旅游景区客流量预警：研究框架与实证分析——以国家游泳中心水立方为例［J］. 旅游论坛，2014，7（5）：9–15.

［33］朱晓霞，朱华，郭金铭 . 旅游系统模型视觉下黄金周旅游流研究——以四川九寨沟为例［J］. 四川旅游学院学报，2014（01）：69–79.

［34］蔡志强 . 地域文化在旅游景区标识系统设计中的应用研究［J］. 艺术研究，2014（01）：1–5.

［35］张敏 . 基于游客感知的世界遗产景区安全标识系统优化实证研究：以青城山——都江堰区为例［J］. 经济研究导刊，2013（33）：268–271.

［36］黄蓉，阚如良，陈楼 . 旅游景区标识系统的个性化实现路径——以三峡车溪民俗旅游区为例［J］. 旅游资源——资源开发与市场，2014，30（05）：614–616.

［37］方磊，唐德彪 . 旅游景区标识系统设计初探——以五溪文化广场为例［J］. 怀化学院学报，2007，26（08）：122–125.

［38］张怡娜 . 西安城市历史地段视觉导识系统设计研究［D］. 西安: 西安建筑科技大学，2008.

［39］易丽玲 . 旅游景区导向系统设计研究［D］. 湖北：湖北工业大学，2009：29.

［40］王瑾 . 行动与心动——浅析旅游景区导向标识设计［J］，艺术与设计，2014（109）：36–38.

［41］王默 . 关于建立旅游景区标识系统的探究［D］. 长春：东北师范大学，2007：17.

［42］张露芳 . 城市公共空间环境标识系统研究［D］. 浙江：浙江工业大学，2000：53.

［43］林燕平，谢朝武 . 旅游景区道路的安全设计与管理研究［J］. 北京第二外国语学院学报，2010（179）：79–84.

[44] 李俊毅 . 鼓浪屿景区标识系统标准化建设 [J]. 科技论坛，2014（03）：20–23.
[45] 李洁，李颖 . 旅游景区标识系统的优化设计——秦皇岛经验及特色研究 [J]. 人民论坛，2012（374）：226–227.
[46] 彭聪，王瑾，陈春福 . 海南省 A 级旅游景区引导标识系统现状分析 [J]. 管理观察，2014（546）：54–56.
[47] 王晋楠 . 北京野鸭湖湿地公园解说牌示系统研究 [J]. 河北林果研究，2014，29（01）：77–81.
[48] 李丽娜 . 神农架自然保护区旅游解说系统构建研究 [D]. 北京：北京林业大学，2008.
[49] 刘卫梅 . 运城舜帝陵公园旅游解说系统初探 [J]. 对外经贸，2013（232）：70–72.
[50] 武子宁，路紫 . 自导式解说系统的规划设计引导——以泥河湾为例 [J]. 山西师范大学学报（自然科学版），2005，19（03）：90–94.
[51] 孟明浩，俞益武，顾晓艳，等 . 旅游景区环境解说系统设计方法及个案探讨 [J]. 浙江林学院学报，2005，22（5）：572–576.
[52] 冯景云 . 四川世界文化遗产地旅游解说系统构建——以青城山与都江堰为例 [D]. 四川：四川师范大学，2007.
[53] 梁莺莺 . 生态旅游区环境解说系统规划与设计研究——以妙峰山风景名胜区为例 [D]. 北京：北京交通大学，2008.
[54] 郭剑英 . 旅游景区解说系统评价研究 [D]. 南京：南京林业大学，2011.
[55] 冯景云 . 四川世界文化遗产地旅游解说系统构建——以青城山与都江堰为例 [D]. 四川：四川师范大学，2007.
[56] 李丽娜 . 神农架自然保护区旅游解说系统构建研究 [D]. 北京：北京林业大学，2008.
[57] 梁玉，张海燕，杨牡丹，等 . 景区无障碍设施对残疾人群体旅游的影响研究——以张家界国家森林公园为例 [J]. 现代商贸工业，2011（24）：85–86.
[58] 黄本海 . 旅游景区标识系统规划研究 [J]. 理论研究，2012（10）：218.
[59] 曾志祥 . 基于“人—机—环境”互动的标识系统研究——以麓山景区为例 [D]. 长沙：湘潭大学，2009.
[60] 张建国，潘百红，王燕 . 杭州西湖景区解说标识系统初步研究 [J]. 福建林业科技，2006，33（04）.
[61] 黎健斌，杨晓霞 . 美国发展残疾人旅游的成功经验与启示 [J]. 桂林旅游高等专科学校学报，2008，19（01）.
[62] 郑耀星 . 旅游景区开发与管理 [M]. 北京：旅游教育出版社，2010.
[63] 熊广忠 . 城市道路美学——城市道路景观与环境设计 [M]. 北京：中国建筑工业出版社，1990.
[64] 徐家钰 . 城市道路设计 [M]. 北京：中国水利水电出版社，2005.
[65] 王昀，王菁菁 . 城市环境设施分类及设计要求 [M]. 上海：上海人民美术出版社，

2006.
[66] 李绪梅 . 道路工程概论 [M]. 重庆：重庆大学出版社，2006.
[67] 高午阳，陆丽娥 . 景区服务与营销管理 [M]. 北京：化工工业出版社，2011：62.
[68] 吴必虎，金华，张丽 . 旅游解说系统的规划和管理 [J]. 旅游学刊，1999（1）.
[69] 李俊清，石金莲 . 生态旅游资源 [M]. 北京：中国林业出版社，2007.
[70] 黄琴，黄英 . 中国旅游网站发展中的问题及其对策研究 [J]. 经济与社会发展，2006（7）：38–40.
[71] 彭淑清 . 景区服务与管理 [M]. 北京：电子工业出版社，2010.
[72] 张芳蕊，陈洪宏 . 旅游景区服务与管理 [M]. 北京：清华大学出版社，2014.
[73] 王绍喜 . 旅游景区服务与管理 [M]. 北京：高等教育出版社，2012.
[74] 徐静 . 旅游景区服务与管理 [M]. 天津：南开大学出版社，2013.
[75] 陈才，龙江智 . 旅游景区管理 [M]. 北京：中国旅游出版社，2008.
[76] 王庆国 . 旅游景区经营与管理 [M]. 郑州：郑州大学出版社，2006.
[77] 马勇，李玺 . 旅游景区管理 [M]. 北京：中国旅游出版社，2005.
[78] 宋玉蓉，姜瑞 . 景区管理与实务 [M]. 北京：中国人民大学出版社，2006.
[79] 常向鹏，樊莉莉 . 旅游景区管理 [M]. 北京：北京理工大学出版社，2011.
[80] 钟永德 . 旅游景区管理 [M]. 长沙：湖南大学出版社，2005.
[81] 冯淑华 . 景区运营管理 [M]. 广州：华南理工大学出版社，2004.
[82] 高峻 . 旅游景区开发与管理 [M]. 大连：东北财经大学，2007.
[83] 王瑜 . 旅游景区服务与管理 [M]. 上海：交通大学出版社，2011.
[84] 曾曼琼，陈金龙 . 旅游景区服务与管理 [M]. 北京：化工工业出版社，2013.
[85] 邹统钎，吴丽云 . 景区服务与管理 [M]. 南京：南京师范大学出版社，2013.
[86] 陈玉英 . 景区经营与管理 [M]. 北京：北京大学出版社，2014.
[87] 胡红梅 . 旅游景区管理 [M]. 北京：机械工业出版社，2012.
[88] 钟永德，陈晓磐 . 旅游景区管理 [M]. 武汉：武汉大学出版社，2009.
[89] 章平，李晓光 . 旅游景区管理 [M]. 北京：科学出版社，2006.
[90] 陈才 . 旅游景区管理 [M]. 大连理工大学出版社，2011：160–161.
[91] 孔邦杰 . 旅游安全管理 [M]. 上海：上海人民出版社，2011：201–204.
[92] 约翰·斯沃布鲁克 . 旅游景区开发与管理 [M].2 版 . 龙江智，李淼，译 . 北京：旅游教育出版社，2006.
[93] 邹统钎 . 旅游景区管理 [M]. 天津：南开大学出版社，2013.
[94] Anna Kwek， Ying Wang， David Weaver. Retail tours in China for overseas Chinese：Soft power or hard sell? Annals of Tourism Research [J]， 2014， 44：36–52.
[95] 陈玲 .21 世纪绿色旅游与绿色认证体系的探讨 [J]. 生态经济，2004，11：73–75.
[96] 邹统钎，等 . 旅游学术思想流派 [M].2 版 . 天津：南开大学出版社，2013.
[97] 保继刚，楚义芳 . 旅游地理学 [M]. 修订版 . 北京：高等教育出版社，2011.
[98] 范秋梅，孙铁珩 . 旅游景区可持续发展问题探讨 [J]. 生态经济，2009，5：103–

104.
[99] 郭亚军 . 旅游景区管理 [ M ] . 北京：高等教育出版社，2006.
[100] 杨静 . 旅游景区治理模式探析 [ D ] . 杭州：浙江大学，2008.
[101] 郭亚军 . 旅游景区治理模式的实证分析及优化设计 [ D ] . 西安：西北大学，2004.
[102] 彭德成 . 中国旅游景区治理模式 [ M ] . 北京：中国旅游出版社，2003.
[103] 赵丽琴，黎忠文 . 构建以服务游客为核心的智慧旅游发展模式研究 [ J ]，成都大学学报，2014（1）：07–09.
[104] 蒋丽芹，包沁昕 . 基于物联网技术的我国智慧旅游产业发展研究 [ J ]，鸡西大学学报，2013（1）：60–62.
[105] 李洪鹏，高蕴华，赵旭伟 . 数字景区转型智慧景区的探讨 [ J ]，智能建筑与城市信息，2011（7）：112–113.
[106] 张振国 . 浅析智慧景区功能与框架的设计 [ J ]，电子技术与软件工程 .
[107] 王露瑶，程金龙，周瑞雪 . 我国智慧景区建设的现状及思路 [ J ]，四川旅游学院学报，2014（4）：54–56.
[108] 梁倩，张宏梅 . 智慧景区发展状况研究综述 [ J ]，西安石油大学学报，2013（5）：52–56.
[109] 章小平，吴必虎 . 智慧景区管理与九寨沟案例研究 [ M ]，北京：清华大学出版社，2013.
[110] 郭伟，贾云龙，邓丽芸 . 我国智慧景区发展研究 [ J ]，中国集体经济，2012（25）：132–133.
[111] 李志飞，汪绘琴 . 旅游景区管理——案例、理论与方法 [ M ]，武汉：武汉大学出版社，2013.
[112] 刘瑾 . 九寨沟将变身国内首个“智慧景区”［ N ］，温州晚报，2010.
[113] 姚志龙，鹿晓龙 . 智慧旅游——旅游信息化大趋势 [ M ]，北京：旅游教育出版社，2013.
[114] 杨桂华 . 旅游景区管理 . 北京：科学出版社，2006.
[115] 张芳蕊，陈洪宏 . 旅游景区服务与管理 [ M ] . 北京：清华大学出版社，2014.
[116] 李长秋 . 旅游景区服务与管理 [ M ] . 北京：高等教育出版社，2012.
[117] 王昕 . 旅游景区的旅游活动“导引”设计——以都江堰为例 [ J ]，人文地理，2002（3）：44–46.

# 后　记

近年来，作者在旅游景区规划与管理、景区A级评定等工作过程中注意到，旅游景区在服务与管理工作方面进步明显，主要表现为：景区管理的任务与责任越来越明确；旅游研讨会、旅游交流会、旅游教育会议的大量举办使得旅游研究多样化，给旅游景区管理与发展很多启示；旅游景区服务越来越人性化。基于以上变化，本书编写包含了旅游景区服务与管理的主要领域——旅游景区销售服务与管理、旅游景区游览服务与管理、旅游地辅助服务系统、游客服务与管理、旅游景区资源与环境管理、旅游景区安全服务与管理、旅游景区运营与危机管理、旅游景区智慧化服务与管理以及在这些领域的经典案例。

旅游景区服务与管理必须与市场需求相适应，旅游景区管理人员有必要学习景区服务与管理的基本知识，并应用于景区开发、服务和管理过程中。作为长期从事旅游景区管理的从业者，本书希望每一章的核心内容都对旅游景区管理有所帮助。本书所提出的理念、概念和知识可能会逐渐被新的取代，但旅游景区精细化、规范化管理的核心价值不会改变。

本书编著经历了多年，主要原因是我国旅游景区不断发展完善，因此书的主题和内容在不断变化和完善中，到目前为止，也难说满意，尚有很多不足；文字表达可能存在不妥、遗漏等欠缺。敬请各位专家、读者批评指教！

编著者